车辆组合式吸能结构时序
设计及应用

谢素超 冯哲骏 著

科学出版社
北京

内 容 简 介

针对既有多管组合结构存在的技术瓶颈，本书系统阐述车辆组合式吸能结构时序设计方法及其应用，实现高吸能量、低初始峰值、小载荷波动等优异吸能特性的相互兼容。全书共 7 章，主要针对多管组合吸能理论及技术，从国内外研究现状、吸能结构时序规律、吸能结构时序控制、组合式吸能结构时序设计、时序组合式吸能结构优化设计、时序组合式吸能结构性能验证等方面进行介绍、分析与总结，具有创新性、借鉴性和指导性。

本书可供车辆工程专业高校教学科研人员、研究生，研究院所科研人员，企业研发设计人员、工程师等查阅参考。

图书在版编目(CIP)数据

车辆组合式吸能结构时序设计及应用 / 谢素超, 冯哲骏著. — 北京：科学出版社, 2024. 8. — ISBN 978-7-03-079024-8

Ⅰ. U270.2

中国国家版本馆CIP数据核字第2024JV8610号

责任编辑：牛宇锋　罗　娟 / 责任校对：任苗苗
责任印制：赵　博 / 封面设计：有道文化

科 学 出 版 社 出版
北京东黄城根北街 16 号
邮政编码：100717
http://www.sciencep.com

北京科印技术咨询服务有限公司数码印刷分部印刷
科学出版社发行　各地新华书店经销

*

2024 年 8 月第 一 版　开本：720×1000 1/16
2025 年 1 月第二次印刷　印张：15
字数：302 000
定价：128.00 元
(如有印装质量问题，我社负责调换)

前　言

  目前车辆吸能装置的研究大多从单管优化设计和多管组合应用两个方面开展。单管优化设计存在结构形式复杂、工艺流程繁杂、吸能量提升瓶颈等缺陷。相比较而言，多管组合应用是一种更为高效便捷的吸能量提升思路，但由于缺乏系统化的组合设计方法，各管相互重叠的载荷-位移曲线易致使多管组合结构的初始峰值载荷和后续载荷波动出现显著放大，无法实现碰撞动能的平稳耗散。为克服上述缺陷，本书将探究载荷-位移曲线形成时序的影响规律，提出可实现各管载荷-位移曲线产生有效分离的控制手段，总结适合多管组合结构的变构型差异化分布设计方法，构建可兼顾高吸能量、低初始峰值载荷、小载荷波动等优异吸能特性的嵌套多管组合结构设计框架。

  首先，以典型薄壁吸能元件为研究对象，分析宏观变形时序与载荷-位移曲线形成时序之间的演变规律，建立面向载荷-位移曲线形成时序的单元理论模型，揭示塑性铰形成位置是褶皱变形时序的关键影响因素，进而确定多种可用于控制载荷-位移曲线形成时序的构型参数，并通过实验验证有限元模型的准确性。其次，确定单管结构中构型尺寸和数量的较优组合，构建可服务后续多管协同设计的力学性能理论模型，分析局部/全局高度差对载荷-位移曲线形成时序的影响规律，量化构型移动距离对载荷-位移曲线形成时序的影响规律，进而提出单管载荷-位移曲线形成时序的控制方法。再次，提出变构型差异化分布设计在多管组合结构中的应用方法，量化管件数量对变构型差异化分布多管组合结构吸能特性的影响，通过引入局部高度差弥补变构型差异化分布设计的缺陷，并在此基础上总结可指导多管协同设计的变构型差异化分布设计方法。最后，基于嵌套组合的思路展开高度差-变构型差异化分布多管组合结构的吸能特性提升研究，确定吸能特性最优且适合多管协同设计的嵌套组合模式，并通过与典型吸能结构的对比分析和整车碰撞仿真分析进一步验证变构型差异化分布多管组合结构的吸能优势和实际应用价值。

  综上所述，基于多管载荷-位移曲线错位补偿思路的变构型差异化分布设计方法可以有效突破高吸能量、低初始峰值载荷、小载荷波动等优异吸能特性难以兼容的技术瓶颈，能为多管组合式吸能装置在车辆中的应用提供充足的数据及理论支撑。

目 录

前言
第1章 绪论 ... 1
  1.1 交通安全现状 ... 1
  1.2 吸能装置研究现状 ... 5
    1.2.1 复合材料应用 ... 5
    1.2.2 功能性材料填充 ... 8
    1.2.3 内部结构设计 ... 11
    1.2.4 多管组合应用 ... 13
  1.3 主要内容介绍 ... 16
    1.3.1 研究内容 ... 17
    1.3.2 技术路线 ... 19

第2章 吸能结构时序规律分析及构型选取 ... 20
  2.1 吸能特性综合评价体系 ... 20
    2.1.1 吸能特性评价指标 ... 20
    2.1.2 无量纲处理 ... 21
    2.1.3 复杂比例评价方法 ... 23
  2.2 宏观变形时序-载荷-位移曲线关联分析 ... 24
    2.2.1 圆管 ... 24
    2.2.2 多边形管 ... 26
  2.3 面向载荷-位移曲线形成时序的理论研究 ... 27
    2.3.1 薄壁圆管经典单元理论 ... 27
    2.3.2 薄壁方管经典单元理论 ... 29
    2.3.3 载荷-位移曲线形成时序理论分析 ... 33
  2.4 预置构型选取 ... 35
    2.4.1 构型参数定义 ... 35
    2.4.2 有限元模型构建 ... 41
    2.4.3 实验方法 ... 42
    2.4.4 实验-仿真结果对比 ... 46
  2.5 本章小结 ... 53

第3章 吸能结构时序控制方法探究 ... 55
  3.1 单管预置构型关键结构参数确立 ... 55

3.1.1 折纹结构参数影响分析 ·············· 55
3.1.2 隔板结构参数影响分析 ·············· 57
3.1.3 增强环结构参数影响分析 ············ 59
3.1.4 开孔结构参数影响分析 ·············· 62
3.1.5 泡沫铝增强型开孔结构参数影响分析 ·· 66
3.1.6 阶梯壁厚参数影响分析 ·············· 70
3.1.7 预折纹薄壁管理论模型构建 ·········· 74
3.1.8 预设约束件薄壁管理论模型构建 ······ 78
3.1.9 开孔薄壁管理论模型构建 ············ 82
3.2 变管件高度下载荷-位移曲线时序控制研究 ····· 84
3.2.1 局部高度差影响分析 ················ 84
3.2.2 全局高度差影响分析 ················ 87
3.3 变构型差异化分布下载荷-位移曲线时序控制研究 ··· 89
3.3.1 折纹分布形式 ······················ 89
3.3.2 内置隔板分布形式 ·················· 91
3.3.3 外置增强环分布形式 ················ 93
3.4 载荷-位移曲线形成时序控制方法 ············ 94
3.5 本章小结 ·································· 96

第 4 章 组合式吸能结构时序设计方法 ·············· 98
4.1 多管组合设计思路 ·························· 98
4.2 变构型差异化分布下多管件时序错位补偿研究 ····· 101
4.2.1 变折纹分布多管组合 ················ 101
4.2.2 变隔板分布多管组合 ················ 105
4.2.3 变增强环分布多管组合 ·············· 109
4.2.4 开孔多管组合 ······················ 112
4.2.5 泡沫铝填充多管组合 ················ 115
4.2.6 阶梯式变厚度多管组合 ·············· 120
4.3 高度差-变构型差异化分布下多管件时序错位补偿研究 ··· 125
4.3.1 高度差-变折纹分布多管组合 ········· 126
4.3.2 高度差-变隔板分布多管组合 ········· 130
4.3.3 高度差-变增强环分布多管组合 ······· 133
4.3.4 高度差-变波纹间隔分布多管组合 ····· 136
4.4 多管件时序错位补偿设计方法 ················ 141
4.4.1 预折纹薄壁管 ······················ 141
4.4.2 预设约束件薄壁管 ·················· 147
4.4.3 波纹间隔薄壁管 ···················· 151

  4.5 本章小结 ··· 158
第 5 章 时序组合式吸能结构优化设计 ··· 160
  5.1 预置构型多管组合结构吸能特性对比 ·· 160
  5.2 嵌套组合模式分析 ·· 163
    5.2.1 F-F 嵌套模式 ·· 164
    5.2.2 R-R 嵌套模式 ··· 166
    5.2.3 F-R 嵌套模式 ··· 169
    5.2.4 R-F 嵌套模式 ··· 171
  5.3 嵌套组合模式下多管载荷-位移曲线错位补偿研究 ···························· 173
    5.3.1 R-R 嵌套模式下多管组合研究 ··· 175
    5.3.2 R-F 嵌套模式下多管组合研究 ·· 179
    5.3.3 不同嵌套多管组合结构对比分析 ·· 184
  5.4 不同加载工况下典型吸能结构对比分析 ··· 186
    5.4.1 结构定义及有限元模型构建 ··· 186
    5.4.2 轴向准静态压缩工况 ··· 188
    5.4.3 斜向压缩工况 ·· 190
    5.4.4 轴向动态冲击工况 ·· 193
  5.5 本章小结 ··· 194
第 6 章 时序组合式吸能结构性能验证 ··· 196
  6.1 某型号轨道车辆头车有限元模型建立 ·· 196
    6.1.1 司机室头车模型 ··· 196
    6.1.2 材料及边界条件定义 ··· 197
  6.2 大尺寸变构型差异化分布嵌套多管组合结构协同设计 ······················· 198
    6.2.1 高度差-变构型差异化分布嵌套多管组合结构建立 ····················· 198
    6.2.2 准静态轴向压缩仿真验证 ··· 200
  6.3 整车碰撞仿真分析 ·· 202
    6.3.1 动车组车辆碰撞仿真 ··· 202
    6.3.2 地铁车辆碰撞仿真 ·· 206
  6.4 本章小结 ··· 212
第 7 章 结论与展望 ·· 214
  7.1 总结 ·· 214
  7.2 创新点 ·· 215
  7.3 展望 ·· 216
参考文献 ·· 217

第1章 绪 论

1.1 交通安全现状

  铁路运输和公路运输不仅是配置资源、运输人员的高效途径，更是国民经济发展的大动脉，在综合交通运输体系中发挥着举足轻重的作用。2016年，国家发展改革委、交通运输部、中国铁路总公司联合印发《中长期铁路网规划》，在"四纵四横"高速铁路规划网上进一步构筑了"八纵八横"高速铁路通道[1,2]。同时，"八五"计划和"九五"计划期间，国家层面明确实行以地方为主、国家为辅的建设方针，抓好国道主干线建设，重点发展沿海运输繁忙地带高速公路。图1-1(a)展示了2022年世界高速铁路的主要国家排名和中国高速铁路的占比。可以发现，中国高速铁路以67.7%的占比居世界第一位(不含港澳台地区)。图1-1(b)和(c)分别展示了中国2018～2022年城市(际)轨道交通(城轨)运营里程和高速铁路

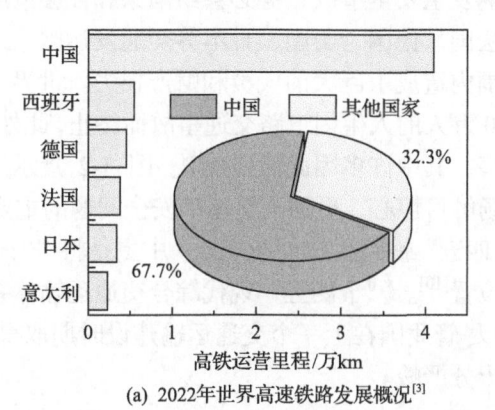

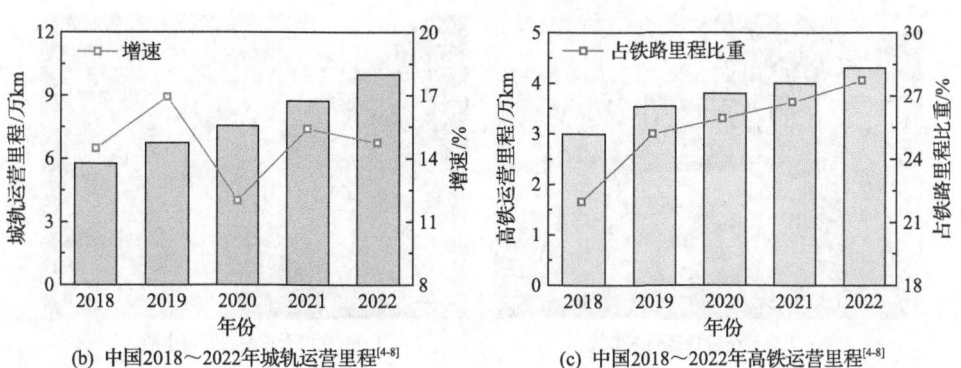

(a) 2022年世界高速铁路发展概况[3]

(b) 中国2018～2022年城轨运营里程[4-8]

(c) 中国2018～2022年高铁运营里程[4-8]

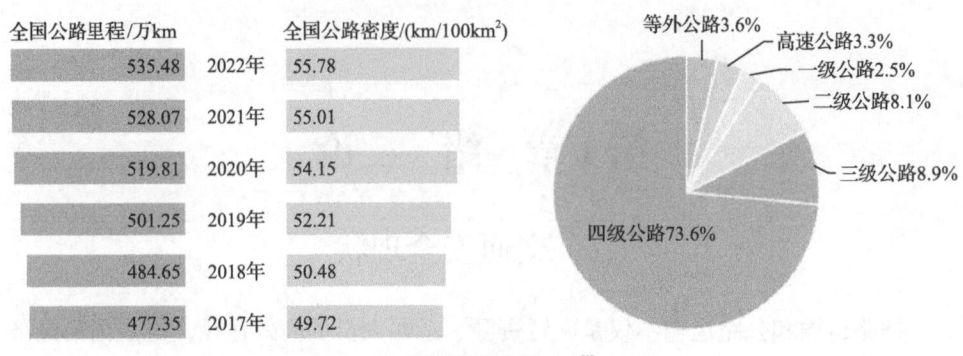

全国公路里程/万km	年份	全国公路密度/(km/100km²)
535.48	2022年	55.78
528.07	2021年	55.01
519.81	2020年	54.15
501.25	2019年	52.21
484.65	2018年	50.48
477.35	2017年	49.72

等外公路3.6%；高速公路3.3%；一级公路2.5%；二级公路8.1%；三级公路8.9%；四级公路73.6%

(d) 公路运营里程及构成[8]

图1-1 中国铁路及公路运输发展情况

(高铁)运营里程的发展状况。图1-1(d)展示了2017~2022年全国公路里程及公路密度[3]。显然，我国无论城市(际)轨道交通、高速铁路还是公路运输，都保持着良好且平稳的发展势头，构成了多层次、无缝化、高水平的综合运输系统。

基于上述分析可以总结出目前我国交通运输系统呈现的四大特点：运营里程长、速度级别多、发车频次高、客运规模大。在此大背景下，车辆安全问题显得尤为重要，一旦车辆发生安全事故，势必会给国家和社会造成无法估量的巨大损失。此外，即使是法国、德国、美国、日本等交通发达国家，车辆安全事故也时有发生，在世界范围内造成了巨大的人员和财产损失。世界卫生组织数据显示，每年全世界约有130万人的人生因道路交通事故而终止，此外还有2000万~5000万人受到非致命伤害，其中许多因此而残疾[9]。图1-2展示了近几年发生的车辆安全事故，事故现场触目惊心，更加凸显车辆安全问题的重要性。2021年，国家铁路局印发的《"十四五"铁路科技创新规划》中更是将"安全保障技术"置于重大技术领域的首要位置[10]。《"十四五"现代综合交通运输体系发展规划》[11]中也有相关总结。可见，尽管我国在上一个交通运输建设时期取得了各项历史性突破，但车辆安全问题仍十分严峻。

(a) 天津蓟州段货运列车事故　　　(b) 台湾火车脱轨倾覆事故

(c) 美国列车脱轨事故 (d) 葡萄牙火车碰撞事故

图 1-2 车辆安全事故

  列车安全防护系统主要分为主动安全保护系统和被动安全保护系统。如图 1-3 所示，主动安全保护主要是指在安全事故发生前通过各项监测手段对列车的实时运行状态进行感知和收集，然后通过经验库或者其他算法进行分析，实现故障（或事故）的提前预判，在故障（或事故）发生或者存在发生的可能时，通过保护装置（或理念）对列车的运行安全进行保障[12]。其中，列车自动保护（automatic train protection，ATP）系统便是一种较为成熟的主动安全保护技术，主要用于控制列车的运行速度[13]，其运行原理大致为：地面设备根据轨道区段的实时情况向列车持续发送"目标速度""目标距离"等信息，车载设备接收信号后根据实际运行条件结合列车自动驾驶系统即时调整列车的运行速度[14]。然而，随着列车运行速度的不断提高以及高速列车车体轻量化发展，列车运行环境也越来越复杂，这就使得列车对运行环境更加敏感，复杂恶劣的运行环境（如高原高寒、强风沙荒漠、雷雨雪霜、地震、山洪、雪崩、滑坡、泥石流、落塌方等）可能使主动安全保护系统失效或难以及时规避风险[15]。而且主动安全保护系统对限界内障碍物的识别主要依靠传感器，受限于传感器的性能，其最大检测距离约为 200m，且障碍物最小尺寸在 20cm 左右，对高速运行的车辆而言，检测范围仍存在一定的局限性[16]。此外，当前传感器也主要基于经验值进行信息处理，仍存在一定的误差，而且尚未完全

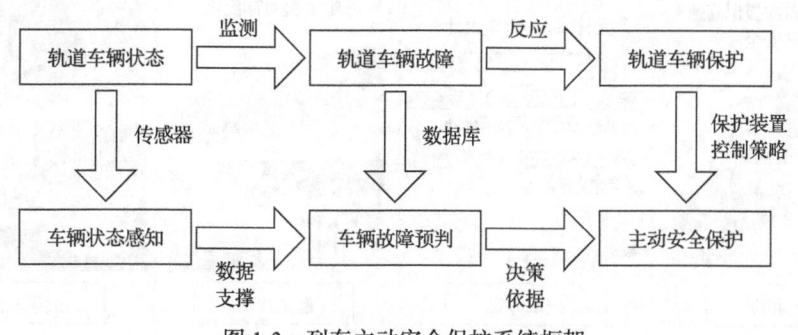

图 1-3 列车主动安全保护系统框架

解决动态物体检测和检测盲区等问题[17]。由此可见，仅依靠主动安全保护系统并不能完全避免安全事故的发生，仍需被动安全保护系统这最后一道安全屏障来保护司乘人员的生命和财产安全。

被动安全保护系统主要是指列车吸能系统以稳定、高效的方式来耗散庞大的碰撞动能，降低撞击事故对车辆的作用力和结构破坏，从而最大限度地保护司乘人员的安全[18]。自 20 世纪 60 年代列车被动安全保护技术提出以来，国际上围绕列车耐撞性提升这一目标展开了大量研究，并制定了一系列车辆耐撞性标准，如欧盟铁路互联互通技术规范（Technical Specification for Interoperability，TSI）、欧洲标准 EN12663、英国标准 GM/RT2100-2012 等[19-21]。如图 1-4 所示，虽然我国被动安全保护技术的研究起步较晚，但基于"引进—消化—吸收—再创新"这一理念，我国实现了在该领域从"跟跑"到"领跑"的转变。我国基于高速列车碰撞核心技术和专利组合制定的《动车组车体耐撞性要求与验证规范》（TB/T 3500-2018）等标准也得到了广泛应用[22,23]。轨道列车耐撞性标准的完善健全也标志着被动安全保护系统的研究逐渐从"宏观"转向"微观"，从车辆外部结构的碰撞深入到了具体塑性变形结构的吸能特性研究，即专有吸能装置的设计[24-26]。吸能装置作为列车耐撞性结构中的关键性能量耗散装置，其吸能特性直接决定了列车在整个碰撞过程中的碰撞载荷、加速度及速度等诸多重要性能指标，从而会影响整个车体结构在事故发生后的力学行为和变形情况[27]。其中，薄壁金属结构作为一种造价低、构造简单、变形可控有序的高效吸能元件，逐渐在列车被动安全领域得到广泛的应用[28-30]。然而，随着列车运行速度的不断提高，传统的薄壁金属吸能元件已然不能满足较高碰撞安全速度标准下的耗能要求，组合增强型吸能装置的开发是未来列车碰撞吸能装置的发展趋势[31-33]。此外，随着耐撞性标准和乘员安

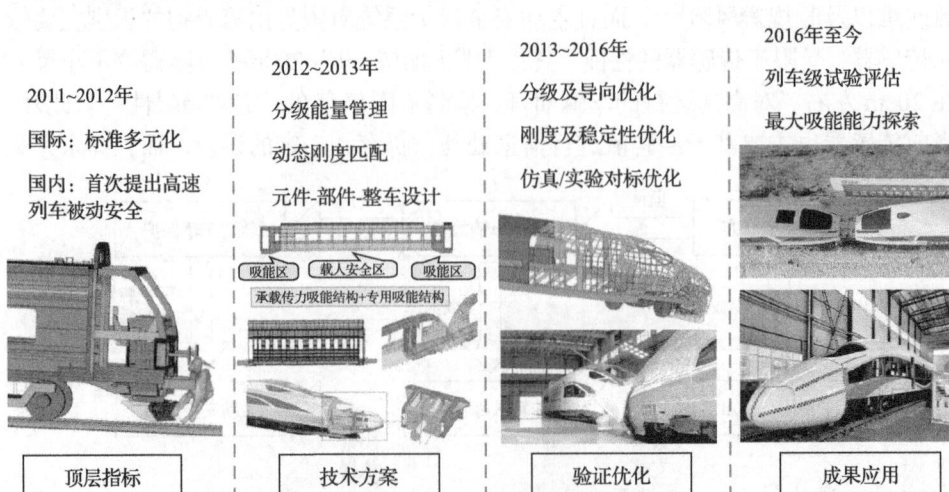

图 1-4 我国动车组被动安全技术发展过程优化

全防护要求的不断提高，高吸能量不再是列车前端吸能装置所追求的唯一目标，低初始峰值载荷和小载荷波动逐渐成为人们的关注焦点。因此，在提升结构吸能量的同时尽可能地降低载荷-位移曲线的波动幅值是组合增强型吸能装置的设计目标。目前，组合增强型吸能装置的研究主要集中在单管优化设计以及多管组合应用两个方面。其中，单管优化设计又可以大致分为新组件引入和内部结构设计。

1.2 吸能装置研究现状

1.2.1 复合材料应用

随着社会不断发展和高新材料技术逐渐成熟，传统的金属或自然材料已然不能满足人们对轻量化和力学性能的需求[34]。由多种物理、化学特性各异组分构成的多相复合材料凭借高比强度、高比刚度、高耐腐蚀性等优异性能逐渐受到研究者的青睐，并在列车吸能装置中得到广泛的应用[35]。高新复合材料的引入旨在利用不同材料的优点和特性，最大限度地发挥各自在能量吸收中的功能作用[36]。按增强材料形态，复合材料可划分为纤维增强型、晶须增强型以及微粒增强型，其中以纤维增强材料技术最为成熟、应用最为广泛[37]。如图 1-5 所示，虽然单独的纤维增强复合材料具有优异的比模量，可承受较大载荷而不易出现变形，但是一旦出现压溃失效，就容易出现基体断裂、纤维损伤以及层间脱离等不利于耗能的失效模式[38,39]。此外，较高的材料成本和环境敏感性也制约了其在碰撞吸能领域的

图 1-5 复合材料管脆性失效模式及组合应用情况[38-41]

CFRP 表示碳纤维增强塑料（carbon fiber reinforced plastics）

应用[40]。为克服上述缺陷，Xu 等[41]基于轴压和侧向循环加载实验对钢/纤维增强薄壁管的抗冲击力学性能进行了研究，发现组合结构具有较好的抗压强度和吸能能力。

研究发现，将复合材料以包覆层的形式引入薄壁管两侧可以充分发挥两种材料的吸能优势，从而显著提升组合结构的吸能特性[42-44]。Zhu 等[45]对碳纤维增强薄壁管在不同加载角度下的变形模式和关键吸能特性展开研究。结果表明，复合材料涂层不仅能增大结构的比吸能，还能缓解非对心碰撞对吸能稳定性的影响。Abu Baker 等[46]研究了复合红麻/玻璃纤维增强结构在轴向准静态压缩载荷作用下的吸能响应，并考察了该材料三种组合顺序对吸能响应的影响。Hwang 等[47]对两种铝复合材料混合管和一种纯编织复合材料管进行了冲击实验，发现混合编织管的比吸能比纯编织管高 26%~31%。Yang 等[48]通过轴向落锤冲击实验，揭示了不同纤维增强材料和铝合金相互作用对耐撞性的影响。Zha 等[49]研究了具有带诱导结构的碳纤维增强铝管在轴向冲击下的耐撞性，并确定了铝管厚度与碳纤维厚度比值对吸能特性的影响。Huang 等[50]对铝/碳纤维增强复合结构的准静态和动态弯曲失效行为及能量耗散机制进行了对比研究，总结了碳纤维分布和加载形式对吸能性能的影响。

图 1-6 展示了目前较为常见的复合材料增强型薄壁结构制造技术，由于加工工艺的特殊性和材料各向异性的特点，合理选择加工工艺也可以有效提高组合结构的吸能特性[51-54]。王贝贝等[55]分析了铺层层数和铺层质量对结构拉伸性能和弯曲性能的影响，发现两者对拉伸性能和弯曲性能的影响呈相反的趋势。步鹏飞等[56]基于提出的三维层合板等效刚度计算方法比较了层合板与单向板的等效刚度，并发现选择合适的铺层角度组合能够有效提高结构的法向刚度和面内剪切刚度。冯振宇等[57]基于轴向压缩试验对碳纤维缠绕角度的影响规律进行分析，研究表明，缠绕纤维和薄壁管间的相互作用能显著改善整体结构的变形模式。

Bai 等[58]通过量化缠绕角度对组合圆管能量耗散和变形特性的影响，得到了单位长度膜应力和吸能量的表达式，在此基础上，根据复合材料的不同失效准则，建立了 CFRP 组合圆管平均破碎力的解析模型。Sun 等[59]发现在层压厚度相同的情况下，增大缠绕角度均降低了复合材料管材的比吸能(specific energy absorption, SEA)、能量吸收(energy absorption, EA)和峰值力(peck crushing force, PCF)。在 CFRP 管缠绕角度相同的情况下，随着 CFRP 管厚度的增加，CFRP 管和混合管的 SEA、EA 以及 PCF 均增大。Hosseini 等[60]通过准静态压缩实验对铺层方向、纤维类型和制造工艺对吸能特性的影响进行了排序，并发现纤维的吸能能力与纤维体积分数呈反比关系。沈勇等[61]研究了不同结构参数和编织角度对复合结构吸能特性的影响规律，结果表明，碳纤维材料能显著降低结构的柔度，从而有效抑制欧拉变形的出现。此外，单轴编织混合管因为层数多，分层损伤显著且褶皱数量

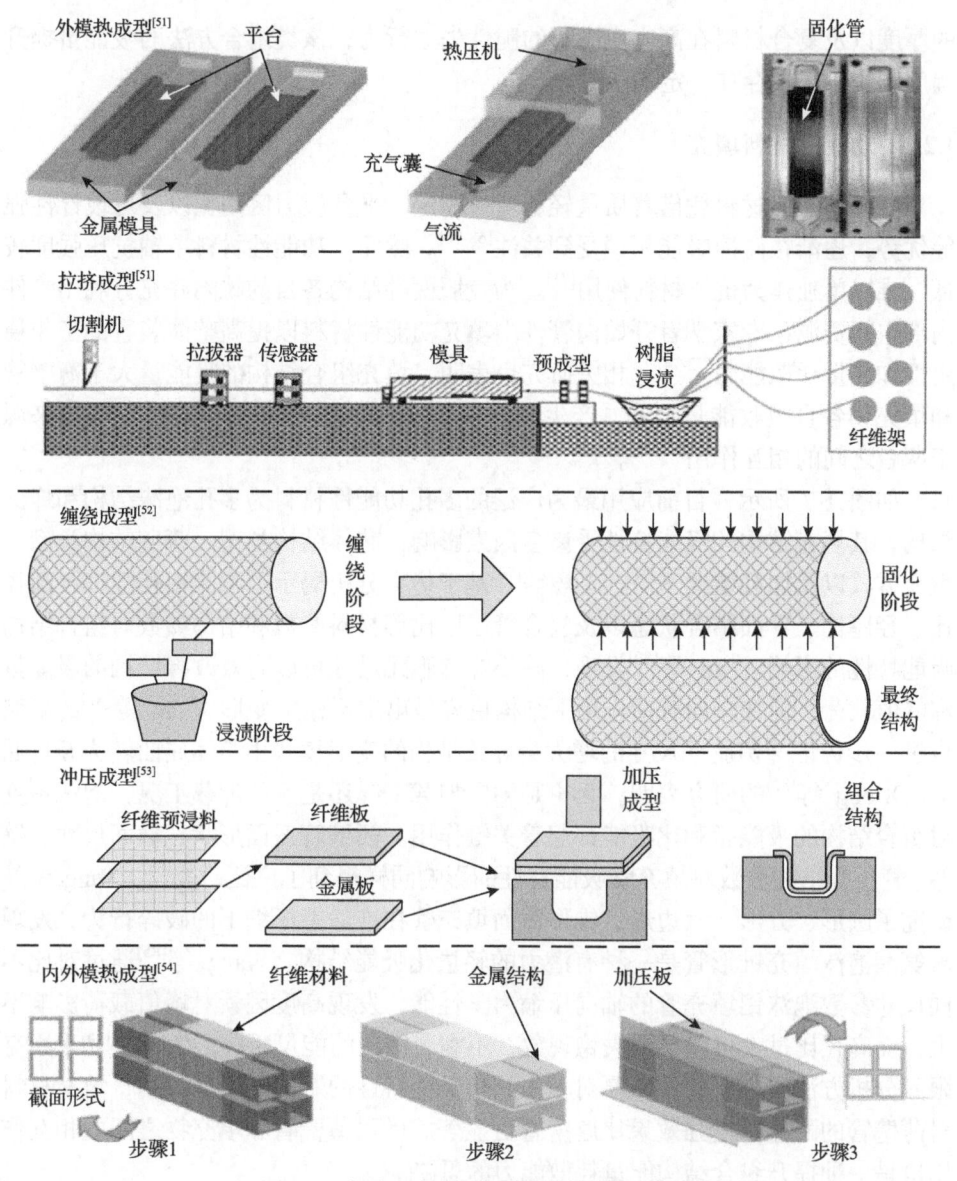

图 1-6 复合材料增强型薄壁结构制造技术

多，吸能量会稍高于双轴编织混合管；而三轴编织混合管的轴纱会提升折角处的变形效率，其吸能表现远好于其他两种类型[62]。

虽然复合材料涂层可以改善薄壁结构的吸能特性，但复合材料包覆层易出现初始缺陷，从而影响整体结构的吸能特性[63-65]。并且复合材料的制备需要经历一系列烦琐的工艺流程且需要精密设备的辅助，这无疑显著增加了吸能结构的生产成本和时间成本，大大桎梏了吸能结构的普适性应用[66,67]。同时，受限于覆盖层的厚度以及复合材料在高应变率下的脆性失效行为，该类组合方法的吸能量提升幅度和应用场景存在一定的限制。

1.2.2 功能性材料填充

多孔功能性材料凭借着质量轻、变形稳定、平台应力区间宽以及可设计性强等优势，逐渐在碰撞吸能领域受到关注[68-70]。然而，功能性材料单轴抗压强度较低，难以单独作为抗压材料使用[71]。为克服两种结构各自的缺陷并充分利用管件内部空间资源，专家学者开始向管件中填充功能性材料以提高整体装置的工作稳定性和能量耗散能力[72-74]。相关研究也表明，填充组合结构的吸能量大于薄壁管和填充物各自吸收能量之和，产生"1+1>2"的效果，这种增强的能量吸收来源于两者之间的相互作用[75,76]。

如图 1-7 所示，目前应用最为广泛的多孔功能性材料为多孔泡沫结构和蜂窝结构，其填充结构的吸能特性受诸多因素影响：芯体结构类型、薄壁结构类型、填充方式以及加载情况[77,78]。王巍等[79]基于仿真分析揭示了泡沫铝孔隙率、高径比、径厚比、界面结合状态以及复合管层厚比等材料参数和结构参数对组合结构吸能特性的影响。Liu 等[80]发现，减小蜂窝胞元尺寸可以有效改善结构的吸能量和峰值载荷，但在轴向载荷作用下结构更容易出现不稳定变形。Yao 等[81]的研究也进一步佐证蜂窝胞元尺寸的增大会导致结构的变形模式由整体屈曲转为渐进屈曲。Xiong 等[82]的研究表明，无论是轴向加载工况还是倾斜加载工况，泡沫密度对组合结构的吸能量和比吸能都起着关键作用。薄壁管截面形状、截面尺寸、壁厚、管长等结构参数对填充管吸能特性的影响同样得到了广泛研究[83]。Yang 等[84]研究了圆形、方形、六边形、锥形截面填充管在准静态压缩下的破碎行为，发现聚氨酯泡沫填充锥形管是一种有潜力的轻量化吸能结构。Wang 等[85]通过对比不同尺寸参数泡沫铝填充管的轴向压缩力学性能，发现高度因素对峰值载荷影响不大，而高径比过大可能导致失稳现象，不利于结构的能量吸收。Gao 等[86]采用有限元分析方法研究了管件壁厚对填充结构吸能特性的影响，结果表明，填充材料对薄壁管的耐撞性增强效果比厚壁管更显著。增强薄壁管和填充物之间的相互作用也是一种提升组合结构能量耗散能力的思路。

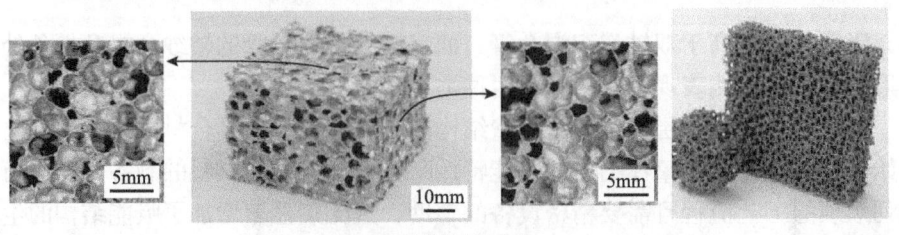

(a) 闭孔泡沫铝结构

(b) 开孔泡沫铝结构

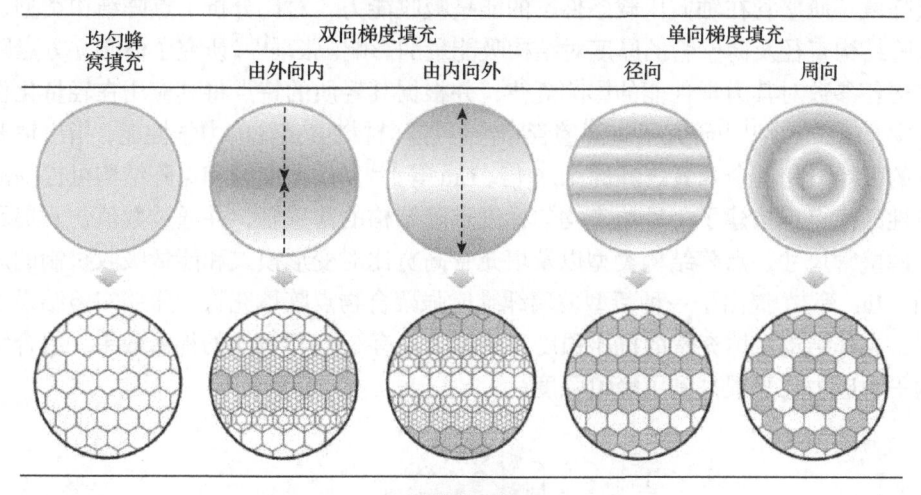

(c) 蜂窝填充结构

图 1-7 功能性材料填充薄壁吸能结构[77,78]

  Hussein 等[87]研究了铝蜂窝填充薄壁方管的轴向压缩力学性能,发现使用黏合剂或预留间隙(2.5mm)均可提升结构的吸能量,提升幅度分别达到 37%和 38%。Garai 等[88]比较了热膨胀连接、机械压缩和胶粘接三种泡沫铝填充方法的准静态压缩和弯曲力学性能。结果表明,胶粘接具有更优异的最大承载能力、比承载能力、吸能量和比吸能。李本怀等[89]基于仿真/实验相结合的方法研究了蜂窝填充方法对填充管件失效机理和吸能特性的影响规律,并发现约束件与蜂窝的相互作用对结构吸能特性的提升具有积极作用。功能梯度结构因其在吸能过程中具有较好的适应性和参数上升平稳性,逐渐在填充薄壁结构中得到广泛应用[90-92]。Zhang 等[93]将分层蜂窝理念融入填充组合结构的设计中,表明不同梯度的分层组织可以增强整体结构的材料/强度分布,从而提高破碎强度和吸能效率。张新春等[94]将分层蜂窝理念融入填充组合结构的设计之中,结果表明,不同单元的分层组织可以增强整个结构的材料/强度分布,从而提高破碎强度和吸能效率。王海任等[95]对仿生王莲脉络分层梯度蜂窝进行准静态与动态压缩数值模拟,结果表明,在 200m/s 高速冲击下芯层压溃模式与梯度分布方式密切相关,各层的力学行为取决于其静态压缩强度。Nian 等[96]则对自相似梯度蜂窝填充薄壁结构展开研究，结果表明，相比于均匀蜂窝状圆管，新型结构吸能量的提升幅度高达 48.9%。

如图 1-8 所示，随着增材制造技术和激光熔化制造工艺的不断发展，以点阵结构为代表的新型周期性多孔结构也引起了大量专家学者的关注[97]。相较于传统的多孔泡沫和蜂窝结构，点阵结构不仅具有较好的能量吸收能力，还具有更优异的设计性和轻量化潜质[98]。鲍呈浩等[99]通过实验和数值模拟相结合的方法研究了点阵填充薄壁管在轴向压载条件下的能量吸收能力，对比分析了点阵结构类型、点阵结构直径及薄壁管的厚度对结构吸能量的影响。张璠[100]研究了体心立方点阵结构各参数对其力学性能的影响规律，并根据其轻质的特点将其应用在轻量化设计中。Huang 等[101]研究了空薄壁管和锥形点阵材料填充管的力学性能，指出填充管的吸能量是其余两者之和的 1.26 倍。Liu 等[102]利用薄壁管和点阵结构可提高耐撞性的优点，构建了一种填充均匀梯度点阵结构的薄壁管，并通过数值仿真揭示了薄壁管尺寸、点阵结构类型以及填充管高宽比对变形模式和能量吸收机制的影响。Jin 等[103]提出了一种新型玻璃纤维增强聚合物点阵填充管，压缩实验结果表明，点阵结构对填充管的抗压强度和能量吸收有 33% 和 90% 的提升效果，组合结构平台应力几乎提高到了峰值强度。

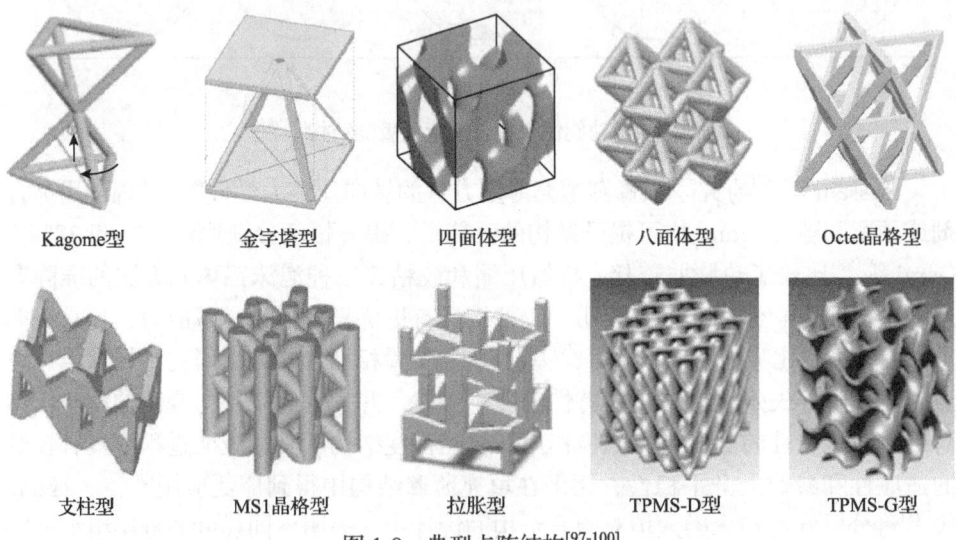

Kagome型	金字塔型	四面体型	八面体型	Octet晶格型
支柱型	MS1晶格型	拉胀型	TPMS-D型	TPMS-G型

图 1-8　典型点阵结构[97-100]

TPMS 表示三周期极小曲面(triply periodic minimal surface)

薄壁管中填充功能性材料虽然能有效提升结构的吸能特性，但填充材料与薄壁管间的组合模式会影响整体结构的吸能特性，这无疑会增加试件拆装维护的难度和成本，从而降低吸能装置的实用性和经济性，不利于大规模推广应用。同时，对多孔泡沫结构而言，其孔洞尺寸和孔洞方向具有一定的随机性，整体结构的力学性能难以精准控制，且易在加工过程中产生初始缺陷。而对蜂窝结构而言，受限于加工工艺和结构特点，其高度尺寸受到严重制约，导致其平台应力无法得到有效提升。相比于前两者，点阵结构确实在能量吸收和轻量化上更具潜力，但复杂的加工工艺和组装方法极大地制约了其在碰撞吸能领域的应用。因此，在既有常规吸能元件的基础上对其内部构造进行一体化优化设计仍是目前改善结构吸能特性最为高效的方法。

1.2.3 内部结构设计

为进一步发挥薄壁管件内部的空间资源，同时兼顾吸能元件的整体性，研究人员开始在传统薄壁管件的基础上进行内部结构设计，以期望新旧组成部分之间能产生良好的相互作用，从而达到吸能效果增强的目的[104-106]。如图1-9所示，内部通过薄壁板件错位连接的多胞薄壁管是一种较为成熟的新型组合结构，凭借多区域连通的特殊截面形式，这类薄壁管件具有良好的工作稳定性[107,108]。除此以外，由于截面被板件划分为多个区域，结构具有足够数量的折角并且各个折角的角度易处于理想范围之内，多胞薄壁管件表现出高效的能量耗散模式[109,110]。

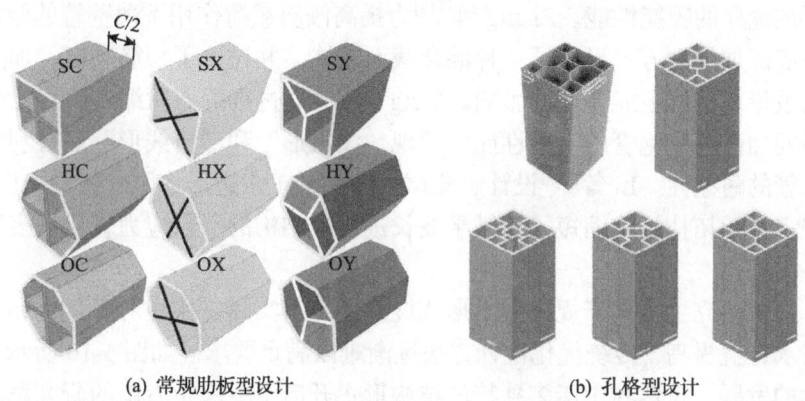

(a) 常规肋板型设计

(b) 孔格型设计

字母含义：S-矩形；H-六边形；O-八边形；C-十字形肋板；
X-X型肋板；Y-Y型肋板；C-边长

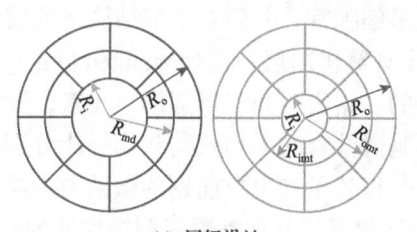

(c) 层级设计

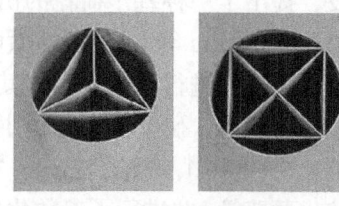

(d) 混合型设计

R_i-内径；R_o-外径；R_{md}-中间层半径；
R_{omt}-外侧中间层半径；R_{imt}-内侧中间层半径

图 1-9 常规多胞薄壁吸能结构[109,110]

Chen 等[111]基于数值方法和实验方法首次探究了单胞、双胞和三胞矩形薄壁管轴向的能量吸收能力，并基于简化的超折叠单元理论提出了出各截面形式多胞管平均抗压强度的预测公式。为进一步完善多胞管件力学性能和吸能特性的相关理论，靳明珠等[112]基于既有理论和基本单元法对凸边形截面多胞管的轴向压缩力学特性展开研究，提出的理论模型和有限元模型可有效预测多胞管的力学响应和能量吸收能力。为充分挖掘多胞管的吸能潜力，研究学者基于实验方法和仿真方法对截面形式、胞元尺寸、折角数量、折角分布等影响因素开展了大量研究[113-115]。Abdullahi 等[116]提出了一种新颖的具有随机截面尺寸的多胞组合管件，并通过 Voronoi 镶嵌的随机特性来增强管件的能量吸收能力，结果表明，该结构在轴向和弯曲载荷作用下具有良好的吸能效率，分别达到 87.1%和 85.6%。Luo 等[117]为获得理想的折角数将薄壁管件设计为多胞夹层的形式，该构造特征显著减小了管件屈曲变形时的半波长，并改善了结构的塑性弯曲力矩，从而大幅增加了结构的稳定性和吸能效率。唐智亮等[118]在多胞管的基础上引入非凸边形截面，从而实现在增加折角数的同时保证各折角的角度在高效吸能范围内，结果表明，非凸边形截面多胞管由于具有较小的褶皱半波长，可在相同尺寸下形成更多的褶皱，因而具有更加优异的吸能性能。Zhang 等[119]为提高倾斜载荷作用下薄壁管的吸能性能，基于底部加筋的方式设计了一种混合截面管柱，并讨论了加筋高度、加筋方向和加筋数量对结构吸能特性的影响。Yang 等[120]通过准静态压缩实验对比分析了三种不同加强筋多胞管的吸能性能，发现"波浪形"和"折线形"更有利于提高多单元管的耐撞性。Li 等[121]设计、测试、优化了正六边形多胞管的轴向压缩性能，发现多单元拓扑结构缩短了褶皱半波长进而使结构的平台应力较传统多胞管提升了 14%。

上述研究主要基于规则截面形式展开，由于实际应用中对轻量化和吸能平稳性需求日益提高，传统优化设计方法逐渐难以满足要求。如图 1-10 所示，随着仿生学的发展，自然界中诸多独特的结构形式开启了专家学者新的研究思路，许多专家学者开始对多胞薄壁结构展开仿生优化设计[122-124]。Gong 等[125]从荷花结构特点出发，提出了一种基于荷花的仿生多细胞管，并建立了该结构平均破碎载荷的理论预测模型。Liu 等[126]利用显微电子计算机断层扫描(computed tomograph，CT)技术对羽毛剖面进行观察，提取其中的"锯齿"和"半圆形"元素，设计了五种仿生多胞薄壁管，研究表明，仿生多胞薄壁管的平均载荷和比吸能分别是传统薄壁管的 1.65 倍和 1.35 倍。Zhang 等[127]以竹子和甲虫前翅的微结构为灵感提出了一组仿生薄壁管，并进行了参数化研究，揭示了几何参数对耐撞性能的影响。Song 等[128]以松果结构为灵感设计了一种新型的多胞仿生交叉薄壁管，发现三胞仿生管在轴向冲击载荷下的整体吸能特性优于普通圆管和其他几种多胞仿生管。黄晗等[129]基于虾螯的微观结构，提出了一种新型含"人"字形仿生单元的多胞薄壁管结构，并采用多目标优化方法和多目标粒子群优化算法对不同碰撞角度工况的薄壁管结构参数进行了优化。Huo 等[130]根据鹿角骨的结构特点和结构仿生学原理，设计了一种与鹿角骨具有相同内外直径和梯度厚度的仿生薄壁管，并采用数值仿真方法分析了等梯度变厚薄壁管在轴向和斜向载荷作用下的吸能特性。

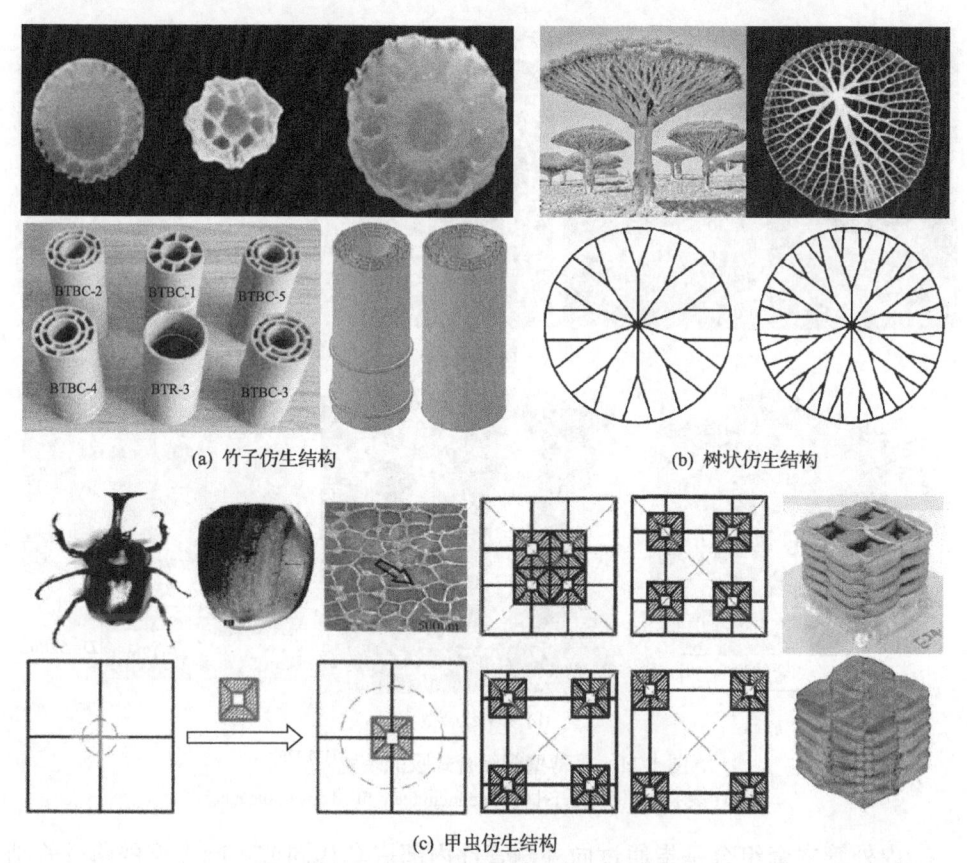

(a) 竹子仿生结构

(b) 树状仿生结构

(c) 甲虫仿生结构

图 1-10 仿生多胞薄壁吸能结构[122-124]

多胞薄壁管整体式结构形式确实能避免因内外组件组合不当而出现吸能性能削弱的问题，且能有效提升结构的能量耗散能力。然而，多胞薄壁管复杂的结构形式和连接关系将会给加工工艺带来巨大的挑战，显著增加时间成本和经济成本，影响其大规模生产应用。此外，大部分多胞薄壁管结构仍具有明显的初始峰值载荷和后续载荷波动，有可能造成乘员因承受过载冲击或二次碰撞而出现伤亡。

1.2.4 多管组合应用

通过上述分析可知，目前吸能结构的研究主要基于单一元件展开优化设计，虽然结构的吸能特性有所提升，但显然存在提升的瓶颈[131,132]。此外，复杂的结构形式对加工工艺提出了较为苛刻的要求，并不利于吸能装置的大规模应用[133,134]。相比之下，多薄壁吸能管件的组合应用是一种提高结构能量耗散能力更为简单高效的方法。如图 1-11 所示，目前该方向的研究主要从两个思路开展，即内外管嵌套组合以及多管阵列分布。

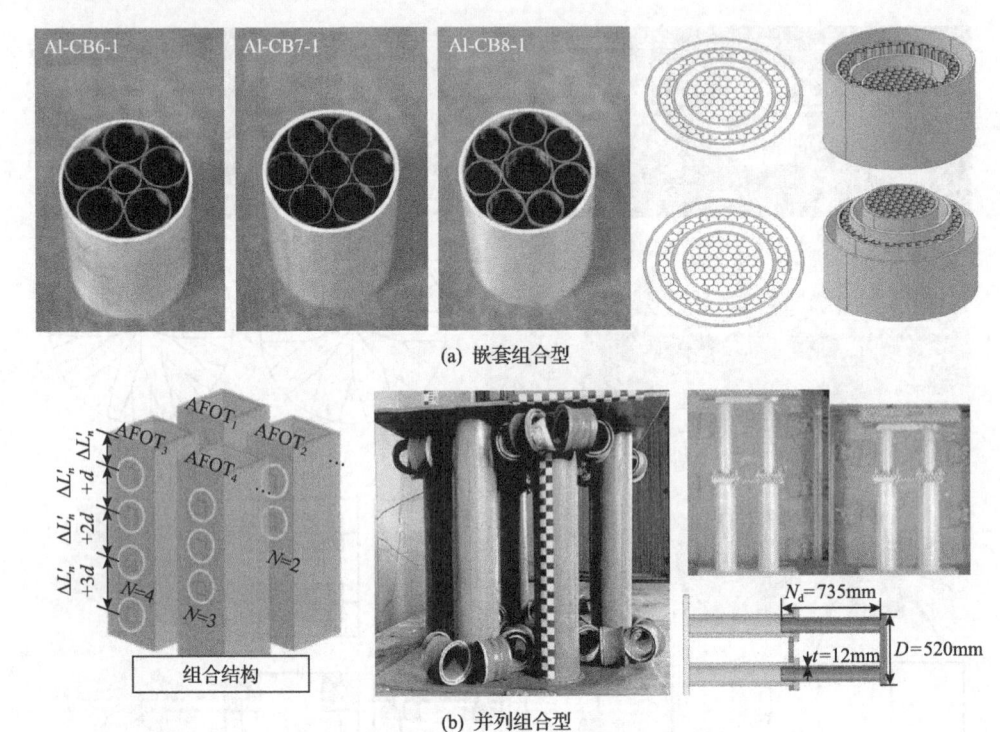

图 1-11 多薄壁管组合式吸能装置[135-139]
AFOT 表示泡沫铝填充开孔管（aluminum foam filled open-hole tube）

内外管嵌套组合是指通过向外侧管件内部嵌套相同或不同类型的薄壁管结构，通过两者之间的相互作用达到吸能特性"1+1>2"的目的。Kahraman 等[135]研究了不同管件数量下嵌套管（2~6 根）在横向荷载作用下的吸能行为，发现当管件数量为 5 时，结构具有最高的比吸能和吸能效率。Pirmohammad[136]对不同管数和截面形状同心结构在不同加载工况下的吸能特性进行了研究，结果表明，包含两根管的六角形结构和包含三根管的八角形、十角形和圆形结构在其相应的截面形状中性能最优。Estrada 等[137]基于仿真计算探究了截面形式、嵌套管间隙和诱导孔对结构变形的引导效果，结果表明，与单纯的嵌套管间隙相比，诱导孔的设置可以更有效地提高载荷效率和吸能量。李志超[138]研究了不同角度加载下多边形单管以及双管组合结构的吸能特性，并提出将均匀壁厚设计为沿管轴向壁厚梯度渐变的功能梯度壁厚双管组合结构，以提升倾斜载荷下的吸能特性。Ying 等[139]

研究了二阶混合铝/碳纤维多管组合结构在准静态压缩下的轴向响应行为和吸能特性，并揭示了径向拓扑结构、管件数量、壁厚等参数的影响规律。韩旭香[140]提出了一种新型的非金属类填充双管状缓冲吸能结构，并对比分析了结构参数和加载条件对吸能特性的影响。Chahardoli 等[141]研究了嵌套薄壁铝管在侧向和准静态加载工况下的力学性能，数值仿真结果表明，增大内管的直径会导致结构的初始峰值载荷和比吸能出现明显的减小。Xu 等[142]对具有四种不同排列方式的嵌套薄壁结构展开多角度动态冲击研究，结果表明，四管倒立体系的比吸能会比三管嵌套体系高出 20%。

多管阵列组合则是指不同数量的薄壁管件以外部并联排布的形式进行组合，该思路相比于嵌套组合形式在结构尺寸上更具灵活性。Guan 等[143]采用响应面建模技术对缩颈多管组合吸能装置的关键结构参数进行了优化设计，结果表明，优化后的组合结构在多种载荷情况下具有更好的耐撞性；同时，撕裂式多管组合结构的能量吸收规律也得到了系统探索，并提出了能可靠预测该组合结构平均载荷的理论模型[144]。Jishi 等[145]通过改变夹层阵列结构中复合管件的数量和类型来研究管件面密度对吸能特性的影响，发现圆形截面的阵列结构比方形截面具有更高的能量吸收特性。Gan 等[146]分析了薄壁多管组合结构在轴向荷载作用下的力学行为，考察了管件间距、管件数量、截面形式和组合方式对多管组合结构吸能特性的影响，并采用多目标优化方法得出了性能最优的多管组合结构。朱宏伟等[147]通过准静态实验对单根正六边形碳管(单管)、双管、三管和四管蜂窝结构进行轴向压溃研究，对比分析了四种不同数量碳管蜂窝结构的破坏方式、吸能量和比吸能的演变规律，最终揭示了蜂窝结构的粘接区效应。Xie 等[148]对泡沫铝填充开孔管及其组合吸能结构的耐撞性进行了研究，进而提出了一种基于不同孔数和孔距的协同创新多管组合模式。此外，部分学者综合考虑列车碰撞总能量分配、各系统吸能界面的平台力、触发次序和吸能行程等因素，对列车前端吸能系统展开分级吸能设计[149]。邓志芳[150]提出了分级薄壁吸能结构，并从理论、实验及仿真等方面对其吸能特性进行了优化研究。董喜文等[151]对分级吸能结构的动态轴向压缩力学行为展开研究，并建立了比吸能和初始峰值载荷的多目标优化函数以确定最优结构参数。

如图 1-12 所示，目前多薄壁管组合式吸能装置的研究大多只是对相同类型薄壁管结构或高度不同薄壁管的简单组合应用，由于各管载荷-位移曲线会出现明显的重叠，组合结构的初始峰值载荷或载荷波动会被显著放大，显然不利于碰撞动能的平稳耗散[152,153]。此外，由于缺乏系统化的多管组合方法，无法为实际应用中的构型参数确定和管件数量选取提供切实可行的思路，自然无法最大限度地保护司乘人员的安全[154,155]。

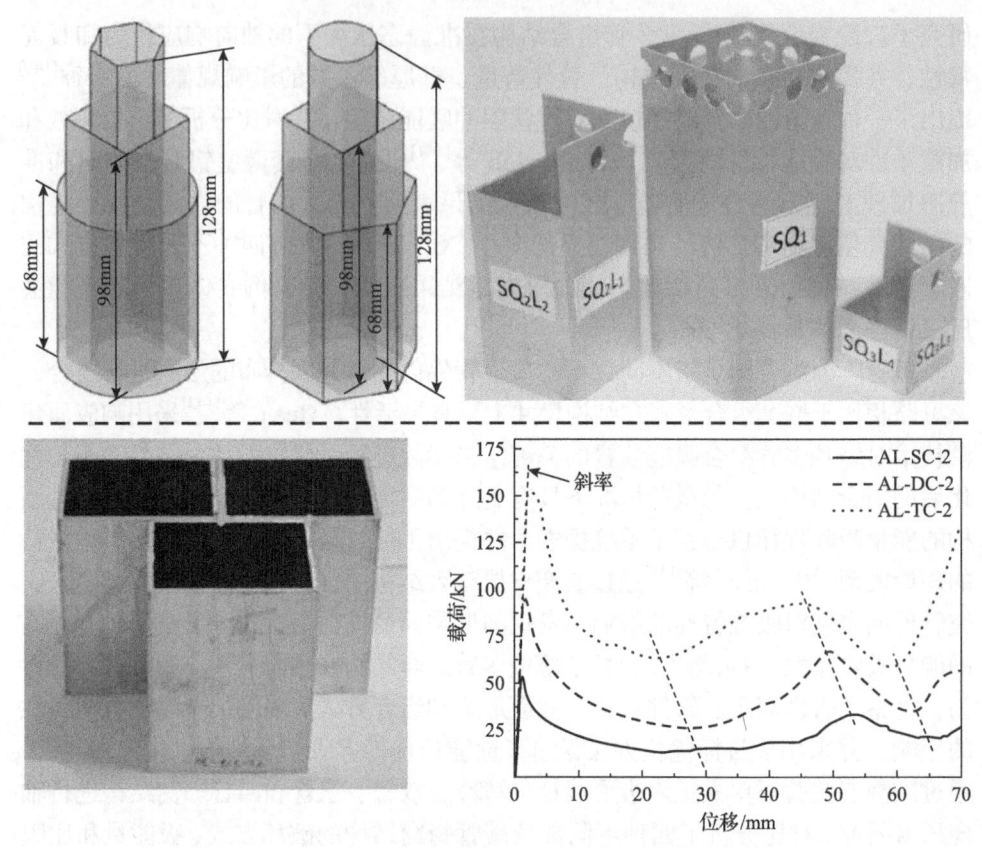

图 1-12 多薄壁管组合式吸能装置[152,153]

1.3 主要内容介绍

通过对研究现状的分析可知，单管优化设计呈现结构复杂化的趋势，而多管组合则缺乏系统高效的方法，均难以实现高吸能量、低初始峰值载荷和小载荷波动等优异吸能特性的完美兼容。如图 1-13 所示，多管组合式吸能装置中如何使各管载荷-位移曲线形成合适的差异，是避免初始峰值载荷和后续载荷波动显著增大的关键。因此，本书将基于多管载荷-位移曲线错位补偿思路，对多管组合式吸能装置的变构型差异化分布设计方法展开研究，从而在实现吸能量显著提升的同时尽可能地降低初始峰值载荷和后续载荷波动。以薄壁吸能元件为研究对象，建立归一化的吸能特性综合评价体系，分析管件宏观变形与载荷-位移曲线走势之间的演变规律，确定可用于控制载荷-位移曲线走势的构型参数，建立面向峰值载荷形成时序的单元理论模型；基于获取的构型参数和验证后的仿真模型进一步量化构型分布形式对峰值载荷形成时序的影响尺度，获取可精准控制单一薄壁吸能管载荷-位移曲线的构型参数设计方法；最后总结归纳可实现多管载荷-位移曲线充分错位补偿的变构型差异化分布设计方法，并在此基础上设计出可兼顾高吸能量、低初始峰值载荷和小载荷波动等优异吸能特性的多管组合结构。

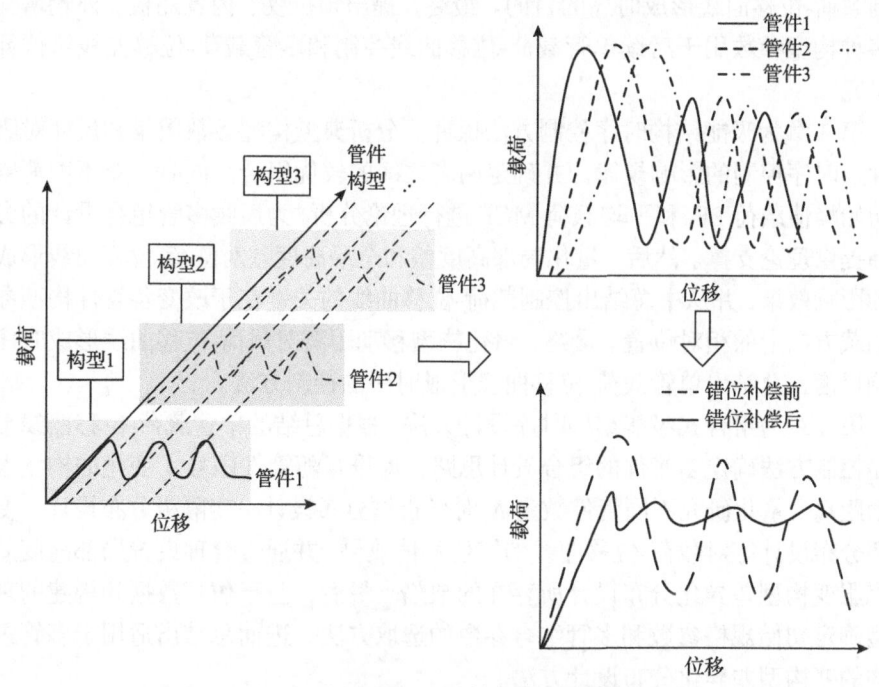

图 1-13 多管载荷-位移曲线错位补偿思路

1.3.1 研究内容

本书结合理论分析、有限元仿真和实验等手段，对多管载荷-位移曲线的普适性错位补偿方法展开系统介绍，主要内容如下。

第 1 章为绪论。通过介绍我国交通系统运营里程长、速度级别多、发车频次高、客运规模大等特点，突出车辆安全对于国家和社会的重要性。由于主动安全保护系统无法完全避免安全事故的发生，被动安全保护系统仍是车辆至关重要的一道安全屏障。进而从新组件引入、内部结构设计、多管组合应用三个角度综述当前薄壁吸能结构的研究现状，并明确既有研究所存在的不足。为克服目前多管组合研究所存在的构型参数单一、载荷-位移曲线相互叠加、多管组合方法匮乏等缺陷，确定载荷-位移曲线形成时序精准控制和多管载荷-位移曲线错位补偿两个核心研究内容，以突破高吸能量、低初始峰值载荷和小载荷波动等吸能特性难以兼容的技术瓶颈。

第 2 章为吸能结构时序规律分析及构型选取。介绍多尺度的吸能特性综合评价体系，并进行无量纲处理以消除结构形式和材料属性对吸能特性评价的影响。从宏观变形序列的角度分析经典薄壁管件变形褶皱与载荷-位移曲线各位移区间的联系，基于经典单元理论建立面向载荷-位移曲线形成时序的理论模型，并揭示塑性铰形成位置是褶皱半波长的主要影响因素，通过改变塑性铰的位置可以实现控制载荷-位移曲线形成时序的目的。最终，提出预折纹、内置隔板、外置增强环等多种构型参数用于后续单管载荷-位移曲线控制和多管载荷-位移曲线错位补偿的研究。

第3章为吸能结构时序控制方法探究。分析典型构型参数数量和尺寸对吸能特性及时序控制的影响规律，并确定两者之间的较优组合。同时，对不同薄壁管的初始峰值载荷 PF_1 和平均载荷 MCF 进行理论分析，为后续多管组合设计的参数选择提供理论支撑。然后，量化局部高度差和全局高度差对载荷-位移曲线形成时序的影响效果，并从中总结出控制载荷-位移曲线的关键在于改变各管件构型参数在加载方向上的相对位置。最终，量化构型移动距离对载荷-位移曲线形成时序的影响尺度，总结出单管载荷-位移曲线形成时序的控制方法。

第4章为组合式吸能结构时序设计方法。根据总结的单管载荷-位移曲线形成时序控制方法确定多管件的组合设计思路，即设置随管件序号 i 变化的构型参数移动距离。量化研究不同管件数量 N_i 时变折纹分布设计、变隔板分布设计、变增强环分布设计等对载荷-位移曲线的错位补偿效果，并通过合理设置局部高度差有效克服变构型差异化分布设计所存在的缺陷。最后，基于仿真数据和构建的理论模型确定初始规格参数和多管组合参数的选取方法，进而总结出适用于多管组合结构的变构型差异化分布设计方法。

第5章为时序组合式吸能结构优化设计。基于提出的无量纲吸能特性综合评价体系对三种高度差-变构型差异化分布多管组合结构进行吸能特性对比分析，总结出三种组合结构各自的吸能优势和适用场景。然后，基于内外管嵌套组合的思路对预折纹薄壁管和外置增强环薄壁管展开吸能特性提升研究，并从中确定吸能性能较优且适合多管组合设计的嵌套组合模式。在此基础上，进一步研究变构型差异化分布设计在嵌套多管组合结构中的应用方法，总结兼顾高吸能量和小载荷波动的高度差-变构型差异化分布设计思路。同时，为凸显高度差-变构型差异化分布组合管所具备的吸能优势，对比分析泡沫铝填充薄壁管、多胞薄壁管、变构型差异化分布嵌套管在多管组合时的各项吸能特性。结果表明，在三种不同加载工况下高度差-变构型差异化分布嵌套多管组合结构均具有较为明显的吸能优势，可以实现高吸能量、低初始峰值载荷、小载荷波动等吸能特性的相互兼容。

第6章为时序组合式吸能结构性能验证。首先以某型号动车组司机室头车和地铁车辆头车为研究对象，建立包含骨架、蒙皮、侧墙、端墙、车顶、转向架等的整车有限元模型，并根据司机室底架前端的实际可利用空间进行大尺寸变构型差异化分布嵌套多管组合结构的协同设计。然后，结合轴向准静态压缩仿真分析进一步验证所建立变构型差异化分布嵌套多管组合结构设计框架在大尺寸结构参数下的可靠性，并系统化总结出该机制的应用步骤。最后，基于碰撞能量分配理论和相关耐撞性标准，对无吸能装置工况、高度差-变构型差异化分布工况以及固定构型分布工况展开 10m/s 的整车动态碰撞仿真分析。

1.3.2 技术路线

图 1-14 展示了本书的技术路线，大致可划分三个部分，分别为载荷-位移曲线规律分析及构型建立、载荷-位移曲线控制及错位补偿实现、变构型差异化分布多管组合结构吸能特性提升及验证。

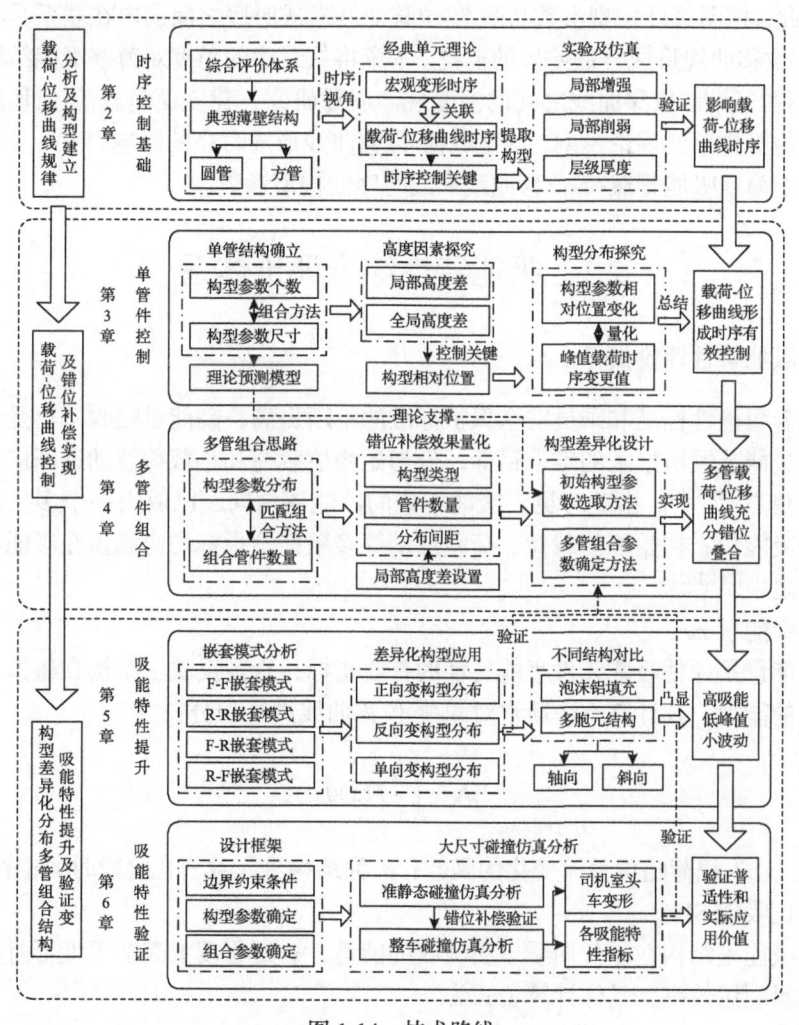

图 1-14 技术路线

第 2 章 吸能结构时序规律分析及构型选取

目前，薄壁吸能结构的研究主要关注吸能特性的提升幅度，而构型参数变化对载荷-位移曲线形成时序的影响规律并没有得到系统的研究[156-160]。载荷-位移曲线形成时序是指载荷随位移逐渐增大而呈现的变化趋势，也可以理解为载荷-位移曲线上各峰值载荷的分布位置。显然，结构在压缩过程中的宏观力学行为直接决定了载荷-位移曲线的变化趋势，而构型参数则是决定结构宏观变形模式的主要因素。因此，探明管件构型参数与载荷-位移曲线形成时序之间的内在联系是实现多管载荷-位移曲线形成合适差异的前提。本章将从时序的角度对薄壁吸能结构宏观变形过程与载荷-位移曲线之间的演变规律展开研究，建立面向载荷-位移曲线形成时序的折叠单元理论模型，确定载荷-位移曲线形成时序的影响因素，并提出可用于控制薄壁吸能管载荷-位移曲线形成时序的构型参数。

2.1 吸能特性综合评价体系

2.1.1 吸能特性评价指标

随着耐撞性标准和乘员安全保护标准的不断提高，高能量吸收不再是铁道车辆前端吸能装置所追求的唯一目标，低初始峰值载荷和小载荷波动逐渐成为人们关注的焦点[159,160]。由此可见，吸能结构的性能评估问题已成为一个多尺度评价问题，吸能量、初始峰值载荷、荷载波动等多项评价指标均应涵盖在吸能特性评价体系之中[161,162]。

1) 吸能量 EA

吸能量是评估吸能元件吸能特性的首要指标，直观反映了结构在碰撞过程耗散动能的能力，其计算方法通常对载荷-位移曲线进行积分：

$$\mathrm{EA} = \int_0^{d_c} f(x)\mathrm{d}x \tag{2-1}$$

式中，$f(x)$为载荷随位移而变化的函数；d_c为结构进入致密化阶段时的位移。

2) 比吸能 SEA

比吸能是结构在单位质量下所吸收的能量，一定程度上表征了变形过程中结构的材料利用效率，具体计算公式为

$$\text{SEA} = \frac{\text{EA}}{m} = \int_0^{d_c} \frac{f(x)\mathrm{d}x}{m} \tag{2-2}$$

式中，m 为结构的质量。

3）峰值载荷 PF_k

峰值载荷是指在压缩过程中载荷-位移曲线上周期性出现的极值，k 为载荷-位移曲线上峰值载荷出现的顺序，如初始峰值载荷为 PF_1。

4）载荷效率 CFE

载荷效率是平均载荷与初始峰值载荷之间的比值，常用于衡量吸能结构在能量耗散过程中的载荷一致性，具体计算公式为

$$\text{MCF} = \frac{\text{EA}}{d_c} = \int_0^{d_c} \frac{f(x)\mathrm{d}x}{d_c} \tag{2-3}$$

$$\text{CFE} = \frac{\text{MCF}}{\text{PF}_1} \times 100\% \tag{2-4}$$

式中，MCF 为结构在压缩过程中的平均载荷。

5）载荷波动 FL

结构在 $d_o \sim d_c$ 位移区间内实时载荷与平均载荷之间的标准差，用以更直观地展示压缩过程中载荷-位移曲线的波动大小。o 和 c 分别为起始位移和终止位移所对应的数据点序号，$f(a)$ 是数据点 a 所对应的载荷。

$$\text{FL}_{d_o \sim d_c} = \sqrt{\frac{\sum_{a=o}^{c}(f(a) - \text{MCF})^2}{c - o}} \tag{2-5}$$

6）有效载荷波动系数 ULC

有效载荷波动系数是指载荷-位移曲线的波动情况，表征载荷距离平均载荷的远近程度，公式为

$$\text{ULC} = \frac{\int_0^{d_c} |P - \text{MCF}|\mathrm{d}x}{\text{EA}} \tag{2-6}$$

式中，P 为结构在压缩过程中的实时载荷。

2.1.2 无量纲处理

不同类型实验试件之间的结构形式存在差异，适用于不同的加工工艺和材料

类型。而且，即使是同一批次生产加工的试件，其材料参数也无法保持完全一致。为消除结构形式和材料参数对吸能特性评估的影响，引入下列经过无量纲处理的吸能特性评价指标[163-165]。

1) 无量纲吸能量 |EA|

无量纲吸能量通过将吸能量除以结构的体积 V 和材料的屈服强度 σ_y 获得：

$$|\mathrm{EA}| = \frac{\mathrm{EA}}{V\sigma_y} \tag{2-7}$$

2) 无量纲比吸能 |SEA|

无量纲比吸能通过将比吸能除以结构的材料尺寸特征参数 τ 获得：

$$\sigma_0 = \sqrt{\frac{\sigma_u \sigma_y}{1+\eta_h}} \tag{2-8}$$

$$\tau = \frac{\sigma_0}{\rho} \tag{2-9}$$

$$|\mathrm{SEA}| = \frac{\mathrm{SEA}}{\tau} \tag{2-10}$$

式中，σ_0、σ_u、η_h 以及 ρ 分别为材料的流动平均应力、极限强度、应变硬化系数和密度。

3) 无量纲平均载荷 |MCF|

无量纲平均载荷通过将平均载荷结构单位宽度的全塑性弯矩 M_0 获得：

$$M_0 = \frac{\sigma_0 t^2}{4} \tag{2-11}$$

$$|\mathrm{MCF}| = \frac{\mathrm{MCF}}{M_0} \tag{2-12}$$

式中，t 为薄壁结构的厚度。

4) 结构效率 γ

结构效率通过将平均载荷除以结构的横截面积和流动平均应力获得，其值可以有效对比不同结构形式和材料类型之间的材料利用率：

$$\gamma = \frac{\mathrm{MCF}}{A\sigma_0} \tag{2-13}$$

式中，A 为结构的横截面积。

2.1.3 复杂比例评价方法

评价吸能结构的耐撞性时，会存在各个指标相互冲突的情况，无法客观、全面地评价结构的耐撞性。一种多指标综合评价方法（complex proportional assessment，COPRAS），可以较为有效地解决全面评价指标互相冲突的问题。选取 SEA、PF$_1$、CFE、ULC 吸能特性指标，作为耐撞性分数评估参考，以评价具有最高耐撞性的多管组合，具体步骤如下。

步骤 1：将不同评价指标值整合至同一性能矩阵 A 内：

$$A = [a_{mn}] = \begin{bmatrix} a_{11} & a_{12} & \cdots & a_{1n} \\ a_{21} & a_{22} & \cdots & a_{2n} \\ \vdots & \vdots & & \vdots \\ a_{m1} & a_{m2} & \cdots & a_{mn} \end{bmatrix} \quad (2\text{-}14)$$

式中，a_{mn} 为第 n 个评价指标的第 m 种情况指标值的绝对值。

步骤 2：对性能矩阵 A 中各评价指标值无量纲化，得到无量纲性能矩阵 B。

步骤 3：赋予每个评价指标相对应的权重比 w_n。对于两个指标之间更重要的指标赋予权重系数 3，次要指标赋予权重系数 1，同等重要的权重系数均为 2。权重设置如表 2-1 所示。

表 2-1 权重设置

选择指标	比较集数量						W_n	w_n
	1	2	3	4	5	6		
SEA	2	3	1	—	—	—	6	6/24=0.25
PF$_1$	2	—	—	2	1	—	5	5/24=0.2083
CFE	—	1	—	2	—	1	4	4/24=0.1667
ULC	—	—	—	3	3	9	9	9/24=0.375

步骤 4：将权重比赋予无量纲性能矩阵 B 中相对应的指标值，得到权重化无量纲性能矩阵 C。

步骤 5：对权重化无量纲性能矩阵中的值分别按照有利评价指标和不利评价指标进行求和。

步骤 6：计算得到每种情况的综合评定值 Q_m，然后根据 Q_m 计算出数量效用值 U_m，按照 U_m 的大小对不同情况进行性能排序，得到综合性能排名。$[Q_m]_{max}$ 为综合评定值最大值。

$$U_{\mathrm{m}} = \frac{Q_{\mathrm{m}}}{[Q_{\mathrm{m}}]_{\max}} \times 100\% \qquad (2\text{-}15)$$

2.2 宏观变形时序-载荷-位移曲线关联分析

2.2.1 圆管

薄壁吸能圆管的研究已较为系统，其变形模式主要由管件的长度、直径、厚度和材料参数决定[166-168]。图 2-1(a)展示了薄壁圆管四种最典型的变形模式，其中钻石模式(非轴对称变形模式)和风琴模式(轴对称变形模式)又统称为渐进折叠模式。图 2-1(b)展示了不同长径比(长度和直径的比值)和径厚比(直径和厚度的比值)下金属薄壁圆管的变形模式分布情况。可以看出，当管件厚度和直径一定时，随着管长增大，结构更容易发生欧拉失稳变形，反之则更容易发生渐进折叠变形。此外，管径越大的管件越容易发生渐进折叠变形。图 2-1(c)展示了三种典型变形

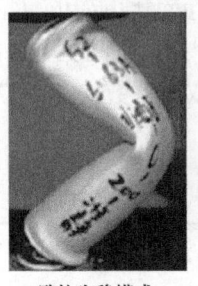

(a) 薄壁圆管典型变形模式[166-168]

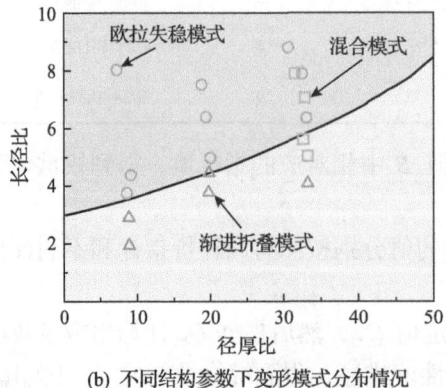

(b) 不同结构参数下变形模式分布情况

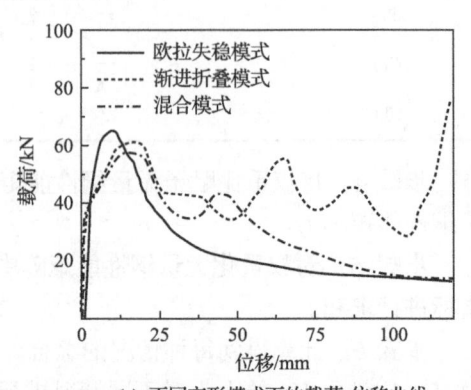

(c) 不同变形模式下的载荷-位移曲线

图 2-1 圆管变形模式及吸能特性对比

模式下的载荷-位移曲线。显然，渐进折叠变形模式展现出更长的有效压缩行程和更高的平均载荷，是最为稳定高效的能量耗散模式。

图 2-2 展示了直径为 40mm、长度为 100mm、厚度为 2mm 的薄壁圆管在轴向压缩过程中载荷-位移曲线与宏观变形序列的对应关系。如图 2-2(a) 和 (b) 所示，薄壁圆管在渐进折叠变形模式下会逐步形成一定数量的变形褶皱，而每个变形褶皱都会对应载荷-位移曲线上的一段区间，如褶皱一对应区间①、褶皱二对应区间②……褶皱八对应区间⑧。其中，除褶皱一外，其余每个褶皱都会对应两个波峰值和波谷值。图 2-2(c) 展示了褶皱一至褶皱三的变形序列，A 点时褶皱一中部沿径向开始向外屈曲，区间①出现波峰值，B 点时褶皱一基本成型，区间①出现波谷值。C 点时因受褶皱一下端继续向内延伸，褶皱二上部沿径向内侧出现屈曲，区间②出现第一个波峰值，D 点时褶皱二的中部沿径向开始向外屈曲，区间②出现第二个波峰值，E 点时褶皱二基本成型，区间②出现第二个波谷值。显然，上侧褶皱在变形结束时会对下侧相邻褶皱的变形造成一定影响。由于褶皱一作为起始变形端并无上方褶皱的影响，所以褶皱一只对应一个波峰值和波谷值，而其余褶皱均对应两个波峰值和波谷值。由此可见，褶皱的逐一形成过程导致所对应的载荷-位移曲线区间内载荷出现周期性变化，而每个褶皱的变形持续时间直接决定

(a) 薄壁圆管载荷-位移曲线

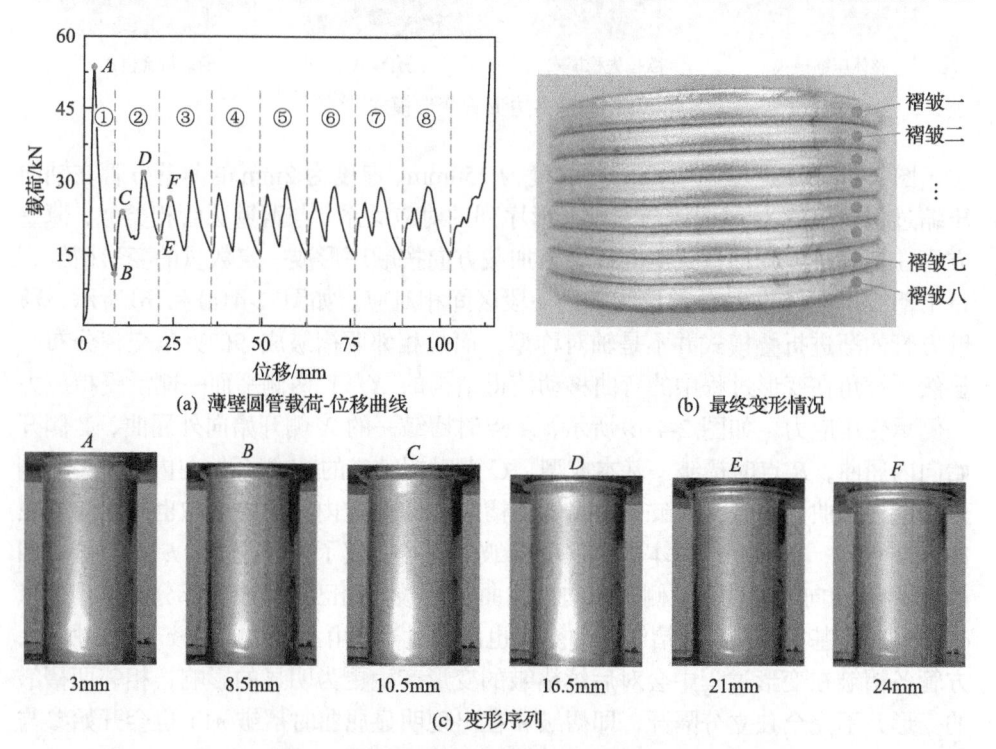

(b) 最终变形情况

(c) 变形序列

图 2-2　载荷-位移曲线与薄壁圆管宏观变形序列的对应关系

了所对应区间的位移长度。因此，改变褶皱的变形时序就可以实现改变所对应区间内载荷-位移曲线的形成时序。

2.2.2 多边形管

多边形管也是一种应用极其广泛的传统薄壁吸能结构，其最大特点为结构各平面连接处存在相应数量的棱角，这也导致其在压缩过程中与薄壁圆管呈现不同的变形模式[169-171]。方管则是多边形管中较具有代表性的一种结构，其变形模式通常由管件长度、厚度以及截面长宽比等结构参数所决定。图 2-3 展示了矩形管常见的变形模式，可大致分为整体压缩模式、欧拉失稳模式、混合模式及渐进折叠模式。

整体压缩模式　　欧拉失稳模式　　混合模式　　渐进折叠模式
图 2-3　薄壁多边形管变形模式[169-171]

图 2-4 展示了宽度为 40mm、长度为 150mm、厚度为 2mm 的薄壁方管在轴向压缩过程中载荷-位移曲线与宏观变形序列的对应关系。与薄壁圆管相类似，薄壁方管在渐进折叠变形模式下同样会沿加载方向按顺序形成一定数量的变形褶皱，每个褶皱也会与载荷-位移曲线上的一段区间相对应。如图 2-4(a) 和 (b) 所示，薄壁方管的渐进折叠模式并不是轴对称型，而是相邻两褶皱成 90°夹角交替分布。显然，棱角在变形过程中的弯曲移动使得结构的 X、Y 两侧平面一侧承受拉应力一侧承受压应力。如图 2-4(c) 所示，A 点时褶皱一的 X 侧开始向外屈曲，Y 侧开始向内屈曲，B 点时褶皱一基本成型。C 点时褶皱二的 X 侧开始向内屈曲，Y 侧开始向外屈曲。此时，褶皱三的 X 侧受褶皱二 X 侧向内凹陷的影响也开始向外屈曲。D 点时，褶皱二已基本成型，而褶皱三则是完成了部分变形。E 点时褶皱四的 X 侧开始向内屈曲，Y 侧开始向外屈曲，褶皱三则已经完成大部分变形。F 点时褶皱三已基本成型，而褶皱四的变形也已经过半。由此可见，相较于薄壁圆管，方管各褶皱在变形过程中会对后续褶皱的变形产生更为明显的影响，相邻两褶皱的变形并不完全独立分隔开，即褶皱 n 在出现明显屈曲时褶皱 n+1 也会开始参与变形。因此，载荷-位移曲线上各褶皱所对应的位移区间($s_1 \sim s_6$)存在部分重叠。

在这种变形连续性的影响下，改变其中某一个褶皱的变形过程势必会影响后续褶皱的变形状态。

(a) 典型薄壁方管载荷-位移曲线

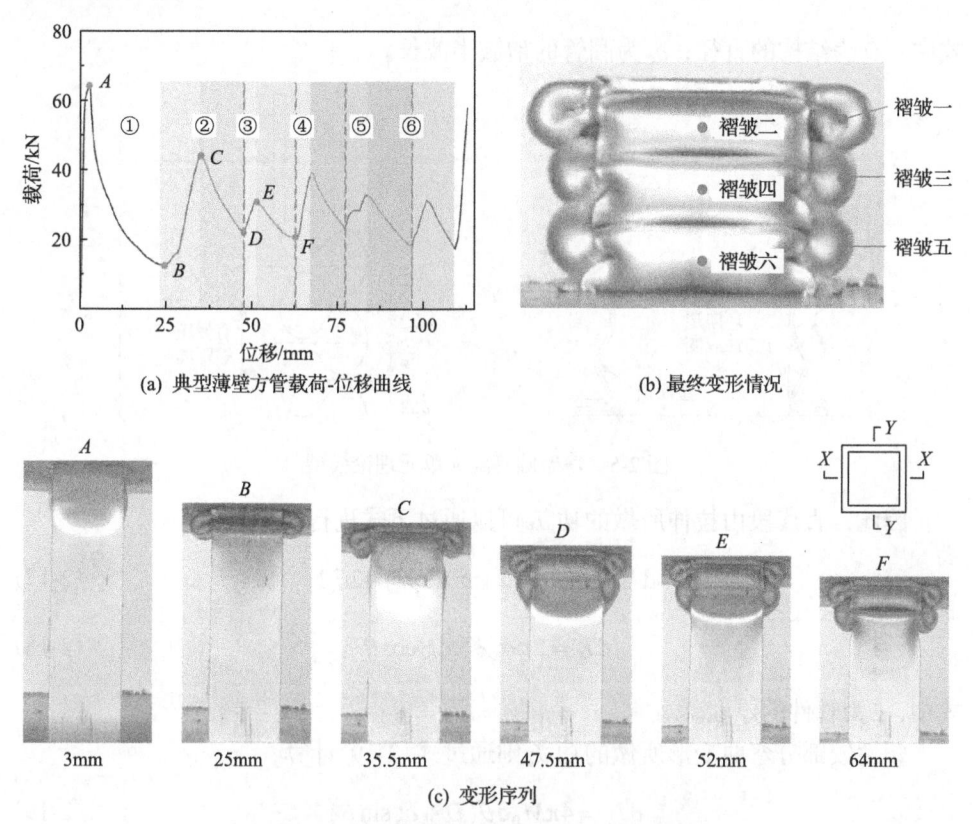

(b) 最终变形情况

(c) 变形序列

图 2-4　薄壁方管载荷-位移曲线及宏观变形序列

2.3　面向载荷-位移曲线形成时序的理论研究

2.3.1　薄壁圆管经典单元理论

关于薄壁圆管渐进折叠模式的理论研究已经非常系统，其中最为经典的理论模型为亚历山大(Alexander)模型，后续研究学者也是基于该模型进行的完善和补充[172-174]。如图 2-5 所示，亚历山大模型将圆管的变形过程简化为两个由塑性铰连接的直线段，具体能量耗散机制为直线段部分拉伸变形所做的功 J_1 以及塑性铰部分弯曲变形所做的功 J_2。为了简化分析，忽略材料的弹性应变和加工硬化，即假设为"塑性刚性"材料。

当直线段的弯曲角度 θ 增大 $d\theta$ 时，直线段部分的平均拉伸应变 ε 为

$$\varepsilon = \frac{\pi\left[D + \delta_c \sin(\theta + \mathrm{d}\theta)\right] - \pi(D + \delta_c \sin\theta)}{\pi(D + \delta_c \sin\theta)} \tag{2-16}$$

式中，D 为结构的直径；δ_c 为圆管的褶皱半波长。

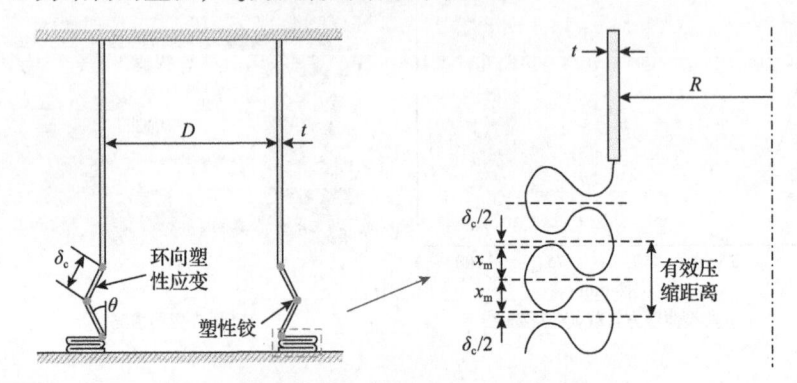

图 2-5　薄壁圆管经典单元理论模型

因此，直线段由拉伸所做的功 J_1 可以通过下式进行计算：

$$\mathrm{d}J_1 = \sigma_0 \varepsilon \pi(D + \delta_c \sin\theta) \times 2\delta_c t \tag{2-17}$$

$$\mathrm{d}J_1 = 2\pi \sigma_y \delta_c^2 t \mathrm{d}\theta \cos\theta \tag{2-18}$$

式中，t 为管件的厚度。

塑性铰部分弯曲变形所做的功 J_2 则通过式(2-19)计算：

$$\mathrm{d}J_2 = 4\pi M_0 \mathrm{d}\theta(D + \delta_c \sin\theta) \tag{2-19}$$

一个变形褶皱在结束变形时所耗散的能量可以通过平均载荷与褶皱波长的乘积所确定：

$$2\delta_c \times \mathrm{MCF} = \int_0^{\frac{\pi}{2}} (\mathrm{d}J_1 + \mathrm{d}J_2) \tag{2-20}$$

通过压缩实验可以发现，吸能过程中结构对材料的利用率并不能达到100%，单个褶皱的实际变形高度无法达到 $2\delta_c$，其值为理想褶皱半波长的 70%～75%[175]。因此，式(2-20)应做如下修改：

$$2\eta_r \delta_c \times \mathrm{MCF} = \int_0^{\frac{\pi}{2}} (\mathrm{d}J_1 + \mathrm{d}J_2) \tag{2-21}$$

$$\mathrm{MCF} = \frac{\pi \sigma_y \delta_c t}{\eta_r} + \frac{\pi \sigma_0 t^2}{\eta_r}\left(\frac{\pi D}{4\delta_c} + \frac{1}{2}\right) \tag{2-22}$$

式中，η_r 为薄壁圆管的材料利用率。

未知变量褶皱半波长 δ_c 可通过稳定渐进折叠变形下的能量耗散最小原则进行求解：

$$\frac{\partial \mathrm{MCF}}{\partial \delta_c} = 0 \tag{2-23}$$

$$\delta_c = \sqrt{\frac{\pi \sigma_0}{4\sigma_y}} \sqrt{Dt} \tag{2-24}$$

2.3.2 薄壁方管经典单元理论

1. 初始峰值载荷

如图 2-6 所示，方管在屈曲过程中边角基本保持直角，此时边角处的弯矩可以忽略不计。基于弹性稳定理论，薄壁方管结构的屈曲问题可转化为两侧受简支约束矩形板的轴向压缩屈曲问题[176-178]。

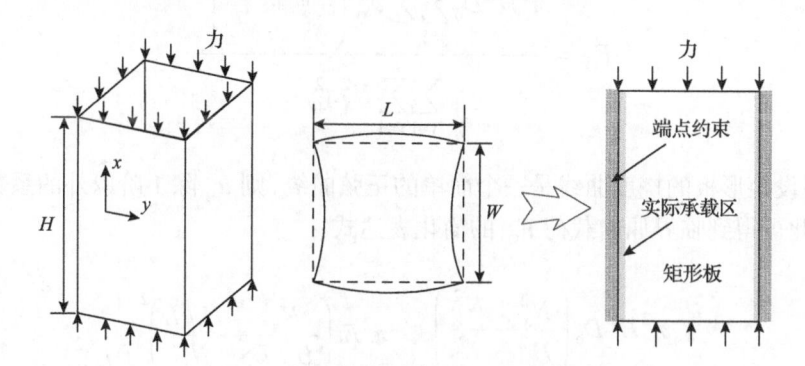

图 2-6 薄壁方管屈曲问题分析思路

在这种简支约束情况下，矩形板屈曲后形成的挠度 w 可以通过下列三角级数进行确定：

$$w = \sum_{x=1}^{\infty}\sum_{y=1}^{\infty} a_{xy} \sin\frac{x\pi N_x}{H} \sin\frac{y\pi N_y}{L} \tag{2-25}$$

式中，a_{xy} 为半波长的幅值；x 轴和 y 轴代表高度方向和宽度方向；N_x、N_y 分别为矩形板在高度方向和宽度方向的半波数。

基于式(2-26)可获得结构的弯曲应变能 W_b：

$$W_b = \frac{HLD_b\pi^4}{8}\sum_{x=1}^{\infty}\sum_{y=1}^{\infty}a_{xy}^2\left(\frac{N_x^2}{x^2}+\frac{N_y^2}{y^2}\right)^2 \qquad (2\text{-}26)$$

式中，D_b 为抗弯刚度，具体计算公式为

$$D_b = \frac{Et^3}{12(1-\nu^2)} \qquad (2\text{-}27)$$

其中，E、ν 分别为材料的杨氏模量和泊松比。

临界屈曲载荷 F_{cri} 所做的功 W_f 可通过式(2-28)计算：

$$W_f = \frac{F_{\text{cri}}}{2}\int_0^L\int_0^H\left(\frac{\partial w}{\partial x}\right)^2\mathrm{d}x\mathrm{d}y \qquad (2\text{-}28)$$

通过将临界屈曲载荷所做的功与弯曲应变能相等可获得 F_{cri} 的表达式：

$$F_{\text{cri}} = \frac{\pi^2 H^2 D_b \sum_{x=1}^{\infty}\sum_{y=1}^{\infty}a_{xy}^2\left(\frac{N_x^2}{x^2}+\frac{N_y^2}{y^2}\right)^2}{\sum_{x=1}^{\infty}\sum_{y=1}^{\infty}N_x^2 a_{xy}^2} \qquad (2\text{-}29)$$

假设矩形板的挠度曲线是一个简单的正弦曲线，则 a_{xy} 除 1 阶以外的系数都为 0，因此可得到临界屈曲载荷 F_{cri} 的简化表达式：

$$F_{\text{cri}} = \frac{\pi^2 H^2 D_b\left(\dfrac{N_x^2}{H^2}+\dfrac{N_y^2}{L^2}\right)^2}{N_x^2} = \frac{\pi^2 Et\left(\dfrac{N_x}{H/L}+\dfrac{H/L}{N_x}\right)^2}{12(1-\nu^2)}\left(\frac{t}{L}\right)^2 \qquad (2\text{-}30)$$

联立式(2-29)和式(2-30)，可以得到矩形板的屈曲应力 σ_{cri} 以及薄壁管件的初始峰值载荷 PF_1：

$$\text{PF}_1 = 4F_{\text{cri}} = \frac{4\pi^2 H^2 D_b\left(\dfrac{N_x^2}{H^2}+\dfrac{N_y^2}{L^2}\right)^2}{N_x^2} \qquad (2\text{-}31)$$

$$\text{PF}_1 = \frac{4\pi^2 D_b k}{L^2} \qquad (2\text{-}32)$$

式中，k 为端点约束因子，其值与 H/L 和 N_x 密切相关；由于薄壁方管为单胞结构，N_y 取值为 1。k 的具体计算公式为

$$k = \left(\frac{N_x}{H/L} + \frac{H/L}{N_x} \right)^2 \tag{2-33}$$

显然，针对较短的矩形板 N_x 取值为 1，随着 H/L 逐渐增大 N_x 也逐渐增大。当 N_x 过渡到 N_x+1 时，通过使两者的 k 值相等，可确定 H/L 与 N_x 的临界关系：

$$\frac{N_x}{H/L} + \frac{H/L}{N_x} = \frac{N_x+1}{H/L} + \frac{H/L}{N_x+1} \tag{2-34}$$

由于褶皱数量 N_x 应取值为整数，薄壁结构第一个褶皱所对应的半波长 δ_{se} 可以通过式 (2-35) 计算：

$$\delta_{se} = \frac{H}{N_x} = \frac{H}{\left(\sqrt{\frac{H^2}{L^2} + \frac{1}{4}} - \frac{1}{2} \right) + 1} \tag{2-35}$$

2. 平均载荷

Wierzbicki 等[179]根据薄壁金属管件的渐进折叠力学行为，提出了基于塑性铰线上运动连续性条件的超折叠单元理论。该理论包含四个前提假设：①薄壁结构由平面单元组成；②材料具有良好的弹塑性；③折叠单元的半波长恒定；④塑性铰线的运动是由施加的边界条件和对称约束所引起的。如图 2-7 所示，基本超折叠单元存在三种能量耗散机制，分别是环形面区域的薄膜变形能 W_1，圆柱面区域静态塑性铰线的弯曲变形能 W_2，圆锥面区域移动塑性铰线的弯曲变形能 W_3。

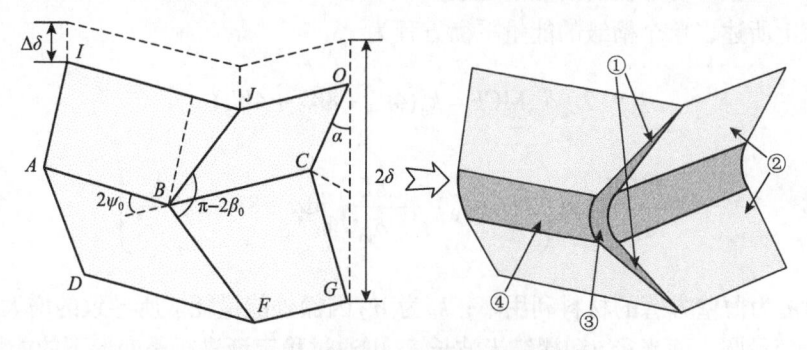

图 2-7 薄壁金属方管经典理论模型
①锥形面；②梯形面；③环形面；④圆柱面

三种能量耗散机制的具体计算公式如下：

$$W_1 = \frac{16M_0\delta_{sp}rI_1(\beta_0)}{t} \tag{2-36}$$

$$W_2 = 2\int_0^{\frac{\pi}{2}} M_0 L \mathrm{d}\alpha \tag{2-37}$$

$$W_3 = \frac{4M_0\delta_{sp}^2 I_3(\beta_0)}{r} \tag{2-38}$$

式中，L、δ_{sp} 和 r 分别为薄壁管宽度、平台阶段褶皱半波长和环形面半径；$I_1(\beta_0)$ 和 $I_3(\beta_0)$ 都是关于夹角 β_0 的函数，计算公式如下：

$$I_1(\beta_0) = \frac{\pi}{(\pi-2\beta_0)\tan\beta_0}\int_0^{\frac{\pi}{2}}\cos\alpha\left[\sin\beta_0\sin\left(\arctan\frac{\tan\alpha}{\sin\beta_0}\right)\right.$$
$$\left. +\cos\beta_0-\cos\beta_0\cos\left(\frac{\pi-2\beta_0}{\pi}\arctan\frac{\tan\alpha}{\sin\beta_0}\right)\right] \tag{2-39}$$

$$I_3(\beta_0) = \frac{1}{\tan\beta_0}\int_0^{\frac{\pi}{2}}\frac{\cos\alpha\sqrt{(\tan\beta_0)^2+(\sin\beta_0)^2}}{\tan\beta_0} \tag{2-40}$$

平均载荷做的功可以视作通过上述三种能量耗散机制所耗散，一个变形褶皱中存在四个基本超折叠单元，且上下两侧水平边缘处存在夹紧边界条件，W_2 的能量耗散应翻倍。同样，由于薄壁方管无法充分利用材料，单个褶皱的实际压缩距离同样小于 δ_{sp}。此外，Zhang 等[180]还发现褶皱的实际弯曲角度大于 180°，且还应考虑一些额外变形机制的能量耗散。

综上所述，单个褶皱的能量平衡方程为

$$2\eta_s\delta_{sp}\mathrm{MCF} = k_e(4W_1+8W_2+4W_3) \tag{2-41}$$

$$\frac{\eta_s\mathrm{MCF}}{M_0} = k_e\left(32I_1(\beta_0)\frac{r}{t}+\frac{8L}{\delta_{sp}}\int_0^{\frac{\pi}{2}}\mathrm{d}\alpha+8I_3(\beta_0)\frac{\delta_{sp}}{r}\right) \tag{2-42}$$

式中，η_s 为薄壁方管的材料利用率；k_e 为 W_2 因额外能量耗散所导致的增大系数；而未知变量圆柱面半径 r 和褶皱半波长 δ_{sp} 可通过稳定渐进折叠变形下的能量耗散最小原则进行求解：

$$\frac{\partial \mathrm{MCF}}{\partial r} = \frac{\partial \mathrm{MCF}}{\partial \delta_{\mathrm{sp}}} = 0 \qquad (2\text{-}43)$$

$$r = \sqrt[3]{\frac{\pi I_3(\beta_0)}{32 I_1(\beta_0)^2}} \sqrt[3]{Lt^2} \qquad (2\text{-}44)$$

$$\delta_{\mathrm{sp}} = \sqrt[3]{\frac{\pi^2}{16 I_1(\beta_0) I_3(\beta_0)}} \sqrt[3]{tL^2} \qquad (2\text{-}45)$$

2.3.3 载荷-位移曲线形成时序理论分析

通过 2.2 节的分析可知,薄壁管件的每个褶皱都会对应载荷-位移曲线上的一段区间,而区间的数量和长度分别由褶皱的数量和半波长所确定。首先,薄壁圆管褶皱数量 N_c 和薄壁方管褶皱数量 N_s 可以由式(2-24)和式(2-45)确定:

$$N_c = \frac{H}{2\delta_c} = \frac{H}{1.963\sqrt{Dt}} \qquad (2\text{-}46)$$

$$N_s = \frac{H}{2\delta_{\mathrm{sp}}} = \frac{H}{2\sqrt[3]{tL^2}} \sqrt[3]{\frac{16 I_1(\beta_0) I_3(\beta_0)}{\pi^2}} \qquad (2\text{-}47)$$

式中,H 为薄壁管件的高度。

考虑到有效压缩行程的影响,薄壁管件每个褶皱所对应载荷-位移曲线区间的长度 D_c(圆管)和 D_s(方管第一个褶皱对应的区间长度 D_{se},平台阶段对应的褶皱长度 D_{sp})大致分别为

$$D_c = 2\eta_s \delta_c = 1.963 \eta_s \sqrt{Dt} \qquad (2\text{-}48)$$

$$D_{\mathrm{se}} = 2\eta_s \delta_{\mathrm{se}} = \frac{2\eta_s H}{\left(\sqrt{\frac{H^2}{L^2} + \frac{1}{4}} - \frac{1}{2}\right) + 1} \qquad (2\text{-}49)$$

$$D_{\mathrm{sp}} = 2\eta_s \delta_{\mathrm{sp}} = 2\eta_s \left(\sqrt[3]{\frac{\pi^2}{16 I_1(\beta_0) I_3(\beta_0)}} \sqrt[3]{tL^2}\right) \qquad (2\text{-}50)$$

通过式(2-48)~式(2-50)可以进一步获得载荷-位移曲线上各区间的分布位置:

$$D_{cn} = \left[(n-1)D_c, nD_c\right] \qquad (2\text{-}51)$$

$$\begin{cases} D_{sn} = \begin{bmatrix} 0, D_{se} \end{bmatrix}, & n=1 \\ D_{sn} = \begin{bmatrix} (n-1)D_{sp}, nD_{sp} \end{bmatrix}, & n>1 \end{cases} \quad (2\text{-}52)$$

式中，n 为褶皱出现的顺序。

多管载荷-位移曲线错位补偿是指不同管件的载荷-位移曲线在每个区间 $c_n(s_n)$ 内均产生合适差异，而区间长度 $D_c(D_s)$ 与管件数量 N_i (i 表示管件序号) 的比值就是各管褶皱变形持续时间的差异值，宏观上表现为每根管件构型参数的差异。显然，管件数量越多，各管构型参数所需产生的差异值就越小，对加工精度的要求也就越高。因此，薄壁管件具有合适的褶皱数量，保证足够的区间值 D_c 或 D_s 更有利于多管载荷-位移曲线充分错位补偿的实现。图 2-8 展示了薄壁圆管和薄壁方管吸能特性、褶皱数量以及单褶皱对应区间长度随直径或宽度的变化情况。其中，C 为薄壁结构的周长。不难发现，在相同直径或宽度下薄壁方管更具吸能优势，而薄壁圆管则在同质量下更具优势。由于薄壁圆管具有较小的褶皱半波长，在相同尺寸下 D_c/N_i 会明显小于 D_s/N_i，意味在相同构型参数差异下圆管可组合的

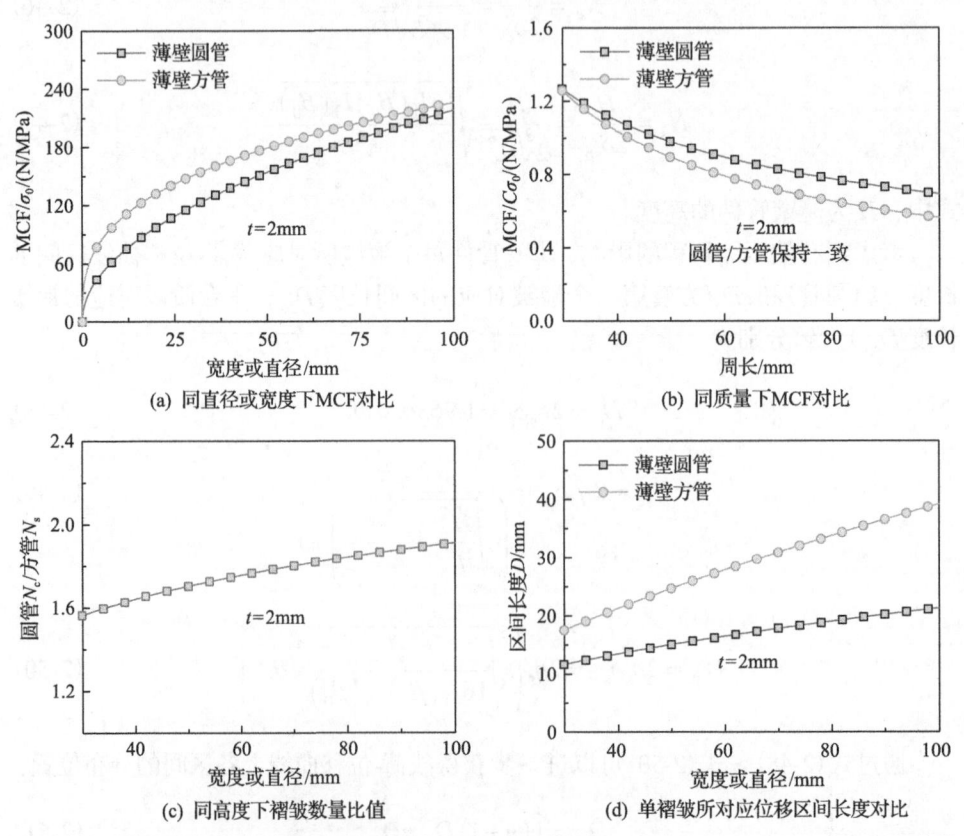

(a) 同直径或宽度下MCF对比

(b) 同质量下MCF对比

(c) 同高度下褶皱数量比值

(d) 单褶皱所对应位移区间长度对比

图 2-8 薄壁圆管和薄壁方管吸能特性、褶皱数量及单褶皱对应区间长度随宽度或直径的变化

管件数量更少。

上述薄壁管经典单元理论表明，每个褶皱的变形持续时间由其半波长所决定，而褶皱半波长则与塑性铰的形成位置息息相关。若能有效控制塑性铰的形成位置，显然可以根据实际需求有效改变褶皱的半波长，从而影响载荷-位移曲线的形成时序。目前，影响结构塑性铰形成位置的方法主要有两种，即预设塑性铰和预设约束件。第一种是削弱目标位置的强度以诱导结构在构型设置位置形成褶皱，第二种则是增强指定位置的强度从而迫使结构在约束件的上下两侧形成塑性铰[181-183]。由于薄壁圆管结构中并无棱角约束作用的存在，在引入局部增强或削弱设计后结构容易出现中部先发生变形的无序变形模式，无法达到控制褶皱按顺序发生变形的预期目标[184-186]。此外，薄壁圆管的变形模式受结构参数影响较大，当管件的构型特征在加载方向上出现变化时，变形模式可能由轴对称型转变为非轴对称型或混合型，从而导致载荷-位移曲线出现不可控的变化[187-189]。显然，上述现象都不利于薄壁管载荷-位移曲线形成时序的精准控制，难以实现多管载荷-位移曲线充分错位补偿的目标。相反，由于棱角约束作用的存在，薄壁方管在引入局部增强或削弱设计后仍可出现稳定可控的变形模式，有利于差异化载荷-位移曲线的形成。此外，薄壁方管棱角的存在使其在安装固定时更具优势[190,191]。

综上所述，选取薄壁方管和薄壁圆管作为基础构型用于后续单管载荷-位移曲线形成时序控制以及多管载荷-位移曲线错位补偿的研究。

2.4 预置构型选取

2.4.1 构型参数定义

1. 薄壁方管

目前，预设塑性铰（局部削弱设计）较为常用的构型设计方法为预折纹，具体是指在薄壁管件中引入折纹以诱导结构沿纹路发生变形。而预设约束件（局部增强设计）主要通过内置隔板构型或外置增强环构型参数来改变指定位置的边界条件，从而实现塑性铰形成位置的控制。图 2-9 展示了具有上述三种构型参数的薄壁方管结构。其中，L、W、H、t 分别为薄壁管件的长度、宽度、高度以及厚度，考虑到加工的便利性及分析的效率，初始规格的具体尺寸为 $L=W=50mm$，$H=150mm$，$t=2mm$[149]。i 为多管组合结构中各管件的序号，j 则为引入各构型参数后薄壁管件在加载方向上被划分区域的序号。图 2-9(a) 中沿视角①向内（视角②向外）偏置一定距离的 N_f 个折纹将薄壁管件划分为 N_f 个区域，C_{ij} 为每个区域的高度，$\Delta\theta$ 为折纹的偏置角度，而 ΔP 则为折纹所偏置的距离，两者的对应关系为

(a) 预折纹薄壁管件

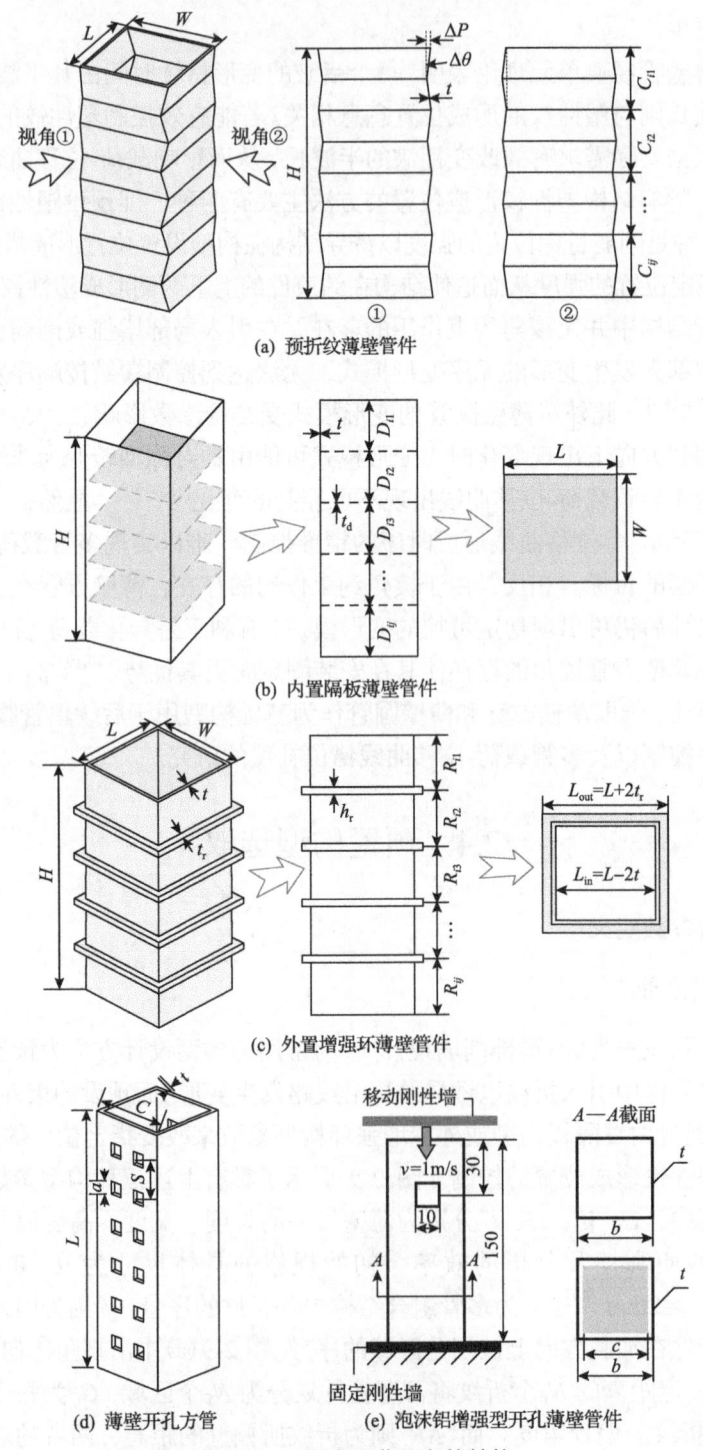

(b) 内置隔板薄壁管件

(c) 外置增强环薄壁管件

(d) 薄壁开孔方管　　(e) 泡沫铝增强型开孔薄壁管件

图 2-9　不同类型薄壁方管结构

$\Delta P=0.5C_{ij}\tan\theta$。图2-9(b)中$N_d$个隔板将薄壁管件划分为$N_d+1$个区域，$D_{ij}$为每个区域的高度，$t_d$为隔板的厚度。图2-9(c)中$N_r$个增强环将薄壁管件划分为$N_r+1$个区域，$R_{ij}$为每个区域的高度，$t_r$和$h_r$分别为增强环的厚度和高度，$L_{out}$和$L_{in}$分别为薄壁结构的外侧宽度和内侧宽度。初始结构中各构型参数在加载方向上呈均匀分布，具体参数关系如下：$N_f=N_d=N_r=4$，$C_{i1}=C_{i2}=\cdots=C_{i4}=37.5\text{mm}$，$D_{i1}=D_{i2}=\cdots=D_{i5}=30\text{mm}$，$R_{i1}=R_{i2}=\cdots=R_{i5}=30\text{mm}$，$t_d=t=2\text{mm}$，$t_r=h_r=2t=4\text{mm}$。薄壁开孔方管(square tube with hole, STWH)模型示意图如图2-9(d)所示，方管长度$L=120\text{mm}$，厚度$t=2\text{mm}$，横截面边长$C=38\text{mm}$，在方管两个相对的侧面设置相同的开孔布置，另外两个侧面不开孔，其中a表示正方形开孔的边长，D表示同一侧面相邻两个开孔的中心距。为方便后续研究进行，定义M为铝合金方管的开孔层数，N_{sh}为每层的开孔数目。薄壁开孔方管长$L=150\text{mm}$，宽$b=50\text{mm}$，厚度$t=2\text{mm}$。增强型开孔薄壁管件如图2-9(e)所示，泡沫铝边长$c=40\text{mm}$，诱导结构是在方管相对两侧设置相同尺寸的方孔。

2. 薄壁圆管

如图2-10(a)所示，阶梯式壁厚薄壁圆管(stepped tube with various thickness, STVT)为三层阶梯圆管，内径$D=50\text{mm}$，高度$H=100\text{mm}$，从上至下各个分层厚度为$t_1=1.2\text{mm}$，$t_2=1.3\text{mm}$，$t_3=1.7\text{mm}$，各个阶梯高度为$h_1=h_2=h_3=33.3\text{mm}$。如图2-10(b)所示，波纹间隔薄壁圆管(corrugated spacer tube, CST)是在保留传统波纹管波峰部分的基础上把波谷部分用增强环结构进行代替，其尺寸参数包含波纹部分的3个参数：幅值A_b、高度h_b、壁厚t_b，圆环部分的两个参数：厚度t_z、高度h_z，以及整体管件的2个参数：管件直径D，波纹数量N_b。

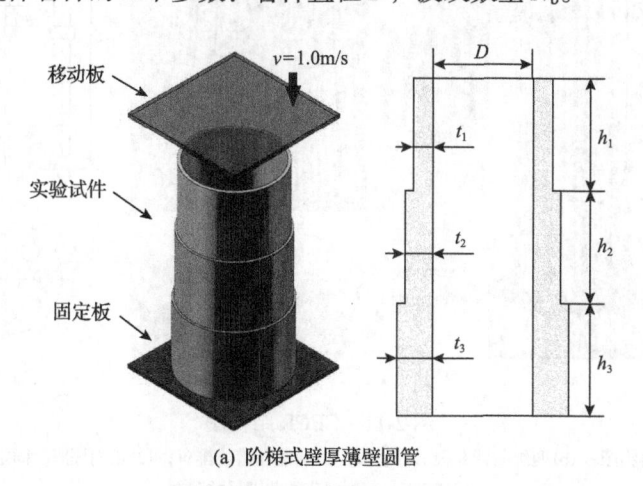

(a) 阶梯式壁厚薄壁圆管

(b) 波纹间隔薄壁圆管

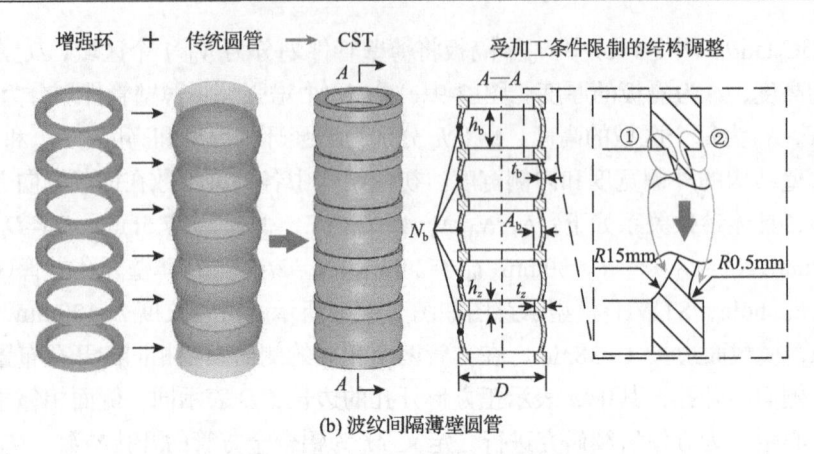

图 2-10 不同类型薄壁圆管结构

3. 切削式错位补偿组合吸能管

为验证切削式错位补偿组合吸能管(staggered combination of energy absorption structure with cutting rings，CECR)的实际能量吸收效果，并为有限元(finite element，FE)模型的构建提供依据，使用落锤系统进行 CECR 的全尺寸动态冲击实验，CECR 试件如图 2-11 所示。防爬齿、匀力端板、中心导杆、切削底座等结构件采用 45 钢加工，切削式吸能管(energy absorption structure with cutting rings，ECR)则使用 7 系铝合金加工。导杆的总长度为 L，每个切削环的高度为 l，切削

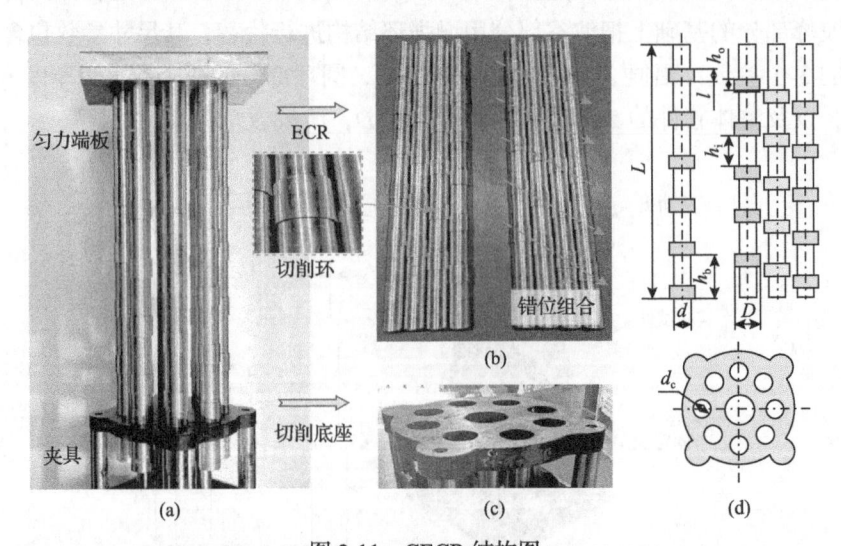

图 2-11 CECR 结构图

(a)装置整体实物图；(b)两组共计 8 根 ECR，其上的吸能环错位排布；(c)切削底座，固定在夹具之上；
(d)ECR 与切削底座的关键尺寸参数

环外径为 D，切削环内径，即导杆直径为 d，两个切削环间的未重合高度为 h_o，切削环间距为 h_i，最下端切削环与导杆底部的距离为 h_b，切削底座的刀孔直径为 d_c，具体结构数据总结见表 2-2，不包括中心导杆、夹具安装孔等非关键尺寸。导杆的顶部开有 8mm 螺栓孔，通过 M8 螺栓与防爬齿、匀力端板固连，下端则直接插入切削底座中，没有任何固连。CECR 的总吸能行程 L_{EA} 为 610mm，吸能区域的总质量 M_t 约 27.3kg。

表 2-2　CECR 吸能装置结构参数　　　　　　　　　（单位：mm）

结构参数	具体数值	结构参数	具体数值
L	790	h_o	30
l	40	h_i	80
D	50	h_b	190
d	54	d_c	51

采用中南大学高速列车研究中心 300kJ 级落锤式冲击试验台进行实验，如图 2-12 所示，该试验台可提供轨道车辆部件级的大能量冲击实验。使用一种框架式的夹具将 CECR 试件固定在试验台底部的 FD-3000 动静载测量仪上，并保证试件具有足够的耗能行程区间，上方落锤结构携带着若干配重块上升至设定的高度并以自由落体的形式落下，以目标冲击能对试件施加动态冲击。撞击能量 E_{DM} 与落锤锤头的质量 M_{DH}、配重块质量 M_{CW}、配重块数量 n_{CW}、落锤高度 H_{DH} 的相互关系为

$$E_{DM} = (M_{DH} + n_{CW}M_{CW})gH_{DH} \tag{2-53}$$

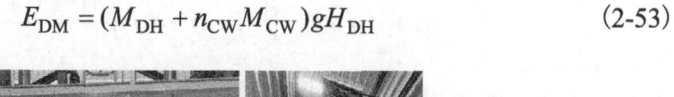

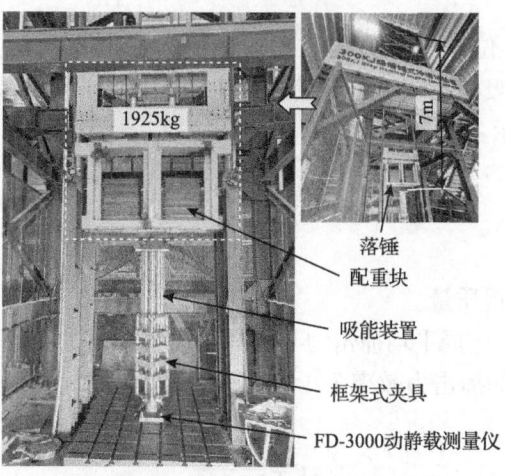

图 2-12　300kJ 级落锤式冲击试验台

实验中落锤锤头的质量 M_{DH} 为 1125kg，每个配重块 M_{CW} 为 25kg，共 32 个，冲击质量总计 1925kg，落锤上升高度 H_{DH} 为 7m，考虑重力加速度为 9.8m/s²，则有总冲击动能 E_{DM} 为 132kJ。动静载测量仪的采样频率为 500kHz，对于动态冲击需要对采集的数据进行滤波才能获取有用信息，使用 SAE 60 方法对获取的数据进行滤波并绘制曲线图，使用高速摄影设备记录冲击的全过程。

使用初始撞击力峰值 PF_1、撞击力峰值 PF_{max}、平均撞击力 MCF、稳态撞击力 F_{ss}、EA、SEA、撞击力效率 e 等一系列既定指标来评估 CECR 的力学性能。初始撞击力峰值 PF_1：撞击发生后达到的第一次峰值力，过高的初始撞击力峰值不利于安全防护。全局撞击力峰值 PF_{max}：撞击全过程中最大的撞击力，与 PF_1 同样影响安全防护。全局平均撞击力 MCF：撞击全过程(无论是否处于稳态)撞击力的平均值，是评价能量吸收的重要指标，可由式(2-54)计算。

$$\mathrm{MCF} = \frac{1}{L_{EA}} \int_0^{L_{EA}} F(x)\mathrm{d}x \tag{2-54}$$

稳态撞击力 F_{ss}：稳态阶段(如果存在)撞击力的平均值。吸能量 EA：撞击全过程所吸收的能量，是评价吸能装置性能重要的指标之一，EA 通过式(2-55)对离散数据点迭代来进行数值近似。

$$\mathrm{EA} = \mathrm{MCF} L_{EA} = \int_{d_C}^{d_D} F(x)\mathrm{d}x \tag{2-55}$$

$$e(i+1) = e(i) + [d(i+1) - d(i)]\frac{F(i+1) + F(i)}{2} \tag{2-56}$$

式中，$F(x)$ 为载荷-位移曲线；i 为数据点序号；d_D 为终止位移；d_C 为起始位移。

比吸能 SEA：吸能装置单位质量的吸能量，是评价吸能装置轻量化指标的依据，如式(2-57)所示：

$$\mathrm{SEA} = \frac{\mathrm{EA}}{m} \tag{2-57}$$

式中，m 为吸能装置质量。

撞击力效率 e：全局平均撞击力与全局撞击力峰值的比值，如式(2-58)所示，通常希望吸能装置的撞击力效率为 1 或更高。

$$e = \frac{\mathrm{MCF}}{\mathrm{PF}_{max}} \tag{2-58}$$

2.4.2 有限元模型构建

采用有限元模型构建、边界约束条件定义,并计算和处理数据。如图 2-13(a) 所示,仿真模型主要由三部分构成,即上侧移动刚性墙、下侧固定刚性墙和薄壁管件。上下两侧刚性墙在仿真过程中并不会出现变形,因此采用刚体材料模型进行模拟。由于在中、低速率条件下铝合金材料的力学性能对速率变化并不敏感,在仿真计算时可以不用考虑速率依赖效应[192,193]。铝合金的薄壁管件采用分段线性弹塑性材料模型进行模拟,而需要考虑应变率效应的碳素钢薄壁管则使用简化 JC 材料模型进行模拟。为保证仿真计算中结构的变形过程稳定,薄壁管件底端和下侧固定刚性墙所有自由度均被约束。采用壳单元对上下两侧刚性墙和薄壁管件进行网格划分,在厚度方向上定义 4 个基于 Belytschko-Tsay 积分规则的积分点。为了提高仿真的计算效率,同时保证仿真结果的准确性,上侧移动刚性墙以恒定速率 $v=0.1\text{m/s}$ 对薄壁吸能管件进行加载[194]。图 2-13(b) 和 (c) 为外置增强环薄壁

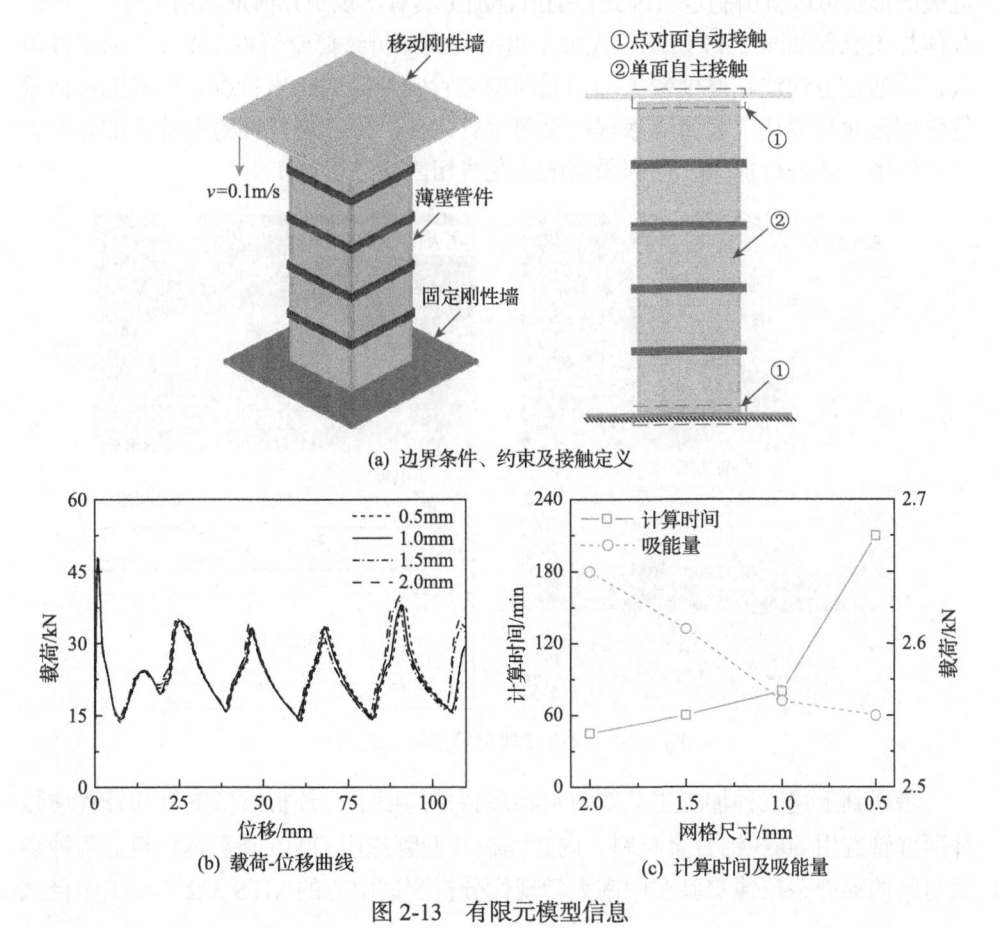

(a) 边界条件、约束及接触定义

(b) 载荷-位移曲线

(c) 计算时间及吸能量

图 2-13 有限元模型信息

管（$n_r=4$、$t_r=h_r=4mm$）在不同网格尺寸下的仿真结果和计算时间的关系。根据网格收敛性分析可知，当网格尺寸为 1mm 时可以同时兼顾仿真效率和准确性。为了精准获得结构的载荷-位移曲线，在薄壁管件与上下两侧刚性墙之间均定义了自动点-面接触，静摩擦系数为 0.3，动摩擦系数为 0.2[148]。薄壁管件自身则定义了自动单面接触以防止仿真过程中出现穿透现象。

2.4.3 实验方法

1. 薄壁方管

为了验证本研究有限元模型的准确性，对三种薄壁管件均进行准静态压缩实验。其中，预折纹薄壁管件的内外壁存在周期性的凸出与凹陷，常规的加工工艺难以实现该结构形式，因此采用电火花加工工艺。电火花加工是指利用刀具电极与工件电极之间脉冲放电的电蚀作用，在绝缘介质中加工工件的方法[195,196]。刀具电极的形状可以自由制定，因此特别适合加工具有不规则几何形状的工件[197,198]。具体加工流程如图 2-14 所示，先加工出尺寸为预折纹薄壁管件 1/4 大小的工件电极，再通过电蚀法在厚度较大的初始薄壁方管内外侧加工出折纹。内置隔板薄壁管件则是通过焊接工艺将隔板焊接至薄壁管内侧。外置增强环薄壁管件的外凸台采用铣削工艺进行加工，内部采用电火花线切割法进行加工。

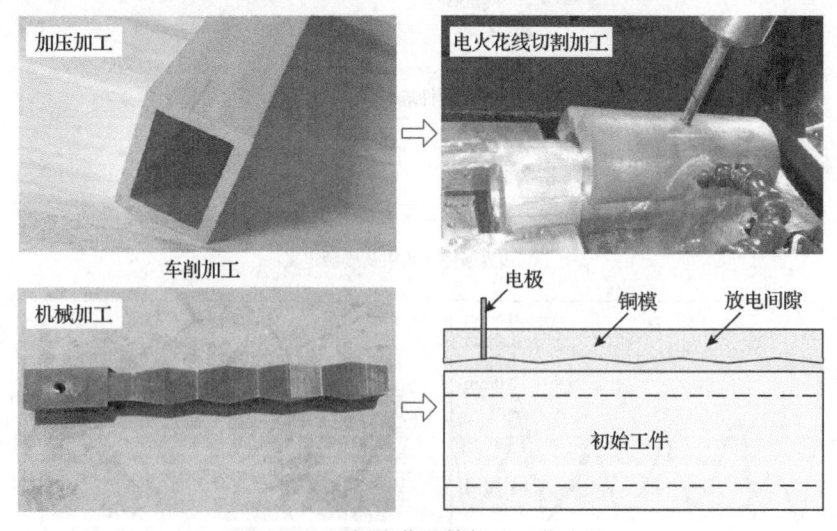

图 2-14 预折纹薄壁管加工工艺流程

考虑到上述三种加工工艺对材料物理特性的要求，预折纹薄壁管和外置增强环薄壁管选用 6063 铝合金材料，内置隔板薄壁管选用 Q235 碳素钢材料。两种金属材料的准静态拉伸实验在中南大学现代分析测试中心的 MTS 322 T 型工作台试验机上完成，该试验机提供的最大载荷为±500kN，载荷测量精度为±0.5%，位移量程为±50mm。如图 2-15(a)所示，将结构置于试验机承台上，调整结构的位置以保证和承台同轴。试件根据《金属材料 拉伸试验 第 1 部分：室温试验方法》(GB/T 228.1—2021)[199]制作拉伸试件，加载速度为 2mm/min。由于泊松比，结构承受拉应力而变长的过程中，其宽度会随之减小。而实验所获得的工程应力-应变曲线是基于横截面积保持不变这一条件，显然不够准确。为考虑试件长度变化对横截面积的影响，根据式(2-59)和式(2-60)对原始实验数据进行转化可获得如图 2-15(b)～(e)所示的真实应力-应变曲线[200,201]。两种材料的具体物理性能及力学性能参数如表 2-3 所示。

$$\sigma = \sigma_e \left(1 + \varepsilon_e \right) \tag{2-59}$$

$$\varepsilon = \ln\left(1 + \varepsilon_e\right) \tag{2-60}$$

式中，σ、σ_e、ε 和 ε_e 分别为真实应力、工程应力、真实应变和工程应变。

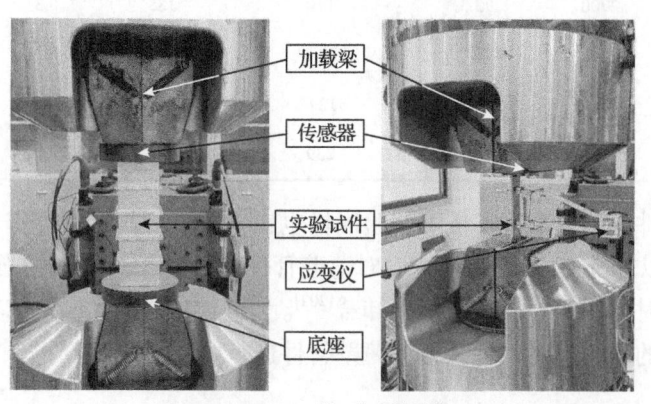

(a) MTS 322 T型工作台试验机

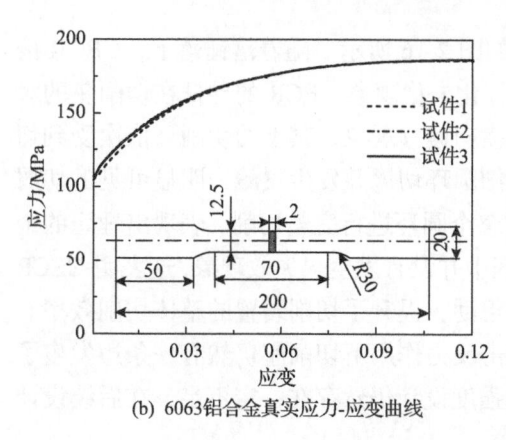

(b) 6063铝合金真实应力-应变曲线

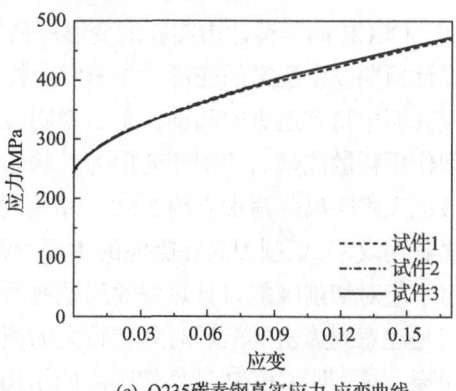

(c) Q235碳素钢真实应力-应变曲线

(d) 6063-T5真实应力-应变曲线　　(e) 6061-T6真实应力-应变曲线

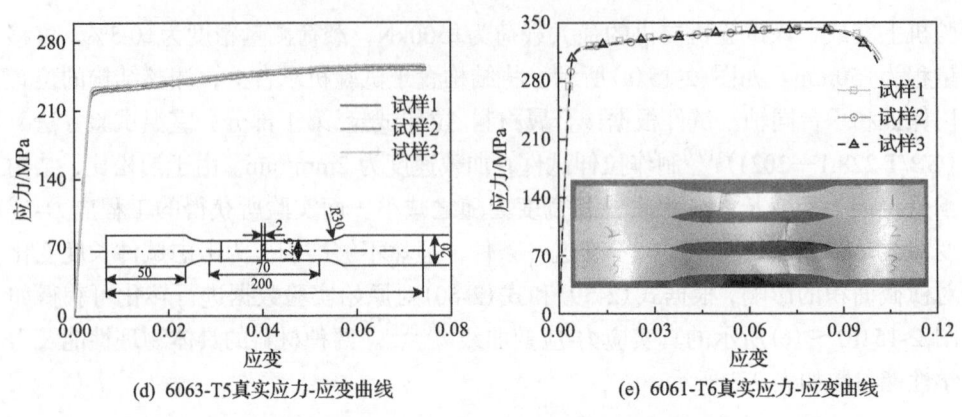

图 2-15　实验所用设备及真实应力-应变曲线(试样尺寸单位：mm)

表 2-3　6063 铝合金及 Q235 碳素钢材料参数

材料类型	密度 ρ/(kg/m³)	杨氏模量 E/GPa	屈服强度 σ_y/MPa	极限强度 σ_u/MPa	泊松比 ν	应变硬化系数 η_h
6063-T2 铝合金	2700	73.3	110	185	0.33	0.175
6063-T5 铝合金	2700	70	228.81	269.85	0.3	—
6063-T6 铝合金	2700	67.09	312.41	340.21	0.3	—
Q235 碳素钢	7800	210	239	628	0.3	0.57

薄壁管件的轴向准静态压缩实验同样也在 MTS 322 T 型工作台试验机上开展，试验机以 5mm/min 的恒定速度对薄壁管件进行加载，当管件被逐渐压实进入致密化阶段时(载荷急剧上升)停机卸载[202]。为避免实验操作误差或其他偶然因素对实验结果的影响，对每种规格的薄壁管件进行两次重复实验。

2. 切削式错位补偿组合吸能管

CECR 的落锤冲击实验的变形序列如图 2-16 所示。随着落锤落下，CECR 按设计预期发生稳定的变形，并未发生长杆化失稳现象，ECR 的导杆在切削座的对应孔洞中稳定地纵向移动，未出现明显横向偏移现象，其上的切削环依次受到切削作用耗散能量。切削环变形为丝状的细圆环切屑并发生飞溅，明显可见的切屑最远飞溅距离落锤中心约 5.5m。结构对整个圆环进行完整切削，表现出理想的金属利用效率，切削刀具在吸能的主要过程中并没有发生热失效现象，这表明 CECR 对于应对切削吸能刀具热失效问题有所帮助，提升了切削装置的整体切削效率。但是注意到撞击的最后时刻在较大的撞击反力作用下切削座仍然有一条边发生了崩裂，这表明 CECR 试件切削座的结构强度设计仍然存在一定不足，在后续设计中需要对切削座进行补强。

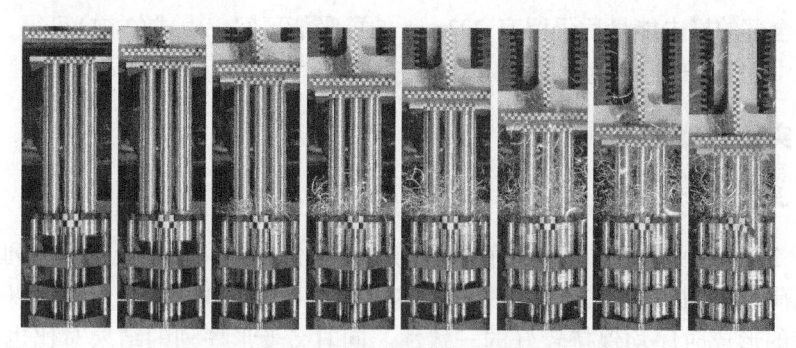

图 2-16　CECR 试件的落锤冲击变形序列图

实验后的 CECR 试件如图 2-17 所示，丝状的细圆环切屑的高度 l_c 约为 3mm，平均宽度约为 1.5mm，这意味着 CECR 试件中切削环的平均切削深度约为 1.5mm，每切削约 3mm 长时，失效材料即发生分离和脱落成为切屑飞溅，并未发生相互挤压的现象。导杆杆身残留了密集的环状切削痕迹，整体并未出现镦粗现象，因此切削杆的挤压能 E_u=0。对于 CECR 试件，在实际撞击行程 L_{AIS} 下，EA 由式（2-61）计算：

$$\mathrm{EA} = E_s + E_u = \int_0^{L_{AIS}} 2\pi \mathrm{d}\tau_s l_c \mathrm{d}t \tag{2-61}$$

式中，E_s 为切削杆的剪切能；E_u 为切削杆的挤压能。

图 2-17　实验后的 CECR 试件

吸能装置在受到132kJ的初始撞击能量后的实际撞击行程L_{AIS}约为407mm，吸收完全部的撞击能量后仍留有203mm的可吸能区间，由式(2-61)可得，CECR在撞击中的EA理论值为130.35kJ，最高可吸能理论值为195.37kJ。

2.4.4 实验-仿真结果对比

1. 薄壁方管

图 2-18 展示了五种薄壁方管实验与仿真的载荷-位移曲线及变形序列对比。通过载荷-位移曲线的对比可以发现，实验载荷和仿真载荷的变化趋势以及各峰值载荷的形成时序均保持较好的一致性。同时，变形序列的结果对比也表明，实验与仿真具有相同的宏观变形模式，并且变形褶皱的数量、具体尺寸及其分布位置也能较好地吻合。此外，表 2-4 展示了三种预置构型薄壁方管关键吸能特性指标实验值和仿真值的结果对比，误差范围为 0.37%~7.91%，显然均在合理范围内。从图 2-18(g)和(h)可以看出，薄壁开孔方管有限元仿真的载荷-位移曲线与实

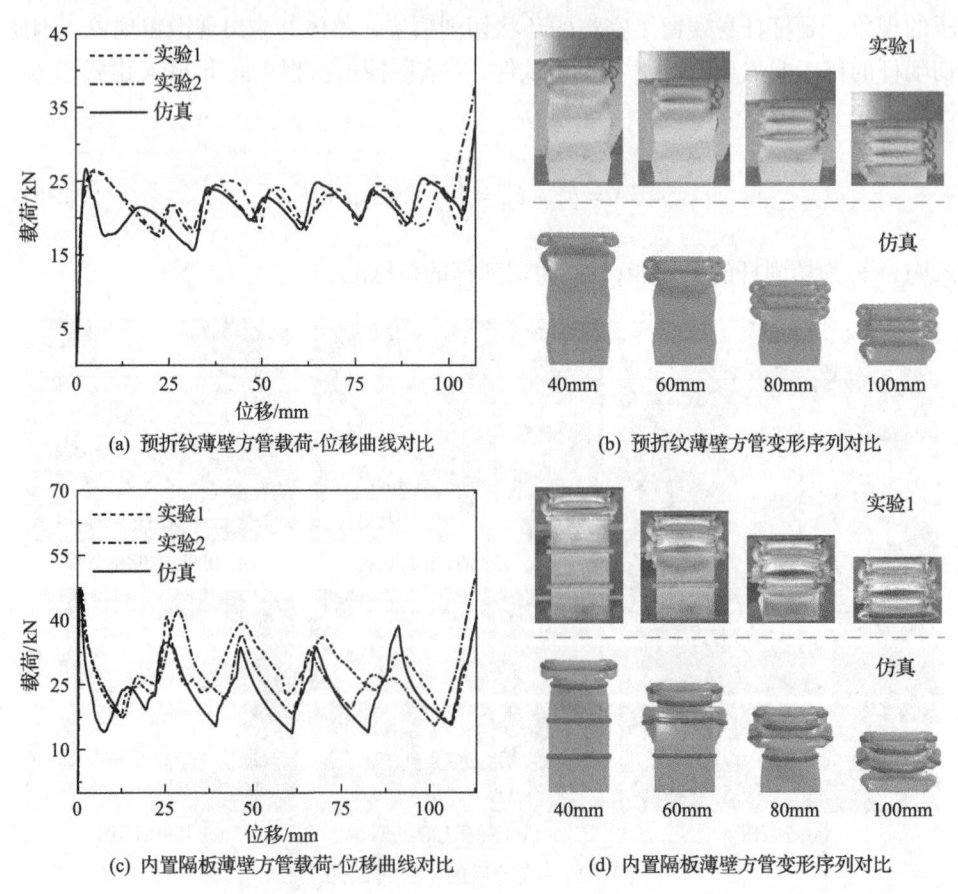

(a) 预折纹薄壁方管载荷-位移曲线对比

(b) 预折纹薄壁方管变形序列对比

(c) 内置隔板薄壁方管载荷-位移曲线对比

(d) 内置隔板薄壁方管变形序列对比

(e) 外置增强环薄壁方管载荷-位移曲线对比

(f) 外置增强环薄壁方管变形序列对比

(g) 薄壁开孔方管载荷-位移曲线对比

(h) 开孔薄壁方管变形序列对比

(i) 开孔管和泡沫铝填充开孔管载荷-位移曲线对比

(j) 开孔管和泡沫铝填充开孔管变形序列对比

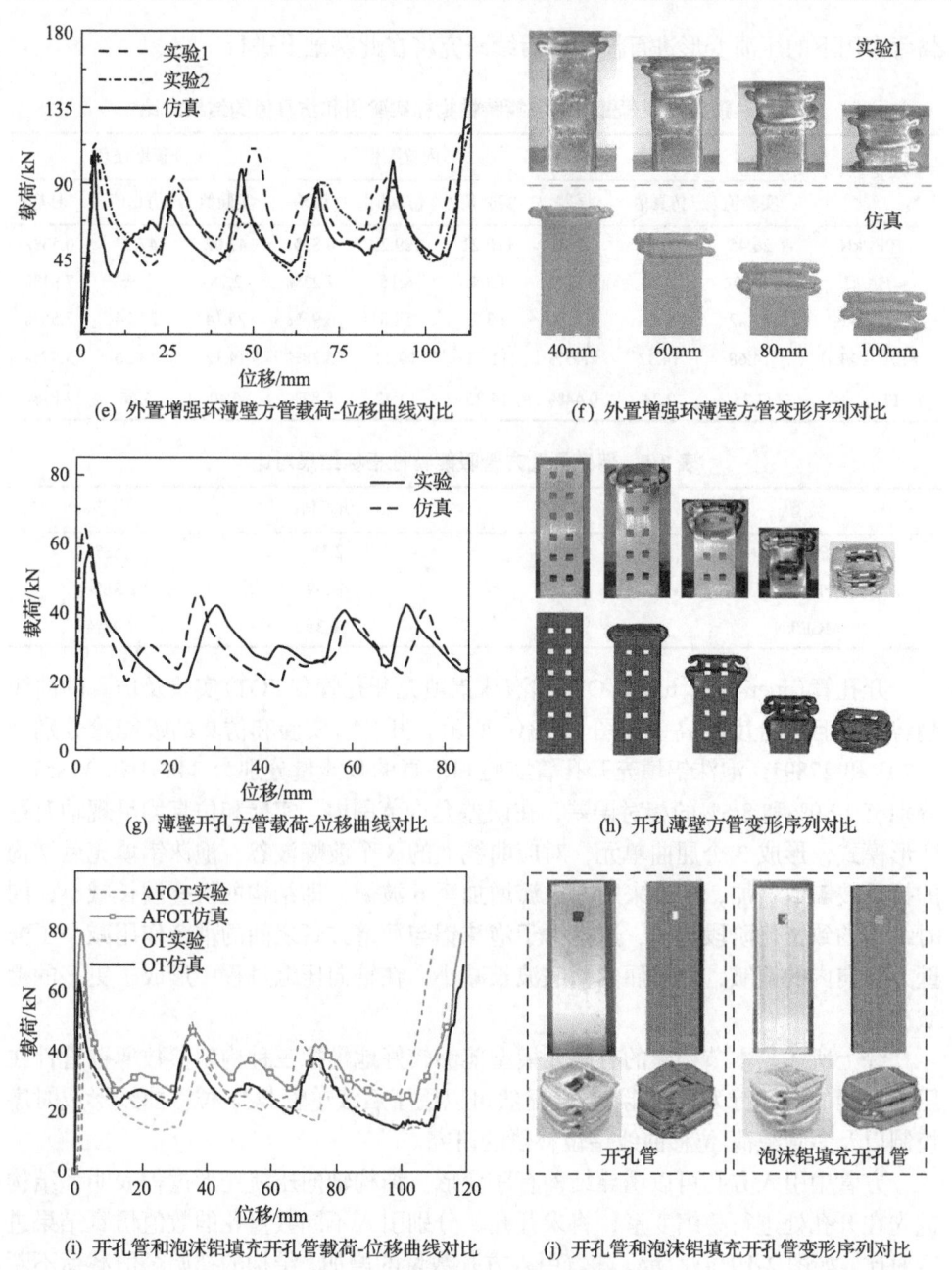

图 2-18 五种薄壁方管实验-仿真结果对比

验结果匹配较好。从变形过程来看，有限元仿真和实验变形较为一致。如表 2-5 所示，有限元仿真和实验的初始峰值载荷 PF_1、吸能量 EA 和平均载荷 MCF 均在误差范围内。以上结果说明，该有限元模型能够较好地对开孔铝合金方管在轴向载荷作用下的压溃变形进行模拟，后续研究将在此基础上进行。

表 2-4 预置构型薄壁方管吸能特性指标实验值和仿真值的结果对比

指标	预折纹 实验值	预折纹 仿真值	预折纹 误差	内置隔板 实验值	内置隔板 仿真值	内置隔板 误差	外置增强环 实验值	外置增强环 仿真值	外置增强环 误差
PF_1/kN	26.45	26.65	0.76%	110.21	109.29	0.83%	47.02	47.27	0.53%
EA/kJ	2.30	2.24	2.61%	6.64	6.16	7.23%	2.78	2.56	7.91%
MCF/kN	21.42	21.34	0.37%	63.2	58.8	6.96%	25.14	23.24	7.56%
SEA/(kJ/kg)	14.68	14.32	2.45%	11.13	10.42	6.38%	14.12	13.56	3.97%
$FL_{10\sim105}$	2.25	2.24	0.44%	14.25	13.42	5.82%	5.40	5.66	4.81%

表 2-5 薄壁开孔方管吸能特性指标结果对比

类型	实验值	仿真值	误差
EA/kJ	2.79	2.58	7.53%
PF_1/kN	58.60	64.39	9.88%
MCF/kN	32.83	30.39	7.43%

开孔管(open-hole tube，OT)和泡沫铝填充开孔管(AFOT)实验及仿真的曲线趋势一致且吻合度较高，如图 2-18(i)所示。开孔管实验和仿真的吸能量分别为 2470J 和 2789J，泡沫铝填充开孔管实验和仿真的吸能量分别为 3443J 和 3735J，分别有 12.9%和 8.5%的相对误差，在误差允许范围内。实验和仿真均呈现轴对称变形模式，形成 3 个屈曲单元，对应曲线上的 3 个波峰波谷，泡沫铝填充后结构的折叠波瓣数增加，由原来的 5 波瓣增加至 6 波瓣，即结构的折叠波长减小，同时结构的致密化阶段提前，这是由于泡沫铝与薄壁方管之间的耦合作用减小了薄壁方管向内的褶皱，管壁屈曲褶皱波长减小，在轴向压缩过程中形成了更多的褶皱次数。

综上所述，本节构建的有限元模型能够较好地模拟三种构型参数薄壁管件在压缩过程的力学行为和吸能特性，显然可以用于后续单管载荷-位移曲线形成时序控制以及多管载荷-位移曲线错位补偿的研究。

方管中引入方孔可以诱导结构有序变形。结构轴向压溃变形过程表明，结构优先在开孔处进行叠缩变形，将未开孔、分别引入不同数量孔的数值仿真结果进行对比，如图 2-19(a)所示。随着引入方孔数量的增加，结构的初始峰值载荷不断降低，同时吸能量呈降低趋势，说明引入方孔结构可以有效降低初始峰值载荷，但会削弱结构强度，导致其吸能减少。为弥补开孔带来的结构缺陷和充分利用管件空间，使用泡沫铝填充管件，选取一层开孔方管填充前后进行吸能指标对比，如图 2-19(b)所示。填充后结构的吸能量、平均载荷及载荷效率得到明显提升，泡

第 2 章 吸能结构时序规律分析及构型选取

沫铝主要起到"吸能增强"的作用，在保持结构稳定变形的基础上有效增强吸能量。

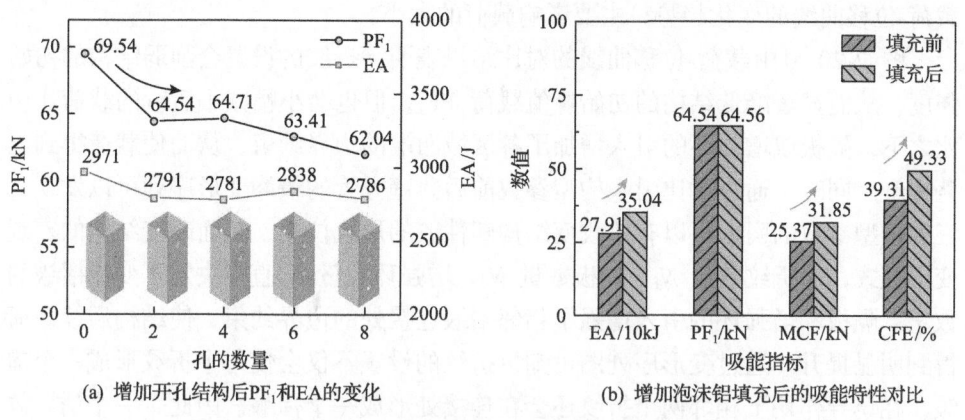

(a) 增加开孔结构后PF₁和EA的变化

(b) 增加泡沫铝填充后的吸能特性对比

图 2-19 泡沫铝填充开孔方管结构优势

图 2-20 展示了两种不同材料薄壁方管的载荷-位移曲线和变形序列对比。可

(a) 6063铝合金方管载荷-位移曲线对比

(b) 6063铝合金方管变形序列

(c) Q235碳素钢方管载荷-位移曲线对比

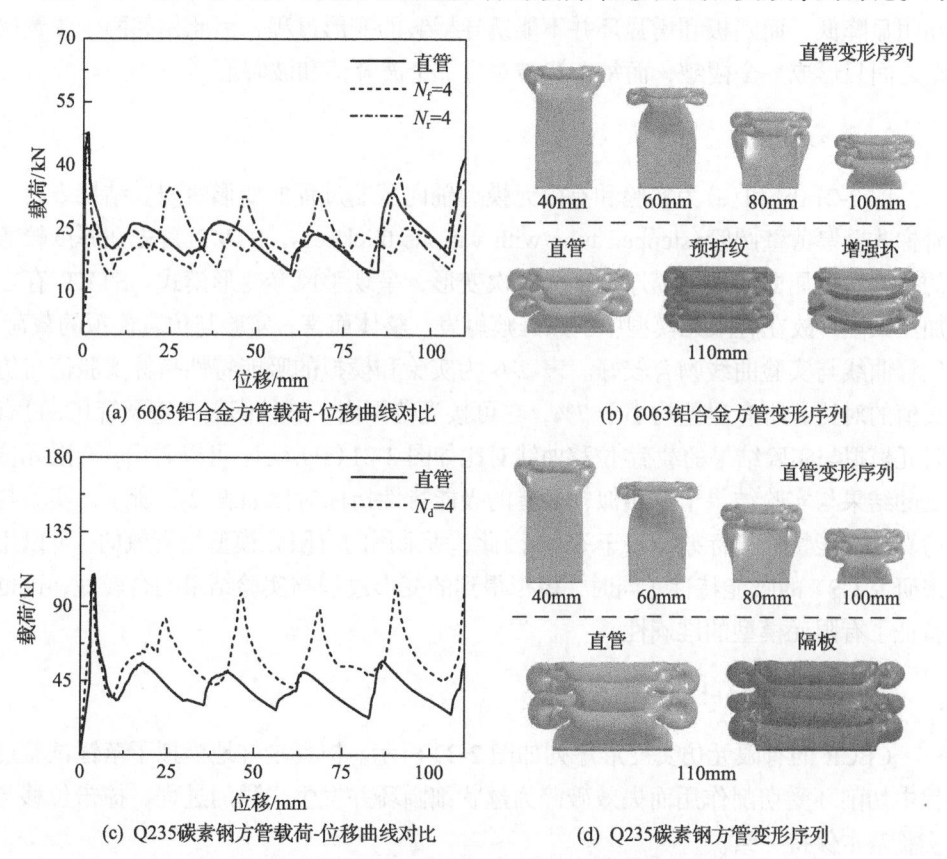

(d) Q235碳素钢方管变形序列

图 2-20 薄壁方管载荷-位移曲线及变形序列

以发现，在结构呈现渐进折叠变形模式的前提下，材料参数的改变不会显著影响载荷-位移曲线的变化趋势，主要影响载荷的大小。

图 2-20(a)中载荷-位移曲线的对比结果表明，折纹的设置会削弱结构的初始强度，从而显著降低结构的初始峰值载荷 PF_1，但也会小幅减小后续的载荷。相比之下，隔板或增强环的引入增加了各区域两端的边界约束，从而使载荷得到显著提升。同时，通过对比引入构型参数前后薄壁方管的最终变形序列可以发现，三种构型参数的引入可以有效改变结构塑性铰的形成位置，从而改变结构的宏观变形模式，而折纹数量 N_f、隔板数量 N_d、增强环数量 N_r 直接决定了变形褶皱的数量。隔板和增强环的引入增强了相邻褶皱连接处的边界约束，使结构后续载荷得到明显提升。通过变形序列图可知，折纹的设置不仅会使每个折纹形成一个褶皱，在诱导作用下相邻两个折纹还会在连接处形成一个褶皱。因此，一个诱导纹路会形成两个褶皱，也对应载荷-位移曲线上的两个波峰值和波谷值。同时，预折纹构型会提高褶皱在变形过程中的稳定性，从而使结构的初始峰值载荷和载荷波动明显降低。而隔板和增强环并不能诱导褶皱的变形过程，因此相邻两个预置构型之间只形成一个褶皱，而每个褶皱对应一个波峰值和波谷值。

2. 薄壁圆管

图 2-21(b)和(d)为实验和有限元模型轴向压缩过程的变形序列。结果表明，阶梯式壁厚薄壁圆管(stepped tube with various thickness，STVT)首先在厚度较薄的一端发生屈曲，接着随厚度增大依次变形，呈现手风琴变形模式。STVT 存在加工缺陷，故在有限元模型中引入压痕触发。整体而言，实验与仿真模拟的载荷-位移曲线与实验曲线吻合较好。表 2-6 为实验和模拟的吸能特性指标实验值与仿真值的对比，所有误差均小于 7%，在可接受范围内。波纹间隔薄壁圆管(CST)有限元模拟与实验结果的载荷-位移曲线对比如图 2-21(c)所示。可以看出，有限元仿真的结果与实验结果十分相似，两者的吸能特性指标对比如表 2-7 所示，实验与仿真的吸能特性指标差异小于 6%。因此，所采用的有限元模型是有效的，可以用来研究 CST 的吸能特性。同时，模拟得到的变形过程与实验结果吻合较好，这也验证了有限元模型的准确性。

3. 切削式错位补偿组合吸能管

CECR 的有限元仿真变形序列如图 2-22 所示。仿真较好地模拟了落锤试验过程中切削环受切削作用而失效破碎为丝状细圆环并发生飞溅的过程，撞击位移与实验基本保持一致。

第 2 章 吸能结构时序规律分析及构型选取 ·51·

(a) STVT载荷-位移曲线

(b) STVT变形序列

(c) CST载荷-位移曲线

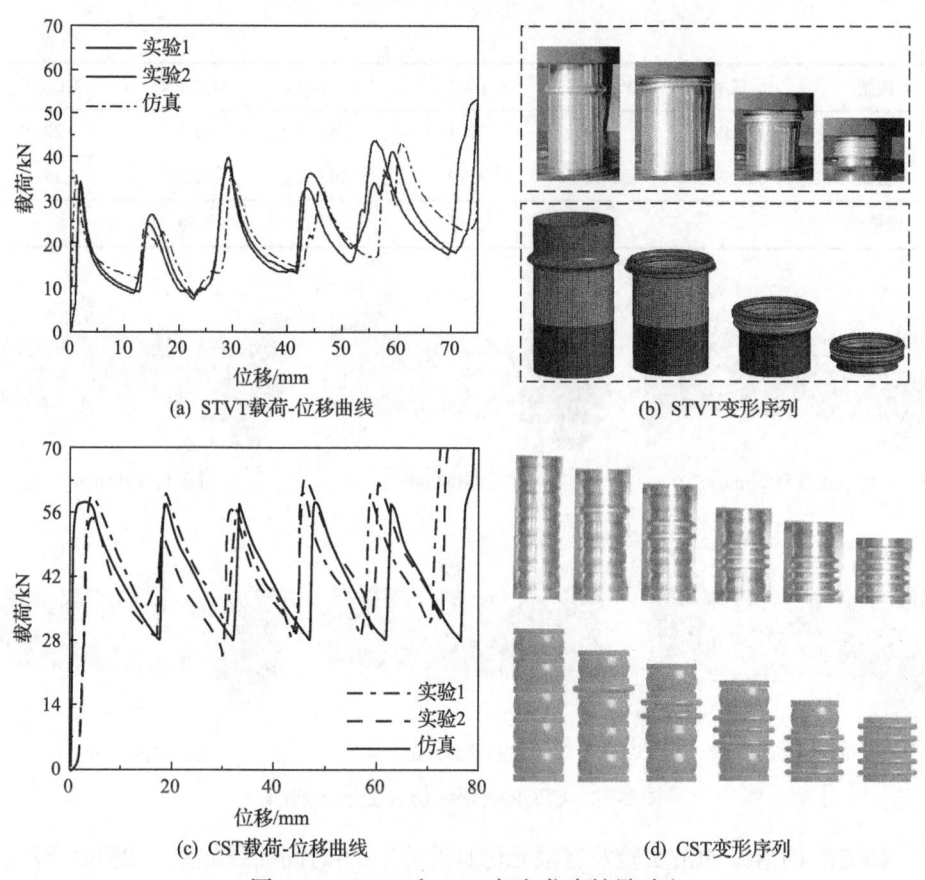

(d) CST变形序列

图 2-21 STVT 和 CST 实验-仿真结果对比

表 2-6 STVT 吸能特性指标对比

类型	EA/kJ	PF$_1$/kN	SEA/(kJ/kg)	MCF/kN	CFE/%
实验 1	1.58	34.3	25.58	21.51	62.71
实验 2	1.54	33.4	25.57	20.96	62.75
仿真	1.59	35.6	26.93	21.78	62.18
误差 1/%	0.63	3.79	5.28	1.26	0.85
误差 2/%	3.25	6.59	5.32	3.91	0.91

注：误差 1 为实验 1 与仿真两值的误差；误差 2 为实验 2 与仿真两值的误差。

表 2-7 CST 吸能特性指标对比

类型	质量/g	PF$_1$/kN	EA/J	SEA/(J/g)	MCF/kN	ULC
实验 1	159.58	60.2	3046	19.1	43.4	0.19
实验 2	159.60	54.8	2970	18.6	41.1	0.21

续表

类型	质量/g	PF$_1$/kN	EA/J	SEA/(J/g)	MCF/kN	ULC
平均值	159.59	57.5	3008	18.9	42.2	0.20
仿真	159.59	58.1	3179	19.9	41.6	0.19
误差/%	0	1.04	5.69	5.48	1.50	5

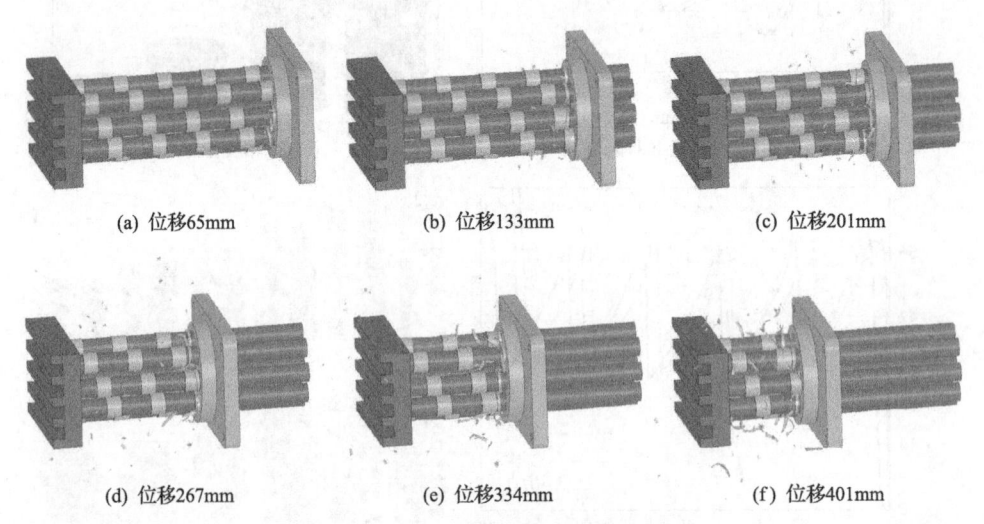

(a) 位移65mm (b) 位移133mm (c) 位移201mm

(d) 位移267mm (e) 位移334mm (f) 位移401mm

图 2-22　CECR 有限元仿真变形序列图

　　CECR 的落锤冲击实验及有限元仿真的撞击力-时间曲线如图 2-23(a) 所示，吸能量-位移曲线如图 2-23(b) 所示。PF$_1$、PF$_{max}$、MCF、F_{ss}、EA、SEA、e 等力学性能指标总结见表 2-8。表中的误差 1 与误差 2 分别为仿真值、理论值与实验数据的误差。从动态冲击的角度来看，CECR 的撞击力整体上相对平稳，基本符合撞击力错位补偿的设计预期，认为从初始撞击力峰值至最终撞击力峰值之间的区间均属于稳态。撞击发生 4.42ms 时出现 PF$_1$，初始峰值并不明显，而 PF$_{max}$ 出现在撞击发生的 73.8ms 时为 664kN，处于撞击过程的末期。与此同时，刀具在最后时刻也发生了局部的崩裂。MCF 为 351.59kN，EA 为 145.29kJ，由此计算得到吸能装置的 SEA 为 7.98kJ/kg，相比于现有的切削式吸能装置有所提升。从吸能量-位移曲线来看，CECR 的吸能量与位移接近线性关系，没有发生非常大的波动，这表明 CECR 可以平稳吸收撞击动能。有限元仿真与实验比对整体良好，曲线的变化趋势接近，仿真虽然对于动态冲击中的撞击峰值等精确到时刻点的数据难以有很好的模拟，误差为 12.3%～25.0%，但是对于实验的平均撞击力、稳态撞击力、吸能量等全局数据都提供了很好的模拟效果，仿真的 MCF 为 340.54kN，与实验的误差为 3.1%，F_{ss} 为 350.57kN，误差为 0.2%，仿真的 EA 为 139.51kJ，误差为

4.0%。CECR 的有限元仿真模型有效地捕获了实验中观察到的变形模式，对结构的力学性能提供了较好的模拟，可以进行进一步的研究。理论值相比于实验值偏小，是由于理论方法忽略了摩擦吸收能量。

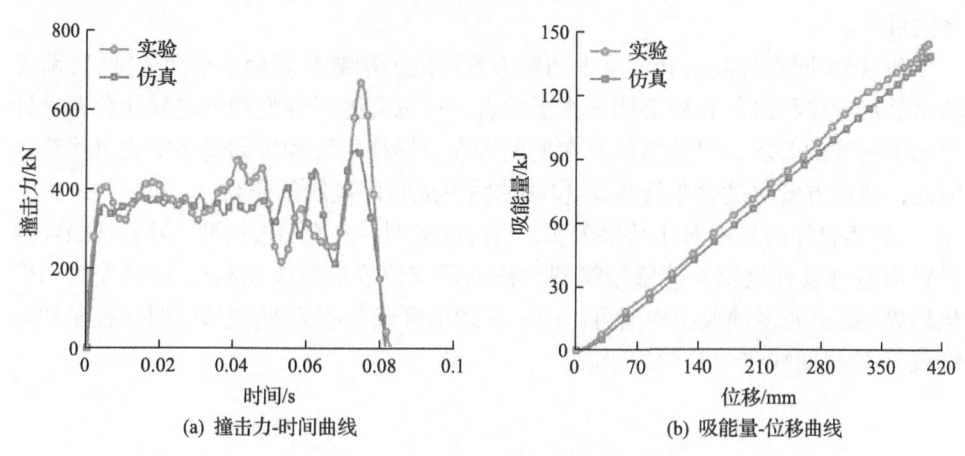

(a) 撞击力-时间曲线

(b) 吸能量-位移曲线

图 2-23 CECR 试验与仿真的撞击特性曲线

表 2-8 CECR 落锤冲击实验的主要力学性能数据

参数	实验值	仿真值	理论值	误差 1	误差 2
PF_1/kN	407	357	—	12.3%	—
PF_{max}/kN	664	498	—	25.0%	—
MCF/kN	351.59	340.54	320.28	3.1%	8.9%
F_{ss}/kN	351.26	350.57	320.28	0.2%	8.8%
EA/kJ	145.29	139.51	130.35	4.0%	10.3%
SEA/(kJ/kg)	7.98	—	—	—	—
e	0.51	0.68	—	33.3%	—

注：误差 1 为仿真值与实验值的误差；误差 2 为理论值与实验值的误差。

2.5　本章小结

本章首先针对薄壁结构吸能特性这一多尺度评价问题，构建了涵盖吸能量、初始峰值载荷和载荷-位移曲线平稳度等方面的综合评价体系，并通过无量纲处理避免了结构形式和材料属性对吸能特性评价的影响。然后，基于经典单元理论探究了褶皱变形时序与载荷-位移曲线形成时序之间的关系，量化了褶皱半波长与载荷-位移曲线各区间长度之间的关系，确定了适合变构型差异化分布设计的截面形式，提出了可用于载荷-位移曲线形成时序控制的构型类型，具体结论如下：

(1)变形褶皱的连续屈曲行为是载荷-位移曲线上载荷周期变化的根本原因，每个变形褶皱都会对应载荷-位移曲线上的一段位移区间，而褶皱的半波长决定了每段位移区间的长度，通过改变褶皱的半波长可以达到影响载荷-位移曲线形成时序的目的。

(2)相关同管件高度和厚度下薄壁方管形成的褶皱数量会小于薄壁圆管，前者单褶皱对应位移区间长度会明显大于后者，可以有效降低变构型差异化分布设计对加工精度的要求，且棱角的存在使前者在变形稳定性和拆卸安装上更具优势，因此，薄壁方管更适合单管载荷-位移曲线形成时序控制的研究。

(3)实验和仿真的对比结果表明，预折纹构型、内置隔板构型、外置增强环等预置构型可以有效影响薄壁结构塑性铰的形成位置进而改变载荷-位移曲线的变化趋势，提出的多种典型构型可以用于后续单管载荷-位移曲线形成时序控制和多管载荷-位移曲线错位补偿的研究。

第 3 章 吸能结构时序控制方法探究

实现多管载荷-位移曲线错位补偿的前提条件是各管在同一时刻所处的变形时序存在差异，从而使各管载荷-位移曲线之间出现均匀合适的时序间隔。显然，精准控制薄壁吸能管载荷-位移曲线上各峰值载荷的分布位置是实现上述目标的前提条件。因此，本章将基于第 2 章获取的构型参数和载荷-位移曲线时序规律，首先对预折纹薄壁管、内置隔板薄壁管、外置增强环薄壁管等结构的构型数量和尺寸规格展开影响因素分析，确定两者之间的较优组合以保证结构能沿所设构型发生有序变形。其次，基于经典的单元理论推导出面向不同类型薄壁管的力学性能理论模型，为其力学性能预测和后续构型参数的选取提供充足的理论支撑。最后，对多种构型参数分布形式变更与载荷-位移曲线形成时序之间的影响规律进行量化分析，并从中总结出可覆盖绝大部分位移区间的吸能结构载荷-位移曲线形成时序控制方法。

3.1 单管预置构型关键结构参数确立

控制载荷-位移曲线形成时序的前提条件是初始结构具有合适数量的褶皱数目且能沿加载方向呈现有序稳定的变形模式。为使初始结构满足上述条件，对多种预置构型的关键参数展开影响因素分析。其中，构型参数的数量根据同结构尺寸下传统薄壁方管所形成褶皱的数量 N_s 进行选择，具体数值为 N_s-1、N_s、N_s+1。

3.1.1 折纹结构参数影响分析

折纹数量 N_f 和偏置角度 $\Delta\theta$（偏置距离 ΔP）分别决定结构的褶皱数量和初始结构强度，会显著影响结构的吸能特性和变形稳定性。在保持高吸能量的前提下，具有更为平稳载荷-位移曲线的初始规格显然更有利于多管载荷-位移曲线错位补偿的实现。图 3-1 为 $N_f=3, 4, 5$ 时，不同偏置角度 $\Delta\theta$（偏置距离 ΔP）的载荷-位移曲线及变形序列。其中，不同 N_f 中 $\Delta\theta$ 的取值分别对应 $\Delta P=1\text{mm}, 2\text{mm}, 3\text{mm}$。通过对比不同规格的变形模式可以发现，随着折纹数量 N_f 的增大，区域 C_{ij} 的高度减小，结构按所设计纹路发生有序变形所需的 $\Delta\theta$（或 ΔP）增大。其中，$N_f=3$ 规格中即使 $\Delta\theta=2.3°$ 也能出现有序变形，而 $N_f=4$ 规格和 $N_f=5$ 规格分别需要 $\Delta\theta$ 大于 $3.0°$ 和 $7.6°$ 才可出现有序变形。因此，相同管件长度下若想形成更多数量的变形褶皱，设置的折纹应使结构呈现出更小的初始强度。

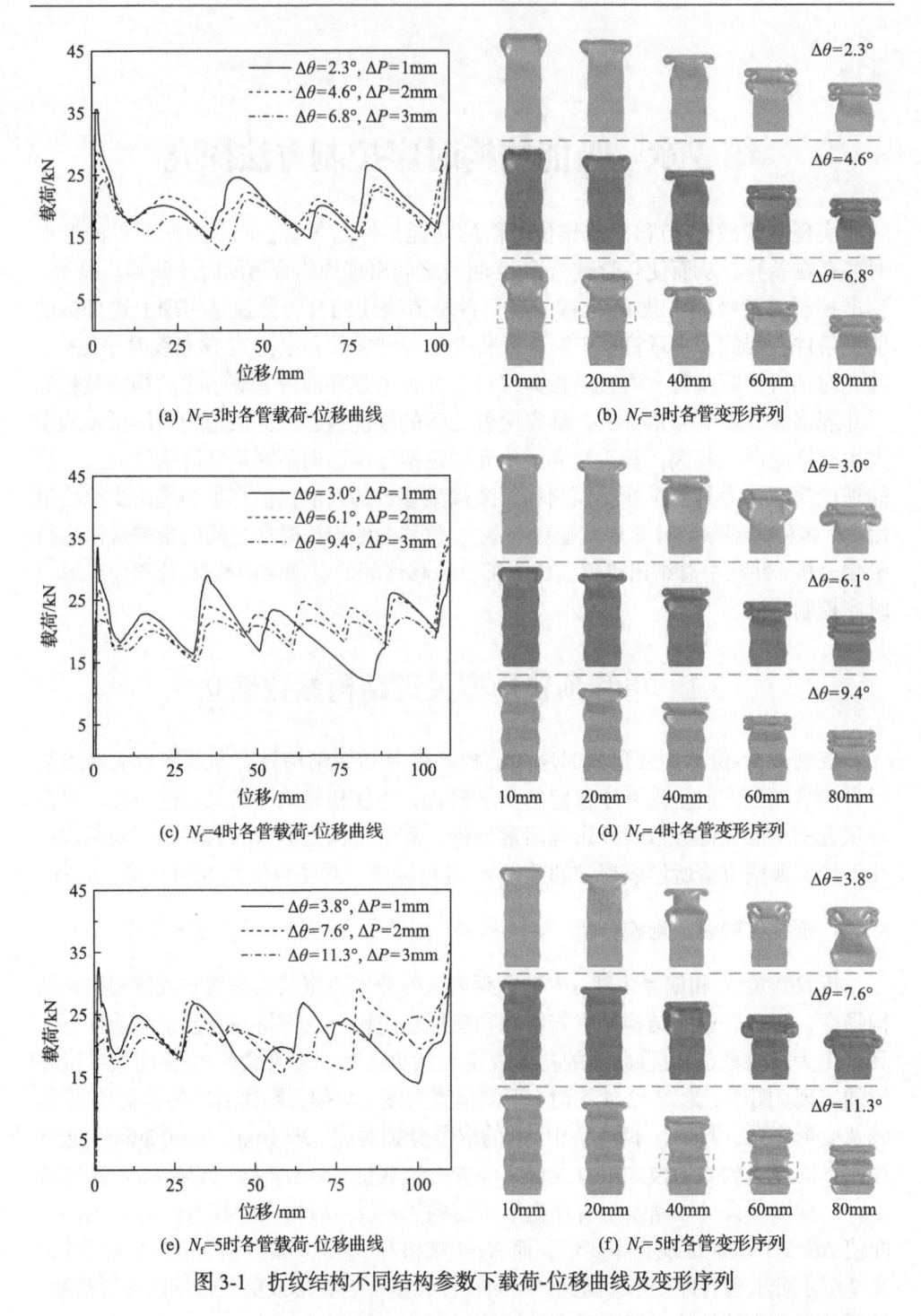

图 3-1 折纹结构不同结构参数下载荷-位移曲线及变形序列

同时，根据N_f=3、$\Delta\theta$=6.8°规格和N_f=5、$\Delta\theta$=11.3°规格可以发现，当偏置距离

ΔP 过大时会因结构中部区域强度过小而出现无法沿加载方向按顺序发生变形的现象,显然不利于载荷-位移曲线形成时序的精准控制。此外,随着 N_f 的增大,结构形成的褶皱数量也增多,两者之间的关系为 $N_s=2N_f-1$。褶皱数量的增多会导致每个变形褶皱所对应的位移区间 D_{sn} 随之相应减小,将会进一步减小各管载荷-位移曲线等距充分分离所需的构型差异,无疑会对加工精度提出更为苛刻的要求。表 3-1 展示了预折纹薄壁管在不同结构参数下的吸能特性对比。显然,随着 $\Delta\theta$ 的逐渐增大,结构的初始峰值载荷 PF_1 明显减小,后续载荷波动 $FL_{10\sim105}$ 也存在小幅降低,但吸能量 EA 减小。由于 $N_f=4$、$\Delta\theta=3.0°$ 规格和 $N_f=5$、$\Delta\theta=3.8°$ 规格并没有出现有序渐进折叠变形模式,其吸能量反而会小于 $\Delta\theta$ 较大的规格。此外,在出现有序稳定变形模式且偏置距离 ΔP 相等的前提下,N_f 越大意味着变形褶皱的数量越多,材料的利用率也越高,结构的吸能量也会随之增大。通过综合对比各规格的吸能特性,可以直观地看出 $N_f=4$、$\Delta\theta=6.1°$ 的规格在呈现稳定有序变形模式的同时还具备最高的吸能量和较低的载荷波动,因此选取该规格用于后续的单管载荷-位移曲线形成时序控制研究。

表 3-1 不同结构参数下预折纹薄壁管吸能特性对比

规格		PF_1/kN	EA/kJ	MCF/kN	SEA/(kJ/kg)	$FL_{10\sim105}$
$N_f=3$	$\Delta\theta=2.3°$	35.53	2.11	20.08	14.20	3.14
	$\Delta\theta=4.6°$	28.80	2.06	19.62	13.21	2.92
	$\Delta\theta=6.8°$	23.71	1.95	18.57	12.45	3.12
$N_f=4$	$\Delta\theta=3.0°$	34.38	2.16	20.54	13.87	4.01
	$\Delta\theta=6.1°$	26.65	2.24	21.34	14.32	2.24
	$\Delta\theta=9.4°$	21.87	2.07	19.69	13.14	1.97
$N_f=5$	$\Delta\theta=3.8°$	33.15	2.19	20.91	14.05	3.53
	$\Delta\theta=7.6°$	24.94	2.21	21.01	14.09	3.27
	$\Delta\theta=11.3°$	21.06	2.21	21.08	13.93	2.21

3.1.2 隔板结构参数影响分析

隔板数量 N_d 和隔板厚度 t_d 是影响结构能否出现有序变形并呈现优异吸能特性的关键结构参数,因此对其展开影响因素分析。图 3-2 为不同隔板数量 N_d 和隔板厚度 t_d 时的载荷-位移曲线及变形序列。其中,N_d 分别取值为 3、4、5,而 t_d 分别取值为 $0.5t$、t、$1.5t$、$2t$(分别对应 1mm、2mm、3mm、4mm)。通过图 3-2(a) 和 (b) 可以发现,相较于预折纹构型,内置隔板构型主要通过增强相邻两褶皱的边界约束来迫使结构在所划分的区域内按顺序出现变形,并且每个区域内褶皱的变形过程相对更加独立。内置隔板使每个褶皱的变形空间被较好地限制在相邻两个隔板之间,因此隔板与薄壁管件的交界处并不会出现额外的褶皱。因此,褶皱数量

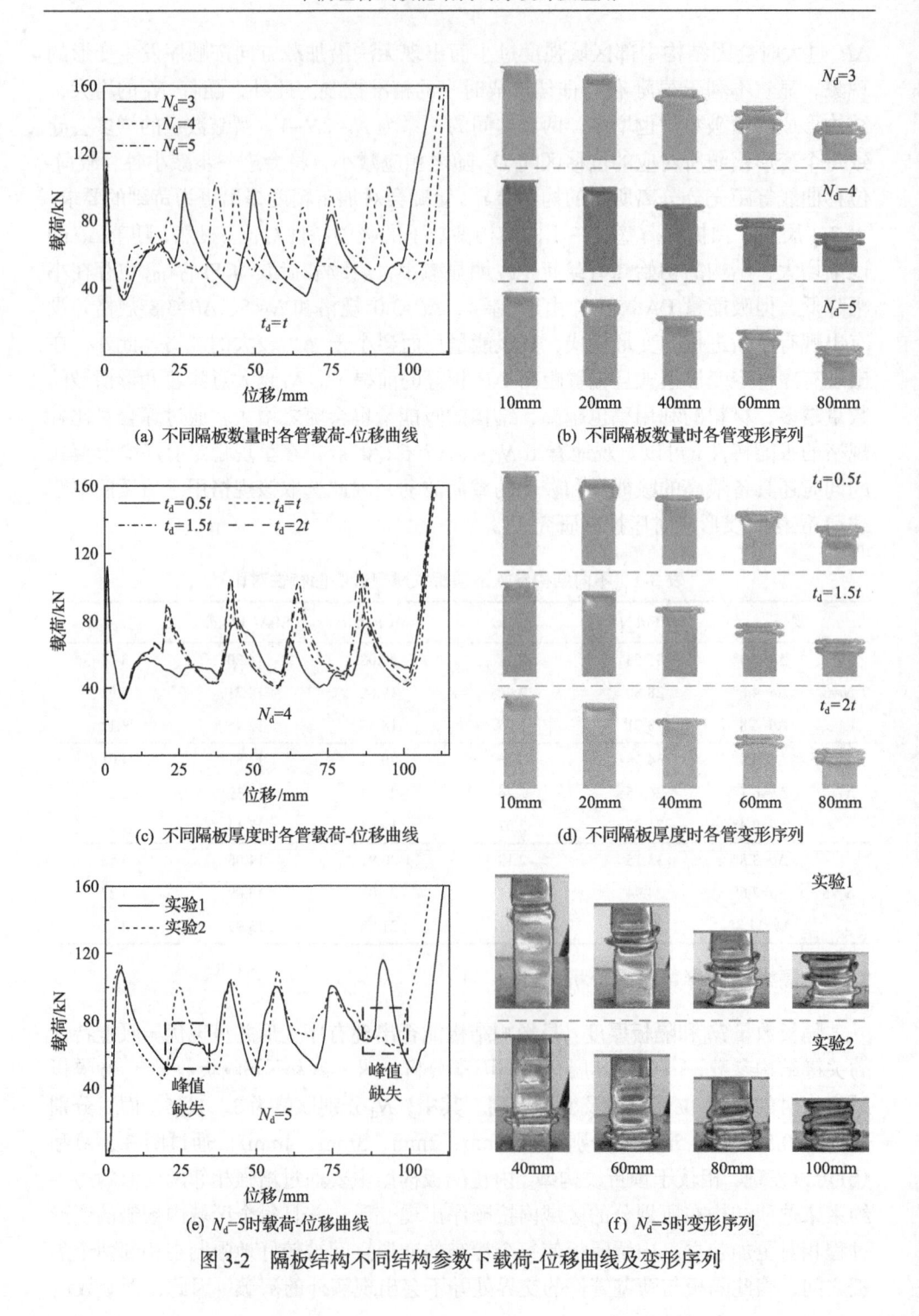

图 3-2 隔板结构不同结构参数下载荷-位移曲线及变形序列

N_s 与内置隔板数量 N_d 呈 $N_s=N_d+1$ 的关系。同时，随着 N_d 的增多，变形褶皱的数量相应增多，结构的材料利用率增大，密实化阶段也会相应推迟。根据图 3-2(c) 和(d)可以发现，当 $t_d=0.5t$ 时，由于内置隔板的强度较弱，无法提供足够的边界约束，褶皱的变形空间并没有被完全限制在相邻两个隔板之间，这也导致载荷-位移曲线上并没有形成分布均匀且明显的峰值载荷，显然不符合载荷-位移曲线精准控制的要求。此外，当隔板具有足够的强度后，t_d 的增加并不会显著提升结构的载荷，由此可见隔板自身的变形并不会显著影响结构的吸能量，其主要作用是增强薄壁管件各区域连接处的边界约束。

表 3-2 展示了不同结构参数下内置隔板薄壁管的各项吸能特性指标。随着内置隔板数量 N_d 的增加，结构的吸能量 EA 和载荷波动 $FL_{10\sim105}$ 也会增大，而初始峰值载荷几乎保持不变。吸能量的增大是因为变形褶皱数量的增多提升了材料的利用率，而载荷波动的提升是因为峰值数量的增多提升了载荷-位移曲线的波动频率。除 $t_d=0.5t$ 规格外，t_d 的增加不会明显影响结构的吸能量，但会导致结构载荷波动的明显增大以及比吸能的明显降低。图 3-2(e) 和(f)表明，由于焊接加工工艺的局限性，过多内置隔板的引入会导致结构出现初始缺陷的概率显著增大，结构在变形过程中可能会因为中部区域强度不足而提前发生变形。显然，这种变形随机性和无序性并不满足结构沿加载方向按顺序出现变形的条件，会影响载荷-位移曲线形成时序控制的准确性。此外，加工缺陷或误差的存在可能会影响褶皱的变形稳定性，致使对应位移区间出现峰值载荷的缺失，从而影响结构的吸能量和多管载荷-位移曲线错位补偿的效果。因此，综合考虑结构吸能量、比吸能、载荷波动三个指标，结合加工过程中初始缺陷等因素的影响，选取 $N_d=4$、$t_d=t$ 规格用于后续的单管载荷-位移曲线的控制研究。

表 3-2 不同结构参数下内置隔板薄壁管吸能特性指标对比

规格		PF_1/kN	EA/kJ	MCF/kN	SEA/(kJ/kg)	$FL_{10\sim105}$
$N_d=3$	$t_d=t$	108.36	5.54	56.24	9.98	14.14
$N_d=4$	$t_d=0.5t$	109.06	5.86	57.21	11.28	9.82
	$t_d=t$	109.28	6.16	58.57	10.42	13.28
	$t_d=1.5t$	109.43	6.23	59.24	9.41	16.43
	$t_d=2t$	109.48	6.34	60.33	8.64	16.12
$N_d=5$	$t_d=t$	111.17	6.60	62.66	10.53	14.04

3.1.3 增强环结构参数影响分析

外置约束件构型中增强环数量 N_r、厚度 t_r、高度 h_r 是决定薄壁结构能否在指定位置形成变形褶皱的关键影响因素，因此本节对三个参数的取值方法展开进一步研究。图 3-3 展示了外置增强环薄壁管在不同结构参数下的载荷-位移曲线及变

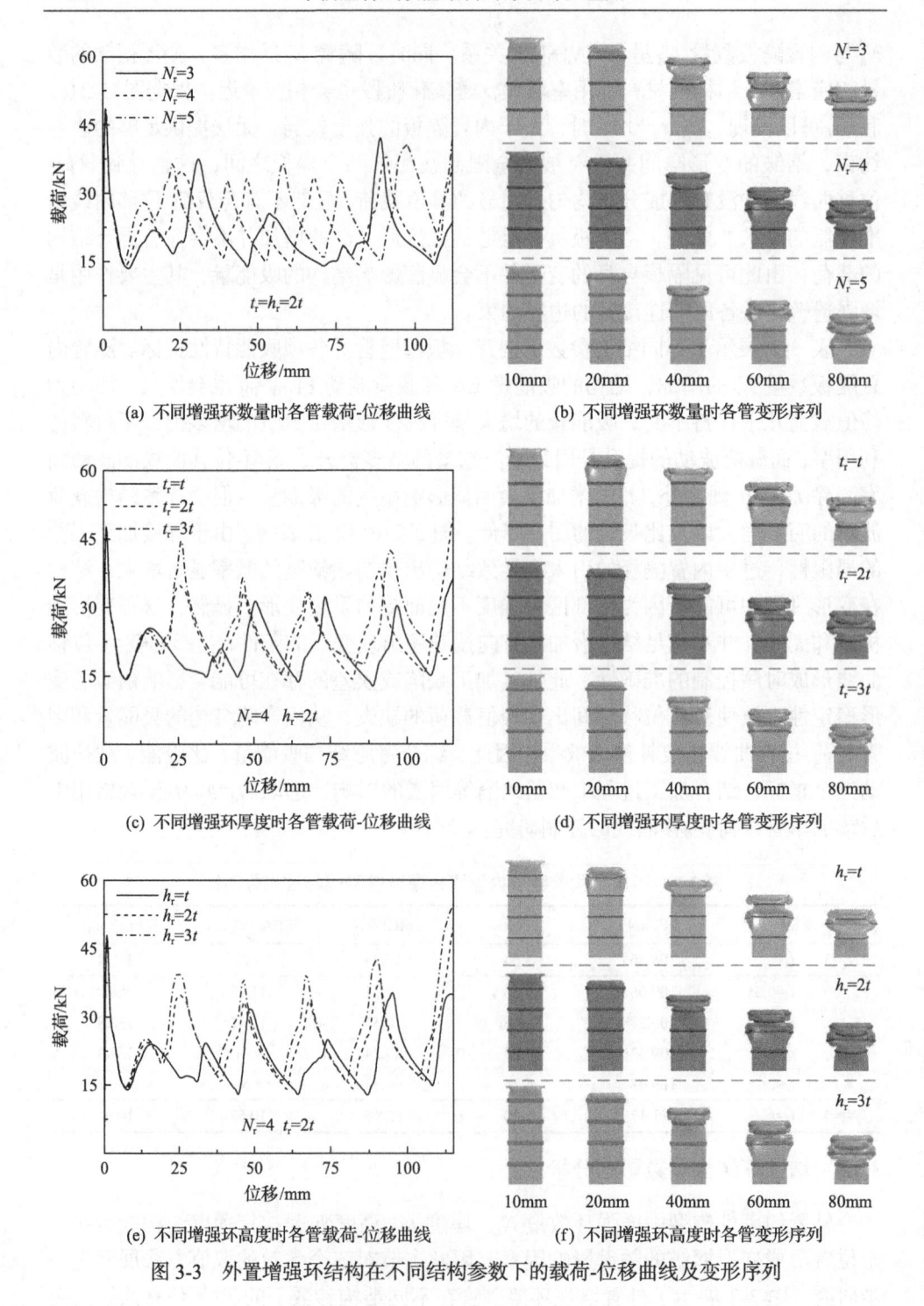

(a) 不同增强环数量时各管载荷-位移曲线

(b) 不同增强环数量时各管变形序列

(c) 不同增强环厚度时各管载荷-位移曲线

(d) 不同增强环厚度时各管变形序列

(e) 不同增强环高度时各管载荷-位移曲线

(f) 不同增强环高度时各管变形序列

图3-3 外置增强环结构在不同结构参数下的载荷-位移曲线及变形序列

形序列对比。在增强环的限制作用下，每个 R_{ij} 区域会逐一形成变形褶皱，而每个增强环的位置会关联载荷-位移曲线上不同的位移区间，但其对各区域变形空间的限制作用会弱于内置隔板结构。如图 3-3(a) 和 (b) 所示，当 $N_r=4$ 和 $N_r=5$ 时增强环并没有将褶皱的变形空间完全限制在两个增强环之间，相邻两区域内褶皱的变形过程仍存在相互影响。通过 60mm 和 80mm 的变形序列对比也可明显发现，增强环会介于上下两区域之间同步发生变形，相邻两褶皱的变形过程并不像内置隔板薄壁管一样被有效独立分隔。

如图 3-3(c) 和 (d) 所示，增强环厚度 t_r 较小时 ($t_r=t$) 无法提供充足的限制作用，当 R_{i1} 区域内褶皱的变形未完全结束时 R_{i2} 内的褶皱已经出现了明显变形，这也导致 12.5～37.5mm 位移区间内的峰值载荷并不明显。随着 t_r 的逐渐增大，增强环对 R_{ij} 区域上下两侧的约束作用逐渐增强，褶皱的变形空间能被更好地限制在相邻两个增强环之间。通过 $t_r=2t$、$t_r=3t$ 规格在 60mm 和 80mm 的变形序列可以发现，后者 R_{i4} 区域和 R_{i5} 区域内褶皱的变形过程更为独立。图 3-3(e) 和 (f) 的结果表明，增强环高度 h_r 与增强环厚度 t_r 具有相似的影响效果，当 h_r 较小时 ($h_r=t$)，同样会因为增强环约束作用的不足而使 R_{i2} 区域因变形连续性的影响而提前出现变形。随着 h_r 增大，增强环的限制作用逐渐增强，可以更好地约束各区域内褶皱的变形空间，并且后续位移区间内的峰值载荷会随 h_r 的增大而明显提升。通过 $h_r=3t$ 规格和 $t_r=3t$ 规格的变形序列对比可以发现，在相同尺寸下增强环厚度 t_r 的限制作用会强于增强环高度 h_r，例如，80mm 时 $t_r=3t$ 规格的最后一个增强环并没有出现明显变形而 $h_r=3t$ 规格出现了一定程度的屈曲。

表 3-3 展示了外置增强环薄壁管在不同结构参数下的吸能特性对比。可以发现，结构的吸能量 EA、载荷波动 $FL_{10\sim 105}$ 和平均载荷 MCF 基本都随 N_r、t_r、h_r 的增大而增大。但 $N_r=3$ 规格由于峰值数目较少，且载荷变化幅度较大，其载荷波动 $FL_{10\sim 105}$ 有时候反而会大于 $N_r=4$ 规格。虽然 N_r、t_r、h_r 越大，结构具有的吸能量越多，但其载荷波动也会相应越大，且加工量越大，同样会导致初始缺陷概率

表 3-3 外置增强环薄壁管在不同结构参数下的吸能特性对比

	规格		PF$_1$/kN	EA/kJ	MCF/kN	SEA/(kJ/kg)	FL$_{10\sim 105}$
$N_r=3$	$t_r=2t$	$h_r=2t$	46.88	2.30	20.93	12.74	5.90
$N_r=4$	$t_r=t$	$h_r=2t$	47.13	2.27	20.62	13.18	4.57
		$h_r=t$	46.87	2.26	20.51	13.12	4.96
	$t_r=2t$	$h_r=2t$	47.27	2.56	23.24	13.56	5.66
		$h_r=3t$	47.67	2.80	25.42	13.63	6.62
	$t_r=3t$	$h_r=2t$	47.33	2.76	25.12	13.44	6.35
$N_r=5$	$t_r=2t$	$h_r=2t$	48.01	2.76	25.12	14.00	6.31

越大。当 N_r=4、t_r=2t、h_r=2t 时，结构的载荷-位移曲线上已经能形成分布均匀且明显的峰值载荷，表明增强环的限制作用已经足以引导结构按顺序出现变形，且该规格具有较高的吸能量和较低的载荷波动。综合变形稳定性和吸能特性两因素，选取该规格作为初始结构用于后续的差异化多管组合设计。

3.1.4 开孔结构参数影响分析

为了进行开孔多管组合式吸能结构的力学特性研究，首先要对单管的开孔特征进行研究，而开孔层数、每层开孔数和开孔尺寸等是影响金属开孔薄壁管吸能特性的主要参数。

1. 开孔层数

开孔的布置会影响轴向压缩过程中褶皱产生的位置，因此对于金属薄壁方管，开孔层数的设置会直接影响产生褶皱的数目，从而影响吸能管的吸能效果。本节通过比较无开孔方管(ST)和不同开孔层数(M=4, 5, 6, 7, 8)的开孔方管(STWH)的吸能特性，探究开孔层数对金属薄壁方管轴向压缩吸能特性的影响。为保证其他影响因素相同，设置开孔方管的每层开孔数 N_{sh}=4，开孔边长 a=6mm。规格编号中的数字依次表示开孔层数、开孔数、开孔边长，如 STWH-8-4-6 表示 M=8、N_{sh}=4、a=6mm。

如图 3-4(a)所示，方管进行开孔设置可以有效降低结构在轴向压缩过程中的 PF_1，STWH-8-4-6 的 PF_1 较 ST 降低了 17.4%，进一步改变开孔层数对 PF_1 变化的影响较小。从表 3-4 和图 3-4(b)中可以看出，开孔方管在保证结构比吸能的同时，还增加了结构的 CFE，对于缓解结构在压溃过程中的载荷波动效果显著。从各个规格试件的变形结果来看，ST 和开孔层数为 6、7、8 的 STWH 呈现出对称变形模式，而开孔层数为 4 和 5 的 STWH 为混合变形模式，如图 3-5(a)所示。

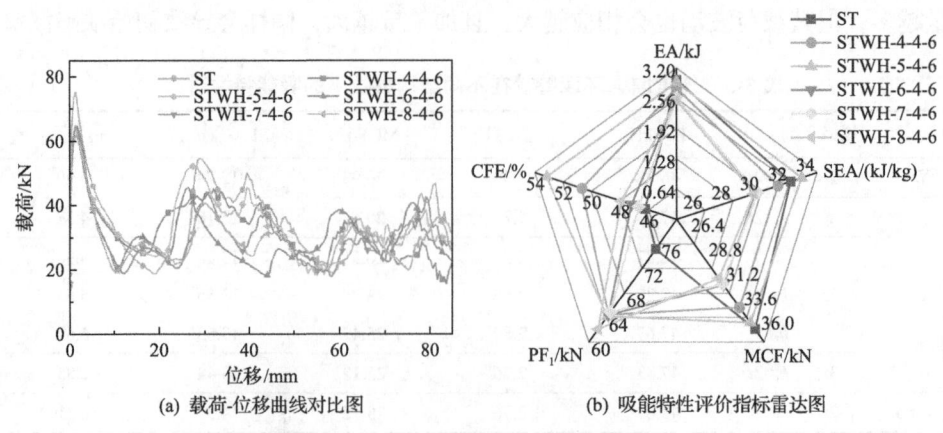

(a) 载荷-位移曲线对比图   (b) 吸能特性评价指标雷达图

图 3-4 不同开孔层数的方管吸能特性

表 3-4　不同开孔层数方管的吸能特性评价

规格	质量/g	EA/kJ	SEA/(kJ/kg)	MCF/kN	PF$_1$/kN	CFE/%
ST	92.01	2.95	32.10	34.75	75.17	46.23
STWH-4-4-6	88.90	2.77	31.19	32.62	64.42	50.64
STWH-5-4-6	88.13	2.90	32.89	34.10	64.17	53.14
STWH-6-4-6	87.36	2.58	29.57	30.39	64.39	47.20
STWH-7-4-6	86.59	2.57	29.73	30.29	64.85	46.70
STWH-8-4-6	85.82	2.53	29.47	29.75	62.09	47.91

ST　　　　STWH-4-4-6　　　　STWH-5-4-6

STWH-6-4-6　　　　STWH-7-4-6　　　　STWH-8-4-6

(a)

STWH-6-2-6　　　　STWH-6-6-6　　　　STWH-6-8-6

STWH-6-4-4　　　　STWH-6-4-8　　　　STWH-6-4-10

(b)

图 3-5　不同规格方管有限元仿真变形图

由于开孔削弱了结构的轴向刚度,在轴向压缩过程中,褶皱往往在开孔的位置产生。当开孔层数较少时,开孔会影响褶皱的完整性,使得结构变形模式不可控。而当开孔层数过多时,吸能结构的吸能量无法保证,综合吸能特性评价指标和结构变形模式考虑,设置 $M=6$ 较为合适。

2. 每层开孔数

在确定了开孔层数之后,对每层开孔数进行研究。分别选择每层开孔数 $N_{sh}=2, 4, 6, 8$ 四种开孔管进行仿真,得到的载荷-位移曲线如图 3-6(a)所示。每层开孔数为 2 和 4 的载荷-位移曲线表现为波峰波谷交替出现,而其他开孔管的载荷-位移曲线周期性不明显。当每层开孔数较少时(如 $N_{sh}=2, 4$),结构在轴向上仍具有较强的刚度,在压溃过程中需要较大的屈服载荷来使薄壁管件在开孔位置产生褶皱变形,因此在载荷-位移曲线中仍能出现波峰波谷;而当每层开孔数较多时(如 $N_{sh}=6, 8$),结构在开孔位置的刚度被大大削弱,结构产生变形需要的屈服载荷较小,表现为载荷-位移曲线周期性不明显。随着每层开孔数的增加,PCF 逐渐减小。同时整个结构耗散能量的能力也不断减小。从表 3-5 和图 3-6(b)可以看出,随着每层开孔数目的增加,结构的 EA、SEA、MCF 均呈现减小的趋势,STWH-6-8-6 的 SEA 较 ST 降低了 26.26%,吸收能量的能力下降显著。结构的 CFE 在 $N_{sh}=4$ 时达到最大,为 47.20%。从变形模式上来看,各个开孔方管均呈现出对称变形模式,如图 3-6(b)所示。在四种开孔方管中,STWH-6-4-6 的 PF_1 较 ST 降低了 14.34%,而 SEA 仅降低了 7.88%。因此,为了保证开孔方管的吸能效果,设置 $N_{sh}=4$。

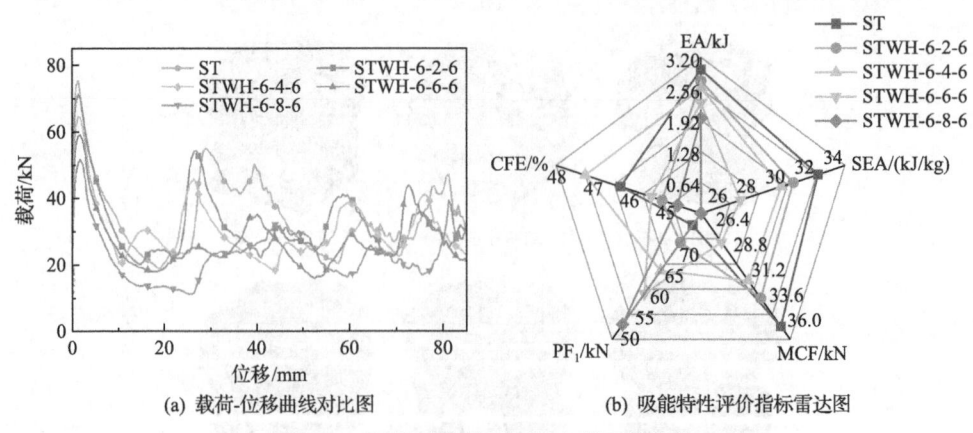

(a) 载荷-位移曲线对比图   (b) 吸能特性评价指标雷达图

图 3-6 每层开孔数不同的方管吸能特性

3. 开孔尺寸

在确定了开孔方管的开孔层数和每层开孔数目之后,对开孔的尺寸进行研究。

第 3 章 吸能结构时序控制方法探究

选取 a=4mm, 6mm, 8mm, 10mm 四种规格的 STWH 进行仿真研究,得到载荷-位移曲线和吸能特性评价指标雷达图如图 3-7 所示。由表 3-6 可看出,随着开孔尺寸的增加,结构轴向刚度减小,PF_1 呈现减小的趋势。从图 3-5(b) 可以看出,开孔尺寸过大会导致在轴向压缩过程中结构参与吸能的材料减少,表现为混合变形模式。在保证结构吸能效果的同时,STWH-6-4-6 表现出较好的缓解载荷波动能力。综合考虑开孔层数、每层开孔数和开孔边长,M=6,N_{sh}=4,a=6mm 的开孔方管表现出较好的吸能特性,因此选择 STWH-6-4-6 进行后续研究。

表 3-5 不同每层开孔数方管的吸能特性评价指标

规格	质量/g	EA/kJ	SEA/(kJ/kg)	MCF/kN	PF_1/kN	CFE/%
ST	92.01	2.95	32.10	34.75	75.17	46.23
STWH-6-2-6	89.66	2.72	30.39	32.05	71.10	45.08
STWH-6-4-6	87.36	2.58	29.57	30.39	64.39	47.20
STWH-6-6-6	85.06	2.27	26.73	26.74	58.93	45.38
STWH-6-8-6	82.75	1.96	23.67	23.04	51.60	44.65

(a) 载荷-位移曲线对比图

(b) 吸能特性评价指标雷达图

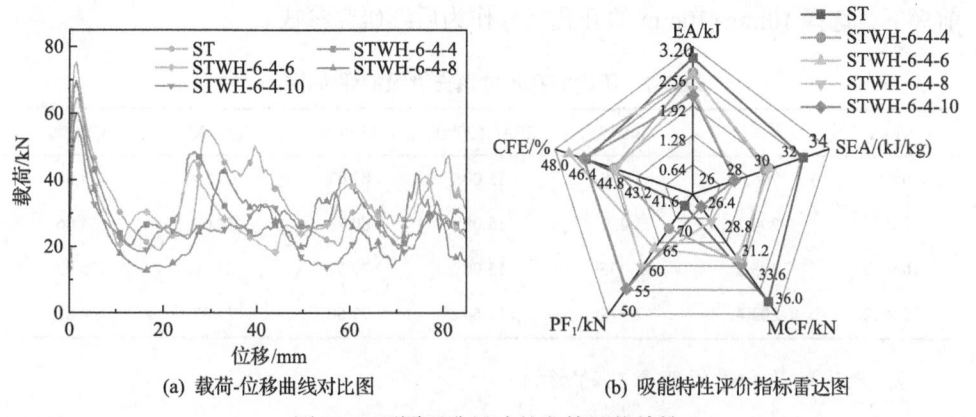

图 3-7 不同开孔尺寸的方管吸能特性

表 3-6 不同开孔尺寸方管的吸能特性评价指标

规格	质量/g	EA/kJ	SEA/(kJ/kg)	MCF/kN	PF_1/kN	CFE/%
ST	92.01	2.95	32.10	34.75	75.17	46.23
STWH-6-4-4	89.92	2.63	29.30	31.00	69.48	44.62
STWH-6-4-6	87.36	2.58	29.57	30.39	64.39	47.20
STWH-6-4-8	83.78	2.27	27.06	26.67	59.87	44.55
STWH-6-4-10	79.17	2.14	27.06	25.21	54.39	46.35

3.1.5 泡沫铝增强型开孔结构参数影响分析

在金属薄壁结构中引入方孔会使该处强度存在一定程度的降低，从而使该处在轴向压缩过程中优先出现渐进叠缩变形。因此，本节将研究方孔关键参数(包括方孔大小、方孔数量和方孔间距)对泡沫铝填充的薄壁开孔方管轴向压缩特性的影响规律。

1. 开孔大小的影响

首先确定方孔的尺寸大小，引入 6mm×6mm、8mm×8mm、10mm×10mm 和 12mm×12mm 大小的方孔(开孔方式为每层的对面两侧分别开一个孔)，对其进行数值模拟，计算不同大小方孔的填充管吸能评价指标，如表 3-7 所示。从变形模式来看，不同开孔尺寸下的填充管变形模型仍为轴对称变形模式，不同大小方孔下的填充管致密化程度一致，均在 110mm 左右处开始形成致密化阶段；除去 6mm×6mm 开孔尺寸，随着开孔尺寸的增大，填充式结构的初始峰值载荷、比吸能和平均载荷均下降，但其影响并不明显，因此在满足吸能量及初始峰值载荷的前提下，选择 10mm×10mm 的开孔尺寸作为后续研究参数。

表 3-7 不同方孔尺寸填充管吸能评价指标

a/mm	质量/g	EA/kJ	SEA/(kJ/kg)	PF_1/kN	MCF/kN	CFE/%
6×6	204.5	3.068	15.00	82.07	27.89	33.98
8×8	204.2	3.080	15.08	80.78	28.00	34.66
10×10	203.8	3.056	15.00	79.31	27.78	35.03
12×12	203.4	2.978	14.64	77.60	27.07	34.88

2. 开孔数量和等间距开孔的影响

本节研究不同开孔数量和方孔间距对填充式结构轴向压缩特性的影响，总开孔数量 $2 \leqslant N_{ah} \leqslant 8$ (每次递增 2)，开孔间距 $20\text{mm} \leqslant \Delta L_n \leqslant 35\text{mm}$ (每次递增 5mm)且在方管上等间距分布，数值模拟结果如表 3-8 和图 3-8 所示。

表 3-8 不同数量和等间距下填充开孔管的吸能评价指标

层间距(N_{ah}-ΔL_n)	EA/kJ	SEA/(kJ/kg)	PF_1/kN	MCF/kN	CFE/%	ULC	变形模式
2-20mm	4204	20.63	80.79	38.22	47.31	0.176	对称型
2-25mm	4158	20.40	80.84	37.80	46.76	0.136	对称型
2-30mm	3976	19.51	80.83	36.15	44.72	0.152	对称型
2-35mm	3848	18.88	80.78	34.98	43.31	0.176	对称型

续表

层间距(N_{ah}-ΔL_n)	EA/kJ	SEA/(kJ/kg)	PF_1/kN	MCF/kN	CFE/%	ULC	变形模式
4-20mm	3827	18.87	80.34	34.79	43.30	0.178	对称型
4-25mm	3891	19.19	80.27	35.37	44.07	0.172	对称型
4-30mm	4694	23.15	80.34	42.67	53.12	0.156	对称型
4-35mm	3971	19.58	77.45	36.10	46.61	0.188	对称型
6-20mm	3815	18.90	77.96	34.68	44.49	0.274	混合型
6-25mm	3881	19.23	78.40	35.28	45.00	0.201	对称型
6-30mm	4135	20.49	78.51	37.59	47.88	0.167	对称型
6-35mm	4259	21.11	76.84	38.72	50.39	0.176	对称型
8-20mm	3908	19.46	77.76	35.53	45.69	0.197	对称型
8-25mm	4434	22.08	78.17	40.31	51.57	0.214	对称型
8-30mm	4366	21.74	77.32	39.69	51.33	0.230	对称型
8-35mm	3955	19.70	76.28	35.95	47.13	0.169	对称型

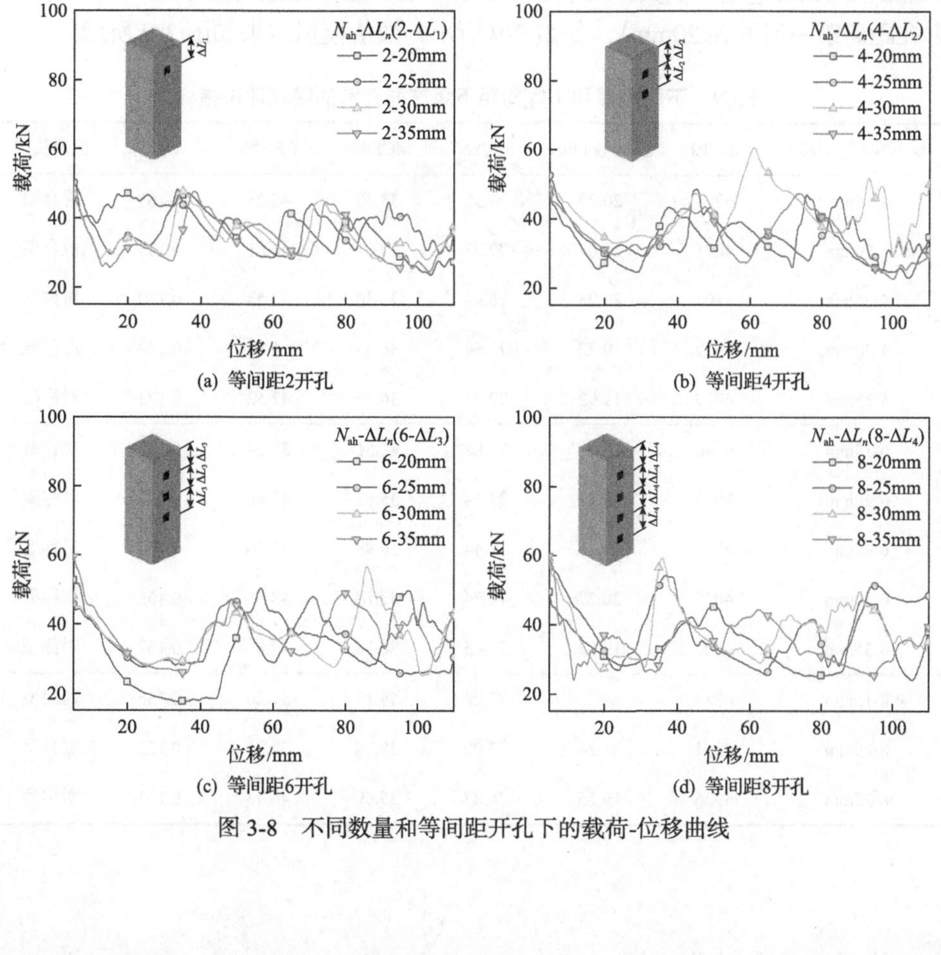

(a) 等间距2开孔

(b) 等间距4开孔

(c) 等间距6开孔

(d) 等间距8开孔

图 3-8 不同数量和等间距开孔下的载荷-位移曲线

观察不同数量和等间距下开口方管的载荷-位移曲线，第一个波峰比较重合，随着开孔数量的增加，其后续波峰波谷较分散；同时，随着开孔间距的增加，其形成第2、3个波峰的相位滞后程度总体逐步加深，即后续波峰分布范围扩大。例如，对于6个方孔的等间距填充管，第1个和第2个波峰波谷均分布在位移约为5mm和50mm处，第3个波峰依次存在于97.6mm、70.9mm、85.9mm和80.5mm处，最大间距与最小间距的差值为15mm，第3个波峰分布范围达26.7mm，约为间距差值的1.8倍。比较不同数量和不同等间距下填充管的变形模式，开孔填充管大都呈现轴对称变形模式，但在6-20mm情形下，出现混合变形模式，这是因为在等间距20mm下，两方孔边缘间距小于折叠半波长，但方孔处的结构强度小于附近未开孔的结构强度，在两相邻方孔上下边缘之间叠缩变形，最终出现了混合变形模式。

3. 开孔数量和不等间距开孔的影响

将方孔等间距更换为不等间距，且间距值呈5mm的等差数列，15mm≤$\Delta L'_n$≤35mm（每5mm递增，例如，$\Delta L'_n$=15mm表示第一层方孔距离顶端15mm，第二层方孔距离第一层方孔20mm），如表3-9所示，数值模拟结果如图3-9所示。

表3-9 不同数量和不等间距下填充开孔管的吸能评价指标

层间距(N_{ah}-$\Delta L'_n$)	EA/kJ	SEA/(kJ/kg)	PF_1/kN	MCF/kN	CFE/%	ULC	变形模式
4-15mm	4213	20.77	79.36	38.30	48.26	0.167	混合型
4-20mm	4071	20.07	79.07	37.01	46.81	0.135	混合型
4-25mm	4103	20.23	78.48	37.30	47.53	0.180	对称型
4-30mm	3999	19.72	77.64	36.35	46.82	0.189	对称型
4-35mm	4039	19.92	77.27	36.72	47.52	0.173	对称型
6-15mm	4566	22.63	77.82	41.51	53.34	0.140	混合型
6-20mm	3918	19.42	77.64	35.62	45.88	0.192	对称型
6-25mm	4068	20.16	77.44	36.98	47.76	0.156	对称型
6-30mm	4090	20.27	76.74	37.18	48.45	0.165	对称型
6-35mm	4000	19.82	76.06	36.36	47.81	0.167	对称型
8-15mm	4859	24.20	77.22	44.17	57.20	0.136	延展型
8-20mm	4264	21.24	77.00	38.76	50.34	0.125	混合型
8-25mm	3926	19.55	76.87	35.69	46.43	0.241	对称型

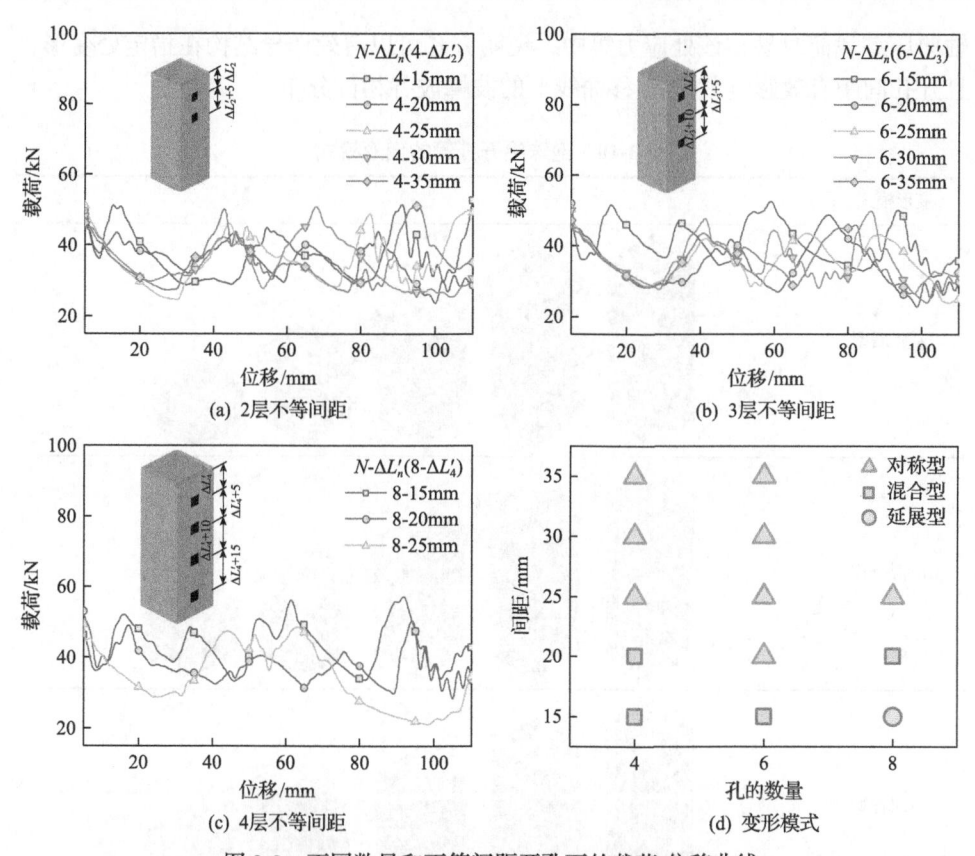

图 3-9 不同数量和不等间距开孔下的载荷-位移曲线

由图 3-9 可见，载荷-位移曲线上波峰波谷分散程度相较于等间距下的分散程序进一步加深，表现在除去第一个波峰的位置，其曲线上对应的其他波峰相位有更加明显的错位。在较小开孔间距下（$\Delta L'_2$=15mm 和 20mm，$\Delta L'_3$=15mm 及 $\Delta L'_4$=15mm 和 20mm），第一个波峰形成后会再形成一个小波峰，这是因为结构变形模式发生转变，如在 8 个数量方孔不等间距$\Delta L'_4$=15mm 工况下，由于第一层开孔间距较小，在轴向压缩过程中很难形成叠缩变形，呈现延展型变形模式。其他工况下均呈现对称型变形模式，因此随着首层开孔间距的增大，泡沫铝填充的开孔方管变形模式按照"延展型—混合型—对称型"的顺序转变，其变形模式分布如图 3-9(d)所示，三种变形模式的叠缩过程如表 3-10 所示。由表 3-9 可知，呈现延展型变形模式的$\Delta L'_4$=15mm 吸能量为 4859J、载荷效率为 57.20%，相较于同组的混合型变形模式及对称型变形模式，其吸能量提升了 13.95%和 23.76%，其载荷效率提升了 13.63%和 23.20%，整体上表现出延展型变形模式的吸能效率最高，载荷效率最高，其次是混合型变形模式，最后是对称型变形模式。不同变形模式下，结构均会在开孔处优先叠缩变形，引入方孔导致该处结构强度降低，在施加轴向压缩载荷时易在该处应力集中，说明方孔可以有效诱导结构在指定处变形，且开孔间距有效影响载荷-位移曲线上的波峰波谷相位分布。

表 3-10　泡沫铝开孔管的变形模式

变形模式	过程
(a) 延展型	
(b) 混合型	
(c) 对称型	

3.1.6　阶梯壁厚参数影响分析

为了更好地进行多阶梯式变厚度多圆管组合，对单个阶梯式厚度圆管进行阶梯数与阶梯厚度变化的参数研究，探究参数对吸能特性及曲线相位的影响。

1. 阶梯数分析

研究阶梯式变厚度圆管的阶梯数，STVT 结构形式如图 3-10(a) 所示。t 由上至下逐渐增大，第一组设置每阶梯间厚度差 Δt=0mm，0.1mm，0.2mm，0.3mm，0.4mm，第二组设置为 Δt=0mm，0.2mm，0.4mm，0.6mm，0.8mm。管件平均厚度 $\bar{t}$ = 1.5mm，高度 H=100mm，且各阶梯长度一致，h_1=h_2=⋯=h_i(i=0, 1, 2, 3, 4, 5)，内径 D=50mm。单根管件的命名方式为，S 后的数字表示阶梯数量，T 后的数字表示各个阶梯厚度，如 S2-T1.4_1.6 表示双阶梯的 STVT，第一层阶梯厚度为 t=1.4mm，第二层阶梯厚度 t=1.6mm。

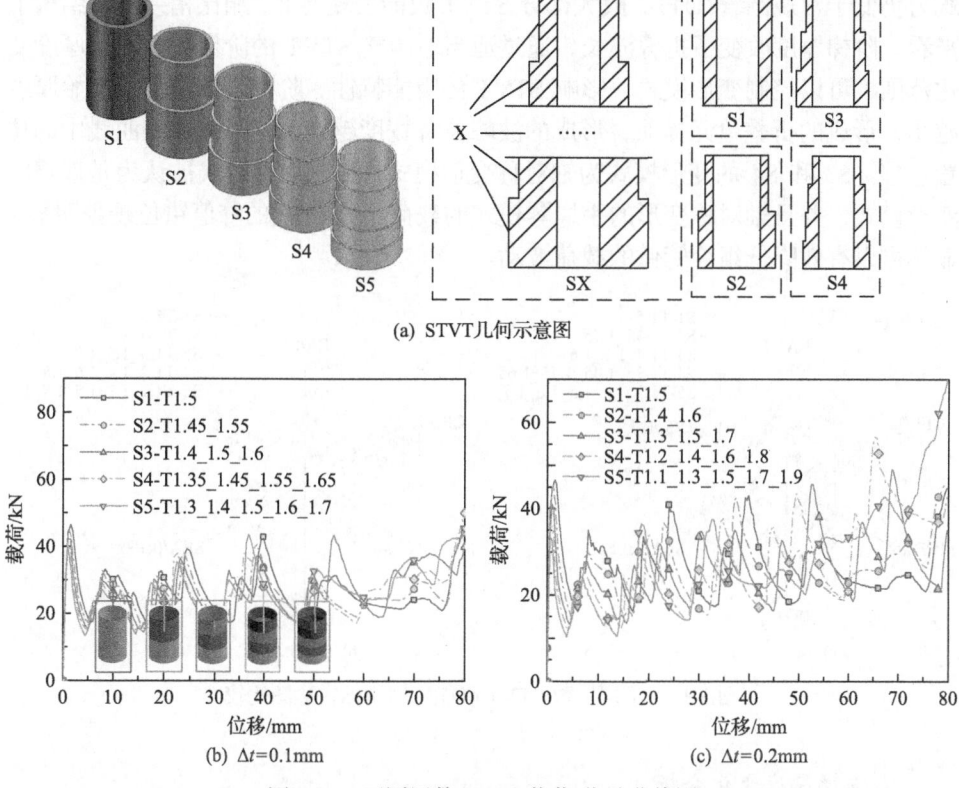

第 3 章 吸能结构时序控制方法探究

(a) STVT几何示意图

(b) Δ*t*=0.1mm

(c) Δ*t*=0.2mm

图 3-10 不同层数 STVT 载荷-位移曲线图

STVT 的载荷-位移曲线如图 3-10(b)和(c)所示,在轴向压缩过程中,首次与刚性墙接触时先形成较高的初始峰值载荷,然后 STVT 进行有序的叠缩变形,曲线形成较为有序的波峰波谷,最后进入密实化阶段,曲线急剧上升,失去吸能能力。STVT 的主要变形模式为手风琴模式和混合模式。Δ*t*=0.1mm 组中,S3-T1.4_1.5_1.6 的变形模式是手风琴模式,而 S1-T1.5、S2-T1.45_1.55、S4-T1.35_1.45_1.55_1.65、S5-T1.3_1.4_1.5_1.6_1.7 为混合模式变形。相比于等厚度圆管 S1-T1.5,除了 S3-T1.4_1.5_1.6,其他阶梯数 STVT 的 EA 和 SEA 均有所下降。S3-T1.4_1.5_1.6 的 SEA 相比于 S1-T1.5 仅提升了 1.1%,而 CFE 提升了 11.6%。STVT 的 PF_1 均有所下降,其中 S5-T1.3_1.4_1.5_1.6_1.7 降低最多,下降了 14.2%。Δ*t*=0.2mm 组中,S3-T1.3_1.5_1.7、S4-T1.2_1.4_1.6_1.8 的变形模式是手风琴模式,而 S1-T1.5、S2-T1.4_1.6、S5-T1.1_1.3_1.5_1.7_1.9 为混合模式变形。Δ*t*=0.1mm 及 Δ*t*=0.2mm 吸能特性评价指标雷达图如图 3-11 所示,S3-T1.4_1.5_1.6 的在雷达图中覆盖范围大,吸能特性指标较为优秀,SEA 和 CFE 均大于普通圆管 S1-T1.5 的相应值,并且在 CFE 上有较大提升。STVT 前期强度较低,虽然后期强度提升,但大部分平均承载力仍低于常规圆管(UT)，故大部分 STVT 吸能表现与 UT 相比稍差。从结构上来看，阶梯厚度改变了折叠波长，通过适当地调整 STVT 的阶梯数，改变厚度变化范围，可以控制变形模式，影响 STVT 的吸能特性。阶梯层数越多，初始厚度越小，形成的折叠单元提前，形成的波峰波谷宽度越小，波峰波谷在曲线中的位置左移。S3 和 S4 的变形模式为轴对称变形模式，而轴对称模式被认为是理想的变形模式，并且轴对称变形的手风琴模式的载荷-位移曲线的峰值错位现象明显，显然可以有效降低组合管件的载荷波动。

(a) $\Delta t=0.1$mm

(b) $\Delta t=0.2$mm

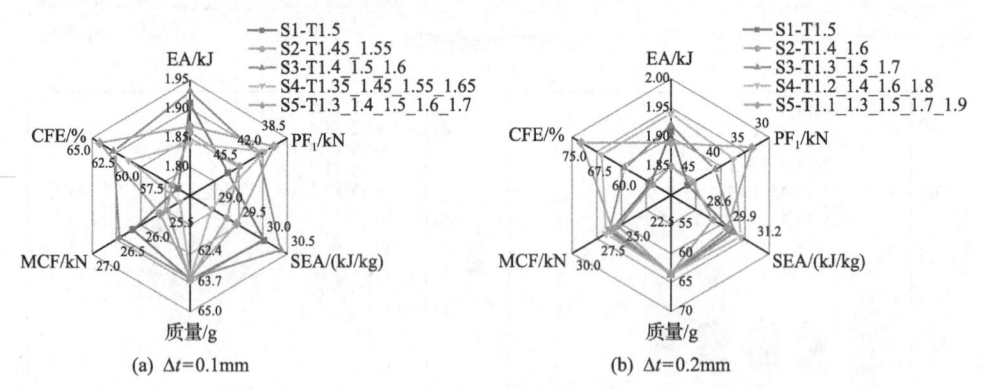

图 3-11　不同层数 STVT 吸能特性指标雷达图比较

2. 阶梯厚度变化分析

对 S3 进行阶梯厚度变化分析，三个阶梯的长度均一致，总高度 $H=100$mm，内径 $D=50$mm，每阶梯间的厚度差 $\Delta t=0$mm、0.1mm、0.2mm、0.3mm、0.4mm、0.5mm。分别设置第一层阶梯 $t_1=1$mm 不变，第二层阶梯 $t_2=1.5$mm 不变，第三层阶梯 $t_3=2$mm 不变，三组阶梯管几何模型见图 3-12。在图 3-12(a)中，控制 t_1 一致，在相位方面，t_1 阶梯处曲线重合，t_2 阶梯处曲线相位无明显差别，t_3 阶梯的厚度越大，曲线波峰右移，由于阶梯厚度增加，曲线幅值也增大。在图 3-12(b)中，控制 t_2 一致，压缩至厚度为 t_1 的阶梯时，厚度大的阶梯形成的压缩褶皱波长较长，形成的曲线右移，压缩至 t_2 和 t_3 时相位有较为明显的差异。在 3-12(c)中，控制 t_3 一致，变化趋势与图 3-12(b)相似。

综上所述，厚度变化影响了折叠波长，阶梯厚度越大，折叠波长越长，随着壁厚的增加，挤压铰链所需的轴向力增加，铰链的轴向长度增加，使 STVT 折叠变形相位延后，峰值错位，当阶梯间厚度差大于 2mm 时，峰值相位错位较明显。为了达到峰值错位叠加的效果，多管组合中不同阶梯式变厚度圆管的初始厚度应取不同值，避免载荷-位移曲线同一相位的峰值叠加，造成多管组合载荷波动增大。

选取初始厚度 t_1 不同的 STVT，各组内阶梯间厚度差一致，组间改变阶梯厚

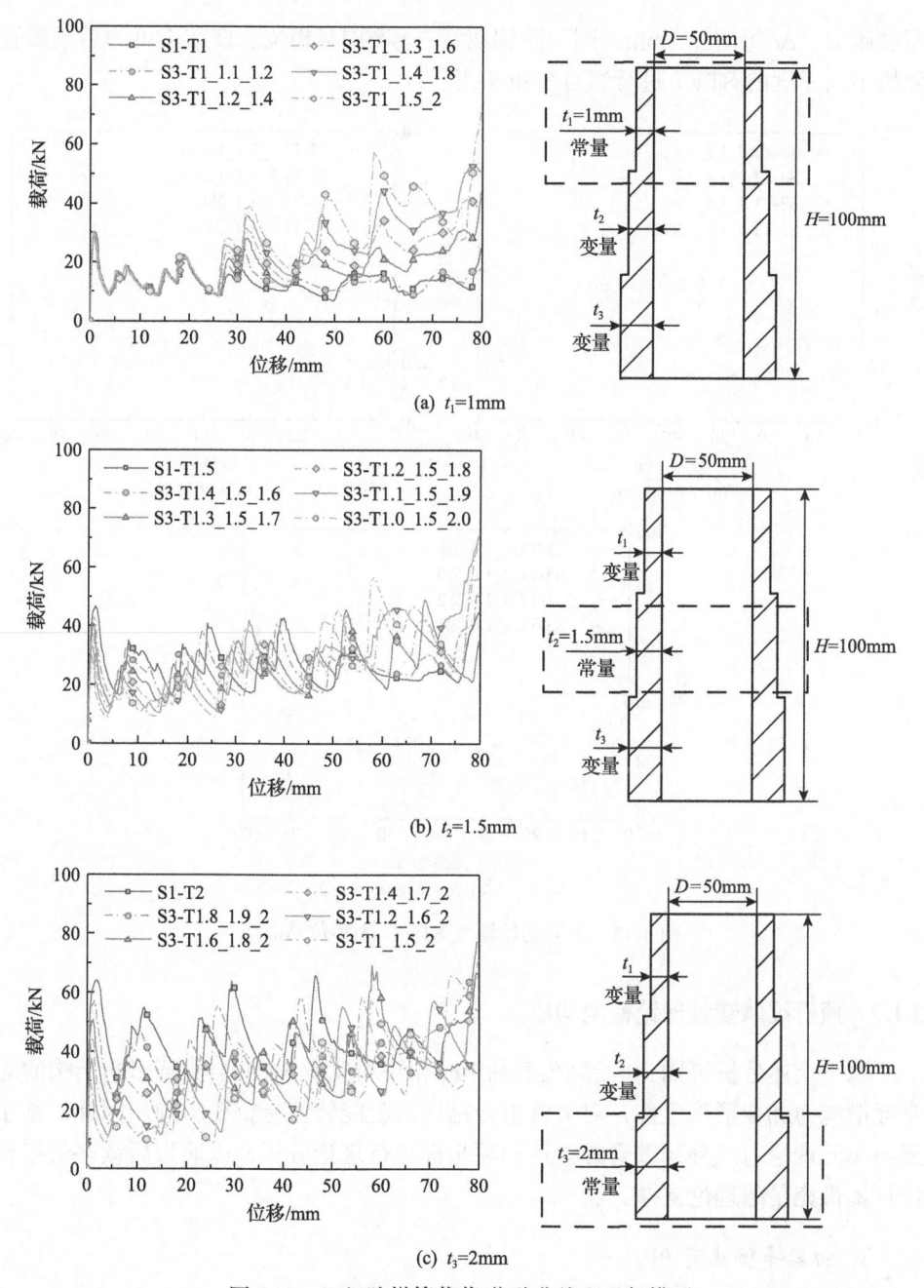

第 3 章 吸能结构时序控制方法探究

(a) $t_1=1$mm

(b) $t_2=1.5$mm

(c) $t_3=2$mm

图 3-12 三组阶梯管载荷-位移曲线和几何模型

度差Δt，研究 STVT 曲线变化规律。由图 3-13 可知，当 STVT 的初始厚度不同，在$\Delta t>2$mm 时，曲线的峰值错位明显。通过适当地调整 STVT 的阶梯厚度，可以影响 STVT 的曲线相位。阶梯厚度改变越大，曲线相位越偏右，形成的波峰波谷宽度越大，Δt 每增加 1mm，同一阶梯曲线右移约 1%相位。该结论可为后续多管分析不同厚度的 STVT 进行组合提供参考。

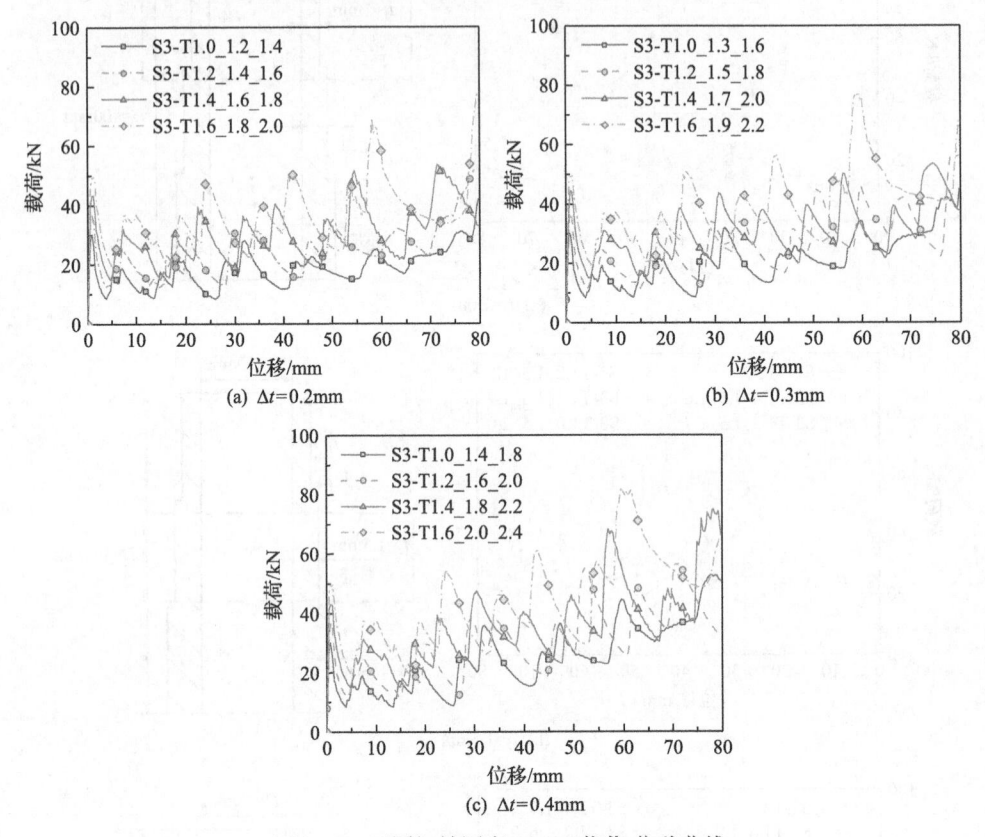

(a) Δt=0.2mm

(b) Δt=0.3mm

(c) Δt=0.4mm

图 3-13 不同初始厚度 STVT 载荷-位移曲线

3.1.7 预折纹薄壁管理论模型构建

基于上述分析可知，初始峰值载荷 PF_1 和平均载荷 MCF 会显著影响结构的能量耗散能力和变形稳定性，对多管组合结构的吸能特性有重要影响。因此，基于经典单元理论对三种薄壁管的上述两项指标进行理论分析，以期为后续多管组合设计提供充足的理论支撑。

1. 初始峰值载荷 PF_1

目前，薄壁方管初始峰值载荷的理论分析主要是基于弹性稳定理论开展，该理论的大致思路为将薄壁管分成若干个两侧具有简支约束的矩形直板进行力学分析[203,204]。然而，由于预折纹薄壁管件存在一定的初始偏置角度 $\Delta\theta$（初始偏置距离 ΔP），显然无法适用上述弹性稳定理论。对于这种具有初始挠度的薄壁管件，可参考非弹性柱理论模型开展分析[205,206]。该理论模型将具有初始挠度的结构视为一个弯曲杆，将其中间弯曲部分的塑性铰简化为两个弹塑性的短连杆，从而将预折纹结构的临界屈曲问题转化为双短连杆在加载方向的临界屈曲问题。如图 3-14 所示，在外接载荷 F 的作用下，短连杆 1 因外载荷 F_1 而被压缩，其内部承受压应力，而短连杆 2 因外载荷 F_2 的作用被拉伸，其内部则承受拉应力。

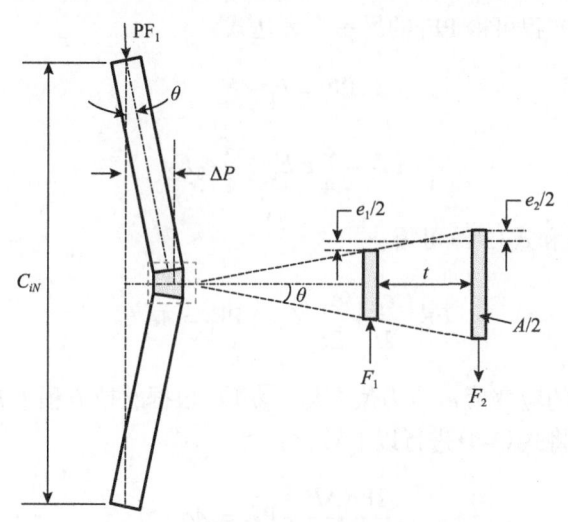

图 3-14　预折纹结构临界屈曲问题的简化模型
C_{iN}-折纹的高度；i-管件序号；N-折纹序号

在此条件下，曲杆的临界屈曲载荷可通过内外弯矩的平衡方程求解，此时，结构的偏置距离 ΔP 可用于确定两个短连杆的应变：

$$\Delta P = \frac{C_{ij}\theta}{2} = \frac{1}{2}\left(\frac{e_1}{2} + \frac{e_2}{2}\right)C_{ij} \tag{3-1}$$

式中，e_1 和 e_2 分别为短连杆 1 和短连杆 2 的应变。

曲杆中心铰链处的内侧弯矩 M_i 和外侧弯矩 M_e 分别为

$$M_i = \left(\frac{1}{2}F_1 + \frac{1}{2}F_2\right)T = \frac{t}{2}\left(\frac{A}{2}e_1E_1 + \frac{A}{2}e_2E_2\right) \tag{3-2}$$

$$M_e = PF_1\Delta P \tag{3-3}$$

式中，E_1 和 E_2 分别为短连杆 1 和短连杆 2 的真实杨氏模量；A 为曲杆的横截面积。

根据弯曲杆的内外力矩平衡可得：

$$M_i = M_e \tag{3-4}$$

$$\frac{\mathrm{PF}_1 C_{ij}}{4}(e_1+e_2) = \frac{At}{4}(e_1 E_1 + e_2 E_2) \tag{3-5}$$

$$\mathrm{PF}_1 = \frac{At}{C_{ij}}\left(\frac{e_1 E_1 + e_2 E_2}{e_1 + e_2}\right) \tag{3-6}$$

根据力平衡方程可得 PF_1 的另一个表达式：

$$\mathrm{PF}_1 = F_1 - F_2 \tag{3-7}$$

$$\mathrm{PF}_1 = \frac{A}{4}e_1 E_1 - \frac{A}{4}e_2 E_2 \tag{3-8}$$

联立式(3-6)和式(3-8)可得：

$$\mathrm{PF}_1\left(\frac{e_1}{2t}+\frac{e_2}{2t}\right)C_{ij} + \mathrm{PF}_1 = Ae_1 E_1 \tag{3-9}$$

相比于结构的应变值 e，应力值更易于获取，根据欧拉方程中 $E_1=E_2=E$ 和 $E=\sigma/e$ 这一条件，可以将式(3-9)进行以下转化：

$$\frac{2\mathrm{PF}_1 \Delta P}{t} + \mathrm{PF}_1 = A\sigma \tag{3-10}$$

通过将临界条件设置为 $\sigma \leqslant \sigma_0$ 可获得 PF_1 的最终表达式：

$$\mathrm{PF}_1 \leqslant \frac{\sigma_0 At}{t + 2\Delta P} \tag{3-11}$$

表 3-11 展示了不同规格初始峰值载荷 PF_1 理论值与仿真值的对比。结果表明，各规格两者的误差均不超过 2.95%，可以有效证明理论模型的可靠性。

表 3-11 预折纹薄壁管 PF_1 仿真值和理论值结果对比

规格		PF_1 仿真值/kN	PF_1 理论值/kN	误差/%
$N_f=3$	$\Delta P=1\mathrm{mm}$	35.53	36.40	2.45
	$\Delta P=2\mathrm{mm}$	28.80	27.95	2.95
	$\Delta P=3\mathrm{mm}$	24.25	23.73	2.14
$N_f=4$	$\Delta P=1\mathrm{mm}$	34.38	33.99	1.13
	$\Delta P=2\mathrm{mm}$	26.65	26.07	2.18
	$\Delta P=3\mathrm{mm}$	21.87	22.11	1.10
$N_f=5$	$\Delta P=1\mathrm{mm}$	33.15	32.76	1.18
	$\Delta P=2\mathrm{mm}$	24.94	25.09	0.60
	$\Delta P=3\mathrm{mm}$	21.06	21.26	0.95

2. 平均载荷 MCF

预折纹薄壁管在平台阶段仍呈现渐进折叠的变形模式，因此 2.3.2 节提及的超折叠单元理论模型可用于求解其平均载荷 MCF。由于偏置角度 $\Delta\theta$（偏置距离 ΔP）的存在，理论模型中三种能量耗散机制的积分区间应修改为 $[\theta, \pi/2]$，具体计算公式为

$$\theta = \arctan\frac{2\Delta P}{C_{ij}} \tag{3-12}$$

预折纹薄壁管在压缩过程中形成的褶皱数量由折纹数量 N_f 确定，因此褶皱半波长 δ_{sp} 不再通过式(2-43)进行求解，而是通过管件高度与折纹数量的比值确定：

$$\delta_{sp} = \frac{H}{2(2N_f-1)} \tag{3-13}$$

未知变量圆柱面小半径 r 仍需满足式(2-43)中的能量耗散最小原则，但其表达式应由式(2-44)修改为

$$r = \sqrt{\frac{\delta_{sp} t I_3(\beta_0)}{4I_1(\beta_0)}} = \sqrt{\frac{HtI_3(\beta_0)}{8(2N_f-1)I_1(\beta_0)}} \tag{3-14}$$

将上述两个变量代入式(2-42)，可以得到预折纹薄壁管平均载荷 MCF 的理论表达式：

$$\frac{\eta_s \text{MCF}}{M_0} = 16k_e\left[\sqrt{\frac{HI_3(\beta_0)I_1(\beta_0)}{2(2N_f-1)t}} + \frac{(N_f-1)L}{H}\int_\theta^{\frac{\pi}{2}}\mathrm{d}\alpha + \sqrt{\frac{I_1(\beta_0)I_3(\beta_0)H}{2t(2N_f-1)}}\right] \tag{3-15}$$

基于式(3-15)所获得的平均载荷 MCF 理论值与仿真值的对比结果如表 3-12 所示。由于 $N_f=4$ 和 $N_f=5$ 中的部分规格因具有过大的初始强度并没有呈现出稳定的渐进折叠变形模式，显然并不符合超折叠单元理论模型中褶皱半波长恒定这一前提条件。因此，表 3-12 中并没有比较变形模式不稳定的规格。通过表中的对比结果可以发现，平均载荷 MCF 理论值和仿真值的最大误差为 2.23%，在合理范围内，表明该理论模型具有较好的可靠性。

表 3-12 预折纹薄壁管 MCF 仿真值和理论值结果对比

	规格	仿真值 MCF/kN	理论值 MCF/kN	误差/%
	ΔP=1mm	20.08	19.82	1.29
N_f=3	ΔP=2mm	19.62	19.37	1.27
	ΔP=3mm	18.57	18.90	1.78

续表

规格		仿真值 MCF/kN	理论值 MCF/kN	误差/%
N_f=4	ΔP=2mm	21.34	20.87	2.20
	ΔP=3mm	19.69	20.13	2.23
N_f=5	ΔP=3mm	21.08	20.74	1.61

3.1.8 预设约束件薄壁管理论模型构建

1. 初始峰值载荷 PF$_1$

Meng 等[207]指出，在屈曲过程中矩形板中间部分并不是所有区域都会承担外界载荷，薄壁管结构棱角处的稳定性最高，导致矩形板两侧的约束作用更强。因此，矩形板的两侧区域承受了更多的载荷，且随着矩形板宽度逐渐增大，两侧区域所承受的载荷比例增大，即集中加载现象更加明显。显然，若计算中直接以管件的宽度 L 作为矩形板的实际承载长度，会导致理论模型所得的结果偏离实验值或仿真值。因此，图 2-6 中的矩形板承载条件应做相应修改，具体情况如图 3-15 所示。

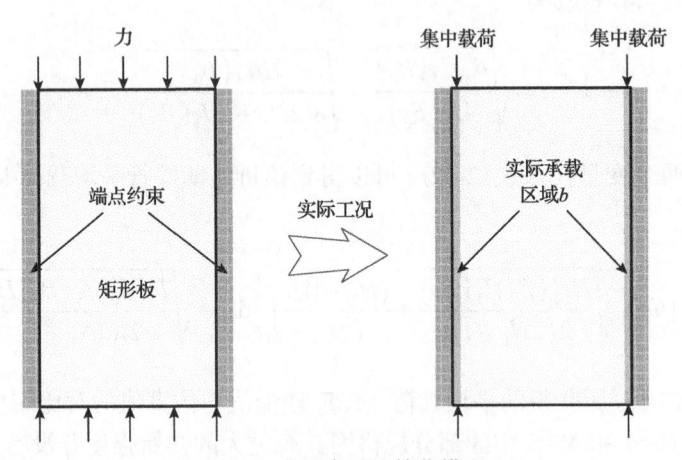

图 3-15 板壳理论简化模型

假设在临界屈曲状态下矩形板边缘两条承载条带的宽度为 b，由 $\sigma_{cri} = \sigma_0$ 可获得矩形板的实际承载宽度：

$$\sigma_{cri} = \frac{F_{cri}}{t} = \frac{\pi^2 Ek}{12(1-v^2)}\left(\frac{t}{L}\right)^2 \qquad (3\text{-}16)$$

$$\sigma_{cri} = \sigma_0 = \frac{\pi^2 Ek}{12(1-v^2)}\left(\frac{t}{2b}\right)^2 \qquad (3\text{-}17)$$

$$b = \pi t \sqrt{\frac{kE}{48\sigma_0(1-v^2)}} \tag{3-18}$$

薄壁方管初始峰值载荷 PF_1 的最终计算公式应修改为

$$PF_1 = 4\sigma_0 bt = \pi t^2 \sqrt{\frac{kE\sigma_0}{3(1-v^2)}} \tag{3-19}$$

通过式(3-19)可以发现，结构初始峰值载荷 PF_1 的主要影响因素为端点约束因子 k、材料杨氏模量 E 和流动平均应力 σ_0。而根据式(2-33)可知，端点约束因子 k 的取值主要由轴向半波数 N_x 与 H/L 决定，具体变化情况如图 3-16 所示。显然，在材料参数和宏观结构尺寸保持不变的情况下，约束件数量 N_d 或 N_r 在小幅变化的情况下并不会显著影响 N_x 与 H/L，自然不会使端点约束因子 k 出现明显改变。因此，本研究只对比了 $N_d=4$、$t_d=2t$ 和 $N_r=4$、$t_r=h_r=2t$ 的规格，具体结果如表 3-13 所示。

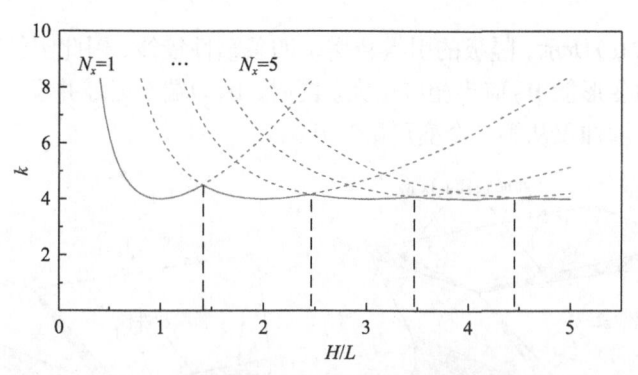

图 3-16 端点约束因子 k 随 H/L 变化情况

表 3-13 预设约束件薄壁管 PF_1 仿真值和理论值结果对比

规格		PF_1 仿真值/kN	PF_1 理论值/kN	误差/%
Q235 碳素钢	薄壁方管	109.38	111.76	2.18
	$N_d=4$　$t_d=2t$	108.93	112.46	3.24
6063 铝合金	薄壁方管	47.73	46.42	2.74
	$N_r=4$　$t_r=h_r=2t$	47.72	46.71	2.12

2. 平均载荷 MCF

预设约束件薄壁管的变形模式仍满足超折叠单元理论，其平均载荷 MCF 仍可在此基础上进行求解。在薄壁方管中引入隔板或增强环改变了变形褶皱的约束条件，两种薄壁管的褶皱半波长 δ_{spd} 和 δ_{spr} 由预设约束件的数量所决定：

$$\begin{cases} \delta_{\mathrm{spd}} = \dfrac{H}{2(N_{\mathrm{d}}+1)} \\ \delta_{\mathrm{spr}} = \dfrac{H}{2(N_{\mathrm{r}}+1)} \end{cases} \tag{3-20}$$

内置隔板及外置增强环薄壁管的未知变量圆柱面小半径 r_{d} 和 r_{r} 的表达式应分别修改为

$$\begin{cases} r_{\mathrm{d}} = \sqrt{\dfrac{\delta_{\mathrm{spd}} t I_3(\beta_0)}{4 I_1(\beta_0)}} = \sqrt{\dfrac{H t I_3(\beta_0)}{8 I_1(\beta_0)(N_{\mathrm{d}}+1)}} \\ r_{\mathrm{r}} = \sqrt{\dfrac{\delta_{\mathrm{spr}} t I_3(\beta_0)}{4 I_1(\beta_0)}} = \sqrt{\dfrac{H t I_3(\beta_0)}{8 I_1(\beta_0)(N_{\mathrm{r}}+1)}} \end{cases} \tag{3-21}$$

如图 3-17(a) 所示，隔板的引入新增了四条塑性铰线，因此圆柱面区域静态塑性铰线的弯曲变形能 W_2 应当相应增大。同时，因为端部区域并没有设置隔板，所以上述能量的增加仅从第二个变形褶皱开始。

(a) 内置隔板薄壁管　　　　(b) 外置增强环薄壁管

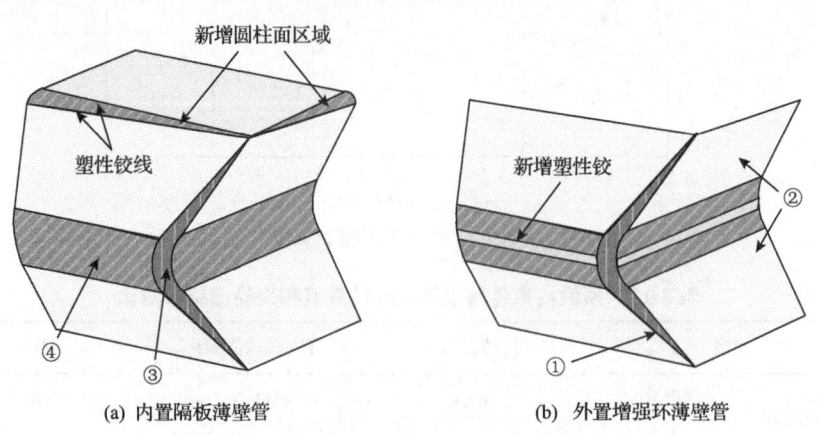

图 3-17　预设约束件薄壁管 MCF 理论模型
①锥形面；②梯形面；③环形面；④圆柱面

基于上述假设，内置隔板薄壁管的能量平衡方程为

$$2\eta_{\mathrm{s}} \delta_{\mathrm{sp}} \mathrm{MCF} = 4W_1 + \dfrac{8(1+2N_{\mathrm{d}})}{N_{\mathrm{d}}+1} W_2 + 4W_3 \tag{3-22}$$

内置隔板薄壁管的平均载荷 MCF 的计算公式为

$$\frac{\eta_s \mathrm{MCF}}{M_0} = 32I_1(\beta_0)\frac{r}{t} + \frac{8(1+2N_\mathrm{d})L}{(N_\mathrm{d}+1)\delta_{\mathrm{sp}}}\int_0^{\frac{\pi}{2}}\mathrm{d}\alpha + 8I_3(\beta_0)\frac{\delta_{\mathrm{sp}}}{r} \tag{3-23}$$

根据图 3-3 的变形序列可以发现，外置增强环的限制作用并没有内置隔板构型强，褶皱的变形空间并没有完全限制在相邻两个增强环之间，而是在褶皱的圆柱面区域参与变形。如图 3-17(b) 所示，增强环的引入新增了两条塑性铰线，圆柱面区域静态塑性铰线的弯曲变形能 W_2 需相应增大。与内设隔板构型相类似，增强环的引入并没有影响端部区域褶皱的变形，额外塑性铰导致的能量增加也是从第二个变形褶皱开始的。在增强环跟随褶皱同时发生变形的假设下，增强环厚度 t_r 和高度 h_r 对能量耗散机制 W_2 的影响是等同的，由此可以获得外置增强环薄壁管的能量平衡方程：

$$2\eta_s\delta_{\mathrm{sp}}\mathrm{MCF} = 4W_1 + \frac{8(1+1.5N_\mathrm{r})}{N_\mathrm{r}+1}W_2 + 4W_3 \tag{3-24}$$

简化式(3-24)可得平均载荷 MCF 的最终计算公式：

$$\frac{\eta_s \mathrm{MCF}}{M_0} = 32I_1(\beta_0)\frac{r}{t} + \frac{8(1+1.5N_\mathrm{r})L}{(N_\mathrm{r}+1)\delta_{\mathrm{sp}}}\int_0^{\frac{\pi}{2}}\mathrm{d}\alpha + 8I_3(\beta_0)\frac{\delta_{\mathrm{sp}}}{r} \tag{3-25}$$

表 3-14 展示了预设约束件薄壁管平均载荷 MCF 仿真值与理论值的对比结果。许平等[208,209]指出，内置隔板薄壁管中大部分能量通过外管所耗散，隔板自身的形变仅贡献极小的吸能量。表 3-2 的结果也证明了隔板厚度 t_d 并不会显著影响结构的吸能量，因此并没有将隔板厚度变更的情况进行对比分析。不同规格平均载荷 MCF 仿真值与理论值的最大误差为 5.36%，处于合理范围，证明理论模型具有足够的可靠性。

表 3-14 预设约束件薄壁管 MCF 仿真值和理论值结果对比

规格			MCF 仿真值/kN	MCF 理论值/kN	误差/%
N_d=3	t_d=t		56.24	55.61	1.12
N_d=4	t_d=t		58.57	58.74	0.29
N_d=5	t_d=t		62.66	62.87	0.33
N_r=3	t_r=$2t$	h_r=$2t$	20.93	20.09	4.01

续表

规格			MCF 仿真值/kN	MCF 理论值/kN	误差/%
$N_r=4$	$t_r=t$	$h_r=2t$	20.62	21.61	4.80
		$h_r=t$	20.51	21.61	5.36
	$t_r=2t$	$h_r=2t$	23.24	23.08	0.69
		$h_r=3t$	25.42	24.55	3.42
	$t_r=3t$	$h_r=2t$	25.32	24.55	3.04
$N_r=5$	$t_r=2t$	$h_r=2t$	25.12	24.17	3.78

3.1.9 开孔薄壁管理论模型构建

开孔削弱了薄壁金属方管的轴向刚度，在轴向压缩过程中开孔位置将首先开始发生变形。前面的分析已经表明，引入开孔可以有效提升结构的吸能特性，为进一步研究开孔薄壁金属方管的吸能特性，本节对开孔薄壁金属方管的平均压溃力 MCF 进行理论预测的研究。

薄壁方管典型褶皱的形成过程如图 3-18 所示，它展示了 1/4 正方形截面的一个变形阶段。该折叠单元的初始几何尺寸由方管产生褶皱的折叠波长确定，设折叠波长为 $2H$。在一般情况下，可以令 $2\psi_0$ 为沿管轴观察的两块相邻板之间的夹角，c 为 AC 和 CD 的长。假定 $2\psi_0$ 和 c 在变形过程中都是不变的，对于方管 $2\psi_0=\pi/2$，$AC=CD=c$。在图 3-18 所示区域的能量耗散主要分为环形壳部分的面内拉伸耗散的能量 W_1、水平固定塑性铰线 AC 和 CD 处耗散的能量 W_2 和倾斜塑性铰线 KC 和 CG 处耗散的能量 W_3。

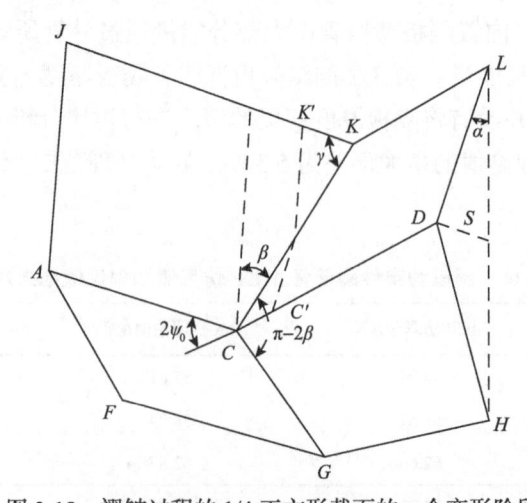

图 3-18 褶皱过程的 1/4 正方形截面的一个变形阶段

对于环形壳部分的面内拉伸耗散的能量 W_1，由超折叠单元理论可以得出：

$$W_1 = 4N_0 bH I_1(\psi_0) = 16M_0 \frac{Hb}{t} I_1(\psi_0) \tag{3-26}$$

$$\tan\beta = \frac{\tan\alpha}{\sin\psi_0} \tag{3-27}$$

$$I_1(\psi_0) = \frac{\pi}{(\pi - 2\psi_0)\tan\psi_0} \times \int_0^{\frac{\pi}{2}} \cos\alpha$$
$$\cdot \left\{ \sin\psi_0 \sin\left(\frac{\pi - 2\psi_0}{\pi}\right)\beta + \cos\psi_0 \left[1 - \cos\left(\frac{\pi - 2\psi_0}{\pi}\right)\beta\right] \right\} d\alpha \tag{3-28}$$

式中，极限屈服膜力 $N_0 = \sigma_0 t$；单位宽度全塑性弯矩 $M_0 = \sigma_0 t^2/4$。

对于开孔方管，在水平固定塑性铰线 AC 和 CD 处，能量耗散的增量为

$$dW_2 = M_0(c - na)d\alpha + M_0 c d\alpha \tag{3-29}$$

对于式(3-29)，沿 0～π/2 积分可得：

$$W_2 = \pi M_0 \left(c - \frac{n}{2}a \right) \tag{3-30}$$

倾斜塑性铰线处耗散的能量为

$$W_3 = 4M_0 I_3(\psi_0) \frac{H^2}{b} \tag{3-31}$$

$$I_3(\psi_0) = \frac{1}{\tan\psi_0} \int_0^{\frac{\pi}{2}} \frac{\cos\alpha}{\sin\gamma} d\alpha \tag{3-32}$$

由能量守恒可得

$$\eta_s \times \frac{P_m}{M_0} = A_1 \frac{b}{t} + A_2 \frac{c - \frac{n}{2}a}{H} + A_3 \frac{H}{b} \tag{3-33}$$

式中，$A_1 = 32 I_1(\psi_0)$；$A_2 = 2\pi$；$A_3 = 8 I_3(\psi_0)$。

由控制方程 $\frac{\partial P_m}{\partial H} = 0$，$\frac{\partial P_m}{\partial b} = 0$ 可得：

$$b = \sqrt[3]{\frac{A_2 A_3 \left(c - \frac{n}{2}a\right) t^2}{A_1^2}} \quad (3\text{-}34)$$

$$H = \sqrt[3]{\frac{A_2^2 \left(c - \frac{n}{2}\right)^2 t}{A_1 A_3}} \quad (3\text{-}35)$$

取 η_s=0.73，可得开孔金属薄壁方管轴向压溃时的平均压溃力为

$$\text{MCF} = 10.37 \sigma_0 t^{\frac{5}{3}} (2c - na)^{\frac{1}{3}} \quad (3\text{-}36)$$

代入材料参数，得到开孔金属薄壁方管轴向压溃的平均压溃力如表3-15所示，实验值与理论预测值的误差为4.69%，在允许的范围内。

表 3-15　开孔方管轴向压溃的平均压溃力实验值与理论值对比

实验值/kN	理论值/kN	误差/%
32.83	34.37	4.69

3.2　变管件高度下载荷-位移曲线时序控制研究

改变管件高度是目前最为常见的影响结构载荷-位移曲线形成时序的方法，但目前的研究主要针对初始峰值载荷的分离，对于控制载荷-位移曲线在整个位移区间走势的研究仍相对匮乏[210,211]。目前，薄壁管件高度变更的方法主要有两种，分别是引入局部高度差和全局高度差，本节将会对两个方法对载荷-位移曲线形成时序的控制效果展开量化研究。

3.2.1　局部高度差影响分析

图 3-19 展示了三种薄壁结构设置局部高度差的具体方法，其原理是各管端部区域 C_{i1}、D_{i1}、R_{i1} 减小 ΔH_p（基础局部高度差），而其他区域的高度则保持不变。显然，三种薄壁管件在引入局部高度差后各区域 C_{ij}、D_{ij}、R_{ij} (j >1) 仍保持相同的分布形式。

图 3-20 展示了三种薄壁管件引入局部高度差后的载荷-位移曲线和变形序列对比，具体高度差取值为 ΔH_p=1.3%H(2mm)、ΔH_p=2.6%H(4mm)、ΔH_p=4.0%H(6mm)。由于高度差较小，各管的宏观变形模式相类似，单从变形序列可能无法观察到各管所处的变形状态是否存在差异。因此，变形序列的右半部分被替换为应力云图，以更直观地展示高度差的引入否改变了薄壁管件的变形时序。通过各

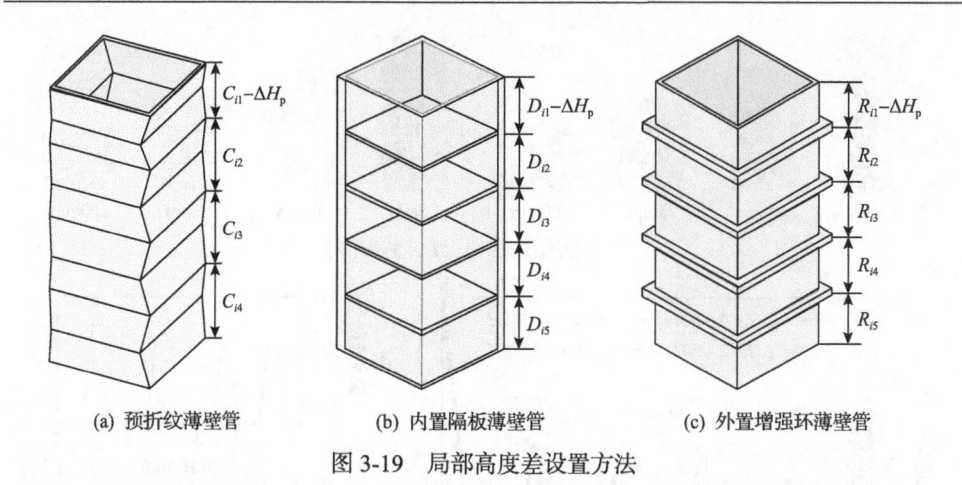

(a) 预折纹薄壁管　　(b) 内置隔板薄壁管　　(c) 外置增强环薄壁管

图 3-19　局部高度差设置方法

管的载荷-位移曲线及其局部放大图可以明显看出，引入局部高度差后各管的初始峰值载荷 PF_1 得到明显分离，且与初始规格 PF_1 的间隔值大约等于 $\eta_s \Delta H_p$。但随着压缩过程的进行，各管后续 $PF_k(k \geq 2)$ 的分离效果逐渐被削弱，在 25~110mm 区间内各管载荷-位移曲线几乎重叠在一起。变形序列和应力云图也表明各管所处变形时态仅在 0~25mm 时存在一定差异，而在后续位移区间各管所处变形时态基本保持一致。由此可见，局部高度差的引入仅仅延缓了 C_{i1}、D_{i1}、R_{i1} 区域的起始变形时间，但无法有效影响后续区域 C_{ij}、D_{ij}、$R_{ij}(j>1)$ 的变形时态，显然无法实现薄壁管载荷-位移曲线的有效控制。其原因在于预折纹、内置隔板以及外置增强环的设置决定了后续区域的起始变形时间和终止变形时间，例如，C_{ij} 上侧折纹所处位置决定该区域褶皱的起始变形时间，而下侧折纹所处位置决定终止变形时间。由于局部高度差的引入并没有改变后续区域塑性铰或内外约束件的相对位置，自然无法使各管后续褶皱的变形时序产生差异，导致各管载荷-位移曲线在后续位移区间无法得到有效分离。

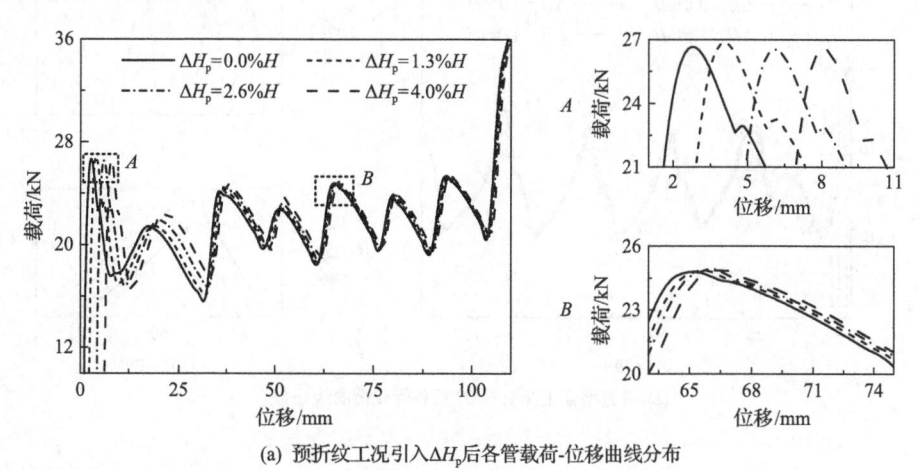

(a) 预折纹工况引入 ΔH_p 后各管载荷-位移曲线分布

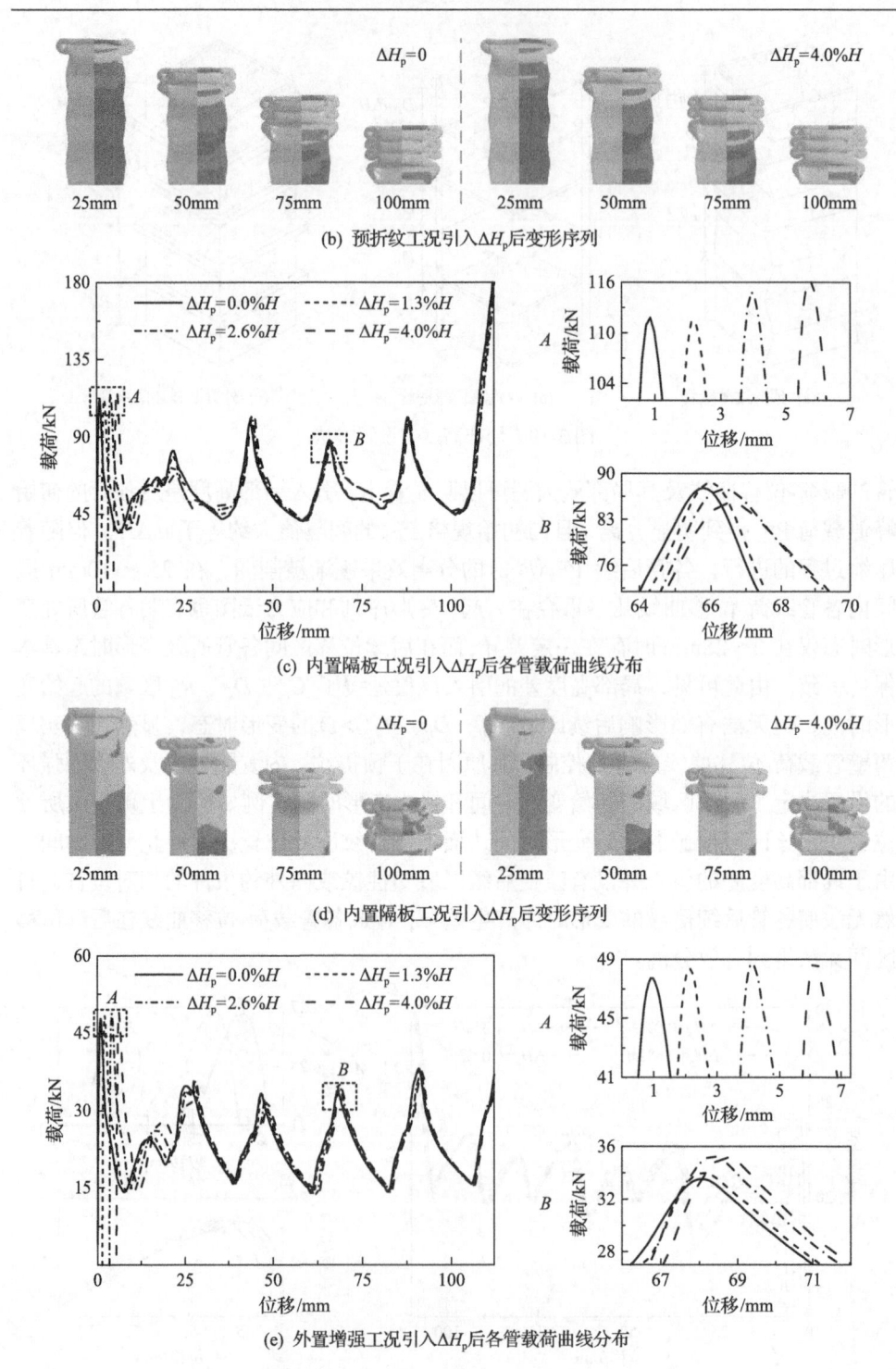

(b) 预折纹工况引入ΔH_p后变形序列

(c) 内置隔板工况引入ΔH_p后各管载荷曲线分布

(d) 内置隔板工况引入ΔH_p后变形序列

(e) 外置增强工况引入ΔH_p后各管载荷曲线分布

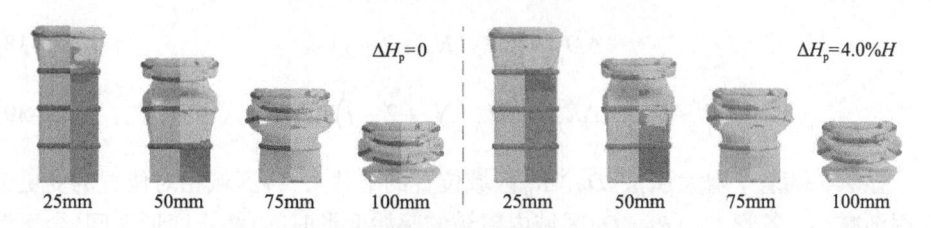

第 3 章 吸能结构时序控制方法探究

(f) 外置增强工况引入ΔH_p后变形序列

图 3-20 局部高度差结果对比

3.2.2 全局高度差影响分析

图 3-21 展示了三种薄壁结构设置全局高度差的具体方法，各管所有区域 C_{ij}、R_{ij}、D_{ij} 均减小 ΔH_w（基础全局高度差），管件的总体高度则会相应减小 $N_f\Delta H_w$（预折纹薄壁管）、$(N_d+1)\Delta H_w$（内置隔板薄壁管）、$(N_r+1)\Delta H_w$（外置增强环薄壁管）。显然，全局高度差构型会更明显地降低管件的整体高度。

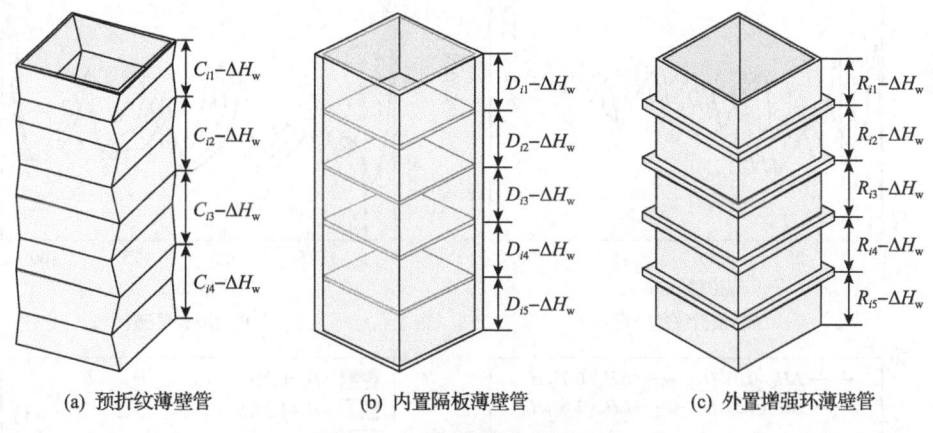

(a) 预折纹薄壁管　(b) 内置隔板薄壁管　(c) 外置增强环薄壁管

图 3-21 全局高度差设置方法

图 3-22 展示了三种薄壁管件引入全局高度差后的载荷-位移曲线和吸能量变化对比，具体高度差取值为 $\Delta H_w=0.7\%H(1mm)$、$\Delta H_w=1.3\%H(2mm)$、$\Delta H_w=2.6\%H$（3mm）。通过图 3-22(a)～(c)可以发现，全局高度差在有效分离各管初始峰值载荷 PF_1 的同时还能使各管后续峰值载荷 $PF_k(k>2)$ 得到一定程度的分离。其原因在于全局高度差的引入改变了各管折纹、隔板及增强环在加载方向上的相对位置，从而使各管后续 C_{ij}、D_{ij}、R_{ij} 区域内褶皱的起始变形时间和终止时间均产生了变化。式(3-37)～式(3-39)为引入全局高度差前后 C_{ij}、D_{ij}、R_{ij} 区域在高度方向上相对位置变更值的计算方法：

$$\Delta C_j = \Delta H_w (N_f + 1 - j) \tag{3-37}$$

$$\Delta D_j = \Delta H_w \left(N_d + 2 - j \right) \tag{3-38}$$

$$\Delta R_j = \Delta H_w \left(N_r + 2 - j \right) \tag{3-39}$$

显然，随着 j 增大（C_{ij}、D_{ij}、R_{ij} 区域位置的下移），各区域相对位置的变更值会逐渐减小，各管 C_{ij}、R_{ij}、D_{ij} 区域内褶皱的起始变形时间（终止变形时间）会逐渐靠近，导致后续载荷-位移曲线的控制效果也会出现一定程度的削弱。由此可见，全局高度差仅能实现小区间的载荷-位移曲线形成时序控制，即时序控制效果会随着位移的增大而出现削弱。此外，图 3-22(d) 也表明全局高度差的引入会明显降低结构的吸能量，当 $\Delta H_w=2.6\%H$(3mm) 时，吸能量的降低幅度已经达到了 6.78%（预折纹）、8.41%（内置隔板）、9.15%（外置增强环）。并且若想使更多管件的载荷-位移曲线形成差异，ΔH_w 需取更大值，吸能量的降低幅度也会进一步增大。

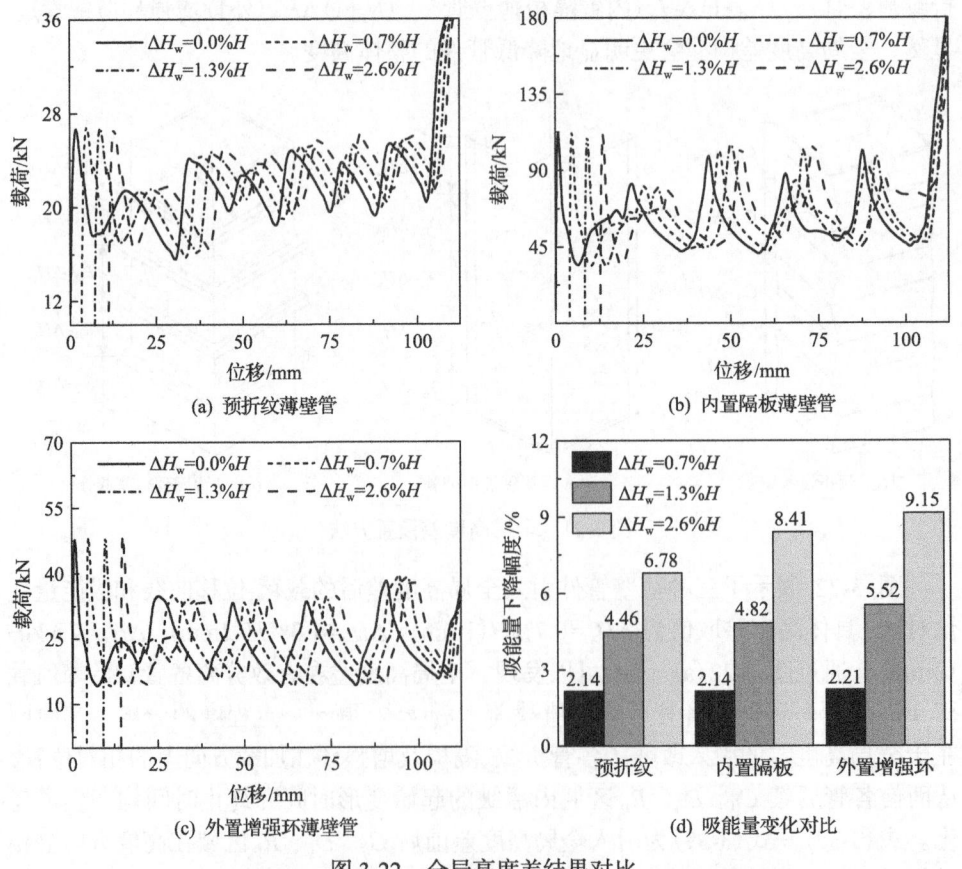

(a) 预折纹薄壁管

(b) 内置隔板薄壁管

(c) 外置增强环薄壁管

(d) 吸能量变化对比

图 3-22 全局高度差结果对比

综上所述，全局高度差存在管件数量和吸能量相互制约的缺陷，同样无法实现载荷-位移曲线精准控制的目标。

3.3 变构型差异化分布下载荷-位移曲线时序控制研究

3.2.2 节的分析表明,全局高度差能使载荷-位移曲线在后续行程内形成一定差异的原因是改变了折纹、隔板、增强环在加载方向的相对位置,从而影响了后续 C_{ij}、D_{ij}、R_{ij} 区域内褶皱的起始变形时间和终止变形时间。由此可见,改变三种构型参数在加载方向上的分布形式可以有效控制塑性铰的形成位置,使各区域内褶皱的变形时态发生变化,从而实现控制各个位移区间内载荷-位移曲线形成时序的目的。因此,本节将研究构型参数分布形式对载荷-位移曲线形成时序的影响规律,并总结出量化的时序控制方法。

3.3.1 折纹分布形式

为实现预折纹薄壁结构每个折纹相对位置在加载方向上的变化,在区域 C_{i1} 和 C_{i4} 中引入折纹基础移动距离 ΔC,具体情况如图 3-23 所示。根据图 3-1 和表 3-1 可知,在偏置距离 ΔP 相同的情况下,区域 C_{ij} 的高度越小,结构越容易出现变形。为保证结构能沿加载方向按顺序出现变形,在引入变折纹分布设计后整个预折纹薄壁管各区域 C_{ij} 的高度应呈现上侧小下侧大的总体变化趋势。因此,在区域 C_{i1} 的高度会减小 ΔC,而区域 C_{i4} 的高度则增加 ΔC。在此情况下,相当于 C_{i1} 区域影响区间提前 ΔC 的距离结束,C_{i2}、C_{i3} 区域的影响区间总体提前 ΔC 的距离,而 C_{i4} 区域的影响区间则提前 ΔC 的距离开始。

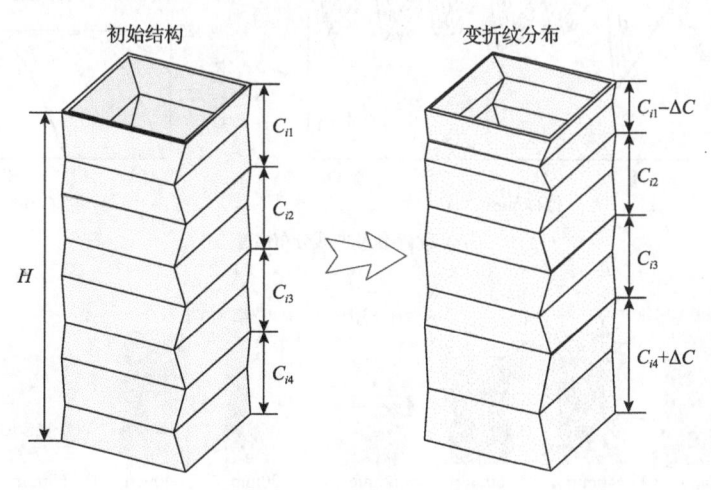

图 3-23 变折纹分布设计

图 3-24 展示了引入三种折纹基础移动距离 ΔC 后各管的载荷-位移曲线和变形时序对比,其中 ΔC 的具体取值为 1.3%H(2mm)、2.6%H(4mm)、4.0%H(6mm)。

与全局高度差相比,折纹基础移动距离 ΔC 的设置不仅使三种规格的载荷-位移曲线相比于初始规格在绝大部分位移区间(12.5~105mm)形成了明显时序间隔,且这种间隔并没有随着位移的增加而明显削弱。显然,折纹基础移动距离 ΔC 使得所有 C_{ij} 区域内褶皱的变形时序发生变化。以 $\Delta C=1.3\%H$ 和 $\Delta C=4.0\%H$ 两规格为例进行分析,前者因 ΔC 相对较小,其 C_{i1} 区域的结束位置会比后者更靠下,该区域褶皱的终止变形时间会迟于 $\Delta C=4.0\%H$ 规格,这也导致载荷-位移曲线上 $\Delta C=1.3\%H$ 规格峰值载荷 PF_2 的形成位置会处于 $\Delta C=4.0\%H$ 规格后方。$\Delta C=1.3\%H$ 规格 C_{i2}、C_{i3} 区域的整体位置会比 $\Delta C=4.0\%H$ 规格低 2.7 个百分点,因此其 C_{i2}、C_{i3} 区域内褶皱的起始变形时间和终止变形时间都会迟于 $\Delta C=4.0\%H$ 规格,这也导致 $\Delta C=1.3\%H$ 规格的 PF_3~PF_6 在载荷-位移曲线上的形成位置都会迟于 $\Delta C=4.0\%H$ 规格。虽然两规格在宏观变形序列上并没有呈现出明显差异,但从应力分布云图可以发现,在相同位移时 $\Delta C=1.3\%H$ 规格的应力分布区域会明显少于 $\Delta C=4.0\%H$ 规格,这也证明前者 C_{i2}、C_{i3} 区域发生变形的时间会迟于后者。两规格 C_{i4} 区域的终止位置相同,因此两规格进入密实化阶段的时间并没有出现明显差异。

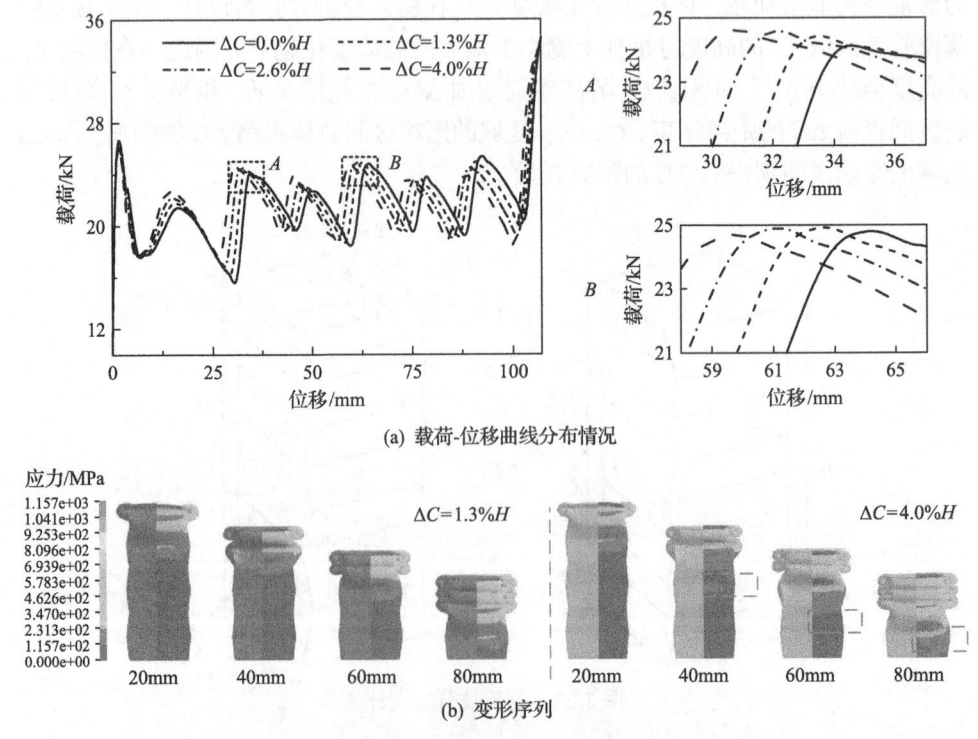

(a) 载荷-位移曲线分布情况

(b) 变形序列

图 3-24 不同 ΔC 下载荷时序和变形时序影响效果

通过图 3-24 的局部放大图可知,各规格峰值载荷 $PF_k(k>1)$ 相比于初始规格在载荷-位移曲线上形成位置的移动距离 ΔF 大致与折纹基础移动距离 ΔC 呈现 $\Delta F = \eta_8 \Delta C$ 的关系。由此可见，折纹基础移动距离 ΔC 的设置主要作用为提前 C_{i1} 区域的终止变形时间和 C_{i4} 区域的起始变形时间，整体提前 C_{i2}、C_{i3} 区域的起始变形时间和终止变形时间。当然，由于折纹基础移动距离 ΔC 的设置并不会改变 C_{i1} 区域的端部位置，无法有效改变该区域褶皱的起始变形时间，难以实现初始峰值载荷 PF_1 的有效控制和相互分离。

3.3.2 内置隔板分布形式

3.1.2 节的分析表明，隔板的引入增强了 D_{ij} 区域上下两侧的边界约束，并不会明显增强 D_{ij} 区域的初始强度。通过压杆稳定性理论可知，在相同截面尺寸下，结构的高度越大越容易因外界载荷的作用而出现屈曲现象。因此，不同于预折纹薄壁管，在进行变构型差异化分布设计后内置隔板薄壁管各区域 D_{ij} 的高度应大致呈上侧大而下侧小的总体变化趋势，以确保结构满足沿加载方向从上至下有序变形。在引入隔板基础移动距离 ΔD 后，薄壁管的 D_{i1} 区域增大 ΔD，而 D_{i5} 区域则减小 ΔD。上述区域高度的变化表示在加载方向上 D_{i1} 区域内褶皱的终止变形位置延后 ΔD 的距离，D_{i2}、D_{i3}、D_{i4} 区域的起始变形位置和终止变形位置均延后 ΔD 的距离，而 D_{i5} 区域仅起始变形位置延后 ΔD 的距离。图 3-25 展示了内置隔板薄壁管沿加载方向形成差异化隔板分布的具体设置方法。

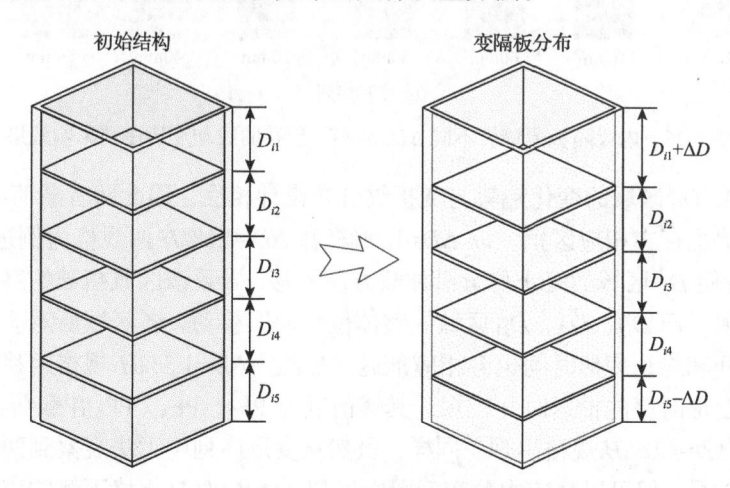

图 3-25 变隔板分布设计

图 3-26 为不同隔板基础移动距离 ΔD 对薄壁管载荷-位移曲线和变形序列的影响效果对比，1.3%H、2.6%H、4.0%H 分别对应 2mm、4mm、6mm。通过载荷-位移曲线的对比结果可以发现，隔板基础移动距离 ΔD 使各规格的载荷-位移曲线相比于初始规格在 20~105mm 的位移区间内均形成稳定的间隔。同时，隔板基础

移动距离 ΔD 的引入同样无法改变 D_{i1} 区域内褶皱的起始变形时间,且由于内置隔板薄壁管形成的褶皱数量少于预折纹薄壁管,其载荷-位移曲线的影响区间会稍小于变折纹分布设计(10~105mm)。

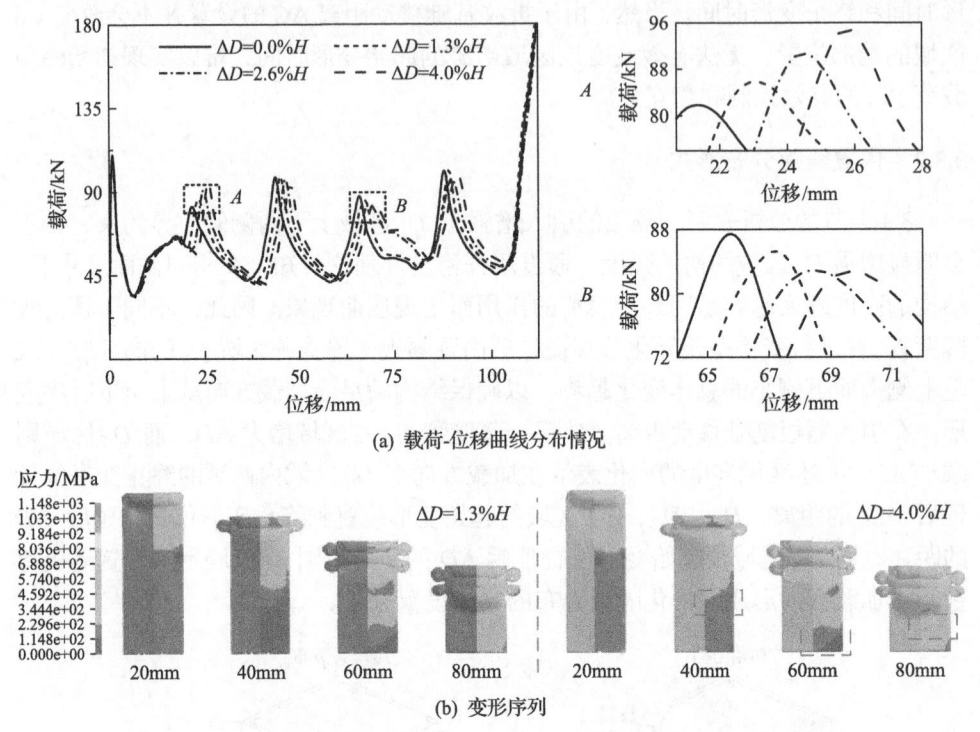

图 3-26 内置隔板薄壁管不同 ΔD 下载荷-位移曲线和变形序列影响效果

各规格 D_{i1} 区域的变化趋势与变折纹分布设计相反,因此两者载荷-位移曲线的变化趋势也存在相应区别。以 $\Delta D=1.3\%H$ 和 $\Delta D=4.0\%H$ 两规格为例进行分析,ΔD 的设置使 D_{i1} 区域的终止位置沿加载方向下移,导致该区域褶皱的终止变形时间相应推迟。而 D_{i2}、D_{i3}、D_{i4} 区域因整体位置向下移动,各区域所对应褶皱的起始变形时间和终止变形时间也会相应推迟。显然,$\Delta D=1.3\%H$ 规格因移动距离更小,褶皱变形时序的推迟时间较短,其峰值载荷 PF_2、PF_3、PF_4 在载荷-位移曲线上会先于 $\Delta D=4.0\%H$ 规格出现。同样,虽然从变形序列中无法观察到两种规格明显的变形差异,但可以从应力分布云图中发现 $\Delta D=4.0\%H$ 规格下侧的应力会明显大于 $\Delta D=1.3\%H$ 规格。通过右侧局部放大图同样可以得出峰值载荷移动距离 ΔF 与隔板基础移动距离 ΔD 的大致关系,即 $\Delta F=\eta_s \Delta D$。此外,由于内置隔板构型增强了区域 D_{ij} 上下两侧的边界约束,褶皱的变形过程更加剧烈,隔板相对位置的变化可能导致载荷的剧烈变化,如 75mm 位移时 $\Delta D=2.6\%H$ 规格和 $\Delta D=4.0\%H$ 规格的载荷会明显大于其余两个规格。

3.3.3 外置增强环分布形式

外置增强环的引入对薄壁管变形过程的影响与内置隔板构型相类似，主要是通过增强区域 R_{ij} 上下两侧的边界约束引导褶皱在指定区域开始或结束变形。因此，增强环基础移动距离 ΔR 的设置与内置隔板薄壁管相类似，即 R_{i1} 区域增大 ΔR，而 R_{i5} 区域则减小 ΔR，R_{i2}、R_{i3}、R_{i4} 区域则是沿加载方向整体向下移动 ΔR 的距离。图 3-27 展示了外置增强环薄壁管沿加载方向形成变增强环分布的具体设置方法。

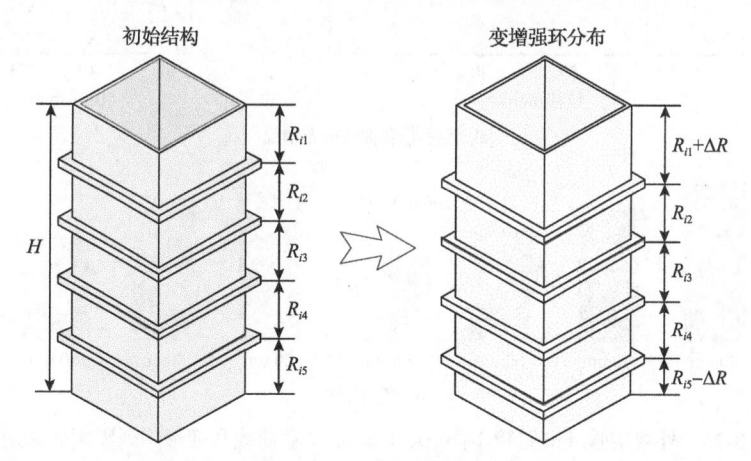

图 3-27 外置增强环薄壁管沿加载方向形成差异化变增强环分布的设置方法

图 3-28 展示了变增强环分布设计下各规格载荷-位移曲线和变形序列影响效果对比，其中 1.3%H、2.6%H、4.0%H 三种 ΔR 规格分别对应 2mm、4mm、6mm。通过载荷-位移曲线的结果对比可以发现，增强环基础移动距离 ΔR 对载荷-位移曲线形成时序的影响与内置隔板构型相类似。由于端部区域 R_{i1} 的高度得到提升，该区域褶皱的变形持续时间相应延长，导致褶皱的终止变形时间相应推迟。同时，R_{i2}、R_{i3}、R_{i4} 区域会因整体位置向下移动而使褶皱的变形时序呈总体推迟的趋势，但变形持续时间并不会受到影响。上述变化在载荷-位移曲线上呈现的效果则为 20~105mm 位移区间内各峰值载荷 PF_k 的形成位置会相应推迟 ΔF，其中 ΔF 与增强环基础移动距离 ΔR 呈 $\Delta F=\eta_s \Delta R$ 的关系。增强环基础移动距离 ΔR 同样没有明显改变结构的宏观变形模式，而是影响了各区域 R_{ij} 在同一时刻所处的变形时序，显然不会影响结构的吸能特性。此外，增强环的限制作用并没有内置隔板强，且其也会参与各区域的变形过程，因此 ΔR 的引入并不会使各管的载荷出现剧烈变化。

综上所述，增强环基础移动距离 ΔR 的引入可以有效改变各区域褶皱的起始或终止变形时间，同样可用于控制各管载荷-位移曲线的走势，从而实现多管载荷-位移曲线充分错位补偿的目标。

(a) 载荷-位移曲线分布情况

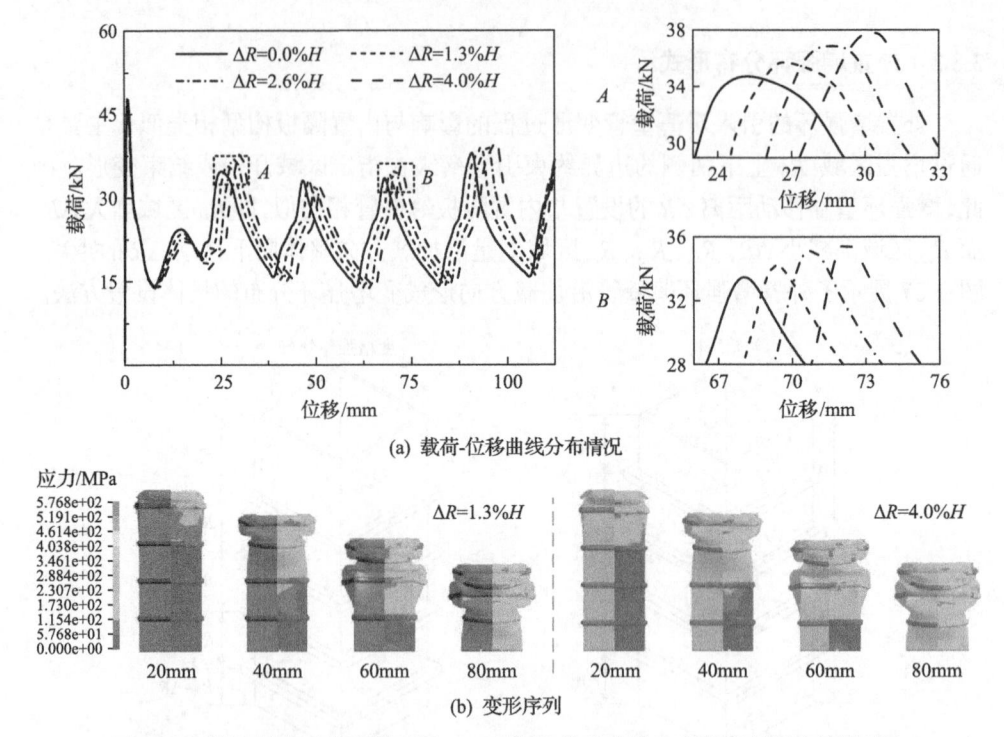

(b) 变形序列

图 3-28 外置增强环薄壁管不同 ΔR 下载荷-位移曲线和变形序列影响效果对比

3.4 载荷-位移曲线形成时序控制方法

基于前几节的分析可知，ΔC、ΔD、ΔR 的引入改变了折纹、隔板、增强环在加载方向上的相对位置，从而有效影响 C_{ij}、D_{ij}、R_{ij} 区域内褶皱的起始变形时间或终止变形时间，可用于控制单管载荷-位移曲线的形成时序。图 3-29 展示了预折纹薄壁管、内置隔板薄壁管、外置增强环薄壁管各 C_{ij}、D_{ij}、R_{ij} 区域相对位置变化与载荷-位移曲线形成时序之间的对应关系，其中 c_1、c_2、c_3 是相邻折纹的连接处，d_1、d_2、d_3、d_4 是内置隔板的连接处，r_1、r_2、r_3、r_4 是外置增强环的连接处。由图可见，当折纹连接处 c_j、隔板连接处 d_j、增强环连接处 r_j 沿加载方向反向移动时，会使 D_{sj+1} 位移区间内的载荷-位移曲线形成时序相应提前，反之则会使 D_{sj+1} 位移区间内载荷-位移曲线的形成时序延迟。显然，合理设计 C_{ij}、D_{ij}、R_{ij} 区域在加载方向上的相对位置可以有针对性地改变载荷-位移曲线上各位移区间 D_{sj} 载荷的变化时序，从而达到载荷-位移曲线精准控制的目的。

峰值载荷 PF_k 的分布位置可以代表所在位移区间载荷-位移曲线的变化趋势，因此单管载荷-位移曲线的精准控制也可以理解为薄壁管件各个峰值载荷 PF_k 形成

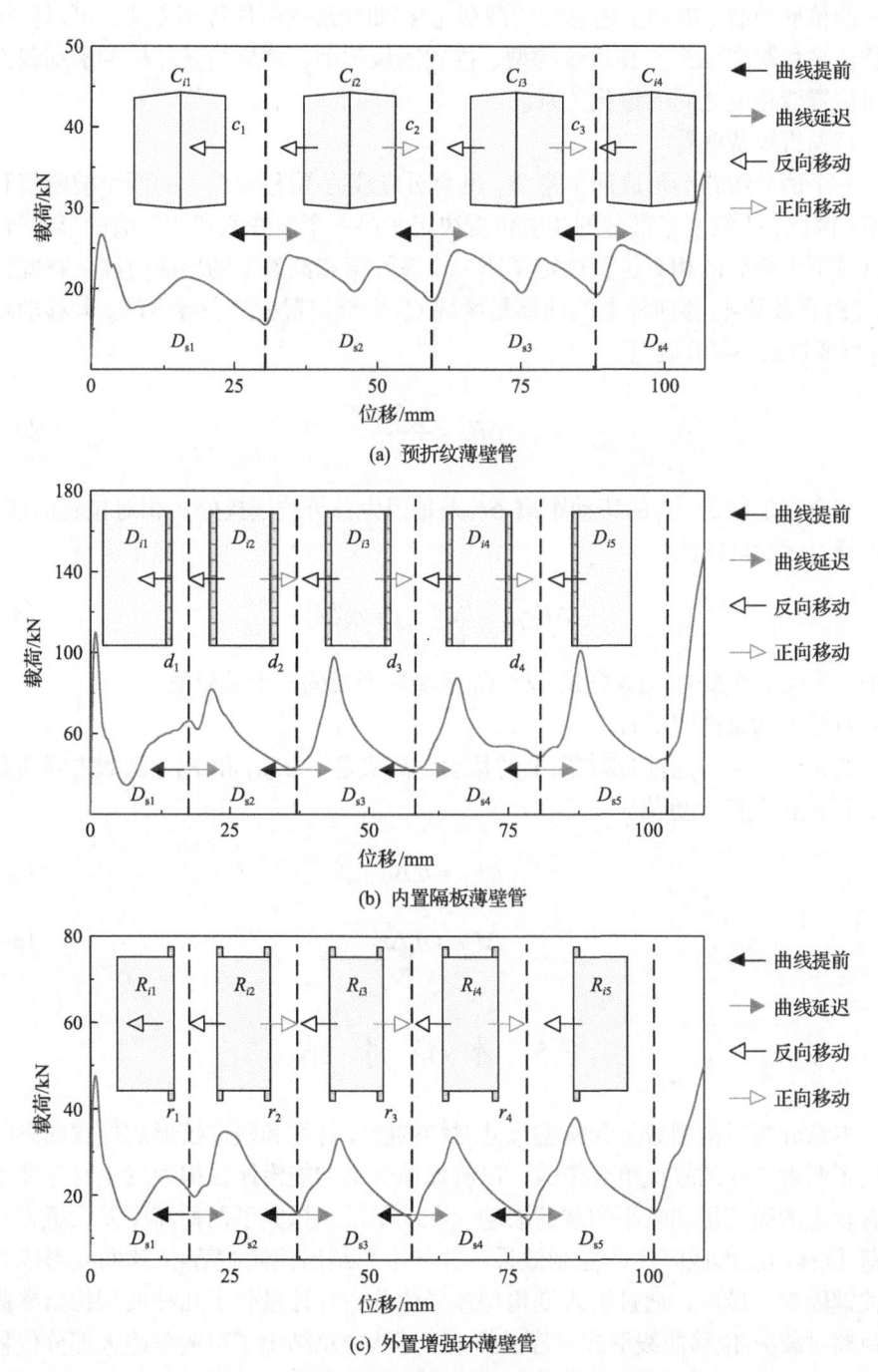

第 3 章　吸能结构时序控制方法探究

(a) 预折纹薄壁管

(b) 内置隔板薄壁管

(c) 外置增强环薄壁管

图 3-29　载荷-位移曲线形成时序控制方法思路

时序的精准控制。根据上述总结的载荷-位移曲线形成时序控制方法，可以获得峰值载荷平移距离 ΔF_j 与预折纹构型、内置隔板构型、外置增强环构型沿加载方向相对位置变化值之间的量化关系。

1) 预折纹薄壁管

一个诱导纹路会形成两个褶皱，也会对应载荷-位移曲线上的两个波峰值和波谷值。因此，折纹上半部分的相对位置决定了第一个波峰值和波谷值的形成时序，而折纹下半部分的相对位置决定了第二个波峰值和波谷值的形成时序。在此情况下，PF_2 在载荷-位移曲线上的前移是区域 C_{i1} 中部位置前移所导致的，其移动距离 ΔF_2 可通过式(3-40)确定：

$$\Delta F_2 = \frac{\eta_s \Delta c_1}{2} \tag{3-40}$$

其余峰值载荷 PF_j 的移动距离 ΔF 则是因为各折纹连接处 c_j 相对位置的移动，可以通过式(3-41)计算：

$$\Delta F_{2j+1} = \Delta F_{2j+2} = \eta_s \Delta c_j \tag{3-41}$$

式中，ΔF_{2j+1} 和 $\Delta F_{2j+2}(j \geqslant 1)$ 是单个 C_{ij} 区域内形成的两个波峰值。

2) 预设约束件薄壁管

约束件 d_j 和 r_j 沿加载方向上的移动距离决定了 D_{ij+1} 和 R_{ij+1} 区域内峰值载荷 PF_{j+1} 形成位置的变更值：

$$\Delta F_j = \eta_s \Delta d_j \tag{3-42}$$

$$\Delta F_j = \eta_s \Delta r_j \tag{3-43}$$

3.5 本章小结

本章分析了构型数量和构型尺寸对结构吸能特性和塑性铰形成位置的影响，确定了两者之间的较优组合模式，以确保单管结构能沿所设构型发生有序变形且具有较大的吸能量和较小的载荷波动。在此基础上探究了两种高度差设置方法对载荷-位移曲线形成时序的控制效果，并从中总结出控制载荷-位移曲线形成时序的关键因素。最后，通过引入变构型差异化分布设计量化了几种典型构型参数移动距离对载荷-位移曲线形成时序的影响，并从中总结出了可覆盖绝大部分位移区间的载荷-位移曲线形成时序控制方法。具体结论如下。

(1) 随着折纹数量的逐渐增多，预折纹薄壁管沿所设构型发生有序变形所需呈现的初始结构强度会减小；当隔板厚度、增强环厚度、增强环高度较小时，各区域的变形空间会因边界约束作用不足而无法得到有效控制，从而致使载荷-位移曲线出现峰值缺失或载荷减小的现象，不利于载荷-位移曲线形成时序的控制。

(2)基于非弹性柱理论、弹性稳定性理论及超折叠单元理论建立了三种预设构型薄壁管初始峰值载荷和平均载荷的理论预测模型，并通过仿真值和理论值对比进一步证明了理论模型的可靠性，可为后续初始规格参数的确立提供充足的理论支撑。

(3)局部高度差的设置未能改变构型的相对位置，因此仅能实现薄壁管件初始峰值载荷形成时序的有效控制，全局高度差虽然能有效影响载荷-位移曲线各个峰值载荷的形成时序，但其影响效果会随着位移的增大而显著削弱，且局部高度差会明显影响结构的吸能量。

(4)构型参数沿加载方向的正向或反向移动会使其后侧位移区间内峰值载荷的形成时序出现相应延迟或提前，基于获取的构型移动距离-峰值载荷形成时序量化关系可以达到根据实际需求有针对性地改变单管载荷-位移曲线形成时序的目的。

第4章　组合式吸能结构时序设计方法

目前，多管组合式吸能装置的研究大多基于分级吸能理念或基于相同构型参数对薄壁管进行简单组合，显然都无法解决高吸能量和低载荷波动兼容的技术瓶颈[212-214]。为克服多管组合式吸能装置既有的构型特征单一、组合方法不明确、载荷波动大等缺陷，本章将基于载荷-位移曲线错位补偿思路，对多管件的变构型差异化分布设计方法展开系统研究。首先，基于获取的单管载荷-位移曲线形成时序控制方法对变构型差异化分布设计下多管载荷-位移曲线的错位补偿效果展开量化研究，并分析变构型差异化分布设计在不同管件数量下对组合结构吸能特性的影响。其次，在上述基础上，探讨局部高度差在变构型差异化分布多管组合结构中的设置方法，从而使多管载荷-位移曲线错位补偿达到最佳效果。最后，基于第3章构建的理论模型总结出系统化的多管件变构型差异化分布设计方法，为后续多管组合式吸能装置的协同设计提供充足的理论及数据支撑。

4.1　多管组合设计思路

多管载荷-位移曲线错位补偿思路是指通过合理设计各管的构型参数，从而使各管载荷-位移曲线之间形成合适的时序间隔。显然，如何设置各管构型移动距离是实现各管载荷-位移曲线充分分离的关键所在。为使组合结构的载荷波动 FL 尽可能地达到最小值，各管峰值载荷应在所有位移区间内最大限度地均匀分布。通过图 3-29 展示的峰值载荷形成时序精准控制方法可知，若想每个位移区间内各管的峰值载荷呈现均匀分布的状态，应使管件 $i+1$ 的 C_{ij}、D_{ij}、R_{ij} 区域在加载方向上的相对位置位于管件 i 和管件 $i+2$ 相对应 C_{ij}、D_{ij}、R_{ij} 区域的中位线上。以预折纹薄壁管的 C_{i1} 区域为例进行分析，具体分布情况如图 4-1 所示。其中，Δc_{i1} 表示管件 i 的 C_{i1} 区域相比于初始规格在加载方向上的移动距离。为满足管件 $i+1$ 的 $C_{(i+1)1}$ 区域位于相邻两管中位线位置的条件，Δc_{i1}、$\Delta c_{(i+1)1}$、$\Delta c_{(i+2)1}$ 应该满足以下关系：

$$\Delta c_{(i+1)1} - \Delta c_{i1} = \Delta c_{(i+2)1} - \Delta c_{(i+1)1} \tag{4-1}$$

$$\Delta c_{(i+1)1} = \frac{1}{2}\left(\Delta c_{i1} + \Delta c_{(i+2)1}\right) \tag{4-2}$$

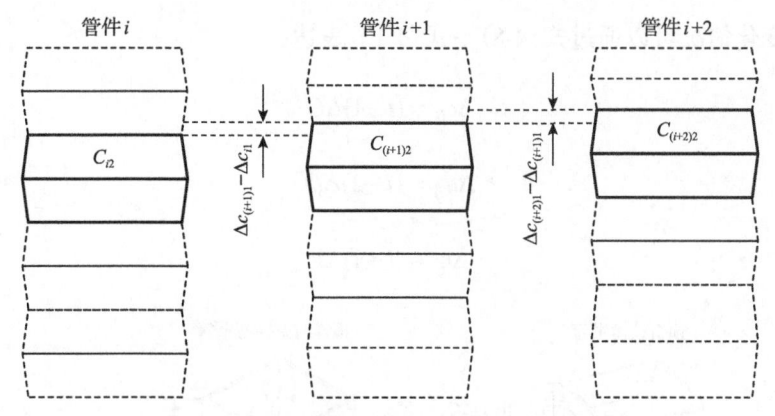

图 4-1 峰值载荷均布条件下各管 C_{i1} 分布情况

内置隔板薄壁管和外置增强环薄壁管同样可以得到类似的关系式：

$$\Delta d_{(i+1)1} = \frac{1}{2}\left(\Delta d_{i1} + \Delta d_{(i+2)1}\right) \quad (4\text{-}3)$$

$$\Delta r_{(i+1)1} = \frac{1}{2}\left(\Delta r_{i1} + \Delta r_{(i+2)1}\right) \quad (4\text{-}4)$$

显然，为了使每个位移区间均能满足峰值载荷均匀分布的条件，三种薄壁管的每个 C_{ij}、D_{ij}、R_{ij} 区域均应满足式(4-5)～式(4-7)的关系：

$$\Delta c_{(i+1)j} = \frac{1}{2}\left(\Delta c_{ij} + \Delta c_{(i+2)j}\right) \quad (4\text{-}5)$$

$$\Delta d_{(i+1)j} = \frac{1}{2}\left(\Delta d_{ij} + \Delta d_{(i+2)j}\right) \quad (4\text{-}6)$$

$$\Delta r_{(i+1)j} = \frac{1}{2}\left(\Delta r_{ij} + \Delta r_{(i+2)j}\right) \quad (4\text{-}7)$$

由于变形过程的连续性，构型参数 C_{ij}、D_{ij}、R_{ij} 沿加载方向上的移动不仅会影响本区域褶皱的变形时间，还会影响后续区域的变形时间。同时，为保证结构沿加载方向按顺序出现变形，各区域的初始强度应呈由弱至强的趋势。因此，式(4-5)～式(4-7)在宏观上表现为 C_{i1} 区域高度随管件序号 i 呈线性递减，C_{i2}、C_{i3} 区域高度保持不变，C_{i4} 区域高度随管件序号 i 呈线性递增。而对于预设约束件薄壁管，$D_{i1}(R_{i1})$ 区域高度随管件序号 i 呈线性递减，D_{i2}、D_{i3}、$D_{i4}(R_{i2}、R_{i3}、R_{i4})$ 区域高度保持不变，$D_{i5}(R_{i5})$ 区域高度随管件序号 i 呈线性递增趋势，具体设置方法如图 4-2 所示(以外置增强环薄壁管表示)。在此情况下管件 C_{ij}、D_{ij}、R_{ij} 区域相对位置的变化情况可以通过式(4-8)～式(4-10)表达：

$$\Delta c_{ij} = (i-1)\Delta C \tag{4-8}$$

$$\Delta d_{ij} = (i-1)\Delta D \tag{4-9}$$

$$\Delta r_{ij} = (i-1)\Delta R \tag{4-10}$$

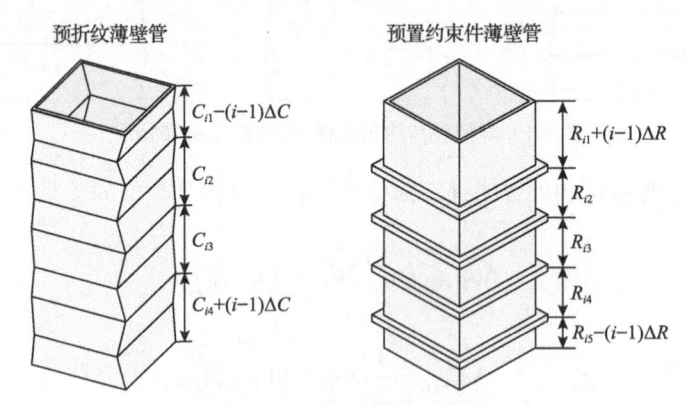

图 4-2 多管组合设计思路

为避免 D_{sj} 位移区间内的峰值载荷因出现过度延迟或提前而导致该区间的峰值载荷与其他管件 D_{sj+1} 或 D_{sj-1} 位移区间内峰值载荷出现重叠，ΔC（预折纹基础移动距离）、ΔD（隔板基础移动距离）、ΔR（增强环基础移动距离）的取值应根据管件总数 N_i 和单个褶皱所对应的位移区间长度进行相应改变。对于预折纹薄壁管，一个折纹会形成两个褶皱，即每个变形褶皱所控制的位移区间仅为 D_{sj} 的一半，因此变折纹分布设计中每个峰值载荷的移动距离不可以超过 $D_{sj}/2$。为使各管峰值载荷在 $D_{sj}/2$ 的位移区间内均匀分布，ΔC 的取值应尽量由式(4-11)确定：

$$\Delta C = \frac{H}{2N_i N_c} \tag{4-11}$$

针对预设约束件薄壁管，每个 D_{ij}、R_{ij} 区域仅会形成一个变形褶皱，各管峰值载荷的可移动范围会大于预折纹薄壁管，因此 ΔD 和 ΔR 的取值分别为

$$\Delta D = \frac{H}{N_i N_d} \tag{4-12}$$

$$\Delta R = \frac{H}{N_i N_r} \tag{4-13}$$

4.2 变构型差异化分布下多管件时序错位补偿研究

多管组合结构中管件数量 N_i 越多意味着吸能量提升效果越显著,且载荷-位移曲线错位补偿思路可以发挥越明显的效果,即有利于组合结构载荷波动的有效降低。然而,根据式(4-11)~式(4-13)可知,管件数量增多会使各管之间所需形成的构型差异随之减小,而 ΔC、ΔD、ΔR 的减小不仅会对加工精度提出更高的要求,显著增加加工成本,还会放大偶然因素对多管载荷-位移曲线错位补偿效果的影响。因此,探究变构型差异化分布设计在不同管件数量下的载荷-位移曲线错位补偿效果,平衡管件数量 N_i 和载荷波动降低幅度之间的关系,可为后续多管组合式吸能装置的协同设计提供重要依据。

4.2.1 变折纹分布多管组合

表 4-1 展示了针对不同管件数量场景下应用变折纹分布设计后各管 C_{ij} 区域的分布情况。根据表中区域分布情况,图 4-3 展示了管件数量 N_i=3,4,5,6 时各管件的载荷-位移曲线和变形序列。为简化描述,使用缩写来表示具有不同构型参数的管件,如 ΔC4.2 表示折纹移动间距 ΔC 取值为 4.2%H(6.25mm),I1 表示管件序号 i

表 4-1 变折纹分布设计下各管 C_{ij} 区域分布情况

C_{ij} 高度值	管件序号	端部区域 j=1	中间区域 $2 \le j \le N_i$-1	底部区域 j=N_i
N_i=3 ΔC=4.2%H=6.25mm	i=1	37.5	37.5	37.5
	i=2	31.25	37.5	43.75
	i=3	25.0	37.5	50.0
N_i=4 ΔC=3.1%H=4.65mm	i=2	32.85	37.5	42.15
	i=3	28.2	37.5	46.8
	i=4	23.55	37.5	51.45
N_i=5 ΔC=2.5%H=3.75mm	i=2	33.75	37.5	41.25
	i=3	30	37.5	45
	i=4	26.25	37.5	48.75
	i=5	22.5	37.5	52.5
N_i=6 ΔC=2.1%H=3.15mm	i=2	34.35	37.5	40.65
	i=3	31.2	37.5	43.8
	i=4	28.05	37.5	46.95
	i=5	24.9	37.5	50.1
	i=6	21.75	37.5	53.25

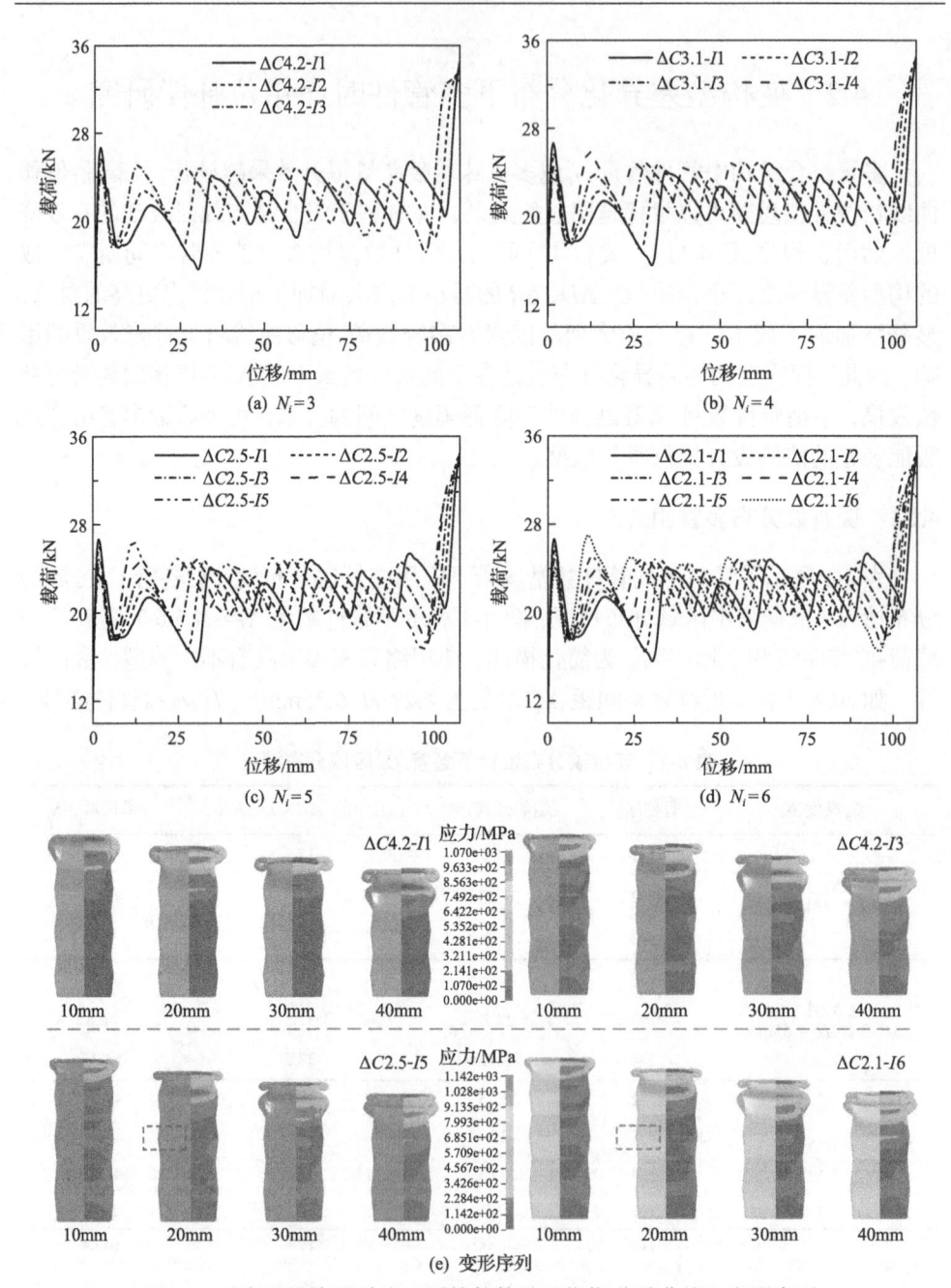

图4-3 变折纹分布设计在不同管件数量下载荷-位移曲线和变形序列

为1，其他类推。通过载荷-位移曲线的对比可以发现，根据式(4-8)和式(4-11)在多管组合结构中引入合适的折纹基础移动距离 ΔC 后，各管载荷-位移曲线形成了稳定的时序间隔，且每个位移区间内峰值载荷之间的间距基本保持为 $\eta_s H/2N_i N_f$。

随着管件数量 N_i 逐渐增大，管件 C_{i1} 区域的高度会逐渐减小，结构的初始峰值载荷 PF_1 也会减小，而峰值载荷 PF_2 则呈现逐渐增大的趋势。其中，$\Delta C4.2$-$I3$ 规格的峰值载荷 PF_2 大于初始峰值载荷 PF_1，$\Delta C2.1$-$I6$ 规格的峰值载荷 PF_2 甚至大于 $\Delta C2.1$-$I1$ 规格的初始峰值载荷 PF_1。其原因在于，随着 C_{i1} 区域减小，当其上半部分发生变形后，C_{i1} 区域下半部分与 C_{i2} 区域上半部分组成折纹的强度会逐渐增大。通过 3.2.1 节的分析可知，对于预折纹结构，当初始峰值载荷 PF_1 过小时，可能导致结构的变形无法保持有序性，即中间区域先出现变形。如图 4-3(e) 所示，随着端部区域 C_{i1} 高度的逐渐降低，薄壁结构的中部区域在变形过程初期（0~20mm 位移时）所呈现的应力值也不断增大。其中，$\Delta C2.5$-$I5$ 规格和 $\Delta C2.1$-$I6$ 规格的中部区域已出现了轻微的变形。由此可见，随着管件数量 N_i 进一步增多，序号较大管件的 C_{i1} 区域和 C_{i2} 区域连接处的强度也会增大，当其强度高于 C_{i2}、C_{i3} 区域的强度时可能会出现结构无法沿加载方向按顺序变形的情况，这显然不利于多管载荷-位移曲线充分错位补偿的实现。

为验证上述推测，对不同管件数量下序号最大的规格展开进一步分析，并对比分析不同折纹移动距离下各规格初始峰值载荷 PF_1、峰值载荷 PF_2 及平均载荷 MCF 之间的演变关系，具体结果如图 4-4 所示。通过图 4-4(a) 和 (b) 可以发现，当 C_{i1} 区域的减小幅度达到 43.8%时，C_{i1} 区域上半部分出现变形后其下半部分并不会沿加载方向继续按顺序出现变形，而是 C_{i3} 区域紧接着出现变形，这也导致载荷-位移曲线在后续位移区间呈现无序性，并出现较大的载荷波动。显然，在上述情况下 C_{i1} 区域下半部分可以视作 C_{i2} 区域上半部分的延伸，即这两部分组合成的结构具有较高强度，管件整体出现两端强中间弱的分布形式，严重影响了变形的有序性。图 4-4(c) 的结果表明，当初始峰值载荷 PF_1 越接近平均载荷 MCF 时，结构出现变形顺序不可控的可能性增大。由此可见，管件数量 N_i 并不能无限制增大，为保证结构变形的有序性，端部区域 C_{i1} 的减小幅度不应过大。

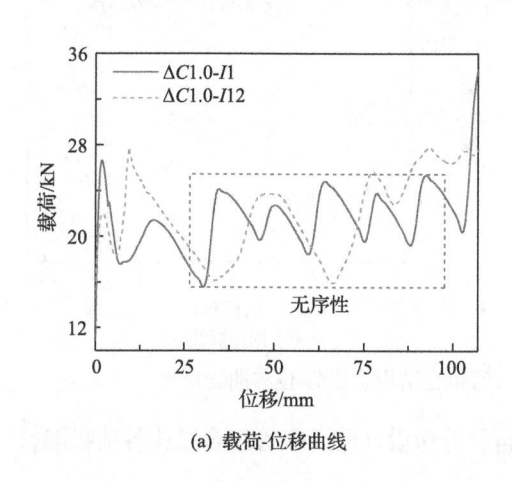

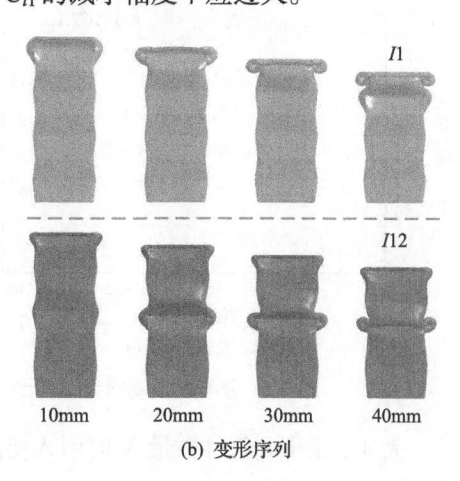

(a) 载荷-位移曲线

(b) 变形序列

(c) PF$_1$、PF$_2$、MCF变化趋势

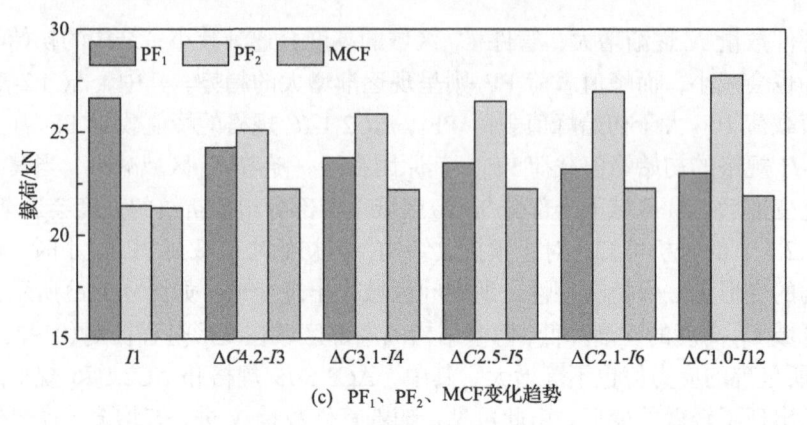

图 4-4　$\Delta C1.0$-$I12$ 规格分析结果

为衡量不同管件数量下载荷-位移曲线错位补偿思路对组合结构载荷波动的降低效果，针对变折纹分布多管组合结构和固定折纹分布多管组合结构的吸能特性展开对比分析。图 4-5 展示了不同管件数量下预折纹多管组合结构的总载荷-位移曲线。图例中 N_i3-$\Delta C3.1$ 表示多管组合结构中的管件总数 $N_i=3$，引入的折纹基础移动距离 $\Delta C=3.1\%H$，其他类推。变折纹部分设计无法改变端部区域 C_{i1} 上半部分所对应褶皱的变形时序，因此两种组合结构仍有明显的初始峰值载荷 PF$_1$。同时，ΔC 的设置会致使结构的峰值载荷 PF$_2$ 随管件序号 i 的增大而增大，变折纹分布多管组合结构的 PF$_2$ 会稍大于固定折纹分布多管组合结构。然而，当位移大于 25mm 时，变折纹分布多管组合结构的载荷-位移曲线趋于平缓，并没有出现明显的后续峰值载荷。反观固定折纹分布多管组合结构，其载荷-位移曲线出现了明显的波动，且管件数量越多波动幅度越大。

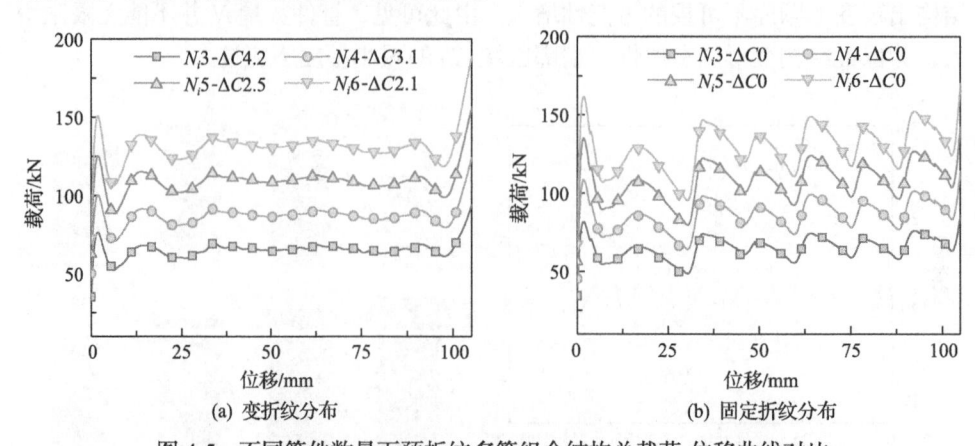

(a) 变折纹分布　　(b) 固定折纹分布

图 4-5　不同管件数量下预折纹多管组合结构总载荷-位移曲线对比

表 4-2 是不同管件数量 N_i 时引入变折纹分布设计前后多管组合结构各项吸能特

性的对比。表中 $DFL_{10\sim 105}$ 是指在相同管件总数 N_i 下变折纹分布多管组合结构相比于固定折纹分布多管组合结构载荷波动 $FL_{10\sim 105}$ 的降低幅度。通过式(3-13)可以发现，C_{i1} 区域减小会增加后续区域的平均褶皱半波长，因此会小幅提升结构的平均载荷。图 4-3 的结果也印证了 ΔC 的引入在提高峰值载荷 PF_2 的同时，还会小幅提升结构的后续载荷，从而使多管组合结构的吸能量和比吸能相较于固定折纹分布存在小幅提升。显然，随着管件数量 N_i 的逐渐增大，结构的吸能量、平均载荷和载荷波动也呈线性增大，而固定折纹分布多管组合结构由于各管载荷-位移曲线相互叠加，其 $FL_{10\sim 105}$ 增大幅度尤为明显。此外，当管件数量 N_i 大于 3 时，变折纹分布多管组合结构的 $DFL_{10\sim 105}$ 趋于平稳。显然，载荷-位移曲线错位补偿思路对多管组合结构载荷波动的降低效果在 N_i=4 时已经达到较好效果。由此可见，根据实际情况合理选择管件数量可以有效提升吸能特性的同时，尽可能地降低加工成本。

表 4-2 引入变折纹分布前后多管组合结构吸能特性对比

	规格	PF_1/kN	EA/kJ	MCF/kN	SEA/(kJ/kg)	$FL_{10\sim 105}$	$DFL_{10\sim 105}$/%
N_i=3	ΔC=0%H	79.96	6.72	64.04	14.32	6.68	37.87
	ΔC=4.2%H	76.50	6.86	65.33	14.62	4.15	
N_i=4	ΔC=0%H	106.62	8.97	85.39	14.34	8.91	41.08
	ΔC=3.1%H	100.43	9.15	87.12	14.63	5.25	
N_i=5	ΔC=0%H	133.27	11.21	106.74	14.34	11.64	41.06
	ΔC=2.5%H	125.21	11.45	109.09	14.64	6.86	
N_i=6	ΔC=0%H	159.93	13.45	128.09	14.33	14.47	41.19
	ΔC=2.1%H	150.84	13.76	131.08	14.66	8.51	

4.2.2 变隔板分布多管组合

表 4-3 展示了多管组合结构在引入变隔板分布设计后各管 D_{ij} 区域分布情况。根据表中区域分布情况，图 4-6 为多管组合结构在应用变隔板分布设计后各管件的载荷-位移曲线及部分规格的变形序列。为方便描述，图例中使用缩写来表示不同规格的结构，具体命名方法为：ΔD6.7 表示隔板基础移动距离 ΔD=6.7%H(10mm)，I1 则是指管件序号 i 为 1。通过各管载荷-位移曲线的分布情况可以明显发现，根据式(4-12)设计的变隔板分布形式实现了峰值载荷的有效分离，载荷-位移曲线之间的错位效果较为明显。然而，ΔD 的设置可能增大褶皱变形过程的不稳定性，一定程度上会加剧单管件的载荷波动。显然，隔板的设置只是改变了区域 D_{ij} 上下两侧的边界条件，即褶皱在该处结束变形或开始变形，无法达到预折纹引导结构变形趋势的作用。同时，通过各规格在 20mm 时的变形序列可以发现，当 D_{i1} 增大幅度较小时该区域仅出现一个变形褶皱（ΔD4.0-I3 规格），而当

D_{i1}增大幅度较大时该区域会出现两个变形褶皱($\Delta D4.0$-$I5$规格和$\Delta D3.3$-$I6$规格）。结合各规格载荷-位移曲线分布情况可知，端部区域形成的第二褶皱会改变D_{i2}区域上侧的边界约束条件，从而影响该区域峰值载荷的形成时序，且第二褶皱变形过程的完整性会存在不同的影响。例如，$I6$规格的第二褶皱处于变形末期，使得D_{i2}区域上侧约束作用相对较小，因此该规格峰值载荷PF_3的形成时序相应推迟。而$I4$规格的第二褶皱由于变形空间不足使得变形过程不完整，D_{i2}区域上侧约束作用相对较大，致使该规格峰值载荷PF_3的形成时序相应提前。由此可见，虽然褶皱的半波长会根据变形条件出现一定的自适应变化，但当D_{i1}区域高度增加值超过其最大变化范围时，剩下的未变形区域会形成新的褶皱，而其变形过程会对

表4-3 变隔板分布设计各管D_{ij}区域分布情况

D_{ij}高度值	管件序号	端部区域$j=1$	中间区域$2 \leqslant j \leqslant N_i$	底部区域$j=N_i+1$
$N_i=3$ $\Delta D=6.7\%H=10$mm	$i=1$	30	30	30
	$i=2$	40	30	20
	$i=3$	50	30	10
$N_i=4$ $\Delta D=5.0\%H=7.5$mm	$i=2$	37.5	30	22.5
	$i=3$	45	30	15
	$i=4$	52.5	30	7.5
$N_i=5$ $\Delta D=4.0\%H=6$mm	$i=2$	36	30	24
	$i=3$	42	30	18
	$i=4$	48	30	12
	$i=5$	54	30	6
$N_i=6$ $\Delta D=3.3\%H=5$mm	$i=2$	35	30	25
	$i=3$	40	30	20
	$i=4$	45	30	15
	$i=5$	50	30	10
	$i=6$	55	30	5

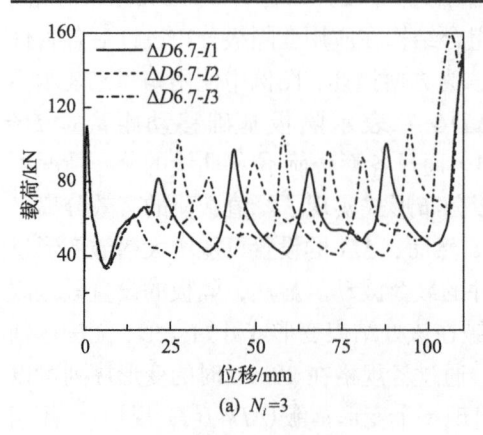

(a) $N_i=3$

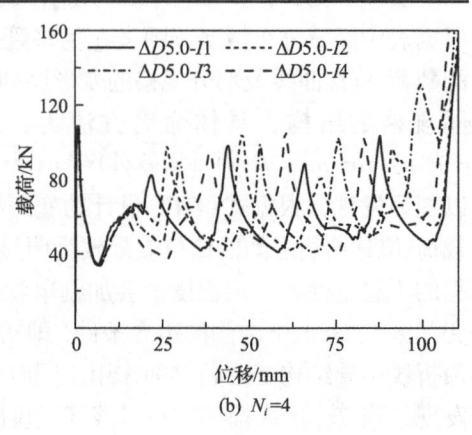

(b) $N_i=4$

(c) $N_i=5$

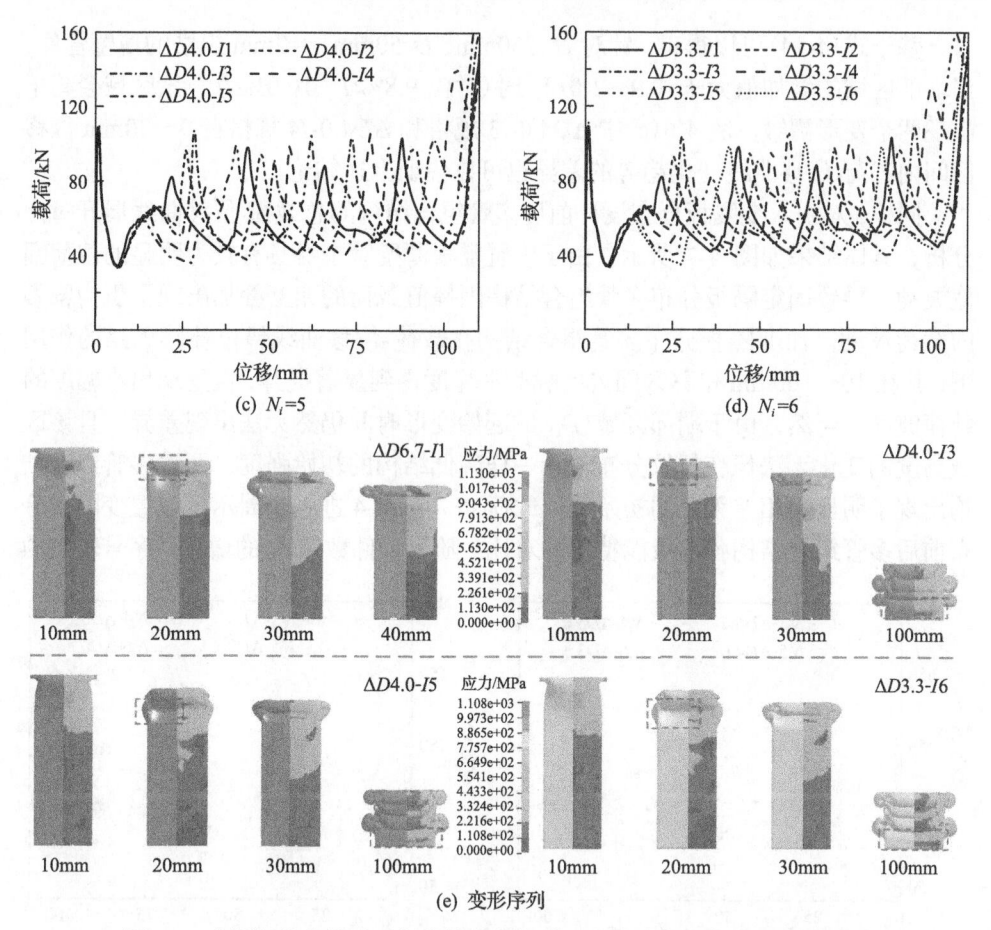

(d) $N_i=6$

(e) 变形序列

图 4-6 变隔板分布设计后各管件的载荷-位移曲线及部分规格的变形序列

后续区域的峰值载荷分离效果产生一定影响。此外,结合 $\Delta D4.0$-$I5$ 规格和 $\Delta D3.3$-$I6$ 规格的载荷-位移曲线和100mm时的变形序列可以发现,当 D_{i5} 区域的高度不足以形成一个褶皱时,结构会直接进入密实化阶段。当然,该现象并不会显著影响各管载荷-位移曲线错位补偿的效果。

通过上述分析可知,为尽可能地避免因端部区域 D_{i1} 出现两个变形褶皱而影响后续区域峰值载荷的形成时序,ΔD 的引入不应使 D_{i1} 区域的高度过大。结合式(2-35)和式(2-45)可以获得端部区域最大褶皱半波长和平台阶段褶皱半波长之间的大致关系:

$$p = \frac{\delta_{se}}{\delta_{sp}} = \frac{1.038H}{\sqrt[3]{tL^2}\left[\left(\sqrt{\frac{H^2}{L^2}+\frac{1}{4}}-\frac{1}{2}\right)+1\right]} \tag{4-14}$$

基于式(4-14)可以得出，针对 H=150mm、L=50mm、t=2mm 规格的薄壁管件，当端部区域的增加值大于 $(0.9\sim1.0)\delta_{sp}$ 时(对应 $9.8\%H\sim10.0\%H$)，该区域会趋于出现两个变形褶皱。图 4-6(c)中 $\Delta D4.0$-$I3$ 规格和 $\Delta D4.0$-$I4$ 规格在 $0\sim30$mm 位移区间内载荷-位移曲线变化趋势的差异也可以佐证上述结论。

同样，对引入变隔板分布设计前后多管组合结构的总载荷-位移曲线展开对比分析，具体结果如图 4-7 所示。由于内置隔板薄壁管本身具有较为明显的载荷幅值波动，导致固定隔板分布多管组合结构因峰值载荷的相互叠加出现了更为剧烈的载荷波动。而变隔板分布多管组合结构在载荷-位移曲线错位补偿思路的作用下，其在 $10\sim100$mm 位移区间内的载荷平稳度得到显著提升，仅呈现出小幅度的载荷波动。当然，由于端部区域 D_{i1} 的起始变形时间仍然无法出现差异，且该区域高度的变化无法像变折纹分布设计一样降低结构的初始强度，两种多管组合结构出现了明显且相差无几的初始峰值载荷 PF_1。表 4-4 进一步展示了设置变隔板分布前后多管组合结构各项吸能特性的对比。随着管件数量 N_i 的增大，序号较大的

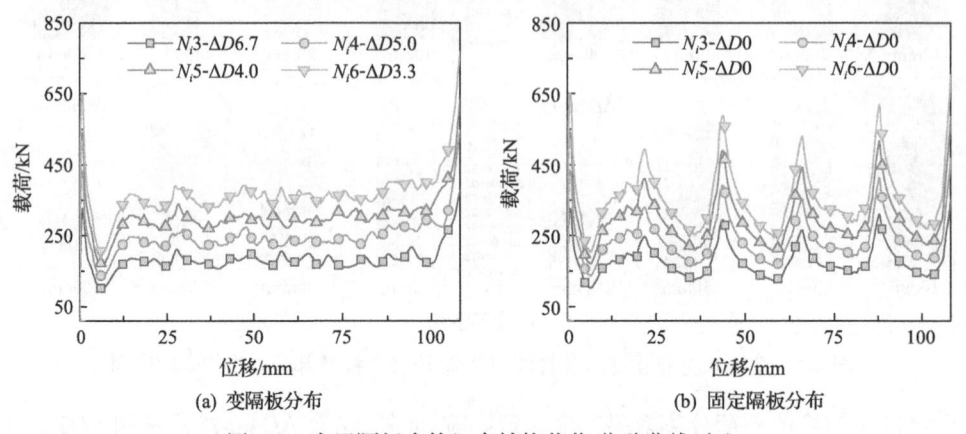

(a) 变隔板分布　　　　　　　　　(b) 固定隔板分布

图 4-7 内置隔板多管组合结构载荷-位移曲线对比

表 4-4 设置变隔板分布前后多管组合结构吸能特性对比

	规格	PF_1/kN	EA/kJ	MCF/kN	SEA/(kJ/kg)	$FL_{10\sim105}$	$DFL_{10\sim105}$/%
N_i=3	ΔD=0%H	324.02	18.48	175.71	10.42	39.83	39.38
	ΔD=6.67%H	327.21	18.83	179.13	10.62	17.83	
N_i=4	ΔD=0%H	432.03	24.64	234.28	10.42	53.10	58.5
	ΔD=5.0%H	432.41	25.33	240.98	10.72	22.03	
N_i=5	ΔD=0%H	540.03	30.79	292.85	10.42	66.38	61.78
	ΔD=4.0%H	540.83	31.27	297.54	10.58	25.37	
N_i=6	ΔD=0%H	648.05	36.95	351.42	10.42	79.65	62.14
	ΔD=3.3%H	648.86	37.85	360.02	10.67	30.15	

管件因尾部区域 D_{i5} 具有较高强度而在位移区间末期呈现出较大载荷，变隔板分布多管组合结构的吸能量和比吸能相较于固定隔板分布多管组合结构会存在小幅提升。内置隔板薄壁管自身具有较大的载荷波动，因此变隔板分布多管组合结构的 $DFL_{10\sim 105}$ 会大于变折纹分布多管组合结构。同样，当管件数量 $N_i \geqslant 4$ 时，多管组合结构 $DFL_{10\sim 105}$ 的增长幅度明显降低，表明当组合管件的数量大于4后多管载荷-位移曲线的错位补偿也达到了较为理想的效果。

4.2.3 变增强环分布多管组合

表 4-5 展示了引入变增强环分布设计各管 R_{ij} 区域的分布情况。根据表中区域分布情况，图 4-8 展示了不同管件数量下变增强环分布设计对各管载荷-位移曲线错位效果和变形序列。虽然大部分管件的载荷-位移曲线得到充分分离，但部分峰值载荷存在明显的重叠，该现象主要集中在 $I1$ 管件和序号较大的管件（$\Delta R6.7\text{-}I3$、$\Delta R5.0\text{-}I4$、$\Delta R4.0\text{-}I5$、$\Delta R3.3\text{-}I6$）。通过图 4-8(e)中的变形序列图可以发现，由于 $\Delta R6.7\text{-}I2$ 规格设置的 ΔR 较小，其宏观变形模式相比于初始并没有明显变化，因此该规格的后续峰值载荷仍与 $I1$ 规格形成了稳定的时序间隔。但通过 $\Delta R4.0\text{-}I5$ 规格和 $\Delta R3.3\text{-}I6$ 规格在 20mm 的变形序列可以发现，由于端部区域 R_{i1} 过大形成了两个变形褶皱，这两种规格的后续峰值载荷会与 $I1$ 规格出现部分重叠。产生上述现象的原因在于，增强环不能像隔板一样使相邻两区域的变形过程相对独立，

表 4-5 变增强环分布设计各管 R_{ij} 区域分布情况

R_{ij} 高度值	管件序号	端部区域 $j=1$	中间区域 $2 \leqslant j < N_i$	底部区域 $j=N_i+1$
$N_i=3$ $\Delta R=6.7\% H=10\text{mm}$	$i=1$	30	30	30
	$i=2$	40	30	20
	$i=3$	50	30	10
$N_i=4$ $\Delta R=5.0\% H=7.5\text{mm}$	$i=2$	37.5	30	22.5
	$i=3$	45	30	15
	$i=4$	52.5	30	7.5
$N_i=5$ $\Delta R=4.0\% H=6\text{mm}$	$i=2$	36	30	24
	$i=3$	42	30	18
	$i=4$	48	30	12
	$i=5$	54	30	6
$N_i=6$ $\Delta R=3.3\% H=5\text{mm}$	$i=2$	35	30	25
	$i=3$	40	30	20
	$i=4$	45	30	15
	$i=5$	50	30	10
	$i=6$	55	30	5

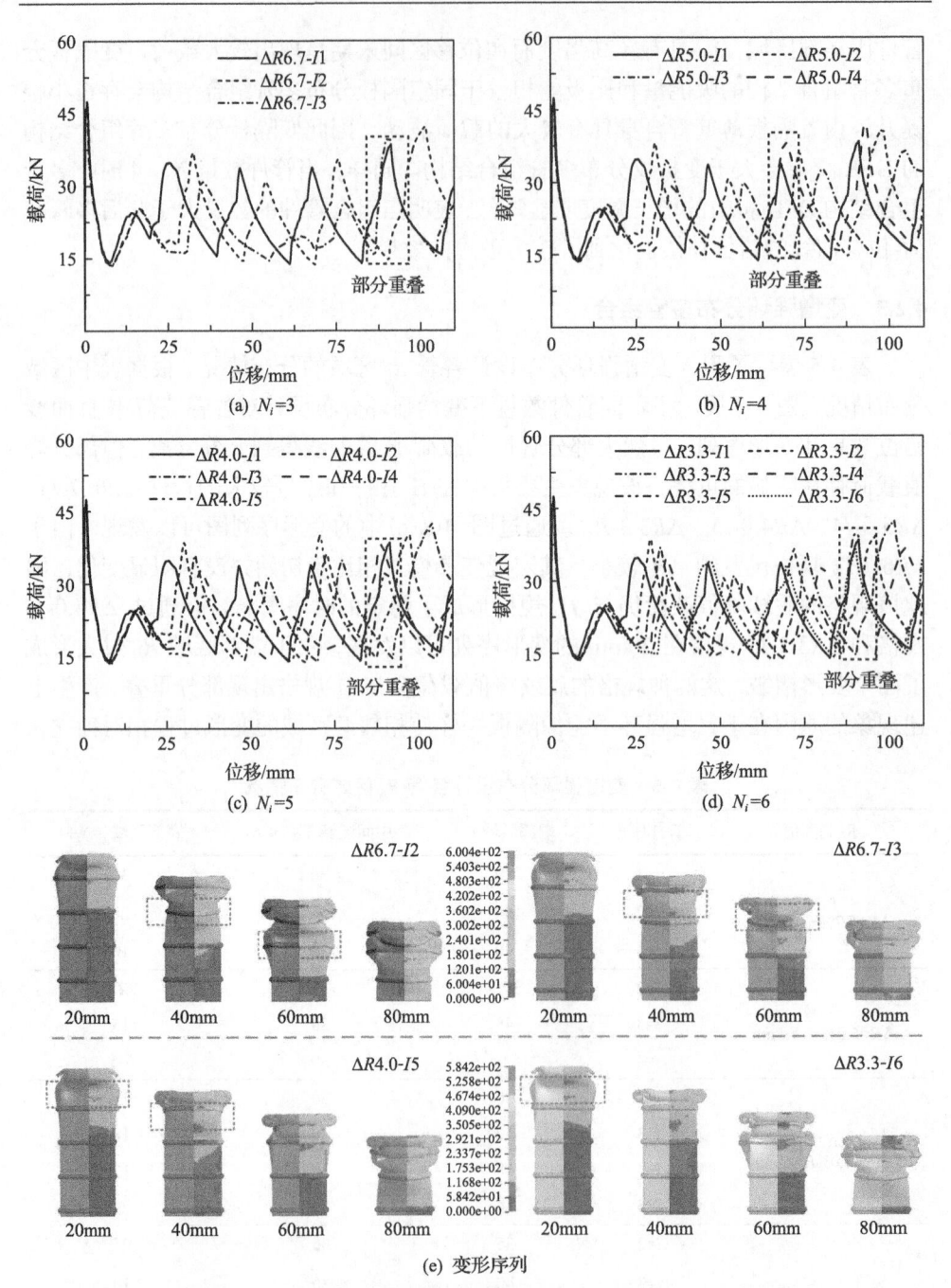

图 4-8 变增强环分布设计在不同管件数量下载荷-位移曲线错位效果和变形序列

端部区域形成的第二褶皱会带动 R_{i2} 区域同时发生变形,从而使序号较大管件的峰值载荷 PF_3 在 25～50mm 位移区间内分布靠前,并影响后续区域的变形时序。同

第4章 组合式吸能结构时序设计方法

时，对比 $\Delta R6.7$-$I2$ 规格和 $\Delta R6.7$-$I3$ 规格在 40mm 和 60mm 时的变形序列可知，前者的增强环在区域 R_{i2} 和区域 R_{i3} 发生变形时主要出现在褶皱的中间区域，而后者则主要出现在褶皱的上下两侧。根据式(2-33)~式(2-35)可知，当增强环分布在褶皱的中间区域时有利于圆柱面区域静态塑性铰线的弯曲变形能 W_2 提高，因此 $\Delta R6.7$-$I3$ 规格在 45~75mm 位移区间内的载荷会明显小于 $\Delta R6.7$-$I2$ 规格。由此可见，由于增强环所提供的边界约束作用相对不足，R_{i1} 区域宏观变形模式的变化会明显影响 R_{i2} 区域的变形过程，从而显著削弱增强环对后续峰值载荷形成时序的控制效果。

此外，对比图 4-8(c)和(d)中的结果可知，随着管件数量 N_i 逐渐增大，因端部区域过大而出现峰值载荷形成时序控制失效的管件也越多，这也将显著削弱多管载荷-位移曲线错位补偿的效果。由于外置增强环薄壁管端部区域的边界条件与内置隔板薄壁管相类似，式(4-14)同样可以用于获取端部区域最大褶皱半波长和平台阶段褶皱半波长之间的大致关系，即当区域高度大于 $3\delta_{sp}$ 时，结构更趋于出现两个褶皱。通过 $\Delta R6.7$-$I2$ 规格(6.7%H)、$\Delta R4.0$-$I3$ 规格(8.0%H)、$\Delta R5.0$-$I3$ 规格(10.0%H)、$\Delta R4.0$-$I4$ 规格(12.0%H)载荷-位移曲线的变化趋势可以发现，当端部区域 R_{i1} 的增加值超过 10%H 时(其值与 δ_{sp} 相接近)，端部区域第二褶皱的形成会显著影响后续峰值载荷的形成时序。因此，引入 ΔR 后，端部区域的高度应尽量避免超过 $3\delta_{sp}$，以保证多管载荷-位移曲线错位补偿的效果。

为进一步对比变增强环分布设计对多管组合结构吸能特性的影响，图 4-9 和表 4-6 分别展示了引入变增强环分布设计前后多管组合结构的载荷-位移曲线和各项吸能特性指标。不难发现，虽然变增强环分布多管组合结构会具有更为平缓的载荷-位移曲线，但其在 25~50mm 和 65~85mm 位移区间内仍出现了较为明显的载荷波动，且其吸能量和比吸能会稍小于固定增强环分布多管组合结构。其原因在于，端部区域过大而形成的第二褶皱会显著影响多管载荷-位移曲线的错位补偿

(a) 变增强环分布 (b) 固定增强环分布

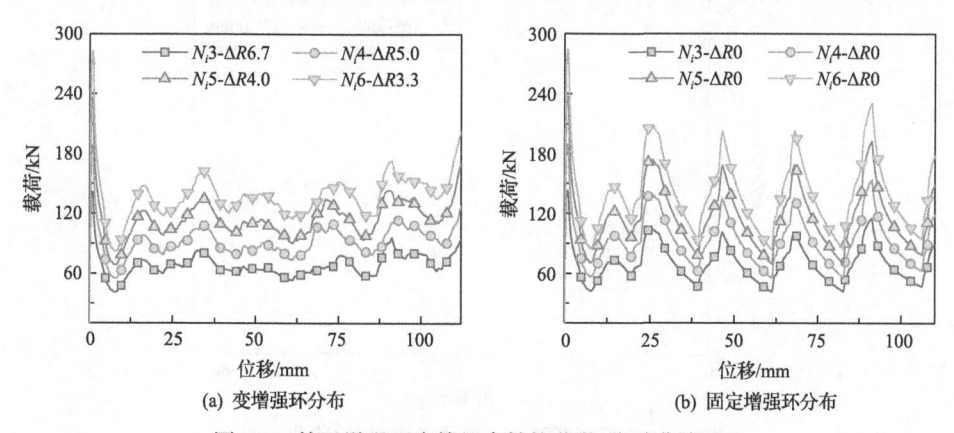

图 4-9 外置增强环多管组合结构载荷-位移曲线对比

表 4-6 外置增强环多管组合结构吸能特性对比

规格		PF_1/kN	EA/kJ	MCF/kN	SEA/(kJ/kg)	$FL_{10\sim105}$	$DFL_{10\sim105}$/%
N_i=3	ΔR=0%H	137.48	7.68	69.73	13.56	17.05	46.97
	ΔR=6.7%H	141.51	7.51	68.23	13.26	9.04	
N_i=4	ΔR=0%H	183.31	10.23	92.98	13.55	22.74	52.77
	ΔR=5.0%H	188.58	10.10	91.75	13.37	10.74	
N_i=5	ΔR=0%H	229.13	12.79	116.22	13.55	28.42	53.27
	ΔR=4.0%H	235.68	12.53	113.88	13.27	13.28	
N_i=6	ΔR=0%H	274.96	15.35	139.47	13.55	34.10	55.01
	ΔR=3.3%H	282.76	15.07	136.92	13.30	15.34	

效果,并且由于增强环无法有效参与后续区域内褶皱的变形,部分管件的载荷会出现明显降低。同时,变增强环分布设计同样无法使各管端部区域 R_{i1} 的起始变形时间产生差异,两种多管组合结构均出现了随管件数量呈倍数增大的初始峰值载荷 PF_1。此外,由于未实现所有管载荷-位移曲线的充分分离,变增强环分布多管组合结构载荷波动的降低幅度会小于变隔板分布多管组合结构。与前两种构型相类似,随着管件数量 N_i 逐渐增大,变增强环分布多管组合结构 $DFL_{10\sim105}$ 的增长速度会逐渐减缓,这也意味着组合管件数量增加不会使 $DFL_{10\sim105}$ 无上限地增加。

4.2.4 开孔多管组合

1. 开孔中心距

在 3.1.4 节中,针对开孔层数、每层开孔数和开孔尺寸进行了研究,得到了吸能特性良好的 STWH-6-4-6。在此基础上,选取开孔中心距 D=16mm,17mm,18mm,19mm,20mm 的五种 STWH 进行仿真研究,得到载荷-位移曲线如图 4-10 所示。

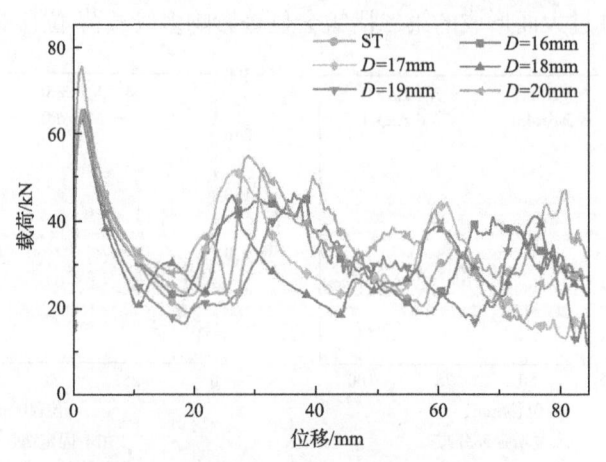

图 4-10 不同开孔中心距方管载荷-位移曲线图

从图 4-10 可以看出，不同开孔中心距的 STWH 与 ST 的载荷-位移曲线在第二个峰值和第三个峰值处发生分离，且 D = 18mm，19mm，20mm 的 STWH 载荷-位移曲线第二个峰值处与 ST 的分离现象较为明显。因此，将这三种 STWH 与 ST 进行组合研究。

2. 双管组合

由于开孔会使吸能结构总的吸能量有所减小，为了保证结构的吸能效果，将 ST 与不同开孔中心距的 STWH 进行组合，得到传统的双管组合式吸能结构 MST 和三种开孔双管组合式吸能结构 MSTWH。

从图 4-11(a) 中可以看出，MSTWH 的载荷-位移曲线初始峰值载荷减小，且峰峰值减小，吸能过程更加平稳。从图 4-11(b) 和表 4-7 的吸能特性评价指标来看，MSTWH-20(ST+孔间距 20mm 的 STWH)的 SEA 较 MST 有所提升，PF_1 为四种组合结构最低，降至 140.03kN。MSTWH-20 的 ULC 为 0.21，较 MST 降低了 22.22%，这说明开孔不仅可以降低结构的初始峰值载荷，通过调节开孔中心距还可以降低结构在压溃过程中的载荷波动，使吸能过程更加平稳。

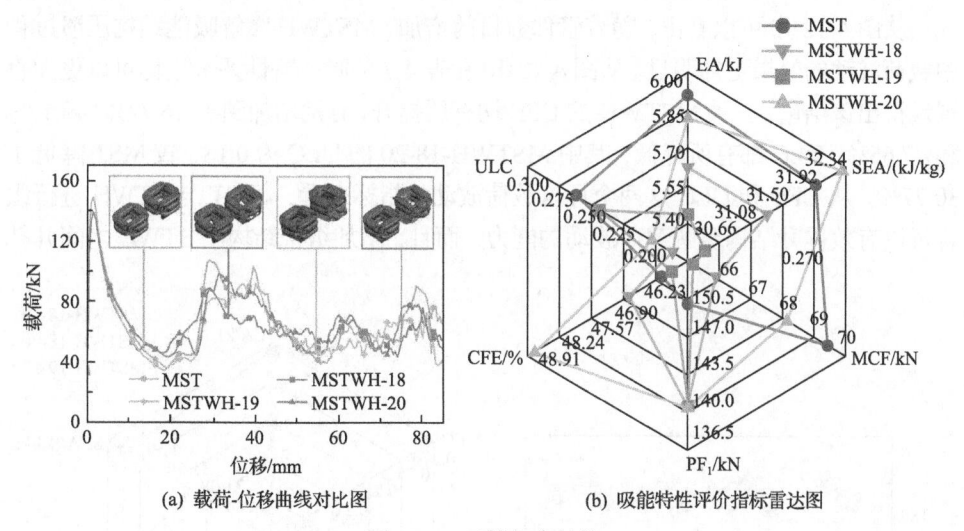

(a) 载荷-位移曲线对比图　　(b) 吸能特性评价指标雷达图

图 4-11　双管组合结构

表 4-7　多管组合结构吸能特性评价指标

规格	型号	质量/g	EA/kJ	SEA/(kJ/kg)	MCF/kN	PF_1/kN	CFE/%	ULC
双管组合	MST	184.02	5.92	32.18	69.67	150.35	46.34	0.27
	MSTWH-18	179.37	5.60	31.23	65.91	140.11	47.04	0.19
	MSTWH-19	179.37	5.45	30.37	64.09	140.57	45.59	0.25
	MSTWH-20	179.37	5.82	32.47	68.52	140.03	48.94	0.21

续表

规格	型号	质量/g	EA/kJ	SEA/(kJ/kg)	MCF/kN	PF$_1$/kN	CFE/%	ULC
三管组合	MST	276.03	8.88	32.16	104.43	225.54	46.30	0.26
	MSTWH-18-19	266.73	8.13	30.49	95.66	204.78	46.72	0.20
	MSTWH-18-20	266.73	8.54	32.02	100.49	204.37	49.17	0.18
	MSTWH-19-20	266.73	8.32	31.19	97.88	205.41	47.65	0.21
四管组合	MST	368.04	11.96	32.49	140.67	300.66	46.79	0.27
	MSTWH	354.10	11.09	31.31	130.43	269.74	48.36	0.18

3. 三管组合

增加组合式吸能结构管件的个数，进一步研究开孔中心距对组合式吸能结构吸能特性的影响。将 ST 与三种不同开孔中心距的 STWH 进行组合，得到传统的三管组合式吸能结构 MST 和三种开孔三管组合式吸能结构 MSTWH。其中，MSTWH-18-20（表示 ST+孔间距 18mm 的 STWH+孔间距 20mm 的 STWH）中两个 STWH 的开孔中心距相差 2mm，而另外两种 MSTWH 的开孔中心距相差 1mm。

从图 4-12(a)可以看出，随着管件数目的增加，MSTWH 缓解吸能结构压溃过程中载荷波动的效果更加明显。从图 4-12(b)和表 4-7 的吸能特性评价指标可以更加直观地得出该结论，三种 MSTWH 的 CFE 均有所提升，分别增加到了 46.72%、49.17% 和 47.65%。ULC 都有所降低，其中 MSTWH-18-20 的 ULC 为 0.18，较 MST 降低了 30.77%。从 CFE 和 ULC 这两个评价载荷波动的指标来看，将 ST 与 STWH 进行组合可以有效提升结构缓解载荷波动的能力，而且，增加组合结构中 STWH 之间开孔

(a) 载荷-位移曲线对比图

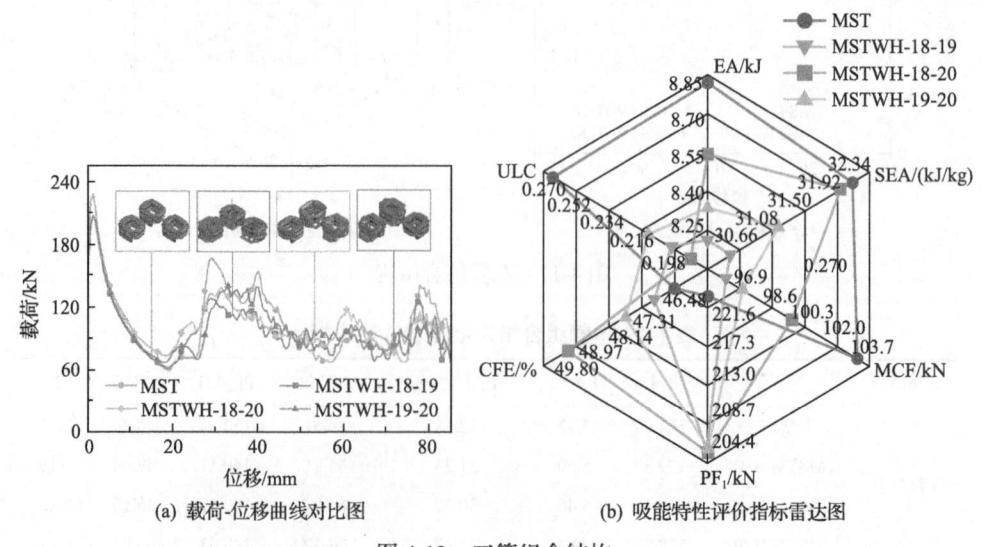

(b) 吸能特性评价指标雷达图

图 4-12 三管组合结构

中心距的差距，结构的 CFE 和 ULC 也会分别随之增大和减小。

4. 四管组合

将组合结构中的 STWH 增加到 3 个，将 ST 与 D=18mm,19mm,20mm 的 STWH 进行组合，得到传统四管组合式吸能结构 MST 和开孔四管组合式吸能结构 MSTWH 的载荷-位移曲线如图 4-13 所示。从表 4-7 的吸能特性评价指标来看，进一步增加组合结构中 STWH 的数目得到的 MSTWH 仍然可以保持较好的降低初始峰值载荷和缓解载荷波动的效果。MST 和 MSTWH 的 PF_1 分别为 300.66kN 和 269.74kN，开孔使得组合结构的初始峰值载荷降低了 10.28%。MSTWH 的 CFE 增加到 48.36%，ULC 与开孔组合三管吸能结构中的 MSTW-18-20 相同，为 0.18，较 MST 降低了 33.33%。

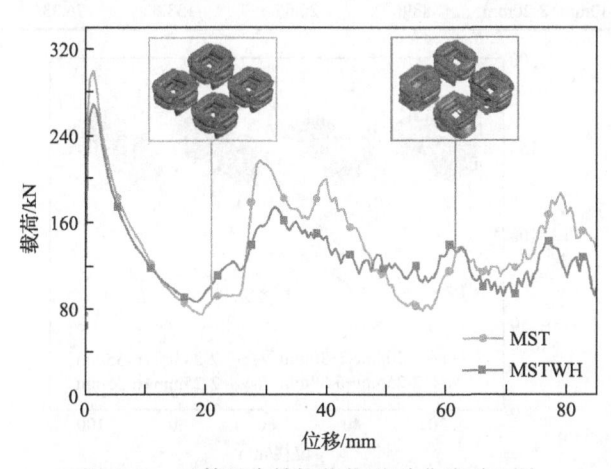

图 4-13 四管组合结构载荷-位移曲线对比图

将 ST 与不同开孔中心距的 STWH 组合，不仅保证了结构的吸能量，降低了初始峰值载荷，还进一步缓解了结构压溃过程中的载荷波动，使得变形吸能过程更加平稳。

4.2.5 泡沫铝填充多管组合

单一的泡沫铝填充开孔管仍存在明显的峰值载荷和载荷波动，若是简单地将其组合应用则会放大整个结构峰峰值和载荷波动，违背吸能结构的设计初衷，因此基于不同数量和不同间距下具有明显相位差的结构进行组合设计，以抵消载荷-位移曲线上的峰值和谷值，并使用 ULC 来评价结构的平稳性。

1. 双管组合

利用 3.1.4 节等间距及不等间距两种工况下，筛选载荷-位移曲线上具有代表性相位偏差且吸能特性表现优良的两种填充开孔管进行组合研究,如表 4-8 所示,并得到图 4-14 所示的载荷-位移曲线。

表 4-8 不同间距填充双管组合结构的吸能特性评价指标

组合类型	具体形式	EA/J	SEA/(kJ/kg)	PF_1/kN	MCF/kN	CFE/%	ULC
等间距	2-20mm+6-30mm	8351	20.59	155.34	75.92	48.87	0.118
	2-20mm+6-35mm	8159	20.17	156.39	74.17	47.43	0.133
	2-25mm+6-30mm	8306	20.43	158.65	75.51	47.59	0.113
	2-25mm+6-35mm	8321	20.52	156.56	75.65	48.32	0.133
不等间距	2-25mm+4-30mm	8130	20.00	157.67	73.91	46.88	0.100
	4-30mm+8-20mm	8288	20.54	153.97	75.35	48.94	0.109
	6-25mm+8-20mm	8430	20.94	154.42	76.64	49.63	0.115
	6-30mm+8-20mm	8396	20.85	153.63	76.33	49.68	0.138

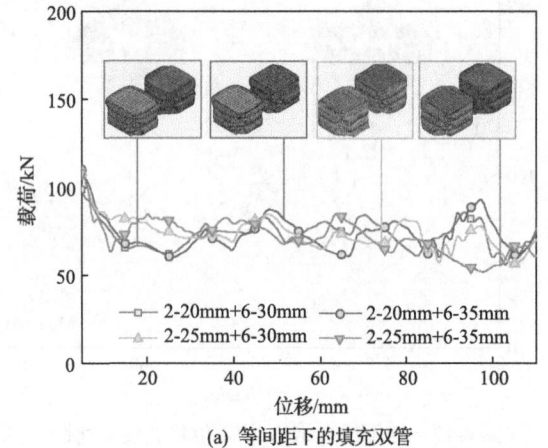

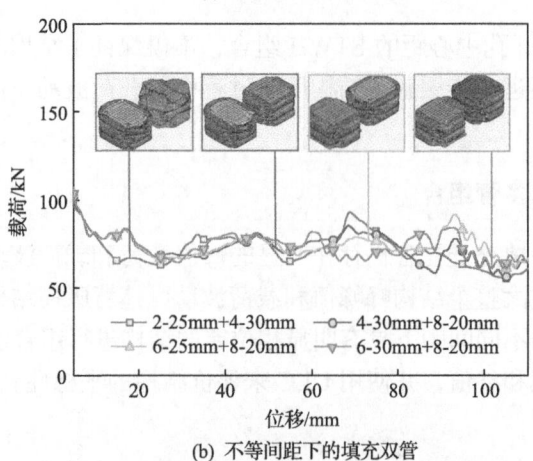

(a) 等间距下的填充双管

(b) 不等间距下的填充双管

图 4-14 填充双管组合结构的载荷-位移曲线

双管组合结构曲线波动较单填充开孔管有所减小,由于不等间距下填充管的相位差更明显,其 ULC 数值整体上小于等间距组合结构,组合后峰值和谷值抵消更多,比吸能较组合前保持不变,同时吸能量和平均载荷有明显提升,组合结构 4-30mm+8-20mm,其 ULC 数值相较于组合前单填充管结构降低了 42.33%和 12.8%,平均载荷提升了 107.29%和 94.40%(表 3-8、表 3-9 和表 4-8)。利用不同相位差的泡沫铝填充管进行组合,在保证比吸能的同时,可以有效抵消曲线上的峰值和谷值,但双管组合结构只能抵消一部分波动,因此增加组合式吸能结构的填充管数量进一步研究三管组合结构的吸能平稳性。

2. 三管组合

增加其他相位差的泡沫铝填充开孔管进行三管组合结构研究,如表 4-9 所示,并得到如图 4-15 所示的载荷-位移曲线。加载压板施加的载荷均匀分布在该结构的承载面下,将单管组合起来并不影响其结构的变形模式;同样,不等间距下的组合三管有效载荷波动系数整体上小于等间距组合结构;对比组合前后的吸能特性评价指标(表 3-8、表 3-9 和表 4-9),吸能量和平均载荷大幅提升,平稳性指标 CFE 有一定程度上升和 ULC 数值进一步降低。例如,表现最佳组合结构 2-25mm+6-25mm+8-20mm,对比组合前单填充开孔管,其 ULC 数值分别降低了 25.74%、35.26%和 19.20%,其平均载荷分别提升了 203.54%、210.28%和 196.03%,结构的吸能量和吸能平稳性得到有效改善。对比表 4-8 和表 4-9,大多数组合三管整体上较于组合双管,其吸能平稳性也有一定程度的上升。例如,添加了 4-30mm 的 4-30mm+6-30mm+8-20mm 的组合三管,其在比吸能略微上升的情况下,结构的 ULC 数值从 0.138 降低至 0.106,所以增加组合管的数量并不影响结构的比吸能,但可在一定程度上改善吸能稳定性。

表 4-9 不同间距填充三管组合结构的吸能特性评价指标

组合类型	具体组合形式	EA/J	SEA/(kJ/kg)	PF$_1$/kN	MCF/kN	CFE/%	ULC
等间距	2-20mm+4-25mm+6-35mm	12248	20.13	235.56	111.35	47.27	0.126
	2-20mm+6-35mm+8-35mm	12321	20.32	231.95	112.01	48.29	0.110
	2-25mm+4-30mm+6-35mm	12459	20.48	235.23	113.26	48.15	0.122
不等间距	2-25mm+6-25mm+8-20mm	12621	20.81	233.14	114.74	49.21	0.101
	2-25mm+6-30mm+8-20mm	12481	20.55	233.53	113.46	48.59	0.101
	4-30mm+6-30mm+8-20mm	12419	20.51	230.70	112.90	48.94	0.106

(a) 等间距下的填充三管

(b) 不等间距下的填充三管

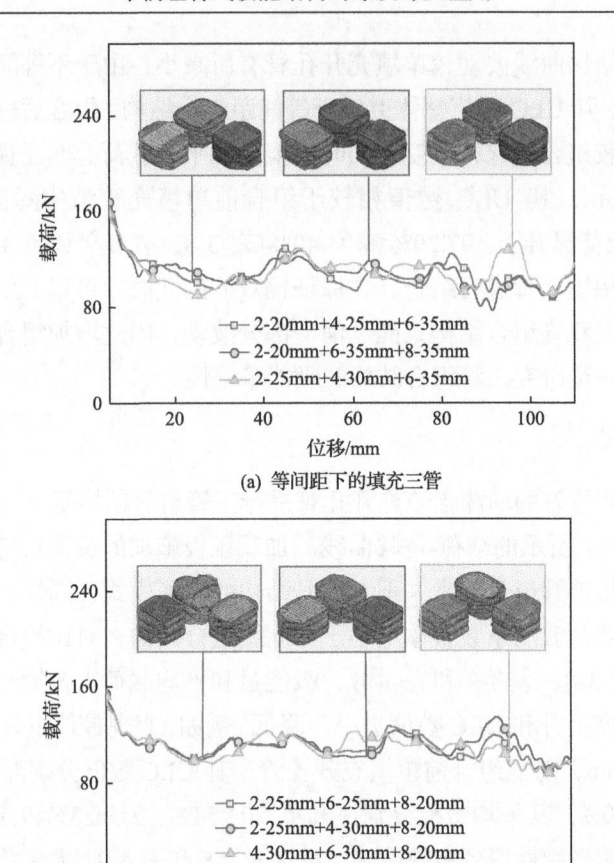

图 4-15 填充三管组合结构的载荷-位移曲线

3. 四管组合

同样选择明显相位差的泡沫铝填充四管组合结构进行数值模拟，得到表 4-10，为了突出组合后结构平稳性的有效提升，首先将最优组合四管组合结构(2-25mm+4-30mm+6-30mm+8-20mm)组合前的单管 4 倍线性叠加与组合后结构放置在同一坐标系下绘制载荷-位移曲线，如图 4-16(a)所示，相比于组合前结构，其 ULC 数值分别降低了 27.94%、48.15%、40.61%和 21.60%，MCF 数值分别提升了 296.83%、312.65%、303.44%和 287.00%(表 3-8、表 3-9、表 4-10)。由此可知，泡沫铝填充管组合结构对吸能特性有明显的提升。其次，增加无开孔四管组合结构、开孔四管组合结构、泡沫铝填充无开孔四管组合结构、泡沫铝填充开孔四管组合结构的数值模拟，得到如图 4-16(b)所示的载荷-位移曲线，对比四种结构的吸能特性指标，得到如图 4-16(c)所示的雷达图。由图可以发现，泡沫铝填充开孔四管组合结构在初始峰值载荷、平均载荷、载荷效率和有效载荷波动指标上具有明显的优势，平均载荷最高提升了 28.11%，初始峰值载荷最高降低了 7.46%，表征结构平稳性的 ULC 最高降低了 66.09%。

表 4-10 不同间距填充四管组合结构的吸能特性评价指标

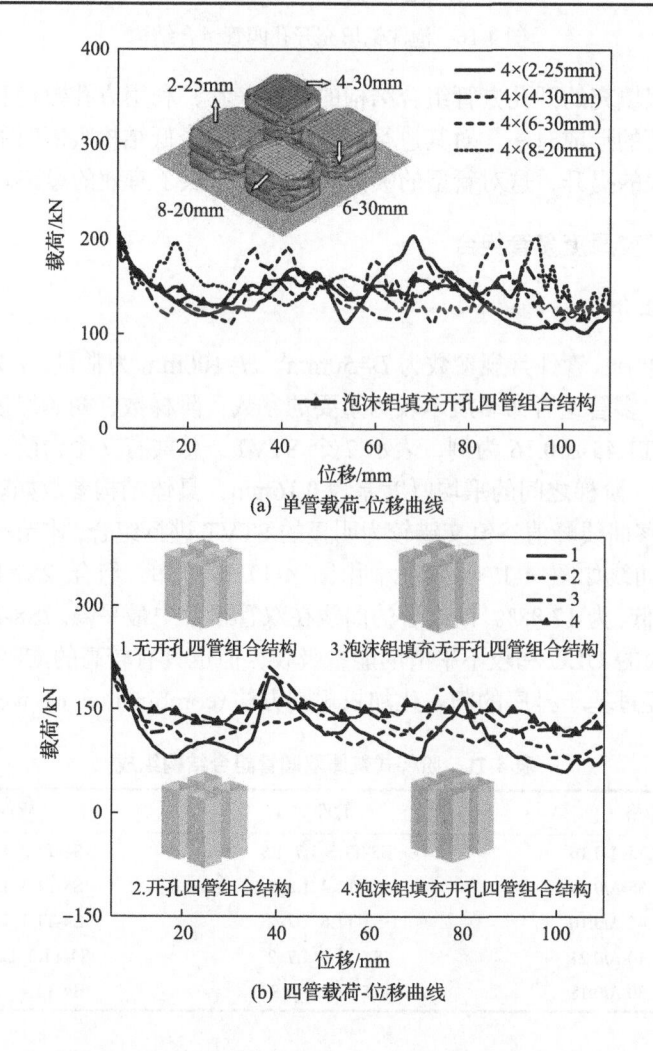

组合类型	具体形式	EA/J	SEA/(kJ/kg)	PF$_1$/kN	MCF/kN	CFE/%	ULC
等间距	2-20mm+4-25mm+6-35mm+8-35mm	16237	20.07	311.35	147.61	47.41	0.115
	2-25mm+4-30mm+6-35mm+8-20mm	16507	20.40	312.66	150.06	48.00	0.136
不等间距	2-25mm+4-30mm+6-20mm+8-20mm	16348	20.20	311.10	148.62	47.77	0.117
	2-25mm+4-30mm+6-30mm+8-20mm	16500	20.39	310.15	150.00	48.36	0.098

(a) 单管载荷-位移曲线

(b) 四管载荷-位移曲线

(c) 四管雷达图

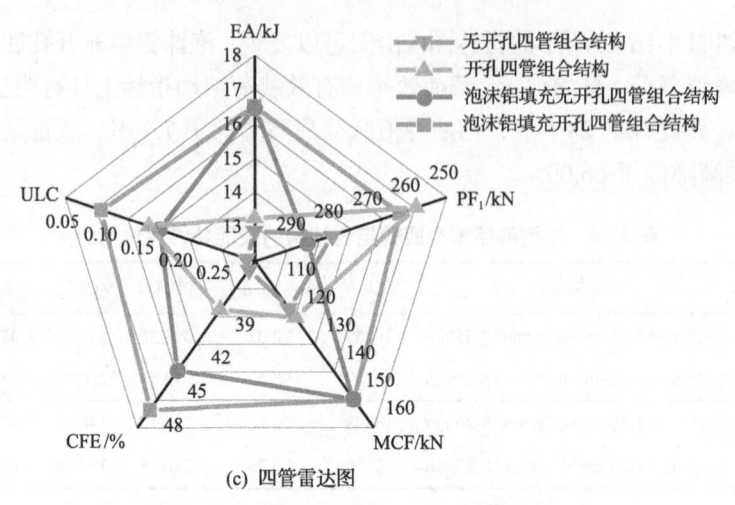

图 4-16 泡沫铝填充开孔四管组合结构

从泡沫铝填充的开孔方管组合结构的结构来看，利用方孔数量和间距控制结构的峰值载荷的形成时序，对其进行组合可以有效降低结构吸能时的载荷波动，平稳度有较大的提升，这对新型的吸能结构设计提供了有效的思路。

4.2.6 阶梯式变厚度多管组合

1. 双管组合

多管组合中，管件常规参数为 D=50mm，H=100mm 为常量，t 为变量，阶梯数为 3 和 4。多管组合命名展示较为重要的参数：阶梯数，初始厚度，阶梯厚度差。以 2S7-IT1.45-Δt0.16 为例，表示 2 个 STVT，总共有 7 个台阶，平均初始厚度为 1.45mm，阶梯之间的平均厚度差为 0.16mm，具体结构参数如表 4-11 所示。选取载荷-位移曲线峰值谷值交错较为明显的 STVT 进行组合，本节得到双管组合的载荷-位移曲线如图 4-17(a)所示。由图 4-17(b)可知，组合 2S7-IT1.35-Δt0.16 的 ULC 值最低，为 17.88%，该组合的曲线在双管组合中最平稳。2S8-IT1.30-Δt0.18 虽然具有较大的 ULC 和较不平滑的能量吸收，但也具有较高的 CFE 和较好的负载稳定性。经过基于排序的归一化加权规则方法(combination of weighted scores

表 4-11 阶梯式壁厚双圆管组合结构组成

规格	管件 1	管件 2
2S7-IT1.35-Δt0.16	S3-T1.5_1.7_1.8	S4-T1.2_1.6_1.8_2
2S7-IT1.35-Δt0.19	S3-T1.4_1.8_2	S4-T1.3_1.5_1.9_2
2S7-IT1.45-Δt0.16	S3-T1.6_1.7_2	S4-T1.3_1.5_1.7_2
2S8-IT1.10-Δt0.21	S4-T1.5_1.7_2	S4-T1.2_1.5_1.7_1.9
2S8-IT1.30-Δt0.18	S4-T1.2_1.7_1.9_2	S4-T1.4_1.7_1.9_2

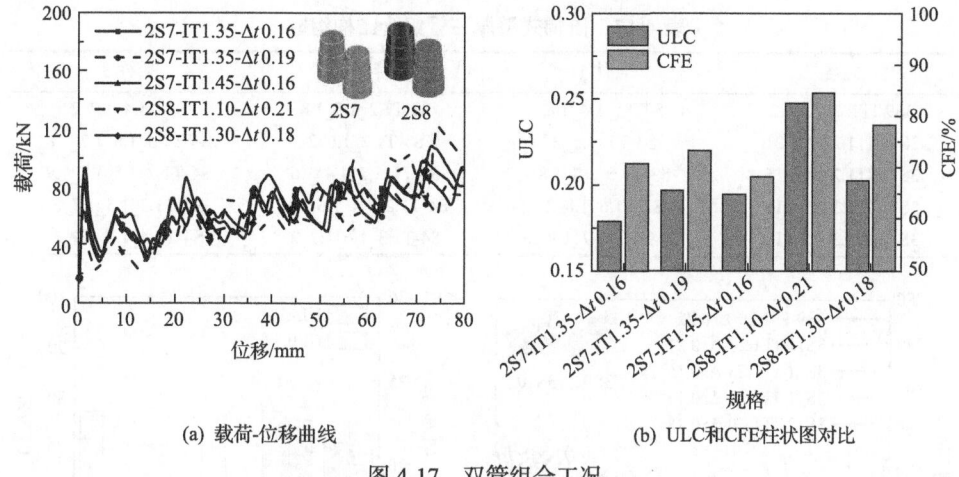

第 4 章 组合式吸能结构时序设计方法

(a) 载荷-位移曲线

(b) ULC和CFE柱状图对比

图 4-17 双管组合工况

method based on ratio analysis, COPRAS) 分析后，综合性能排名最高的为 2S7-IT1.35-Δt0.16，详细吸能特性指标等参数见表 4-12。

表 4-12 阶梯式壁厚双圆管组合吸能特性指标及 COPRAS 评价排名

参数	2S7-IT1.35-Δt0.16	2S7-IT1.35-Δt0.19	2S7-IT1.45-Δt0.16	2S8-IT1.10-Δt0.21	2S8-IT1.30-Δt0.18
EA/kJ	4.4	4.6	4.6	4.1	4.7
PF_1/kN	85.2	85.9	92.4	66.5	82.3
SEA/(kJ/kg)	31.32	31.86	32.04	31.05	32.2
MCF/kN	60.27	63.01	63.01	56.16	64.38
CFE/%	70.74	73.35	68.19	84.45	78.23
ULC/%	17.88	19.69	19.45	24.75	20.25
U_m/%	100.00	97.04	96.52	96.39	97.55
排序	1	3	4	5	2

2. 三管组合

通过提高 STVT 的平均厚度，降低 STVT 的初始厚度，可以有效提高 CFE。但多管组合中各个 STVT 的初始厚度不应过于接近，会导致 STVT 前一段曲线重合度较高，峰值错位不显著，组合后 ULC 值过高。在选择 STVT 的初始厚度时，选择平均初始厚度较低的 STVT，可以降低组合的 PF_1，同时也应综合考虑选择相位差距较大的曲线进行组合，降低 ULC 值。三个 STVT 组合的详细参数如表 4-13 所示。在图 4-18 中 3S11-IT1.23-Δt0.15 组合 ULC 值最低，为 18.53%，CFE 为 70.22%。与之相比，3S12-IT1.30-Δt0.18 组合的 ULC 提高了 3.7%，CFE 提升了 10.3%。经过 COPRAS 分析后，综合性能排名最高的为 3S11-IT1.23-Δt0.15 组合，表 4-14 列出了详细的吸能特性指标数据。

表 4-13 阶梯式壁厚三管组合结构组成

规格	管件 1	管件 2	管件 3
3S9-IT1.20-Δt0.22	S3-T1_1.4_1.8	S3-T1.2_1.5_1.8	S3-T1.4_1.7_2
3S10-IT1.23-Δt0.21	S3-T1_1.5_2	S3-T1.2_1.6_2	S4-T1.5_1.6_1.7_1.8
3S11-IT1.23-Δt0.15	S3-T1.5_1.7_1.8	S4-T1_1.2_1.4_1.6	S4-T1.2_1.5_1.7_1.9
3S11-IT1.37-Δt0.15	S3-T1.6_1.8_2	S4-T1.2_1.4_1.6_1.8	S4-T1.3_1.5_1.7_2
3S12-IT1.30-Δt0.18	S4-T1.2_1.7_1.9_2	S4-T1.3_1.6_1.7_2	S4-T1.4_1.8_1.9_2

(a) 载荷-位移曲线

(b) ULC和CFE柱状图对比

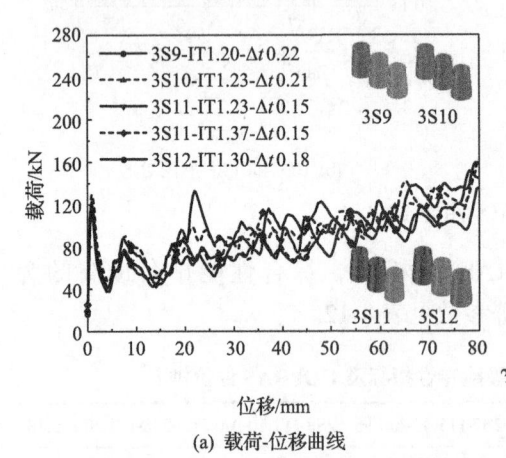

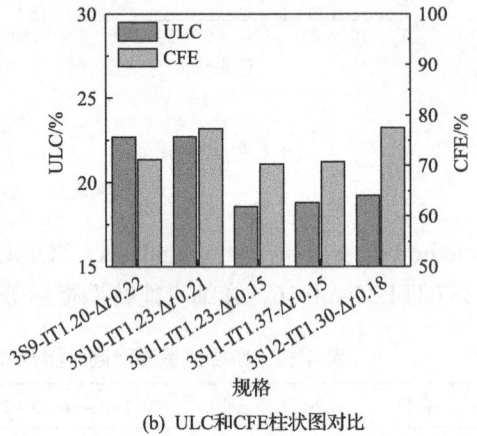

图 4-18 三管组合工况

表 4-14 三管组合吸能特性指标及 COPRAS 评价排名

参数	3S9-IT1.20-Δt0.22	3S10-IT1.23-Δt0.21	3S11-IT1.23-Δt0.15	3S11-IT1.37-Δt0.15	3S12-IT1.30-Δt0.18
EA/kJ	5.78	6.21	5.87	6.70	6.95
PF_1/kN	111.33	110.13	114.52	129.79	122.96
SEA/(kJ/kg)	29.63	30.84	30.54	32.15	32.06
MCF/kN	79.17	85.06	80.41	91.78	95.21
CFE/%	71.12	77.24	70.22	70.71	77.43
ULC/%	22.67	22.69	18.53	18.76	19.22
U_m/%	92.87	95.36	100.00	98.39	99.90
排序	5	4	1	3	2

3. 四管组合

三个 STVT 组合的详细参数如表 4-15 所示。由图 4-19(b)可知，第一个组合 4S14-IT1.28-Δt0.18 的 ULC 值最低，为 16.59%，而该组合的 CFE 值为 71.43%，与其他四管组合的 CFE 值较为接近，与最高的 CFE 四管组合 4S14-IT1.28-Δt0.19 相比，降低了 7.19%。详细吸能特性指标等参数见表 4-16。由图 4-19 和图 4-20

可知，在多管组合中，四管组合的第一个组合 4S14-IT1.28-Δt0.18 的 ULC 值最小，平稳性最佳。经过 COPRAS 分析后，综合性能排名最高的为第一个组合 4S14-IT1.28-Δt0.18。该四管组合的 ULC 与双管及三管最优的组合相比，分别降低了 7.21%和 10.47%。

表 4-15　阶梯式壁厚四圆管组合结构组成

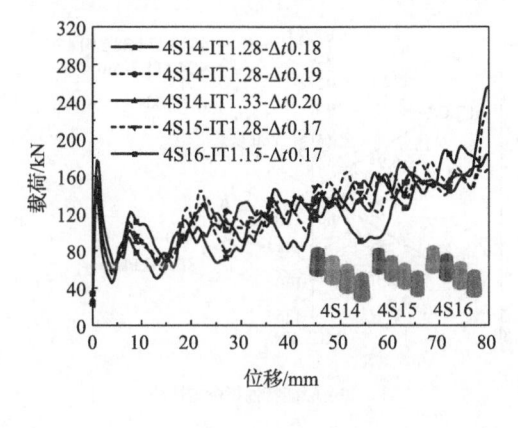

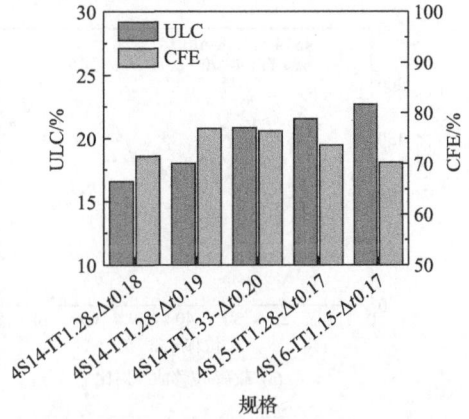

规格	管件 1	管件 2	管件 3	管件 4
4S14-IT1.28-Δt0.18	S3-T1.4_1.8_2	S3-T1.7_1.8_1.9	S4-T1_1.6_1.8_2	S4-T1.3_1.5_1.7_2
4S14-IT1.28-Δt0.19	S3-T1_1.5_2	S3-T1.5_1.7_1.8	S4-T1.2_1.7_1.9_2	S4-T1.4_1.8_1.9_2
4S14-IT1.33-Δt0.20	S3-T1_1.6_1.9	S4-T1.6_1.8_2	S4-T1_1.3_1.6_1.9	S4-T1.4_1.5_1.9_2
4S15-IT1.28-Δt0.17	S3-T1.2_1.5_1.8	S4-T1.2_1.5_1.7_1.9	S4-T1.3_1.5_1.9_2	S4-T1.4_1.7_1.9_2
4S16-IT1.15-Δt0.17	S4-T1_1.2_1.4_1.6	S4-T1.1_1.3_1.5_1.7	S4-T1.2_1.4_1.6_1.8	S4-T1.3_1.5_1.7_1.9

(a) 载荷-位移曲线　　　　　　　　(b) ULC和CFE柱状图对比

图 4-19　四管组合工况

表 4-16　四管组合吸能特性指标及 COPRAS 评价排名

参数	4S14-IT1.28-Δt0.18	4S14-IT1.28-Δt0.19	4S14-IT1.33-Δt0.20	4S15-IT1.28-Δt0.17	4S16-IT1.15-Δt0.17
EA/kJ	9.22	8.95	8.6	8.65	7.24
PF_1/kN	176.8	159.3	154.3	160.9	141.14
SEA/(kJ/kg)	32.22	31.81	31.49	31.44	29.53
MCF/kN	126.30	122.60	117.80	118.49	99.18
CFE/%	71.43	76.96	76.35	73.64	70.27
ULC/%	16.59	17.98	20.81	21.50	22.65
U_m/%	100.00	99.66	94.71	92.16	91.21
排序	1	2	3	4	5

(a) ULC柱状图比较　　(b) CFE柱状图比较

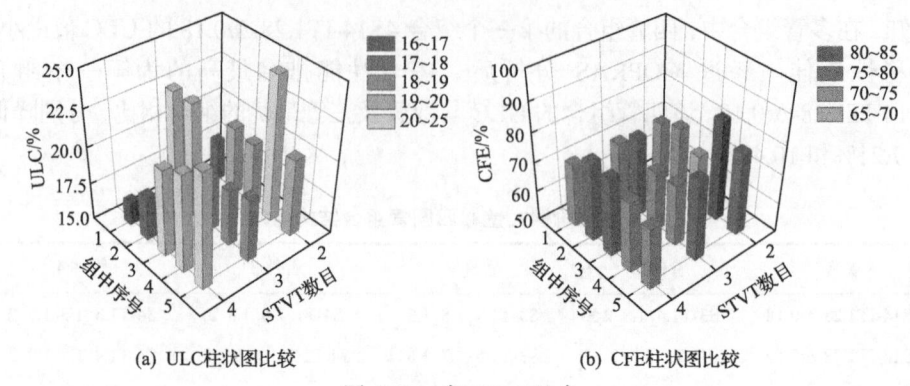

图 4-20　多 STVT 组合

选取 4S14-IT1.28-Δt0.18 组合与质量相等的四个 t=1.7mm 的等厚度圆管组合，进行吸能特性及平稳性的比较。由图 4-21 可知，UT 管组合比 STVT 组合提前进

(a) 载荷-位移曲线对比　　(b) 吸能特性指标雷达图

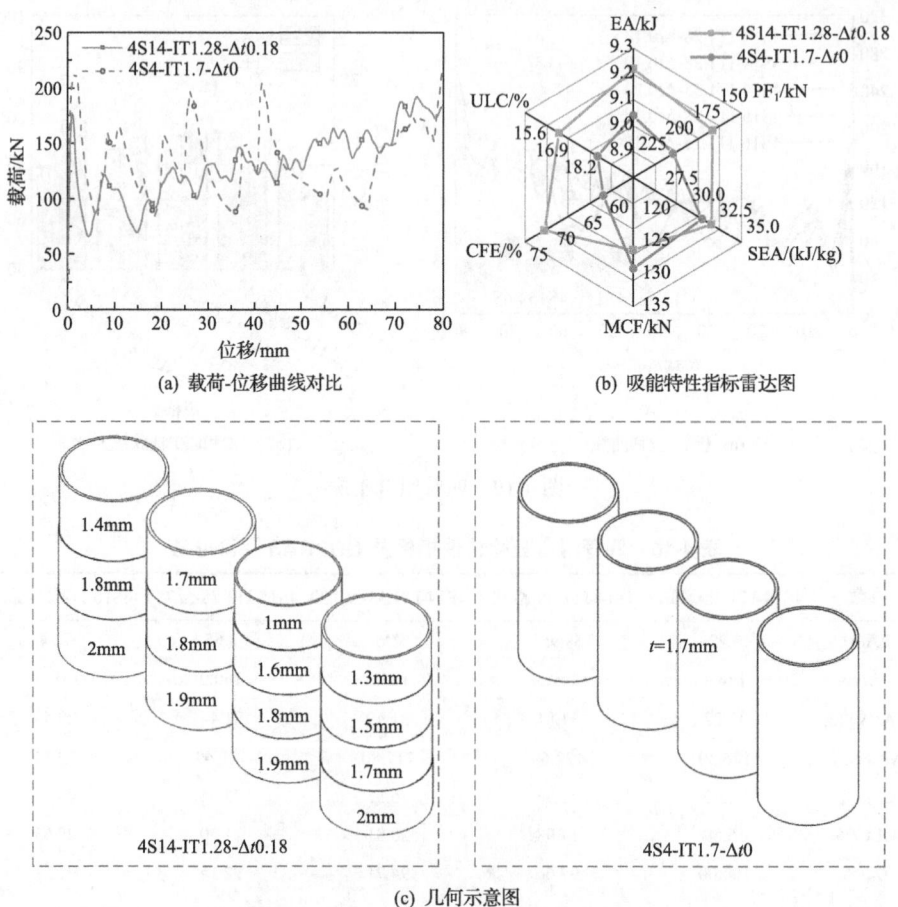

(c) 几何示意图

图 4-21　STVT 组合与 UT 管组合

入密实化阶段,不能有效吸收能量,STVT 组合除 MCF 外其他吸能特性指标及平稳性均优于 UT 管组合,详细参数如表 4-17 所示。通过控制 STVT 的阶梯数和厚度变化,调整多个 STVT 的峰谷值顺序组合,可以降低结构的载荷波动和初始峰值载荷,提高管件的载荷一致性。由于 STVT 的厚度不断增加,能量吸收能力逐渐增强,曲线幅值会不断上升,一定程度上会影响 ULC 值,相比于 UT 组合在压缩过程幅值变化不大,渐进增加吸能的 STVT 组合的平稳性比计算出的平稳性更为优秀。

表 4-17 STVT 组合与 UT 管组合吸能特性指标对比

规格	EA/kJ	PF$_1$/kN	SEA/(kJ/kg)	MCF/kN	CFE/%	ULC/%	U_m/%
4S14-IT1.28-Δt0.18	9.22	176.8	32.22	126.3	71.43	16.59	100.00
4S4-IT1.7-Δt0	9.04	213.4	31.35	129.1	60.50	18.36	92.63
变化幅度	↑1.99%	↓17.15%	↑2.78%	↓2.17%	↑18.07%	↓9.64%	↑7.96%

4.3 高度差-变构型差异化分布下多管件时序错位补偿研究

通过 4.2 节的分析可知,虽然多管组合结构中引入变构型差异化分布设计可以有效降低平台阶段的载荷波动,但由于端部区域 C_{i1}、D_{i1}、R_{i1} 的起始变形时间无法得到有效改变,组合结构仍存在明显的初始峰值载荷 PF$_1$,显然无法实现全区间载荷波动大幅降低的目标。此外,ΔD 和 ΔR 的设置可能因管件数量的增加而使端部区域 D_{i1}、R_{i1} 出现两个变形褶皱,进而出现载荷-位移曲线错位补偿不充分的现象。3.1.1 节的结果表明,局部高度差的设置使端部区域 C_{i1}、D_{i1}、R_{i1} 的起始变形时间出现明显差异,可用于控制薄壁管件初始峰值载荷 PF$_1$ 的形成时序从而实现 D_{s1} 位移区间内多管载荷-位移曲线的错位补偿。由此可见,在变构型差异化分布设计的基础上引入局部高度差不仅可以有效解决初始峰值载荷 PF$_1$ 无法降低的问题,还可以缓解端部区域过大对载荷-位移曲线充分分离的影响。针对预折纹薄壁管,端部区域 C_{i1} 过小会导致结构初始峰值载荷 PF$_1$ 过于接近平均载荷 MCF 从而出现变形顺序不可控的现象,因此结构所设置的局部高度差和折纹移动距离随管件序号 i 呈相反的变化趋势。而对于内置隔板薄壁管和外置增强环薄壁管,为尽可能避免端部区域出现第二个褶皱,随着端部区域 D_{i1} 和 R_{i1} 高度值的增大,管件设置的局部高度差也应增大。三种管件局部高度的具体设置方法如图 4-22 所示。

根据之前的分析可知,随着管件数量 N_i 的增多,多管组合结构的吸能量也会呈倍数增大,但载荷波动的降低幅度会逐渐趋于稳定。显然,根据实际应用场景选择合适的组合管件数量不仅可以降低加工成本,还可以有效避免加工误差带来

(a) 预折纹薄壁管   (b) 外置增强环薄壁管

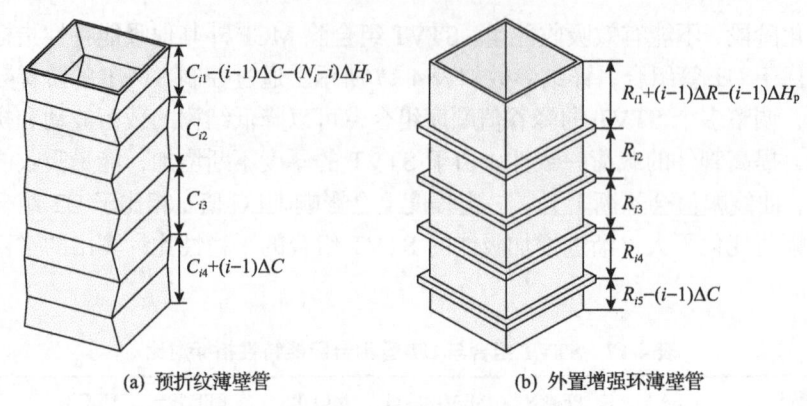

图 4-22 高度差-变构型差异化分布设计思路

的不利影响。同时，4.2 节的分析结果表明，管件数量越多结构越容易因端部区域 C_{i1}、D_{i1}、R_{i1} 变化幅度过大而出现载荷-位移曲线错位补偿不充分的现象。因此，为进一步凸显设置局部高度差对各管初始峰值载荷分离和端部区域第二褶皱抑制的效果，对 $N_i=6$ 的多管组合结构展开进一步分析。

4.3.1 高度差-变折纹分布多管组合

表 4-18 展示了引入不同局部高度差后变折纹分布六管组合结构各管件 C_{ij} 区域的分布情况。根据表中区域分布情况，图 4-23 展示了变折纹分布多管组合结构

表 4-18 不同局部高度差下变折纹分布六管组合结构各管件 C_{ij} 区域分布情况

C_{ij} 高度值	管件序号	端部区域 $j=1$	中间区域 $2 \leq j \leq N_i-1$	底部区域 $j=N_i$
$N_i = 6$ $\Delta C = 2.1\%H$ $= 6.25mm$ $\Delta H_p = 0.7\%H$ $= 1mm$	$i=1$	32.5	37.5	37.5
	$i=2$	30.35	37.5	43.75
	$i=3$	28.2	37.5	50.0
	$i=4$	26.05	37.5	41.25
	$i=5$	23.9	37.5	45
	$i=6$	21.75	37.5	52.5
$N_i = 6$ $\Delta C = 2.1\%H$ $= 3.15mm$ $\Delta H_p = 1.3\%H$ $= 2mm$	$i=1$	27.5	37.5	37.5
	$i=2$	26.35	37.5	40.65
	$i=3$	25.2	37.5	43.8
	$i=4$	24.05	37.5	46.95
	$i=5$	22.9	37.5	50.1
	$i=6$	21.75	37.5	53.25

第 4 章 组合式吸能结构时序设计方法 · 127 ·

(a) $\Delta H_p = 0.7\%H$ 时各管载荷-位移曲线

(b) $\Delta H_p = 0.7\%H$ 时变形序列

(c) $\Delta H_p = 1.3\%H$ 时各管载荷-位移曲线

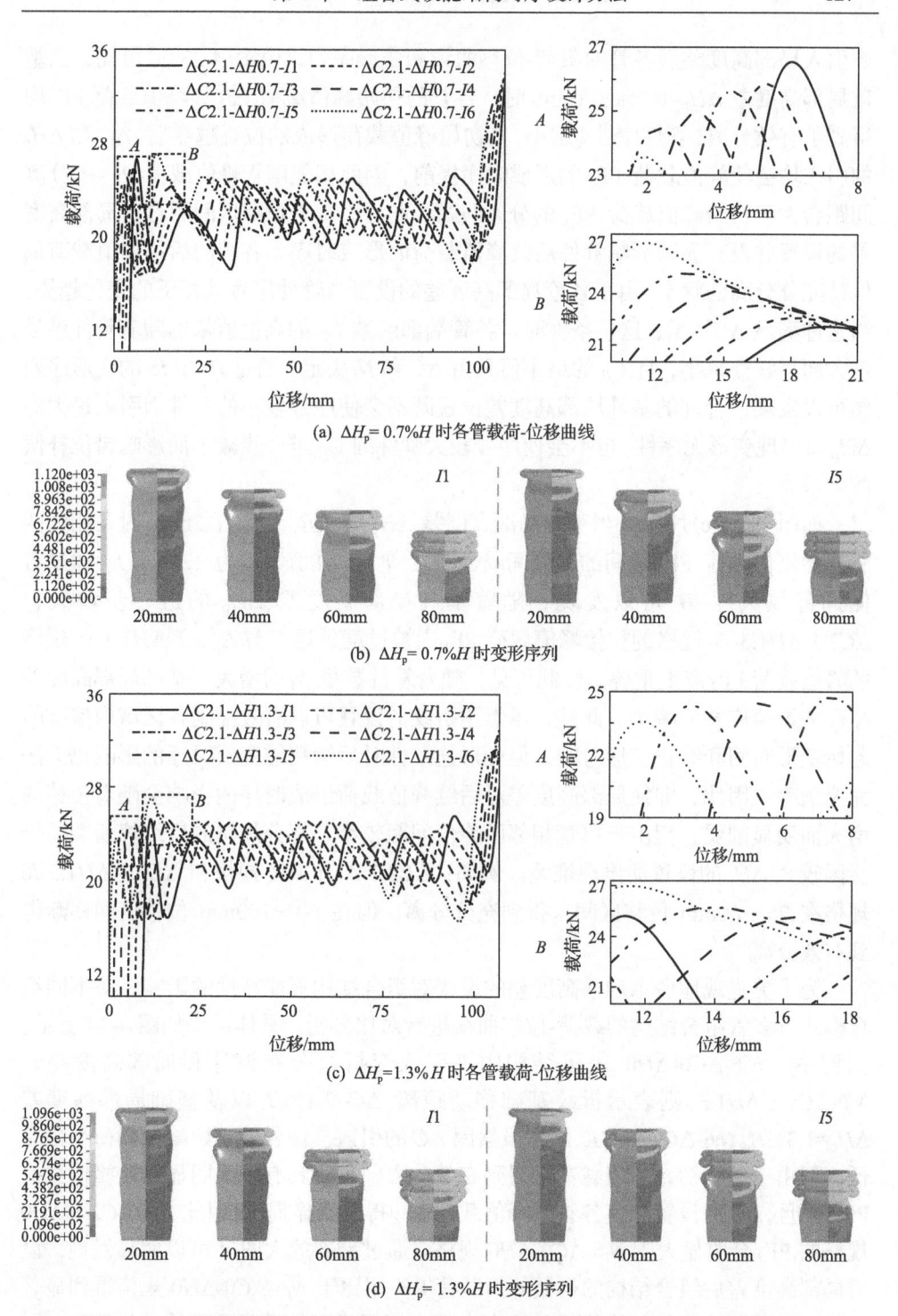

(d) $\Delta H_p = 1.3\%H$ 时变形序列

图 4-23 不同局部高度差下变折纹分布多管组合结构载荷-位移曲线和变形序列

中引入局部高度差后各管的载荷-位移曲线和变形序列。由图 4-23(a)可知，当基础局部高度差 ΔH_p=0.7%H(1mm)时，各管的初始峰值载荷 PF$_1$ 和峰值载荷 PF$_2$ 均得到了有效分离，管件序号 i 越小，其初始峰值载荷形成的位置越靠后。ΔC 和 ΔH_p 的引入均会使峰值载荷 PF$_2$ 的形成时序提前，因此相邻两管峰值载荷 PF$_2$ 的分离间距会大于初始峰值载荷 PF$_1$ 的分离间距。此外，随着位移区间后移，局部高度差的设置并没有显著影响管件后续峰值载荷的形成时序，各管的后续峰值载荷仍保持充分分离的状态。由于各管局部高度差的设置与管件序号呈相反的变化趋势，当管件满足 $\Delta C > \Delta H_p$ 这一条件时，各管端部区域 C_{i1} 的高度值依旧随着管件序号增大而呈线性减小，且 C_{i1} 的最小值只由 ΔC 和 N_i 决定。通过 $I1$ 和 $I5$ 的变形序列图可以发现，合理的基础局部高度差设置既不会使序号较小的管件因引入过大的 ΔH_p 而出现变形无序性，也不会使序号较大管件的 C_{i1} 进一步减小而影响错位补偿的效果。

如图 4-23(c)所示，当基础局部高度差 ΔH_p 增大至 1.3%H(2mm)时，相邻两管初始峰值载荷 PF$_1$ 之间的时序间隔也随之增大，其值大致为 1.3%$\eta_s H$。通过右侧局部放大图 B 可以发现，随着基础局部高度差 ΔH_p 的进一步增大，$\Delta C2.1$-$\Delta H1.3$-$I1$ 规格的初始峰值载荷 PF$_1$ 因被过度延迟，与 $\Delta C2.1$-$\Delta H1.3$-$I6$ 规格的峰值载荷 PF$_2$ 产生重叠。由此可见，随着管件数量 N_i 的增大，基础局部高度差 ΔH_p 的取值应相应减小。此外，虽然预折纹的设置可以有效控制各区域内褶皱的起始变形时间和终止变形时间，但变形连续性对后续褶皱变形时序的影响仍无法完全消除。因此，即使局部高度差对后续峰值载荷形成时序的影响会随着位移的增大而明显削弱，但由于单管相邻两峰值间距较小，部分规格的后续峰值载荷仍会因较大 ΔH_p 的设置而出现堆叠。例如，$\Delta C2.1$-$\Delta H1.3$-$I1$ 规格和 $\Delta C2.1$-$\Delta H1.3$-$I6$ 规格在 25～60mm 位移区间未得到充分分离，但在 60～100mm 位移区间逐渐得到有效分离。

为了更直观地展示局部高度差的设置对组合结构吸能特性的影响，对不同组合模式下多管组合结构的载荷-位移曲线进行对比分析，具体结果如图 4-24 所示。图例中，N_i6-$\Delta C0$-$\Delta H0$ 表示结构中不引入变折纹分布设计和局部高度差，N_i6-$\Delta C2.1$-$\Delta H1.3$ 则表示折纹基础移动距离 ΔC=2.1%H 以及基础局部高度差 ΔH_p=1.3%H。N_i6-$\Delta C2.1$-$\Delta H0$ 规格虽然因 ΔC 的引入会使各管初始峰值载荷小幅降低，但由于各管初始峰值载荷未得到有效分离，其仍具有较为明显初始峰值载荷 PF$_1$。而且，ΔC 的设置会使各管的峰值载荷 PF$_2$ 得到明显提升，因此 N_i6-$\Delta C2.1$-$\Delta H0$ 规格的 PF$_2$ 会明显大于 N_i6-$\Delta C0$-$\Delta H0$ 规格。通过局部放大图 A 可以明显发现，设置局部高度差后组合结构的初始峰值载荷 PF$_1$ 相比于 N_i6-$\Delta C0$-$\Delta H0$ 规格得到显著降低，且载荷达到初始峰值后并没有出现大幅下降而是呈现平稳的变化趋势。同

第 4 章 组合式吸能结构时序设计方法

时,基础局部高度差 ΔH_p 的小范围提升并不会明显提升组合结构初始峰值载荷的降低幅度,只会使初始峰值载荷的形成位置相应延后。局部放大图 B 的对比结果表明,由于 $N_i6\text{-}\Delta C2.1\text{-}\Delta H1.3$ 规格因局部高度差太大出现了部分峰值载荷相互堆叠的现象,其载荷的变化幅度会稍大于 $N_i6\text{-}\Delta C2.1\text{-}\Delta H0.7$ 规格。

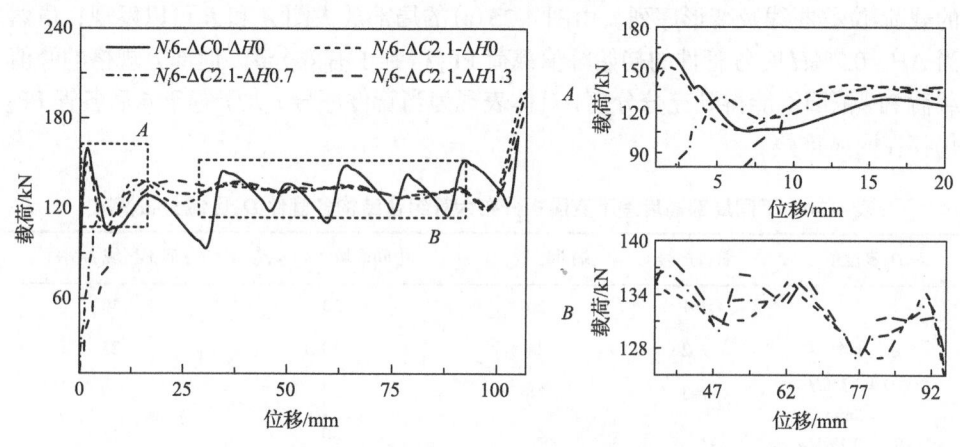

图 4-24 不同组合模式下预折纹多管组合结构载荷-位移曲线对比

表 4-19 展示了不同组合模式下多管组合结构的各项吸能特性指标,相比于同构型参数进行组合的 $N_i6\text{-}\Delta C0\text{-}\Delta H0$ 规格,$N_i6\text{-}\Delta C2.1\text{-}\Delta H0.7$ 规格和 $N_i6\text{-}\Delta C2.1\text{-}\Delta H1.3$ 规格的初始峰值载荷 PF_1 分别降低 19.16%和 20.41%。得益于峰值载荷 PF_1 和 PF_2 的有效分离以及高度差对后续峰值载荷错位补偿的促进作用,两种高度差规格的载荷波动得到进一步降低,即使相比于 $N_i6\text{-}\Delta C2.1\text{-}\Delta H0$ 规格也有 25.15%($\Delta H_p=1.3\%H$)和 37.02%($\Delta H_p=0.7\%H$)的降幅。显然,过大的 ΔH_p 可能致使序号最小的管件因峰值载荷 PF_k 的形成时序被过度推迟并与序号最大管件的峰值载荷 PF_{k+1} 发生重叠,从而影响载荷-位移曲线错位补偿的效果。此外,由于局部高度差的引入会减少管件的压缩行程,ΔH_p 的增大会使结构的吸能量随之降低,但结构在更小的区间内呈现更高的载荷,因此其比吸能会小幅提升。

表 4-19 不同组合模式下预折纹多管组合结构吸能特性对比

规格		PF_1/kN	EA/kJ	MCF/kN	SEA/(kJ/kg)	$FL_{10\sim105}$
$\Delta C = 0\%H$	$\Delta H_p = 0\%H$	159.93	13.45	128.09	14.33	14.47
$\Delta C = 2.1\%H$	$\Delta H_p = 0\%H$	150.84	13.76	131.08	14.66	8.51
	$\Delta H_p = 0.7\%H$	129.28	13.58	129.31	14.71	5.36
	$\Delta H_p = 1.3\%H$	127.29	13.36	127.18	14.73	6.37

4.3.2 高度差-变隔板分布多管组合

表 4-20 展示了引入不同局部高度差后变隔板分布六管组合结构各管件 D_{ij} 区域的分布情况。图 4-25 为内置变隔板分布多管组合结构中引入局部高度差后各管的载荷-位移曲线及变形序列。由图 4-25(a) 的局部放大图 A 和 B 可以发现,虽然当 $\Delta H_p=0.7\%H$ 时各管件的初始峰值载荷 PF_1 得到了有效分离,但部分规格的峰值载荷 PF_2 依旧不能得到充分分离,具体表现为当管件序号 i 大于等于 4 后各管 PF_2 仍存在明显重叠。

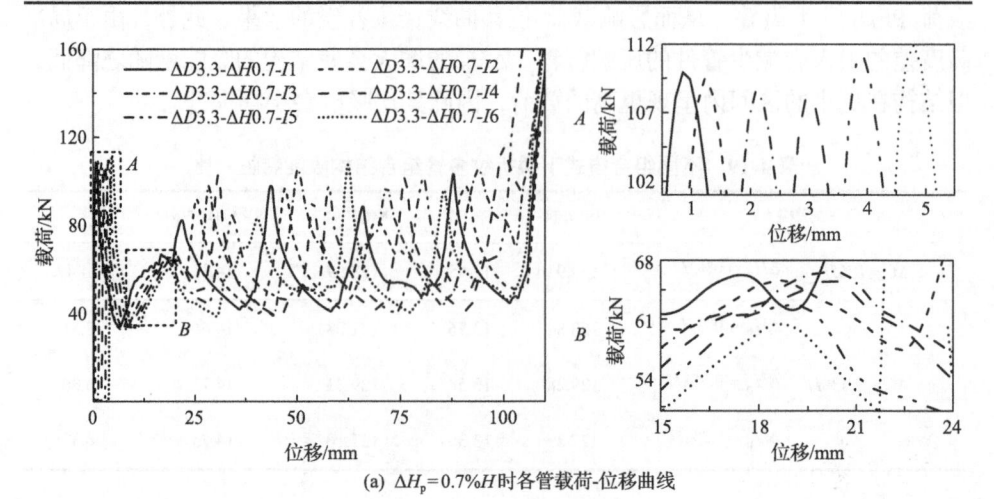

表 4-20 不同局部高度差下变隔板分布六管组合结构各管件 D_{ij} 区域分布情况

D_{ij} 高度值	管件序号	端部区域 $j=1$	中间区域 $2\leqslant j\leqslant N_i$	底部区域 $j=N_i+1$
$N_i=6$ $\Delta D=3.3\%H$ $=5mm$ $\Delta H_p=0.7\%H$ $=1mm$	$i=1$	30	30	30
	$i=2$	34	30	25
	$i=3$	38	30	20
	$i=4$	42	30	15
	$i=5$	46	30	10
	$i=6$	50	30	5
$N_i=6$ $\Delta D=3.3\%H$ $=5mm$ $\Delta H_p=1.3\%H$ $=2mm$	$i=1$	30	30	30
	$i=2$	33	30	25
	$i=3$	36	30	20
	$i=4$	39	30	15
	$i=5$	42	30	10
	$i=6$	45	30	5

(a) $\Delta H_p=0.7\%H$ 时各管载荷-位移曲线

(b) $\Delta H_p=0.7\%H$ 时变形序列

(c) $\Delta H_p=1.3\%H$ 时各管载荷-位移曲线

(d) $\Delta H_p=1.3\%H$ 时变形序列

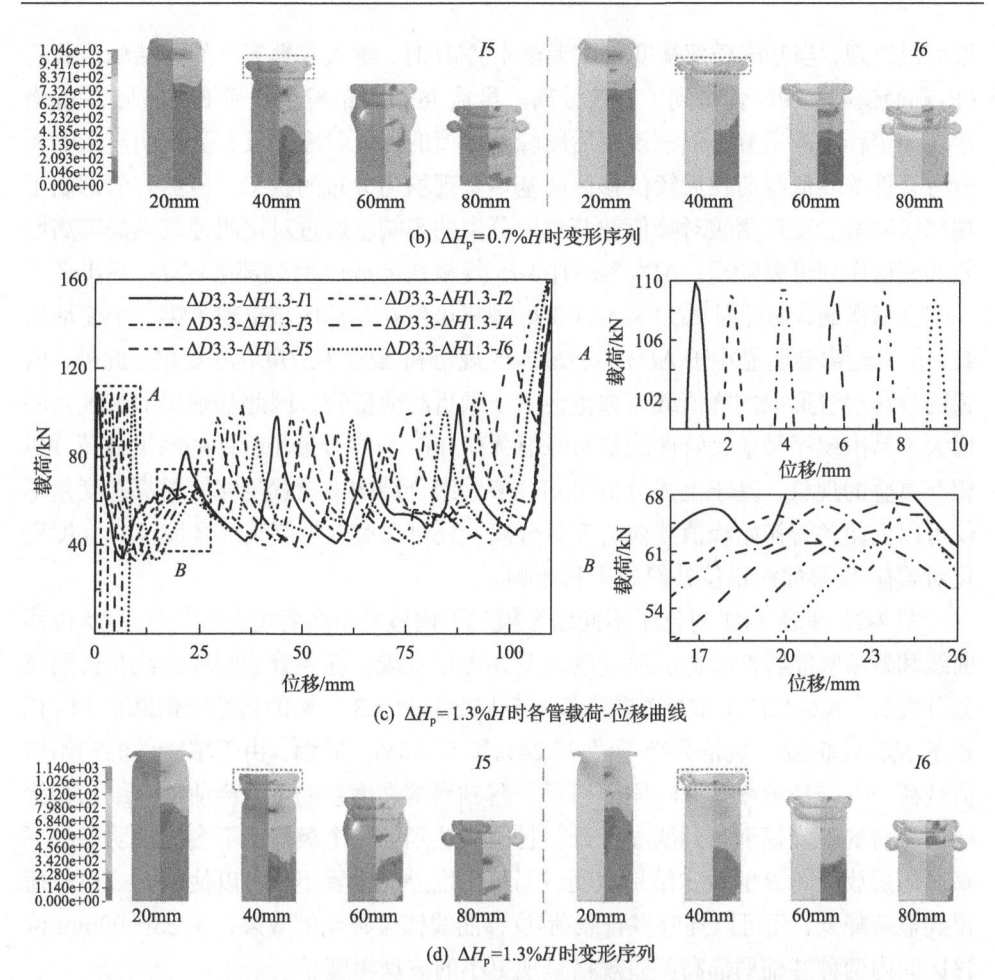

图 4-25 不同局部高度差下变隔板分布多管组合结构载荷-位移曲线及变形序列

  通过图 4-25(b)中 20mm 和 40mm 时的变形序列也可以发现，I5 规格和 I6 规格端部区域在出现第一个变形褶皱后仍形成了较为明显的第二个褶皱。由于 D_{i1} 区域内两褶皱之间不存在隔板的约束作用，褶皱一在变形后期会牵引褶皱二同时出现变形，因此局部高度差对第二个褶皱变形时序的影响效果被显著削弱，各管载荷-位移曲线在 15~25mm 位移区间未得到充分分离。

  此外，由于 I6 规格仍具有较大的端部区域 D_{i1}，第二褶皱的变形过程相对完整，该规格的峰值载荷 PF_3 仍存在较为明显的延迟。显然，当基础局部高度差 ΔH_p 较小时，即使序号较大管件端部区域 D_{i1} 的增加值得到一定削减，其值仍会接近甚至大于 $1.0\delta_{sp}$（对应 $9.8\%H$~$10.0\%H$），自然无法有效抑制端部区域第二褶皱的出现，仍会影响管件后续峰值载荷形成时序的控制效果，致使多管载荷-位移曲线的错位分离并不能达到最理想的效果。由图 4-25(c)各管载荷-位移曲线的对比结果可以发现,当基础局部高度差增大至 1.3%H 时,绝大多数管件的初始峰值载荷 PF$_1$ 和峰值载荷 PF$_2$ 均得到了有效分离。虽然 I6 规格的峰值载荷 PF$_2$ 仍与 I5 规格存在一定程度的重叠,但该规格后续峰值载荷的形成时序并没有受到明显影响,所有管件的峰值载荷在后续位移区间基本呈现均匀分布的状态,显然有效抑制了端部区域第二变形褶皱对峰值载荷错位分离的影响。通过对比两种基础局部高度差的变形序列可以发现,ΔD3.3-ΔH1.3-I5 规格在 40mm 时端部区域 D_{i1} 只出现了一个变形褶皱,而此时 ΔD3.3-ΔH1.3-I6 规格虽然在端部区域出现了第二个变形褶皱,但其轮廓会明显小于 ΔD3.3-ΔH0.7-I5 规格和 ΔD3.3-ΔH0.7-I6 规格。此外,内置隔板薄壁管形成的峰值载荷数量会少于预折纹薄壁管,因此基础局部高度差的增大不易出现序号最大管件的初始峰值载荷 PF$_1$ 与序号最小管件的峰值载荷 PF$_2$ 相互重叠的现象。基于上述分析可知,多管组合结构中设置足够的局部高度差不仅可以促使各管初始峰值载荷的充分分离,还可以有效抑制端部区域 D_{i1} 高度变化对载荷-位移曲线错位补偿的不利影响。

图 4-26 和表 4-21 对比了不同组合模式下内置隔板多管组合结构的载荷-位移曲线和各项吸能特性指标。通过放大图 A 可以发现,在各管初始峰值载荷得到充分分离后,N_i6-ΔD3.3-ΔH0.7 规格和 N_i6-ΔD3.3-ΔH1.3 规格的初始峰值载荷 PF$_1$ 相较于 N_i6-ΔD0-ΔH0 规格分别下降 38.24% 和 56.50%。显然,由于单管件的初始峰值载荷 PF$_1$ 与峰值载荷 PF$_2$ 间隔较远,基础局部高度差的增大会使组合结构初始峰值载荷的下降幅度得到明显提升,且载荷达到第一个极值后不会出现明显的下降。局部放大图 B 的对比结果表明,局部高度差的设置不仅可以使初始峰值载荷得到显著降低,还可以提升多管载荷-位移曲线错位补偿的效果,在 25～90mm 位移区间内两种基础局部高度差规格呈现更小的波动幅度。

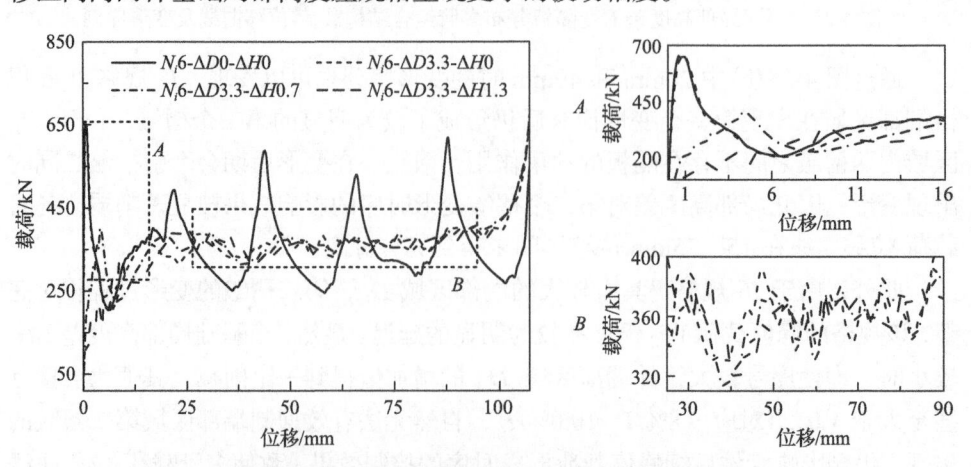

图 4-26 不同组合模式下内置隔板多管组合结构的载荷-位移曲线对比

表 4-21 不同组合模式下内置隔板多管组合结构吸能特性对比

规格		PF$_1$/kN	EA/kJ	MCF/kN	SEA/(kJ/kg)	FL$_{10\sim105}$
$\Delta D = 0\%H$	$\Delta H_\mathrm{p} = 0\%H$	648.05	36.95	351.42	10.42	79.65
	$\Delta H_\mathrm{p} = 0\%H$	648.86	37.85	360.02	10.67	30.15
$\Delta D = 3.3\%H$	$\Delta H_\mathrm{p} = 0.7\%H$	400.23	37.48	356.58	10.57	28.15
	$\Delta H_\mathrm{p} = 1.3\%H$	281.87	36.73	349.43	10.36	26.35

结合表 4-21 中不同组合模式的吸能特性指标也可知，相比于仅引入变隔板分布设计的多管组合结构 N_i6-ΔD3.3-ΔH0，两种基础高度差规格的载荷波动也有 6.6%(ΔH_p=0.7%H) 和 12.6%(ΔH_p=1.3%H) 的下降。更大的局部高度差使各管端部区域 D_{i1} 的高度尽可能地小于 $3\delta_\mathrm{sp}$，因此 ΔH_p=1.3%H 规格呈现更好的载荷-位移曲线错位补偿效果。然而，更高的局部高度差意味着各管压缩行程得到更大削减，组合结构的吸能量也会随之降低。为平衡组合结构的吸能量和载荷波动，内置隔板多管组合结构设置的基础局部高度差虽然应该大于预折纹薄壁管，但其增大幅度应在合理范围内。

4.3.3 高度差-变增强环分布多管组合

表 4-22 展示了不同局部高度差下变增强环分布六管组合结构各管件 R_{ij} 区域的分布情况。图4-27 为变增强环分布多管组合结构设置局部高度差后各管的载荷-位移曲线及变形序列。如图 4-27(a) 的局部放大图所示，与高度差-变隔板分布多管组合结构相类似，当基础局部高度差 ΔH_p=0.7%H 时，各管的初始峰值载荷 PF$_1$ 形成了与 ΔH_p 成正比的时序间隔。同时，虽然各管峰值载荷 PF$_2$ 并未得到充分分

表 4-22 不同局部高度差下变增强环分布六管组合结构各管件 R_{ij} 区域分布情况

R_{ij} 高度值	管件序号	端部区域 j=1	中间区域 $2 \leqslant j < N_i$	底部区域 j=N_i+1
$N_i = 6$ $\Delta R = 3.3\%H$ $= 5$mm $\Delta H_\mathrm{p} = 0.7\%H$ $= 1$mm	i=1	30	30	30
	i=2	34	30	25
	i=3	38	30	20
	i=4	42	30	15
	i=5	46	30	10
	i=6	50	30	5
$N_i = 6$ $\Delta R = 3.3\%H$ $= 5$mm $\Delta H_\mathrm{p} = 1.3\%H$ $= 2$mm	i=1	30	30	30
	i=2	33	30	25
	i=3	36	30	20
	i=4	39	30	15
	i=5	42	30	10
	i=6	45	30	5

(a) $\Delta H_p=0.7\%H$时各管载荷-位移曲线

(b) $\Delta H_p=0.7\%H$时变形序列

(c) $\Delta H_p=1.3\%H$时各管载荷-位移曲线

(d) $\Delta H_p=1.3\%H$时变形序列

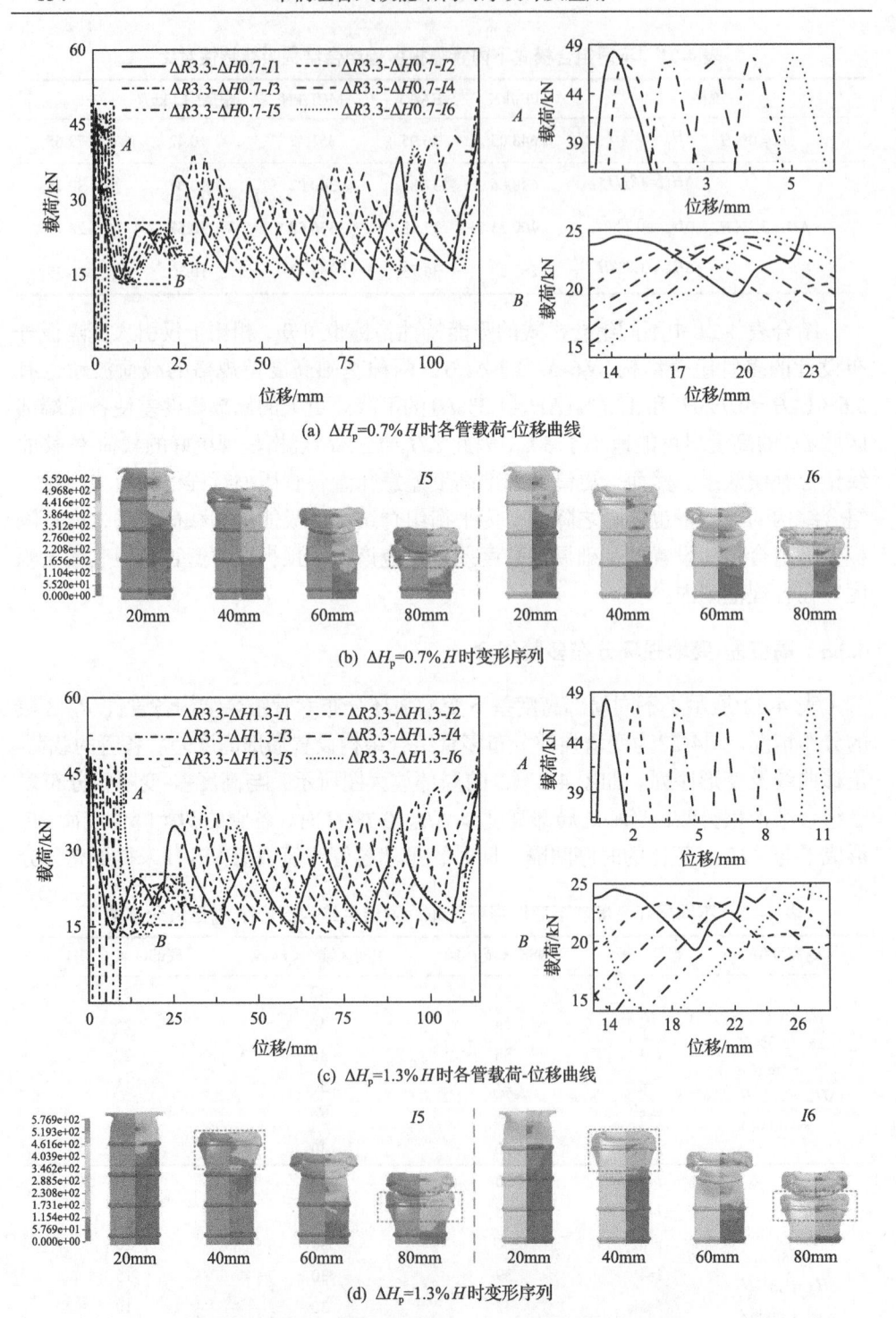

图 4-27 不同局部高度差下变增强环分布多管组合结构载荷-位移曲线及变形序列

离,但其分离效果会明显好于同规格的高度差-变隔板分布多管组合结构。其原因在于,增强环对褶皱变形空间的限制作用会弱于隔板构型,R_{i1}区域内形成的第二褶皱会向R_{i2}有一定的延伸,因此各管的PF_2仍能形成较小的时序间隔。通过观察50~90mm位移区间的载荷-位移曲线可以发现,$\Delta R3.3$-$\Delta H0.7$-$I6$规格仍会因为端部区域第二变形褶皱的出现而影响后续区域R_{ij}的变形时序,从而使其后续峰值载荷不能在指定位置形成,并与其余管件的峰值载荷出现一定堆叠。同时,对比$\Delta R3.3$-$\Delta H0.7$-$I5$规格和$\Delta R3.3$-$\Delta H0.7$-$I6$规格的变形序列也可以发现,由于后者端部区域第二褶皱的变形过程更加完整,$\Delta R3.3$-$\Delta H0.7$-$I6$后续区域R_{ij}的变形位置会相应下移,导致后续增强环没有分布在变形褶皱的中间区域,不仅会使峰值载荷形成时序的控制效果显著削弱,还会出现载荷降低的现象。

由图4-27(c)中的对比结果可以发现,当基础局部高度差ΔH_p增大至1.3%H时,各管的初始峰值载荷PF_1不仅形成了更大的时序间隔,且峰值载荷PF_2也得到了更为明显的分离。显然,更大的局部高度差可以有效抑制端部区域第二褶皱的不利影响,使得各管峰值载荷PF_2形成时序的分离效果并不会被明显削弱。同时,通过对比$\Delta H_p=0.7\%H$规格和$\Delta H_p=1.3\%H$规格的变形序列可以发现,$\Delta R3.3$-$\Delta H1.3$-$I5$规格和$\Delta R3.3$-$\Delta H1.3$-$I6$规格的端部区域并未出现明显的第二变形褶皱,可以有效保证后续区域载荷-位移曲线形成时序的控制效果。因此,上述两规格并不会出现载荷锐减或部分峰值载荷明显堆叠的现象。

相比于图4-8(d)中各管载荷-位移曲线的分离情况,在变增强环分布设计的基础上引入局部高度差可以有效提升载荷-位移曲线错位补偿的效果,为量化该提升效果将不同组合模式下外置增强环多管组合结构的载荷-位移曲线和各项吸能特性指标进行对比分析,具体结果如图4-28和表4-23所示。由局部放大图A可以明显发现,未设置局部高度差的多管组合结构呈现出极为明显的初始峰值载荷PF_1,且载荷达到峰值后会出现剧烈的波动。而设置局部高度差后,变增强

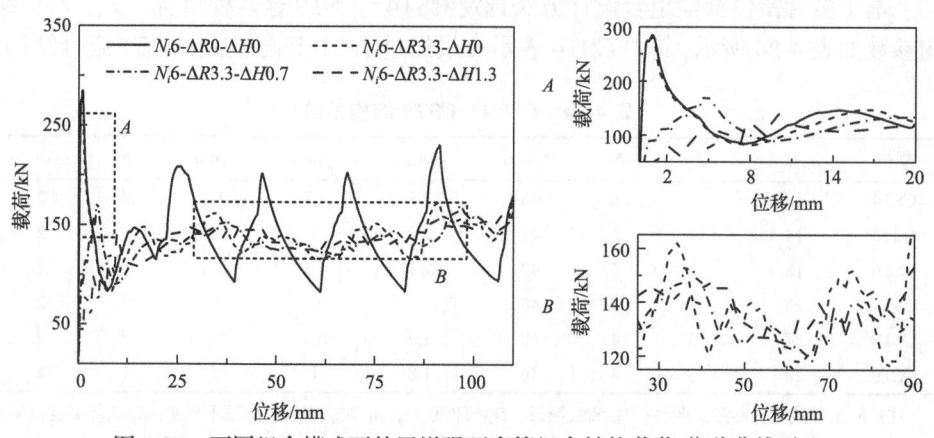

图4-28 不同组合模式下外置增强环多管组合结构载荷-位移曲线对比

表 4-23 不同组合模式下外置增强环多管组合结构吸能特性对比

规格		PF$_1$/kN	EA/kJ	MCF/kN	SEA/(kJ/kg)	FL$_{10\sim105}$
$\Delta R=0\%H$	$\Delta H_\text{p}=0\%H$	274.96	15.35	139.47	13.55	34.10
$\Delta R=3.3\%H$	$\Delta H_\text{p}=0\%H$	282.76	15.07	136.92	13.30	15.34
	$\Delta H_\text{p}=0.7\%H$	172.02	14.77	134.19	13.04	13.33
	$\Delta H_\text{p}=1.3\%H$	140.08	14.65	133.14	12.93	11.09

环分布多管组合结构的初始峰值载荷得到显著降低，$\Delta H_\text{p}=0.7\%H$ 规格和 $\Delta H_\text{p}=1.3\%H$ 规格的下降幅度分别为 37.44%和 49.05%，后者的初始峰值载荷甚至小于 N_i6-$\Delta R0$-$\Delta H0$ 规格的峰值载荷 PF$_2$。

由于外置增强环薄壁单管的初始峰值载荷明显大于平均载荷，较大的局部高度差会使 0~10mm 位移区间内的载荷-位移曲线出现锯齿状的小幅波动，但在后续位移区间内并不会出现明显的峰值载荷。局部放大图 B 可以较为直观地表明，局部高度差的设置可以进一步降低多管组合结构的载荷波动，相较于仅设置变增强环分布的六管组合结构，$\Delta H_\text{p}=0.7\%H$ 规格和 $\Delta H_\text{p}=1.3\%H$ 规格的载荷波动也分别下降了 13.10%和 27.71%。由此可见，充足的局部高度差可以有效抑制端部区域第二变形褶皱的出现，从而进一步提升多管载荷-位移曲线错位补偿的效果。尽管局部高度差的设置可以有效保证端部区域 R_{i1} 较大管件在后续位移区间的载荷，但管件整体压缩行程的减小依旧会使组合结构的吸能量和比吸能随之降低。因此，与内置隔板薄壁管相类似，局部高度差的取值不应过大，以避免结构的吸能量被过度削弱。

4.3.4 高度差-变波纹间隔分布多管组合

1. 尺寸参数设置

基于多管错位补偿组合设计方法选定 CST4~CST9 这六种组合方式，对应结构参数如表 4-24 所示，其中 CST4 表示 4 根经过 2.4.1 节设计后的 CST 组合结构，

表 4-24 CST4~CST9 结构参数

规格	h_b/mm	t_b/mm	N_b	D_c/mm	A_b/mm	t_z/mm	h_z/mm	N	ΔH/mm
CST4	12	1	6	46	2.3	4.5	4.5	4	2
CST5	14	1	6	44	2.2	5	5	5	2
CST6	18	2	5	42	2.1	5.5	5.5	6	2
CST7	20	2	5	40	2	6	6	7	2
CST8	24	3	5	38	1.9	6.5	6.5	8	2
CST9	26	3	4	36	1.8	7	7	9	2

注：h_b-波纹高度；t_b-波纹壁厚；N_b-波纹数量；D_c-管件直径；A_b-波纹幅值；t_z-圆环厚度；h_z-圆环高度；N-管件数量。

CST4-1～CST4-4 表示多管组合中单管的编号，CST5～CST9 以此类推。为量化错位补偿机制降低载荷波动的效果，设置与 CST4～CST9 单管结构参数相同的无高度差普通组合管 CST4-常规组合～CST9-常规组合作为对照，如图 4-29 所示。

N	4	5	6
组合管件	CST4	CST5	CST6
常规管件	CST4-常规组合	CST5-常规组合	CST6-常规组合
N	7	8	9
组合管件	CST7	CST8	CST9
常规管件	CST7-常规组合	CST8-常规组合	CST9-常规组合

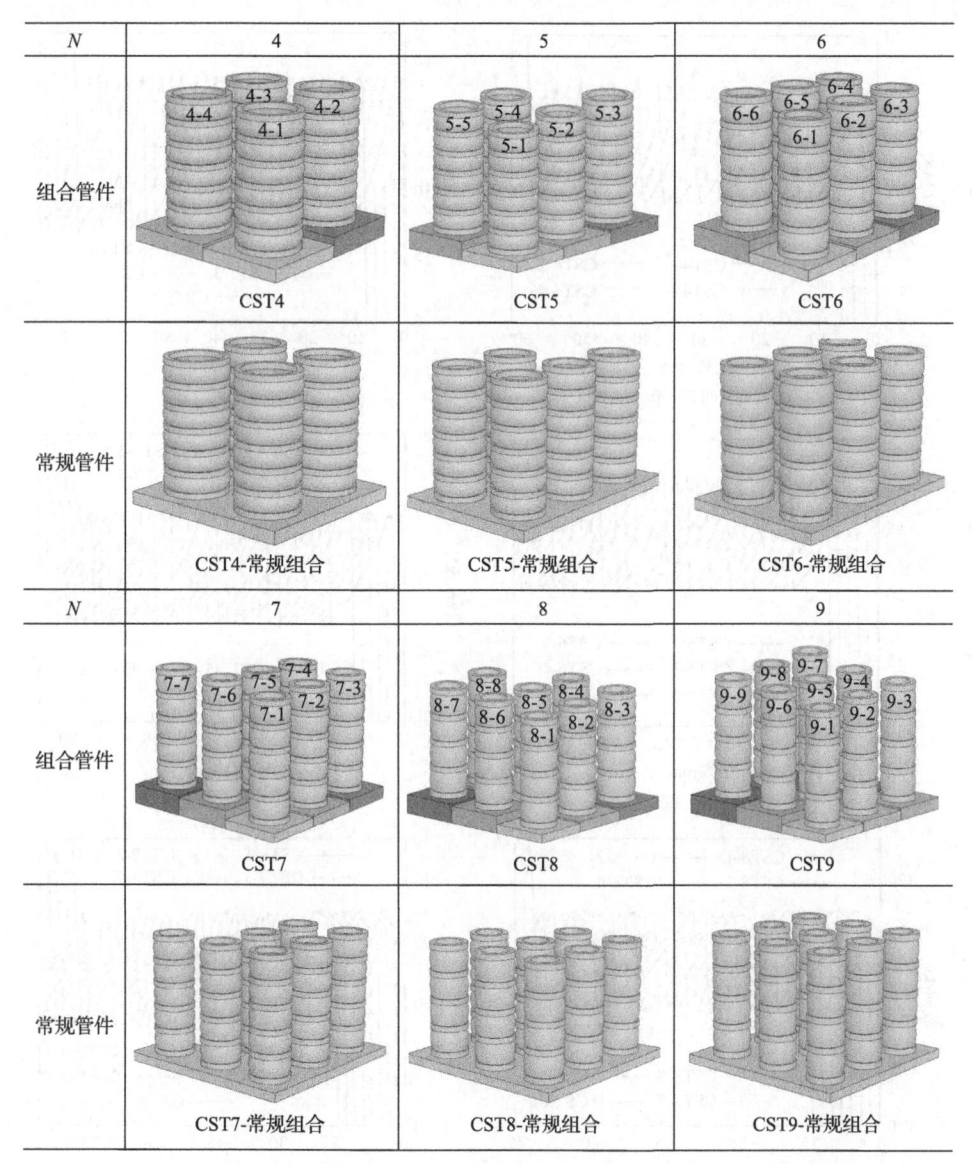

图 4-29　CST4～CST9 与 CST4-常规组合～CST9-常规组合示意图

2. 吸能特性对比

CST4～CST9 每根单管的载荷-位移曲线如图 4-30 所示。单管之间的载荷峰值能够充分错位，相互补偿，时时刻刻有管件变形，载荷峰值之间不会堆叠，达到了 4.1 节高度差错位补偿多管组合设计方法的要求，证明了该方法对于控制载荷峰值的准确性。

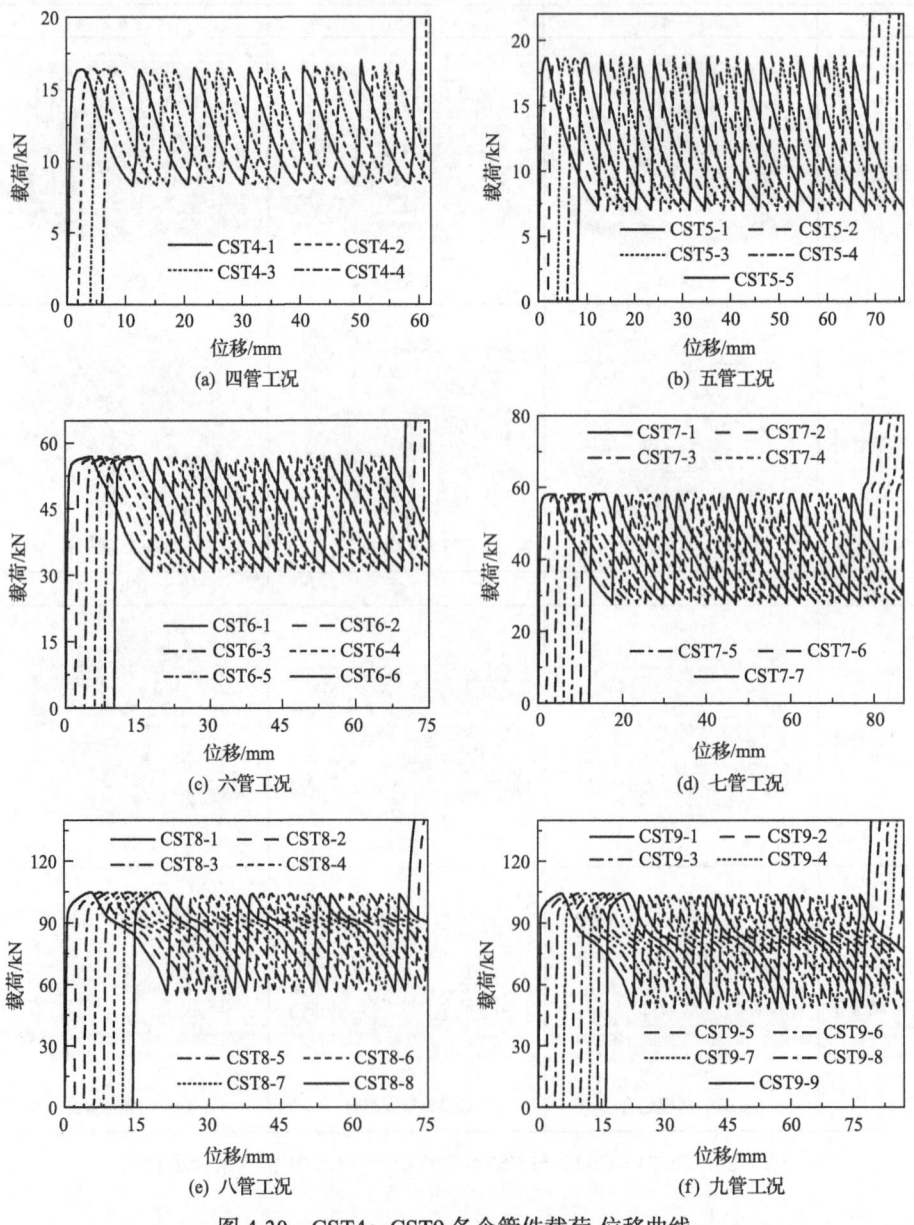

图 4-30 CST4～CST9 各个管件载荷-位移曲线

CST4～CST9 与 CST4-常规组合～CST9-常规组合的载荷-位移曲线和吸能特

性指标对比如图 4-31 所示。相较于 CST4-常规组合～CST9-常规组合，CST4～CST9 的载荷-位移曲线的平稳性得到了明显的改善。同时，计算各结构的吸能特

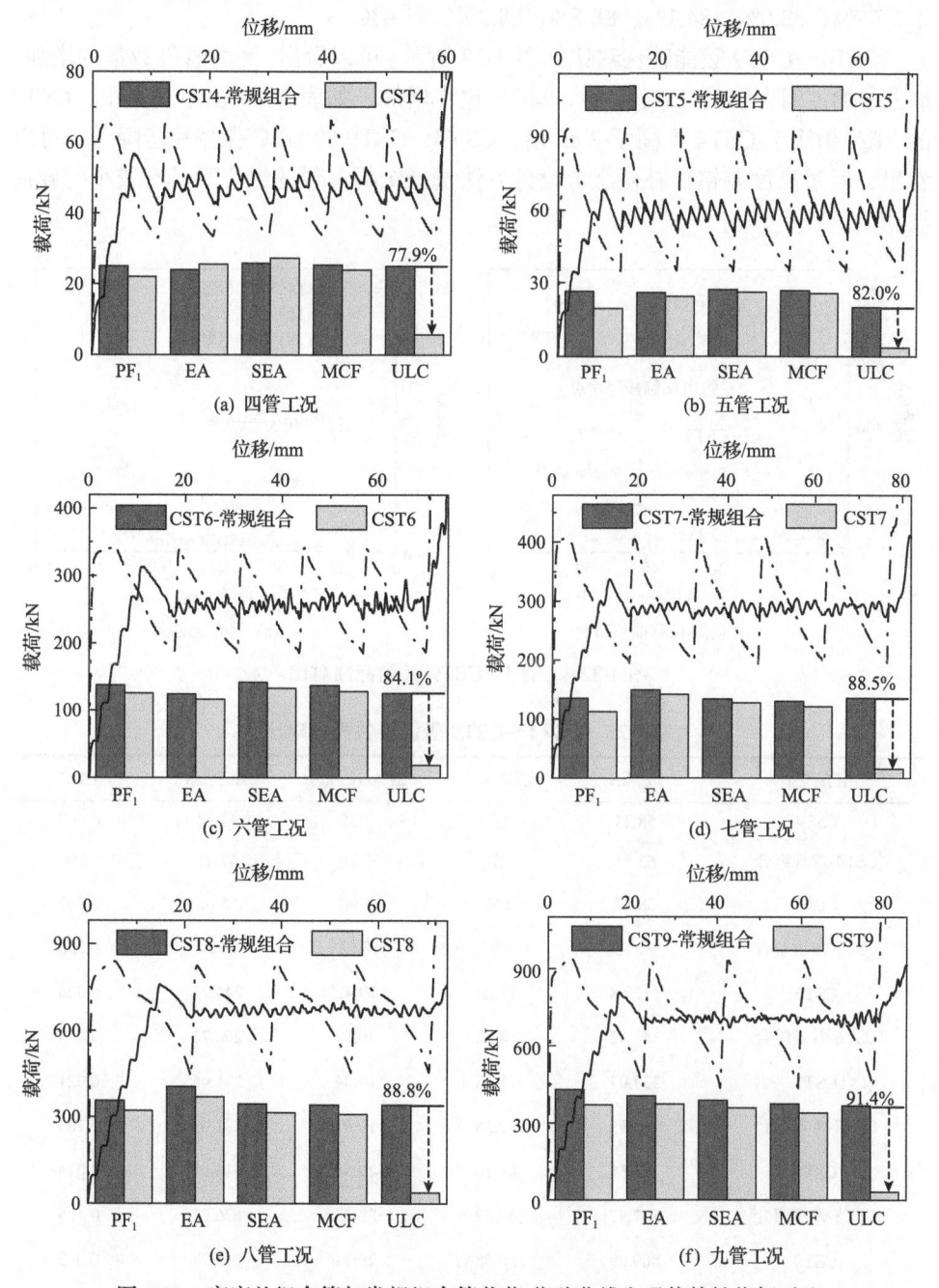

图 4-31 高度差组合管与常规组合管载荷-位移曲线和吸能特性指标对比

性指标如柱状图所示。可以发现，CST4～CST9 的 PF$_1$ 得到一定程度的下降，并且在基本不损失 EA、SEA 和 MCF 的情况下，ULC 得到大幅度的降低，分别下降了 77.9%、82.0%、84.1%、88.5%、88.8%、91.4%。

CST4～CST9 吸能特性对比如图 4-32 所示。可以看出，随着管件数量的增加，t_b 也增加，组合管的 EA、SEA、MCF 也在增加，如表 4-25 所示。其中，CST8 的 SEA 相比于 CST4 提高了 2.82 倍，CST4～CST9 的 ULC 保持稳步降低。可以看出，经过高度差错位补偿组合设计方法选择结构参数的组合管具有较小的载荷波动。

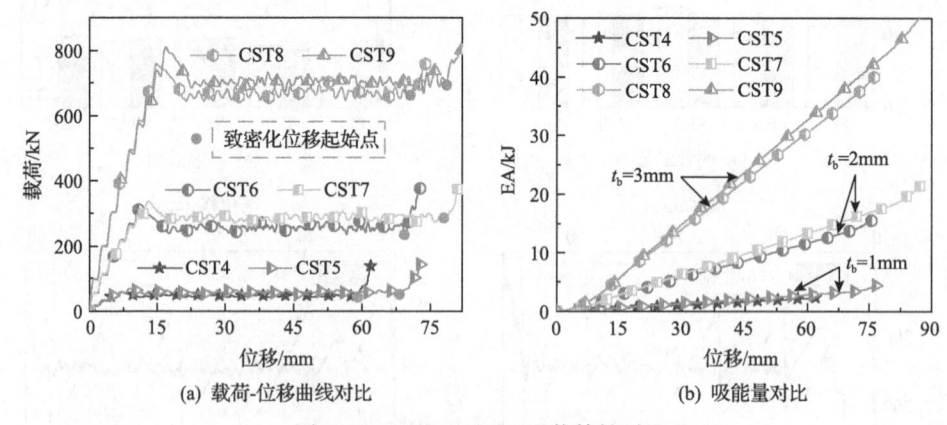

(a) 载荷-位移曲线对比

(b) 吸能量对比

图 4-32　CST4～CST9 吸能特性对比

表 4-25　CST4～CST9 吸能特性指标对比

组合类型	PF$_1$/kN	EA/kJ	SEA/(kJ/kg)	MCF/kN	ULC
CST4	58.23	2.90	7.75	46.82	0.042
CST4-常规组合	65.51	2.76	7.39	47.41	0.190
CST5	68.17	3.79	7.00	55.60	0.045
CST5-常规组合	93.12	3.97	7.33	58.36	0.250
CST6	312.68	17.00	19.42	244.93	0.026
CST6-常规组合	341.42	18.12	20.70	260.72	0.164
CST7	337.07	21.28	19.04	271.46	0.021
CST7-常规组合	405.93	22.26	19.91	291.02	0.183
CST8	758.55	43.36	29.60	613.96	0.014
CST8-常规组合	837.97	47.52	32.43	676.01	0.125
CST9	809.09	50.88	29.24	647.77	0.012
CST9-常规组合	938.24	55.03	31.63	714.22	0.139

4.4 多管件时序错位补偿设计方法

根据不同的应用场景选取合适的初始规格参数、管件数量、构型移动距离、局部高度差是实现高吸能量、低初始峰值载荷及小载荷波动等优异吸能特性完美兼容的关键所在。因此，本节将基于获得的数据和相关理论模型确定各结构参数和组合参数的较优组合模式，总结出适用于多管组合结构的变构型差异化分布设计方法，进而为实际应用中的参数选取提供充足的技术支撑。

4.4.1 预折纹薄壁管

1. 初始规格参数确定

折纹数量 N_f 和偏置角度偏置距离 ΔP（偏置角度 $\Delta \theta$）会显著影响薄壁结构在压缩过程中的变形稳定性和吸能特性，而沿加载方向有序变形和合理峰值载荷间距是实现后续多管载荷-位移曲线的前提条件。根据 3.1.1 节的分析可知，随着折纹数量 N_f 增加，折纹沿加载方向呈现有序变形所需的偏置角度 $\Delta \theta$（偏置距离 ΔP）也会增大，即结构的初始强度应随折纹数量的增大呈现减小的趋势才可以有效避免变形无序性的出现。根据式 (2-47) 可知，相同管件高度和厚度下传统薄壁方管的褶皱数量主要由管件宽度所决定，因此若想在未引入额外构型参数的情况下形成更多数量的褶皱，管件的宽度应相应减小。结合式 (2-32) 可知，当传统薄壁管件的宽度减小时，其初始峰值载荷 PF_1 也会随之减小。如图 4-33 所示，在管件高度和厚度固定的情况下，随着折纹数量 N_f 或褶皱数量 N_c ($N_c=2N_f-1$) 增多，预折纹管和方管出现稳定变形模式所需的初始强度（初始峰值载荷）均呈现逐步下降的趋势。薄壁方管在满足超折叠单元理论和弹性稳定性理论时具有稳定有序的渐进折叠变形模式，因此可以通过薄壁方管的理论初始峰值载荷 PF_{1t} 类推预折纹管所需的初始强度，进而根据非弹性理论确定折纹的初始结构参数（折纹数量 N_f 和折纹偏置距离 ΔP）。

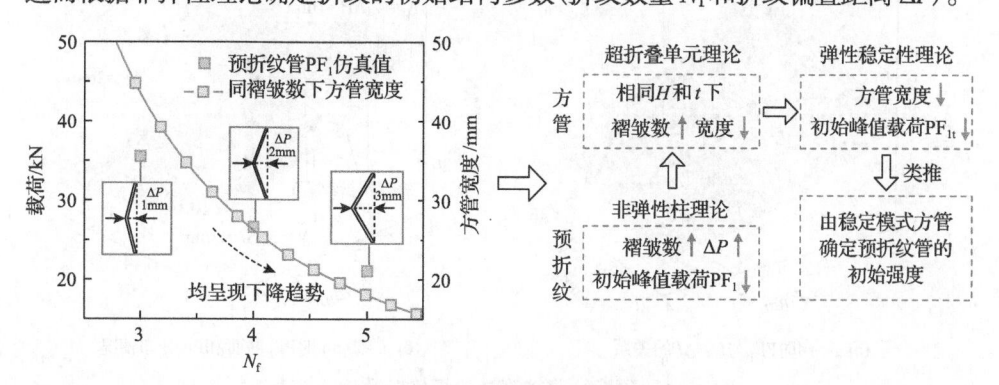

图 4-33 预折纹初始结构参数求解思路

首先，N_f 个折纹数量下传统薄壁管的宽度 L_t 可以通过式(4-15)确定：

$$L_t = \sqrt{\frac{16\delta_{sp}^3 I_1(\beta_0) I_3(\beta_0)}{\pi^2 t}} \tag{4-15}$$

$$\delta_{sp} = \frac{H}{2(2N_f - 1)} \tag{4-16}$$

理想渐进折叠变形模式下传统薄壁方管的理论初始峰值载荷 PF_{1t} 则可以通过式(4-17)计算：

$$PF_{1t} = 4\sigma_0 L_t t \tag{4-17}$$

$$PF_{1t} = \frac{16\sigma_0}{\pi} \sqrt{I_1(\beta_0) I_3(\beta_0)} t \left(\frac{H}{4N_f - 2}\right)^{\frac{3}{2}} \tag{4-18}$$

图 4-34(a)展示了 3.1.1 节中 9 种预折纹薄壁管初始峰值载荷 PF_1 仿真值与相

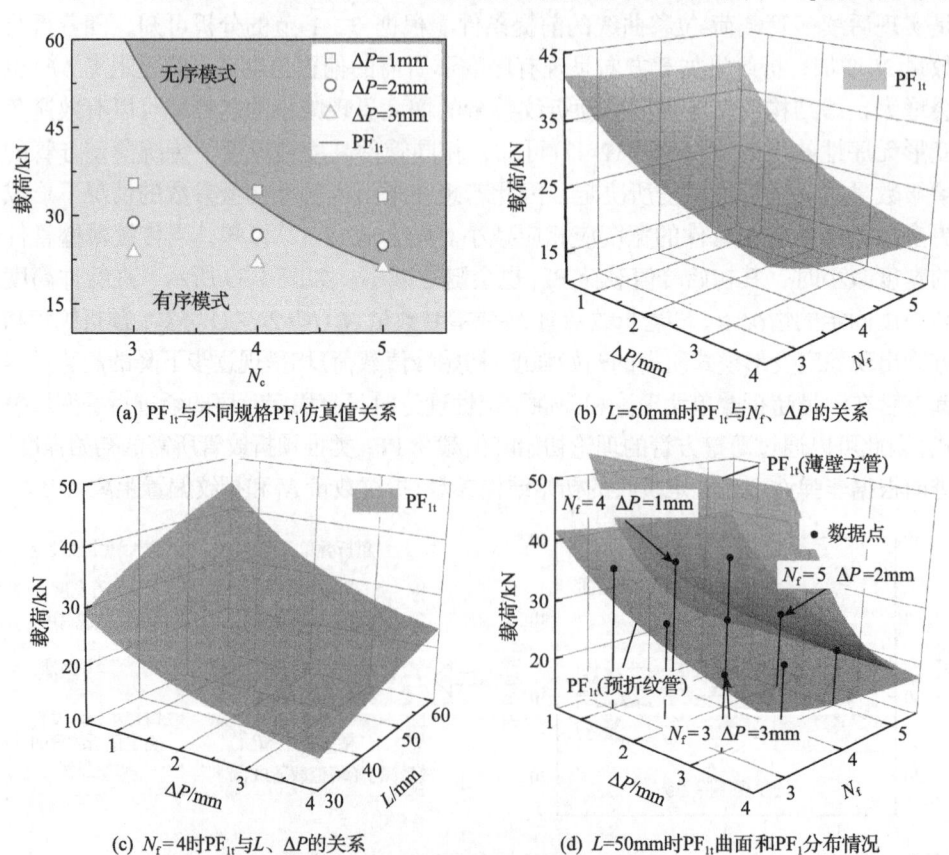

图 4-34 预折纹薄壁管初始规格参数确立方法

同褶皱数量下传统薄壁方管理论初始峰值载荷 PF_{1t} 之间的相互关系，图中浅灰色区域表示 $\text{PF}_1 < \text{PF}_{1t}$，而深灰色区域表示 $\text{PF}_1 > \text{PF}_{1t}$，无序变形模式表示结构未能沿设置的折纹有序变形。显然，当预折纹薄壁管的初始峰值载荷满足 $\text{PF}_1 < \text{PF}_{1t}$ 这一条件时，结构的变形稳定性较高，更易沿加载方向呈现出有序的变形模式，这也与之前的仿真结果相吻合。由式(3-11)可知，预折纹薄壁管的初始峰值载荷与折纹数量 N_f、折纹偏置距离 ΔP、管件宽度 L 息息相关，具体计算公式可表达为

$$\text{PF}_1 = \frac{\sigma_0 t A}{t + 2\Delta P} \tag{4-19}$$

$$A = \left[7 - 0.013 \left(\frac{H}{2N_f} \right)^{1.5} + 0.19 \Delta P^{0.5} \right.$$
$$\left. + 0.024 \left(\frac{H}{2N_f} \right)^{1.5} \Delta P^{0.5} \right] \left(0.25 + 1.5L - 0.1L^2 \right) \tag{4-20}$$

图 4-34(b)展示了管件宽度 L=50mm 时预折纹管初始峰值载荷 PF_{1t} 与折纹数量 N_f、折纹偏置距离 ΔP 的变化关系，图 4-34(c)则展示了折纹数量 N_f=4 时初始峰值载荷 PF_{1t}、管件宽度 L、预折纹偏置距离 ΔP 的变化关系。其中，管件高度 H 和管件厚度 t 分别固定为 150mm 和 2mm。因此，通过联立式(4-19)和式(4-20)可以确定薄壁管在不同宽度 L 时应如何选择折纹数量 N_f 和折纹偏置距离 ΔP 才可以满足有序变形模式的前提条件：

$$\text{PF}_{1t}(\text{预折纹管}) \leqslant \text{PF}_{1t}(\text{薄壁方管}) \tag{4-21}$$

$$\frac{\sigma_0 A t}{t + 2\Delta P} \leqslant \frac{16\sigma_0}{\pi} \sqrt{I_1(\beta_0) I_3(\beta_0) t} \left(\frac{H}{4N_f - 3} \right)^{\frac{3}{2}} \tag{4-22}$$

基于式(4-22)可以获得管件宽度 L=50mm 时预折纹薄壁管 PF_{1t} 与传统薄壁方管 PF_{1t} 的相互关系，具体结果如图 4-34(d)所示。图中圆点表示 3.1.1 节中 9 种预折纹薄壁管 PF_1 的仿真值，用以直观地展示有序变形模式和无序变形模式之间的临界关系。结合图 3-5 中的变形序列可以发现，出现有序变形模式的规格位于 PF_{1t}(薄壁方管)曲面下方(PF_{1t}(预折纹管)< PF_{1t}(薄壁方管))，而未能呈现有序变形模式的规格则处于 PF_{1t} 曲面上方(PF_{1t}(预折纹管)> PF_{1t}(薄壁方管))。显然，可以证明式(4-22)对于指导折纹结构参数选取的有效性。此外，通过设置不同的宽

度 L、厚度 t、高度 H 可以根据实际应用场景确定预折纹薄壁管的合理初始结构参数。

2. 多管组合参数确定

在确定初始规格的较优结构参数后，根据管件数量 N_i 合理选择折纹偏置距离 ΔP 和基础局部高度差 ΔH_p 则是实现载荷-位移曲线错位补偿效果最大化的关键所在。首先，由于预折纹薄壁管变形褶皱数量较多，每个褶皱所对应的位移区间较短，即相邻两峰值载荷的间隔较小。如图 4-35(a) 所示，高度差-变构型差异化分布设计中序号最小管件 1 只设置了局部高度差，即初始峰值载荷 PF_1 相比于初始规格会出现 $\eta_s\Delta H_p$ 的延迟。如图 4-35(b) 所示，序号最大管件 N_i 相比于初始规格则相当于仅引入了变折纹分布设计，这也导致结构的峰值载荷 PF_2 会出现相应距离的提前。如图 4-35(c) 所示，若多管组合结构设置的基础局部高度差 ΔH_p 或折纹基础移动距离 ΔC 过大，则可能致使管件 1 的初始峰值载荷 PF_1(过度延迟)与序

(a) $i=1$ 时管件峰值载荷移动情况

(b) $i=N_i$ 时管件峰值载荷移动情况

(c) 管件1和管件N_i峰值载荷移动情况

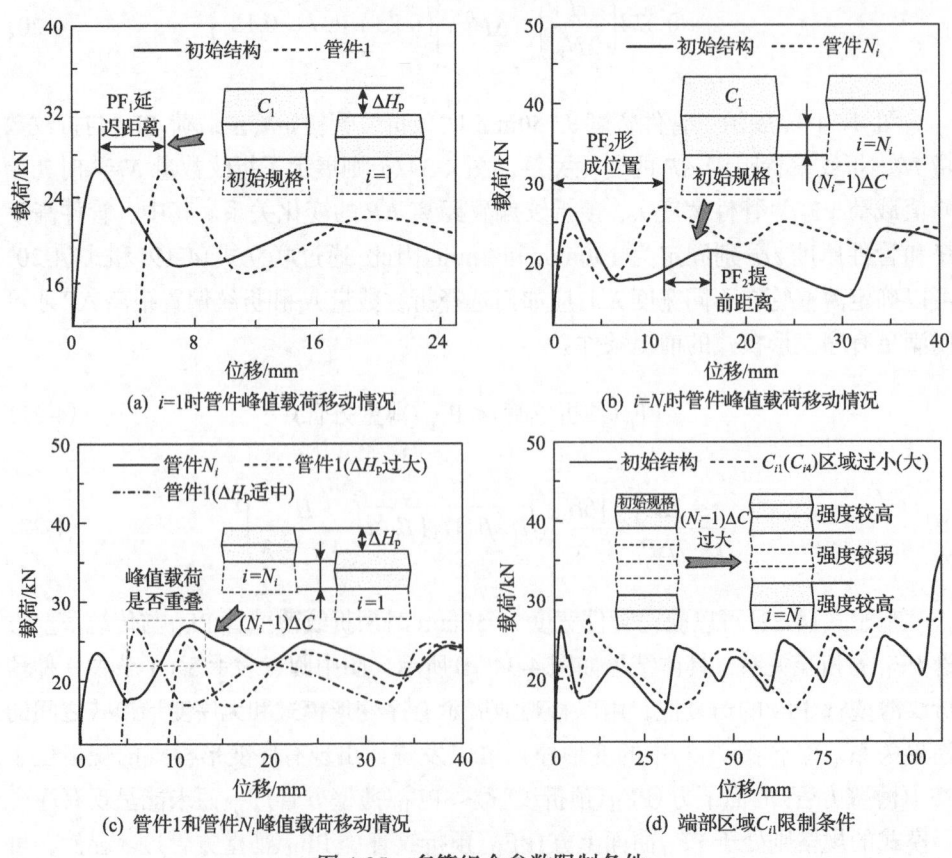

(d) 端部区域 C_{i1} 限制条件

图 4-35 多管组合参数限制条件

号最大管件的峰值载荷 PF$_2$(过度提前)出现堆叠。因此，为避免上述现象的发生而影响载荷-位移曲线错位补偿效果，管件 1 峰值载荷 PF$_1$ 的形成位置应该位于管件 N_i 峰值载荷 PF$_2$ 的前侧。首先，确定管件 1 峰值载荷 PF$_1$ 的形成位置 δ_{f1}：

$$\delta_{f1} = \eta_s \left[(N_i - 1)\Delta H_p + \frac{\sigma_u}{E} H \right] \tag{4-23}$$

其次，确定管件 N_i 峰值载荷 PF$_2$ 的形成位置 δ_{f2}：

$$\delta_{f2} = \eta_s \left[\frac{2H}{3N_f} - \frac{\Delta C(N_i - 1)}{2} \right] \tag{4-24}$$

联立式(4-23)和式(4-24)则可以确定 ΔH_p 和 ΔC 的相互制约关系：

$$\delta_{f1} < \delta_{f2} \tag{4-25}$$

此外，为保证序号最小管件的 C_{i1} 区域恒大于序号最大管件的 C_{i1} 区域以避免变形无序性的出现，ΔH_p 还须满足

$$\Delta H_p \leqslant \Delta C \tag{4-26}$$

由图 4-4(b)可知，随着组合管数量 N_i 的增大，序号较大的管件可能因结构两端强度较高而中部强度较弱而出现变形无序性的现象。如图 4-35(d)所示，产生上述现象的原因为折纹基础移动距离 ΔC 的引入在削弱端部区域 C_{i1} 强度的同时也会增大底部区域 C_{i4} 的强度，当区域 C_{i4} 过大时则会影响结构的变形稳定性。因此，将式(4-20)中自变量 $H/(2N_f)$ 设置为增大后的 C_{i4} 区域，并结合式(4-19)可以获得不同管件数量 N_i 和折纹基础移动距离 ΔC 下管件有序变形模式和无序变形模式的临界关系。图 4-36(a) 为 $N_f=4$、$\Delta P=2$mm、$H=150$mm、$t=2$mm 时 C_{i4} 区域理论强度值 PF$_{C4}$ 与同褶皱数量下传统薄壁管件理论初始峰值载荷 PF$_{1t}$ 的变化关系。显然，当各规格位于 PF$_{1t}$ 曲面下侧时更容易出现有序变形模式。因此，通过换算大致确定当 C_{i4} 区域的增大幅度小于 45%时可以满足有序变形的条件：

$$(N_i - 1)\Delta C \leqslant 45\% \frac{H}{N_f} \tag{4-27}$$

根据式(4-25)~式(4-27)可以获得不同管件数量 N_i 时基础局部高度差 ΔH_p 与折纹基础移动距离 ΔC 的选取方法，$N_f=4$ 时的结果如图 4-36(b)所示。显然，只有组合参数所构成的数据点同时位于式(4-25)曲面和式(4-27)曲面的下侧才能满足

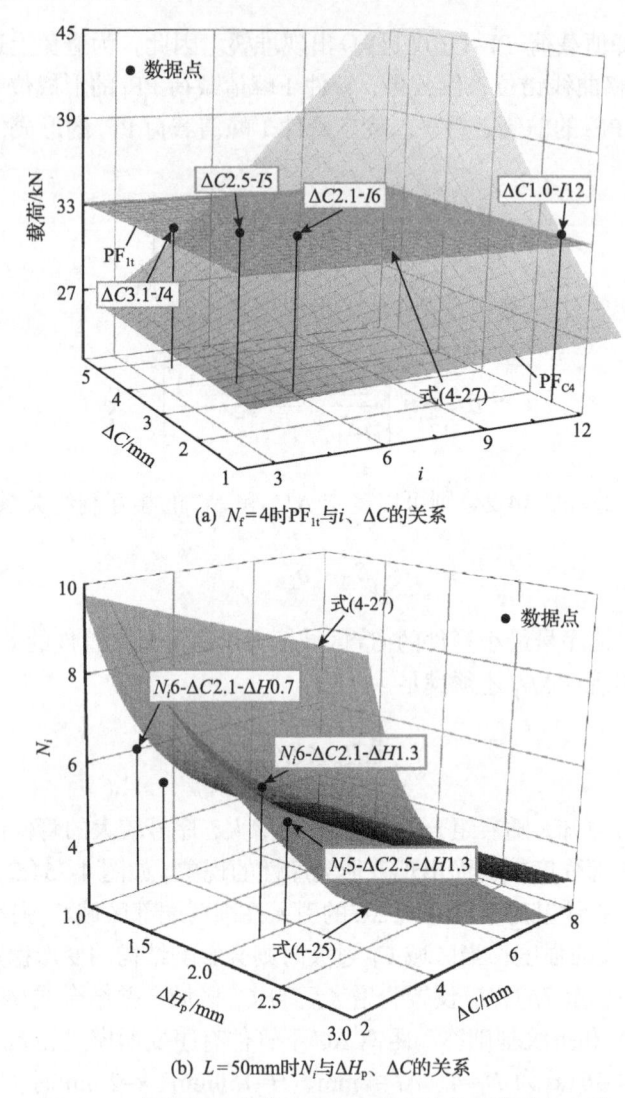

(a) $N_f=4$时PF_{1t}与i、ΔC的关系

(b) $L=50$mm时N_r与ΔH_p、ΔC的关系

图4-36 高度差-变折纹分布多管组合结构参数确立方法

有序变形的条件。由此可见，$\Delta C1.0$-$I12$规格所处的组合结构（$\Delta C=1.56$mm，$N_i=12$）由于处于式(4-27)曲面之上，序号最大管件C_{i4}区域的增大幅度超出极限，因此在图4-4(b)中呈现了无序的变形模式。而N_i6-$\Delta C2.1$-$\Delta H1.3$组合结构（$\Delta C=3.13$mm，$\Delta H=2$mm，$N_i=6$）因为处于式(4-25)曲面之上，在图4-23(c)中出现了最小管件初始峰值载荷PF_1因过度延迟而与序号最大管件的峰值载荷PF_2相互堆叠的现象。此外，结合式(4-14)可知，为实现多管载荷-位移曲线最大限度的分离从而达到多管组合结构载荷波动充分降低的目的，基础局部高度差ΔH_p和折纹基础移动距离ΔC所构成的数据点应尽可能地靠近式(4-25)曲面。

4.4.2 预设约束件薄壁管

1. 初始规格参数确定

由于内置隔板构型和外置增强环构型无法起到预折纹构型引导各区域宏观变形模式的作用，过多约束件构型的设置会使结构的变形剧烈程度增加，不仅增大结构的载荷波动，还会提高对隔板或增强环强度的要求。同时，更多的局部增强参数还会提高加工成本，增大初始缺陷对变形稳定性的影响。传统薄壁方管在渐进折叠变形模式下具有稳定可控的变形过程，因此隔板数量 N_d 和增强环数量 N_r 的取值可根据相同宏观尺寸下传统薄壁方管变形褶皱数量 N_s 进行选择：

$$N_r = N_d = N_s \tag{4-28}$$

$$N_r = N_d \approx \frac{H}{2\delta_{sp}} - 1 \tag{4-29}$$

$$\delta_{sp} = \sqrt[3]{\frac{\pi^2}{16 I_1(\beta_0) I_3(\beta_0)}} \sqrt[3]{tL^2} \tag{4-30}$$

根据图 3-2(c)可知，隔板厚度 t_d 的取值直接决定内置隔板薄壁管能否在指定区域形成稳定变形褶皱，即变形过程中隔板应避免因自身出现明显变形而失去对相邻 D_{ij} 区域的边界约束作用。如图 4-37(a)所示，区域 D_{ij} 在变形过程中对隔板施加的拉力或压力为 F_d，当区域 D_{ij} 进入变形末期时，载荷 F_d 与隔板几乎在同一平面上。此时，将 F_d 的载荷设置为薄壁结构的 MCF，根据式(3-19)和式(3-25)可以获得隔板极限载荷 PF_d 与 MCF 之间的关系式：

$$\mathrm{PF}_d \geqslant F_d = \mathrm{MCF} \tag{4-31}$$

$$4\sigma_0 L t_d \geqslant \frac{1}{\eta_s \delta_{sp}} \left[2W_1 + \frac{4(1+2N_d)}{N_d + 1} W_2 + 2W_3 \right] \tag{4-32}$$

$$t_d \geqslant \frac{t^2}{16 L \eta_s} \left[\frac{32 I_1(\beta_0) r_d}{t} + \frac{4\pi(1+2N_d)L}{(N_d+1)\delta_{spd}} + \frac{8 I_3(\beta_0) \delta_{spd}}{r_d} \right] \tag{4-33}$$

$$r_d = \sqrt{\frac{H t I_3(\beta_0)}{8 I_1(\beta_0)(N_d+1)}} \tag{4-34}$$

$$\delta_{spd} = \frac{H}{2(N_d+1)} \tag{4-35}$$

(a) 内置隔板承载情况

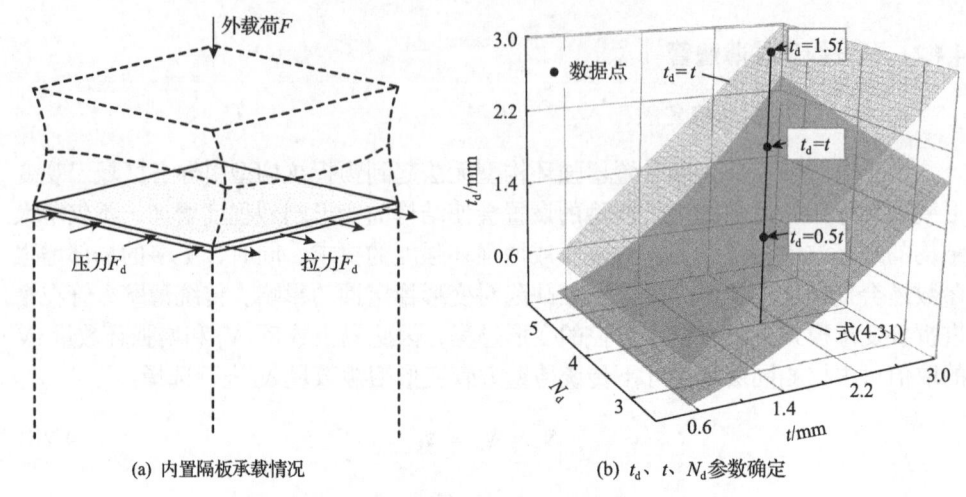

(b) t_d、t、N_d参数确定

图 4-37 内置隔板薄壁管初始规格参数选取方法

图 4-37(b) 为 H=150mm 和 L=50mm 时隔板厚度 t_d、管件厚度 t 以及内置隔板数量 N_d 与式(4-31)的相互关系,其中圆点表示图 3-2(c)中三种不同的隔板厚度规格 ($t_d = 0.5t$(1mm)、$t_d = t$(2mm)、$t_d = 1.5t$(3mm))。显然,$t_d = 0.5t$ 规格未能处于式(4-31)曲面上侧,因此未将褶皱的变形空间有效限制在 D_{ij} 区域内,导致载荷-位移曲线上并没有出现明显的峰值载荷。同时,$t_d=t$ 所组成的平面能保证数据点处于式(4-31)曲面上侧,因此该取值方法可用于后续的多管组合式吸能结构设计。

通过 3.1.3 节的分析可知,在端部区域 R_{i1} 形成变形褶皱的过程中增强环不出现明显变形是保证载荷-位移曲线形成明显峰值载荷的前提条件,而增强环厚度 t_r 和增强环高度 h_r 则是其关键影响因素。同时,由于 t_r 和 h_r 对区域 R_{ij} 变形空间的限制作用相类似,为便于参数选择分析及后续多管组合设计,使增强环高度和厚度满足 $t_r=h_r$ 这一条件。图 4-38(a)展示了增强环在 R_{i1} 区域变形过程中的承载情况。显然,增强环所承受的拉力或压力 F_r 与其处于同一平面时最易出现变形。相较于内置隔板构型,外置增强环构型在此时的稳定性问题中更趋于压杆稳定性问题。因此,假设外界载荷 F_r 在与增强环共面时的载荷等于端部区域褶皱的 MCF,在此条件下可以获得增强环极限载荷 PF_r 与外界载荷 F_r 的临界关系:

$$PF_r \geqslant F_r = MCF \tag{4-36}$$

$$\frac{4\pi^2 E t_r^4}{12L^2} \geqslant \frac{\sigma_0 t^2}{4\eta_s} \left[32 I_1(\beta_0) \frac{r}{t} + \frac{4\pi L (1.5 N_r + 1)}{\delta_{spr}(N_r+1)} + 8 I_3(\beta_0) \frac{\delta_{spr}}{r} \right] \tag{4-37}$$

$$t_r^4 \geqslant \frac{3\sigma_0 t^2 L^2}{4\pi^2 E \eta_s} \left[32 I_1(\beta_0) \frac{r}{t} + \frac{4\pi L (1.5 N_r + 1)}{\delta_{spr}(N_r+1)} + 8 I_3(\beta_0) \frac{\delta_{spr}}{r} \right] \tag{4-38}$$

第4章 组合式吸能结构时序设计方法

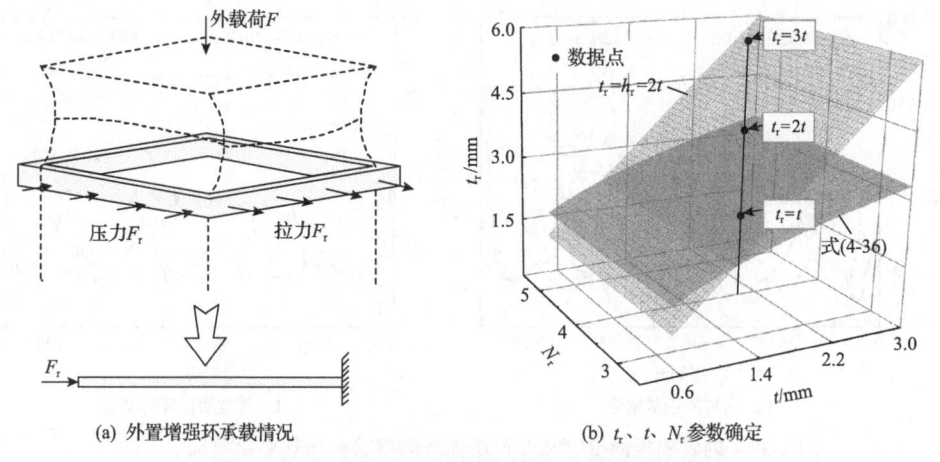

(a) 外置增强环承载情况

(b) t_r、t、N_r 参数确定

图 4-38 外置增强环薄壁管初始规格参数选取方法

$$r_r = \sqrt{\frac{HtI_3(\beta_0)}{8I_1(\beta_0)(N_r+1)}} \tag{4-39}$$

$$\delta_{spr} = \frac{H}{2(N_r+1)} \tag{4-40}$$

图 4-38(b)为式(4-36)所构成曲面与增强环厚度 t_r(增强环高度 h_r)、管件厚度 t 以及外置增强环数量 N_r 所组成数据点的相互关系(H=150mm 和 L=50mm 时)。其中,圆点表示图 3-3(c)中三种不同的增强环厚度规格($t_r = t$(2mm)、$t_r = 2t$(4mm)、$t_r = 3t$(6mm))。显然,由于 $t_r = t$ 规格未能满足式(4-36)的条件,其载荷-位移曲线在 15~45mm 位移区间内并没有形成明显的峰值载荷。此外,当 $t > 2$mm 时,$t_r = h_r = 2t$ 所组成的平面能保证数据点处于式(4-36)曲面上侧从而满足载荷-位移曲线形成时序有效控制的条件,可为后续多管组合式吸能结构的参数选取提供切实可行的思路。

2. 多管组合参数确定

如图 4-39 所示,随着管件数量 N_i 的不断增加,变隔板分布多管组合结构和变增强环分布多管组合结构中序号较大的管件会因端部区域 D_{i1} 或 R_{i1} 过度增大而在该区域形成第二个变形褶皱,从而导致后续峰值载荷出现错位补偿不充分的现象。其中,前者主要表现在 PF_2 无法有效分离及 PF_3 过度延迟,而后者则呈现后续峰值载荷显著减小及部分峰值无法充分分离。

为避免上述现象的出现,同时有效降低组合结构的初始峰值载荷,端部区域局部高度差的设置显得尤为必要。当然,为了尽可能地降低局部高度差对组合结构吸能量的不利影响,隔板基础移动距离 ΔD、增强环基础移动距离 ΔR、基础局

(a) 内置隔板薄壁管　　(b) 外置增强环薄壁管

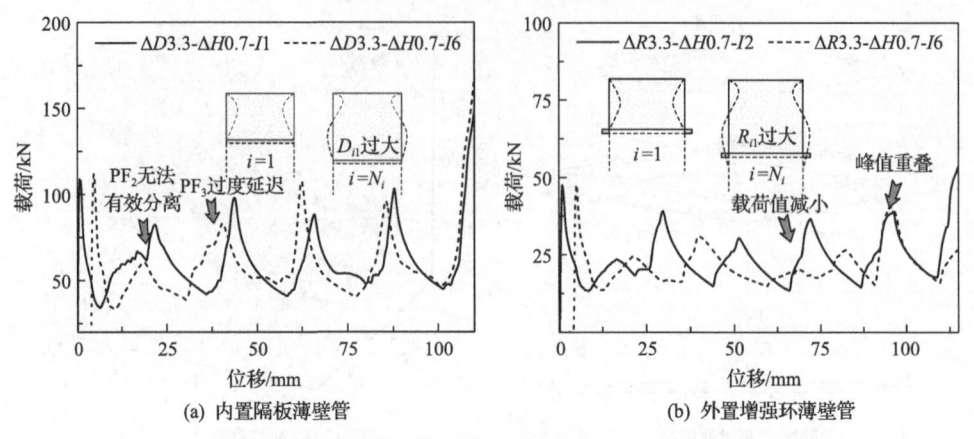

图 4-39　内置隔板薄壁管和外置增强环薄壁管初始规格参数选取方法

部高度差 ΔH_p 应根据管件数量 N_i 合理进行选取。

结合式(4-14)和 4.3 节的分析可以发现，当端部区域 D_{i1} 或 R_{i1} 的高度保持不高于三倍理想褶皱半波长 δ_{sp} 时，可以有效抑制端部区域第二变形褶皱的出现，从而保证各管后续峰值载荷仍得到有效分离。由此可见，内置隔板薄壁管和外置增强环薄壁管的三种多管组合参数应满足以下条件：

$$\frac{H}{N_d+1}+(N_i-1)\Delta D-(N_i-1)\Delta H_p \leq 3\sqrt[3]{\frac{\pi^2}{16I_1(\beta_0)I_3(\beta_0)}}\sqrt[3]{tL^2} \quad (4\text{-}41)$$

$$\frac{H}{N_r+1}+(N_i-1)\Delta R-(N_i-1)\Delta H_p \leq 3\sqrt[3]{\frac{\pi^2}{16I_1(\beta_0)I_3(\beta_0)}}\sqrt[3]{tL^2} \quad (4\text{-}42)$$

上述两式所得结果类似，并且相比于内置隔板多管组合结构，外置增强环多管组合结构的载荷-位移曲线错位补偿效果对三种组合参数表现得更敏感，因此后续分析基于该多管组合结构开展。图 4-40(a) 为 H=150mm、L=50mm、N_r=4 时三种组合参数与式(4-42)的相对关系。其中，N_i4-ΔC5.0、N_i5-ΔC4.0、N_i6-ΔC3.3 表示三种仅设置了变增强环分布的规格，而 N_i6-ΔC5.0-ΔH0.7、N_i6-ΔC5.0-ΔH1.3 表示三种设置了高度差-变增强环分布的规格。显而易见，只有 N_i6-ΔC5.0-ΔH1.3 规格位于式(4-42)曲面之下，因此其他规格都出现了程度不一的峰值载荷相互堆叠的现象。当然，为了实现各管峰值载荷最大限度的分离，ΔR 的取值应尽可能地满足式(4-13)。图 4-40(b) 则展示了当局部高度差确定后，管件序号 i 和增强环基础移动距离 ΔR 与式(4-42)的相互关系，与 4.3.3 节所得的结果相印证，只有当 ΔH_p 增大至 1.3%H 时才能实现各管件载荷-位移曲线的充分等距分离。

(a) N_i、ΔR、ΔH_p关系

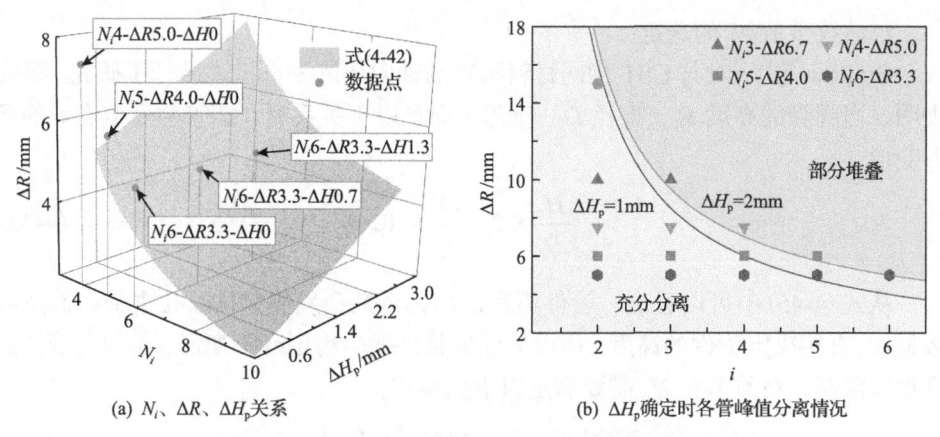

(b) ΔH_p确定时各管峰值分离情况

图 4-40　高度差-变外置增强环分布多管组合参数确立方法

4.4.3　波纹间隔薄壁管

波纹高度 h_b 直接决定了 CST 单个波纹部分的高度，在本设计方法中可以自行选择。在一个折叠波长内，如图 4-41 所示，为保证波纹部分在压缩过程中的材料利用率 η_r 在 70%及以上，有

$$\eta_r = \frac{h_b - 2t_b}{h_b} \geqslant 0.7 \tag{4-43}$$

壁厚 t_b 需要满足以下关系式：

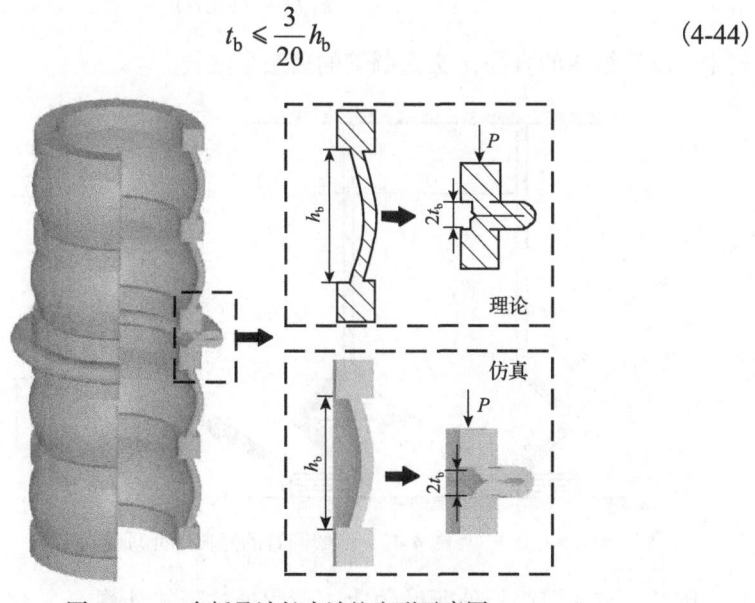

$$t_b \leqslant \frac{3}{20} h_b \tag{4-44}$$

图 4-41　一个折叠波长内波纹变形示意图

1)波纹数量 N_b 的选定

Guillow 等[215]对与 CST 相同材料圆管的轴向压缩变形模式进行了研究。研究表明，当圆管的高度 H_t、直径 D_t、壁厚 t_t 满足以下关系时，圆管会发生高效的环形变形：

$$\frac{H_t}{D_t} \leqslant 2, \quad \frac{D_t}{t_t} \leqslant 40 \tag{4-45}$$

从式(4-45)中可以看出，管件不宜过高，否则会发生整体欧拉失稳，而波纹数量 N_b 直接决定管件的高度，所以为保证管件发生稳定环形变形，必须对管件高度加以限制，波纹数量 N_b 需要满足以下关系式：

$$N_b \leqslant \frac{160 t_b}{T_b} \tag{4-46}$$

2)管件直径 D 的选定

当 CST 还原成与其材料、高度、直径、壁厚相同的传统圆管时，若 CST 的初始撞击力峰值小于传统圆管，则 CST 可以在轴向压缩中获得稳定、有序的变形。Alexander[172]提出的薄壁圆管的经典单元理论可以用来推导传统圆管的褶皱半波长 δ_c，其模型简化图如图 4-42 所示。当直线段的弯曲角度 θ 增大 $d\theta$ 时，直线段部分的平均拉伸应变 ε 为

$$\varepsilon = \frac{\pi\left[D + \delta_t \sin(\theta + d\theta) - \pi(D + \delta_c \sin\theta)\right]}{\pi(D + \delta_c \sin\theta)} \tag{4-47}$$

式中，D 为结构的直径；δ_c 为圆管的褶皱半波长。

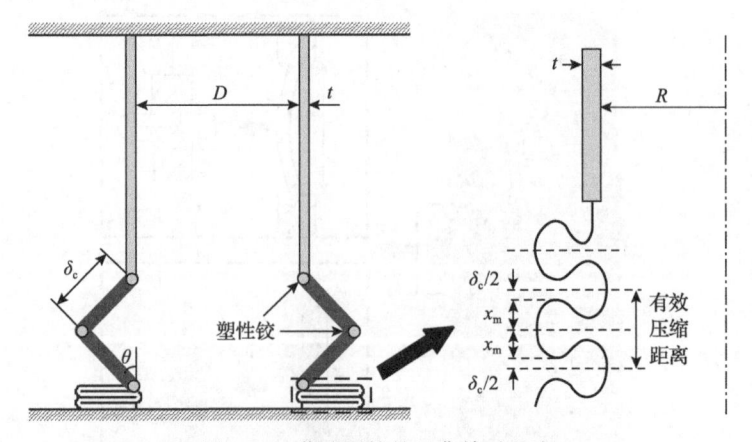

图 4-42 薄壁圆管的经典单元理论

因此，直线段受拉伸所做的功 J_1 可以通过下式计算：

$$dJ_1 = \sigma_0 \varepsilon \pi (D + \delta_c \sin\theta) \cdot 2\delta_c t \tag{4-48}$$

$$dJ_1 = 2\pi \sigma_y \delta_c^2 t d\theta \cos\theta \tag{4-49}$$

式中，σ_0 为材料的流动应力；t 为管件的厚度；σ_y 为材料的屈服强度。

塑性铰部分弯曲变形所做的功 J_2 通过式(4-50)计算：

$$dJ_2 = 4\pi M_0 d\theta (D + \delta_c \sin\theta) \tag{4-50}$$

一个变形褶皱在完全成型所耗散的能量可以通过平均载荷与褶皱波长的乘积确定：

$$2\delta_c \cdot \mathrm{MCF} = \int_0^{\frac{\pi}{2}} dJ_1 + dJ_2 \tag{4-51}$$

通过实验结果可以发现，吸能过程中结构对材料的利用率并不能达到100%，单个褶皱的实际变形高度并不能达到 $2\delta_c$，其值为理想褶皱半波长的70%～75%。因此

$$2\eta_r \delta_c \cdot \mathrm{MCF} = \int_0^{\frac{\pi}{2}} dJ_1 + dJ_2 \tag{4-52}$$

$$\mathrm{MCF} = \frac{\pi \sigma_y \delta_c t}{\eta_r} + \frac{\pi \sigma_0 t^2}{\eta_r}\left(\frac{\pi D}{4\delta_c} + \frac{1}{2}\right) \tag{4-53}$$

式中，η_r 为薄壁圆管的材料利用率。

未知变量褶皱半波长 δ_c 可通过稳定渐进折叠变形下的能量耗散最小原则进行求解：

$$\frac{\partial \mathrm{MCF}}{\partial \delta_c} = 0 \tag{4-54}$$

$$\delta_c = \sqrt{\frac{\pi \sigma_0}{4\sigma_y}} \sqrt{2Rt} \tag{4-55}$$

基于此原理来确定直径 D 和波纹部分的幅值 A_b。根据式(4-55)，CST 的直径 D 可以由式(4-56)确定：

$$D \leqslant \frac{4\sigma_y \delta_c^2}{\pi \sigma_0 t_b} \tag{4-56}$$

式中，

$$\delta_c = \frac{H_t}{2N_b}, \quad H_t = \frac{T_b N_b}{2} \tag{4-57}$$

3) 波纹部分幅值 A_b 的选定

Hao 等[216]对完整波纹管进行了细致的研究，并提出了波纹管平均载荷和初始峰值载荷的理论模型，把波纹管的变形过程分成两个部分：前半周期和后半周期。CST 仅存在前半周期的折叠变形，对应的简化模型如图 4-43 所示。

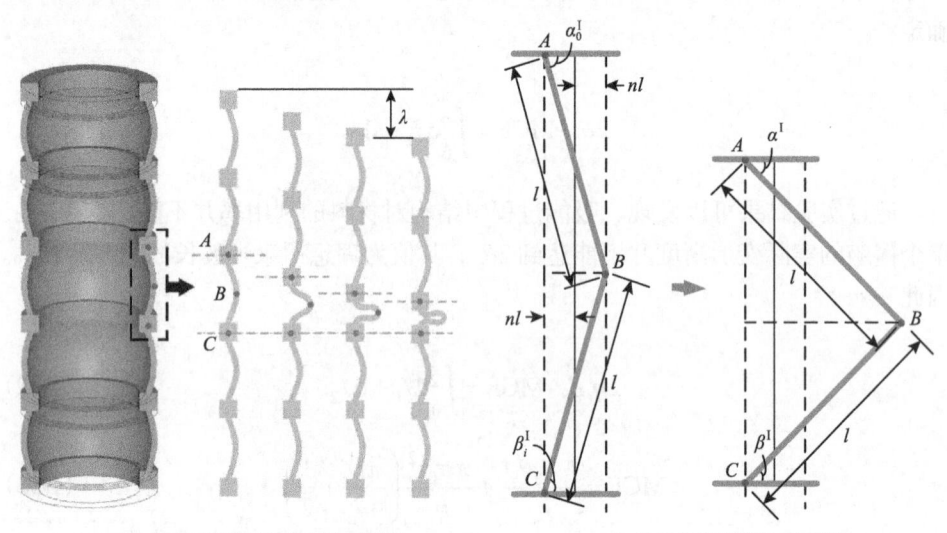

(a) CST 轴向压缩渐进屈曲理论示意图　　(b) 波纹部分的简化理论模型

图 4-43　波纹管理论模型

在一个折叠波长内，MCF 的表达式如下：

$$\text{MCF} \times 2l\eta_r = E_b + E_m \tag{4-58}$$

式中，E_b 是弯曲变形的能量；E_m 是膜变形的能量；l 为波纹部分的弧长；η_r 是材料利用率。

波纹部分弯曲变形时吸收的能量为

$$E_b = 2\pi D M_p \left[\arccos(2n) - \arcsin(2n) + \frac{\pi}{2} \right] \tag{4-59}$$

式中，$M_p (= \sigma_0 t_b^{0.5})$ 为单位周长全塑性弯矩；n 为振幅因子，表达式为 $n = A_b/l$。n 和 α_0^I、β_i^I 的关系如式(4-60)所示：

$$\cos\alpha_0^{\mathrm{I}} = \cos\beta_i^{\mathrm{I}} = 2n \tag{4-60}$$

当波纹管退化为圆管时($n=0$，$l\to 2H$，$2H$ 为一个折叠波长)，圆管的弯曲能 E_{bt} 可简化为如下表达式：

$$E_{\mathrm{bt}} = 2\pi^2 D_{\mathrm{t}} M_{\mathrm{pt}} \tag{4-61}$$

式中，D_{t} 为圆管的直径；M_{pt} 为圆管的单位周长全塑性弯矩。

前半周期波纹管膜变形时吸收的能量为

$$E_{\mathrm{m}} = 2\pi N_{\mathrm{p}} l^2 (1-2n) \tag{4-62}$$

式中，$N_{\mathrm{p}} = \sigma_0 t_{\mathrm{b}}^2$ 为单位长度的全塑膜力。

总膜能与偏心系数 m 无关。当波纹管退化为圆管时，圆管的膜能 E_{mt} 还原为如下表达式：

$$E_{\mathrm{mt}} = 8\pi N_{\mathrm{pt}} H^2 \tag{4-63}$$

式中，N_{pt} 为圆管单位长度的全塑膜力。

将式(4-62)、式(4-59)代入式(4-58)中，有

$$\mathrm{MCF} = \frac{\pi D M_{\mathrm{p}} \left[\arccos(2n) - \arcsin(2n) + \dfrac{\pi}{2} \right] + \pi N_{\mathrm{p}} l^2 (1-2n)}{l\eta_{\mathrm{r}}} \tag{4-64}$$

对 CST 结构来说，整个变形过程中管件产生的内外两侧褶皱距离完全相同，所以设 $n=0.5$ 对于 CST 的 MCF 理论分析是合理的。

对于圆管：

$$\frac{\mathrm{MCF}_{\mathrm{t}}}{M_{\mathrm{pt}}} = \frac{D_{\mathrm{t}} t_{\mathrm{t}} \pi^2 + 16\pi H^2}{l\eta_{\mathrm{r}} t_{\mathrm{t}}} \tag{4-65}$$

式中，η_{r} 取 0.75。

波纹管前半周期的瞬时撞击力 P_{t} 的表达式为

$$\frac{P_{\mathrm{t}}}{\mathrm{MCF}} = \frac{2Dt(1+\psi) + 8l^2 \sin\alpha}{(\cos\alpha + \psi\xi)\left\{Dt\left[\pi - 2\arcsin(2n)\right] + 4l^2(1-2n)\right\}} \tag{4-66}$$

式中，

$$\psi = \frac{\sin\alpha}{\sqrt{1-\xi^2}}, \quad \xi = \cos\alpha \tag{4-67}$$

初始撞击力峰值出现在第一个褶皱将要变形而未发生变形的情况下，此时 α 的大小为

$$\alpha = \arccos(2n) \tag{4-68}$$

将式(4-68)代入式(4-66)中即可得到波纹间隔管的初始撞击力峰值。对波纹间隔管来说，在初始撞击力峰值发生的瞬间，因为褶皱两侧不对称，所以取 $n=0.5$ 明显是不合适的。因此，推导出了 n 的值：

$$n = 0.65 \tag{4-69}$$

CST 的 MCF 和 PF_1 理论值与实验值的对比如表 4-26 所示。可以看出，两者的误差非常小，都在 6% 以内，所以该理论可以用来推断 CST 的 MCF 和 PF_1。

表 4-26　CST MCF 和 PF_1 理论值与实验值的对比

参数	实验值	理论值	误差
MCF/kN	42.2	43.6	3.3%
PF_1/kN	57.5	60.9	5.9%

当波纹管退化为圆管 ($n=0$)，即 $\cos\alpha = \cos\alpha_0 = n$ 时，有

$$\frac{PF_{1t}}{MCF_t} = \frac{1+\sqrt{1-n^2}}{\pi n} + \frac{\sqrt{1-n^2}}{n} \tag{4-70}$$

当 CST 还原成与其材料、高度、直径、壁厚相同的圆管时，CST 小于圆管的初始撞击力峰值时可以获得稳定、有序的变形。因此，A_b 需要满足以下不等式，使 CST 更易沿着轴向压缩方向呈现出有序的变形模式。

$$PF_1 < PF_{1t} \tag{4-71}$$

4) 圆环部分厚度 t_z 和高度 h_z 的选定

因为 t_z 和 h_z 对波纹部分变形的限制作用相类似，为方便 CST 结构参数的选择，令 $t_z=h_z$。为保证在轴向压缩过程中相邻圆环对中间波纹部分的变形限制，在最大径向载荷下圆环不能发生塑性变形。Reid 等[217]研究了圆环在径向载荷下圆环不发生塑性变形所能承受的最大载荷 P_{rmax} 为

$$P_{rmax} = \frac{2\sigma_y t_z^2}{D} \tag{4-72}$$

在 CST 结构中，圆环部分所受最大径向载荷出现在 PF_1 出现时，因此对该时刻的波纹部分进行受力分析，如图 4-44 所示。

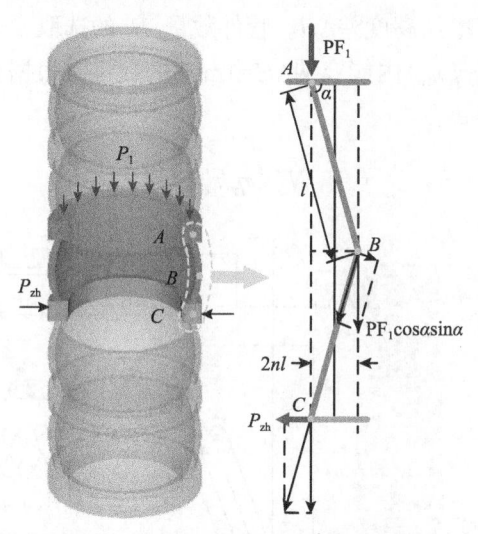

图 4-44 圆环部分所受径向载荷示意图

根据 PF_1 的传递路径，圆环部分受到最大的径向载荷 P_{zh} 为

$$P_{zh} = PF_1 \sin^2\alpha \cos^2\alpha \tag{4-73}$$

$$\alpha = \arccos(2n) \tag{4-74}$$

圆环部分受到的最大径向载荷 P_{zh} 要小于极限载荷 P_{rmax}，所以当 t_z 和 h_z 满足以下不等式时可以保证圆环对波纹部分变形的限制作用：

$$P_{zh} \leqslant P_{rmax} \tag{4-75}$$

因此 t_z 和 h_z 需要满足

$$t_z = h_z \geqslant \sqrt{\frac{DP_1 \sin^2\alpha \cos^2\alpha}{2\sigma_y}} \tag{4-76}$$

5) 管件数量 N_i 的选定

各个管件之间的高度差 ΔH 体现在载荷-位移曲线上是相邻撞击力峰值之间的间隔，如图 4-45 所示。为保证错位补偿组合设计方法对于降低 ULC 的效果，各个管件的撞击力峰值需要均匀分布，既不能在某一时刻没有管件承受载荷，也不能让撞击力峰值堆叠在同一时刻。根据大量的仿真数据，当 $\Delta H = 1$mm 时就可以获得很好的降低载荷波动的效果，如果继续降低高度差ΔH，降低载荷波动的效果并不明显，反而会使管件数量增加而导致工艺成本增加；若对于降低载荷波动的需求不大，则可以适当增加高度差ΔH。管件数量N_i的选取，体现在错位补偿规则下一个折叠波长（$\lambda = \eta_r h_b$）内能容纳$\Delta H=1$mm 的数量，根据上述分析，管件数量N_i需要满足以下关系式：

$$N_i \leqslant \eta_r h_b - 1 \tag{4-77}$$

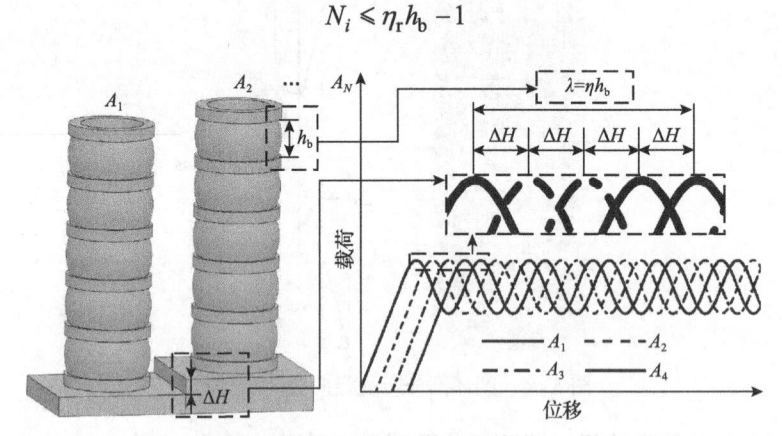

图 4-45 错位补偿规则下高度差ΔH的选取

6）高度差ΔH的选定

根据 3.2.1 节 CST 的N_i与ΔH的关系，λ被N_i等分之后的长度即为ΔH，因此，根据管件数量N可以确定高度差ΔH：

$$\Delta H = \frac{\eta_r h_b - 1}{N_i} \tag{4-78}$$

4.5 本章小结

本章首先确定了典型预设构型薄壁管的多管组合设计思路，即如何分配各管的构型移动距离以实现各管载荷-位移曲线充分且等距的分离，然后探究了不同管件数量N_i时变构型差异化分布设计的载荷-位移曲线错位补偿效果，并通过合理设置局部高度差有效解决了变构型差异化分布设计的缺陷，进而总结出了可指导多管组合结构协同设计的变构型差异化分布设计方法，具体结论如下。

（1）对于预折纹薄壁管，端部区域C_{i1}高度的过度减小会导致结构因中部区域强度相对较弱而出现变形无序性，从而致使所设置的构型无法有效控制载荷-位移曲线的形成时序；对于预设约束件薄壁管，端部区域D_{i1}和R_{i1}的过度增大会导致该区域出现第二变形褶皱，从而显著影响载荷-位移曲线错位补偿的效果。

(2)随着管件数量的逐渐增大,多管组合结构引入变构型差异化分布设计后的载荷波动降低幅度会逐渐趋于平稳,即载荷-位移曲线错位补偿效果存在上限值;在变构型差异化分布设计的基础上引入合适的局部高度差可以有效弥补前者初始峰值载荷无法有效分离以及部分峰值载荷分离不充分的缺陷,从而实现组合结构初始峰值和载荷波动最大限度地降低。

(3)总结的多管组合结构变构型差异化分布设计方法确定了初始规格参数(构型数量和构型尺寸)和多管组合参数(管件数量、基础构型移动距离、基础局部高度差)的具体选取步骤,可为实际应用中的参数选取提供充足的数据及理论支撑。

第 5 章 时序组合式吸能结构优化设计

高度差-变构型差异化分布多管组合结构相较于传统多管组合结构是否具备足够的吸能优势直接决定了载荷-位移曲线错位补偿思路的实际应用价值。因此，本章将基于 2.1.2 节提出的无量纲吸能特性评价指标对三种高度差-变构型差异化分布多管组合结构进行对比分析。此外，为进一步提高预折纹薄壁管和外置增强环薄壁管的吸能特性，对两种结构的嵌套组合方法展开研究，并从中确定能最大限度呈现多管载荷-位移曲线错位补偿效果的嵌套模式和高度差-变构型差异化分布设计的应用方法。最后，通过与不同类型多管组合结构在不同加载工况下的对比分析，更加直观地展示高度差-变构型差异化分布设计所具有的吸能优势。

5.1 预置构型多管组合结构吸能特性对比

基于 4.3 节的分析可知，三种变构型差异化分布多管组合结构具有各自的吸能优势，即预折纹薄壁管具有更小的初始峰值载荷和载荷波动，而内置隔板薄壁管和外置增强环薄壁管则具有更高的吸能量。因此，根据实际应用场景合理选择构型参数进行多管载荷-位移曲线错位补偿设计显得尤为重要，而各多管组合结构的吸能特性横向对比则是前提条件。为在材料参数和结构尺寸未保持统一的情况下横向评估不同构型参数下多管组合结构的吸能特性，基于 2.1.2 节提出的无量纲吸能特性评价指标对三种多管组合结构展开吸能特性对比分析。图 5-1(a) 为三种构型参数单管结构的无量纲载荷-位移曲线对比，而图 5-1(b) 则是同时设置变构型参数分布和局部高度差后三种六管组合结构的无量纲载荷-位移曲线对比。局部增强设计可以有效提高区域 D_{i1} 和 R_{i1} 的边界约束条件从而增大褶皱的变形激烈程度，因此内置隔板薄壁管和外置增强环薄壁管呈现出更高的载荷。同时，结合式(4-32)和式(4-37)可以发现，内置隔板构型可以在变形过程中呈现出更高的强度，即提供更强的边界约束作用，因此内置隔板薄壁管的载荷会高于外置增强环薄壁管。并且，由于内置隔板构型可以将褶皱的变形空间有效地限制在区域 D_{ij} 内，其峰值载荷的形成时序会稍早于外置增强环构型。

虽然预折纹薄壁管因削弱了每个区域的初始强度而使其呈现出最小的载荷，但由于褶皱的变形稳定得到明显提升，其单管载荷-位移曲线仅出现了小幅的波动。而且折纹的设置使得在相同构型数量(N_f、N_d、N_r)下结构能形成更多的变形褶皱(峰值载荷)，其载荷-位移曲线错位补偿的效果更为明显。因此，在管件数量

N_i 相同的情况下,高度差-变折纹分布多管组合结构展现出最为平稳的载荷-位移曲线。当然,更多的褶皱数量意味着相邻峰值载荷之间的时序间隔更小,各管间的构型分布差异值也随之减小,会对加工精度提出更高的要求。

(a) 单管件载荷-位移曲线对比

(b) 多管组合结构无量纲载荷-位移曲线对比

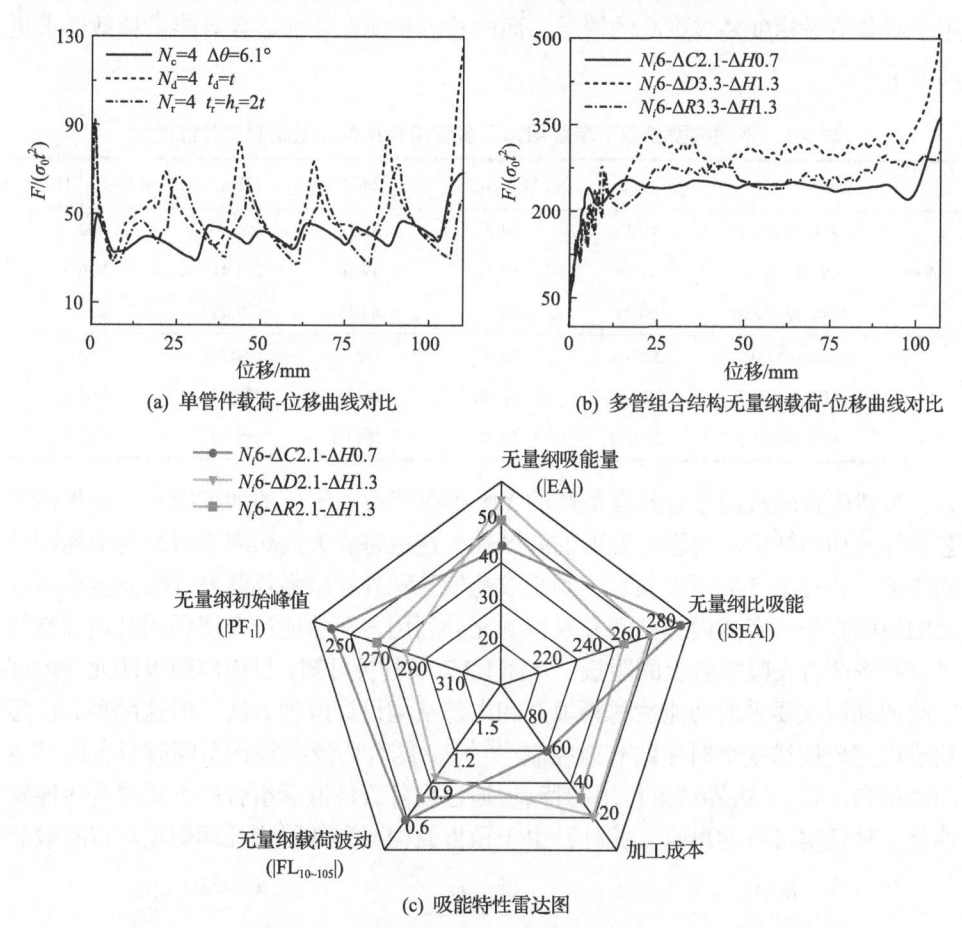

(c) 吸能特性雷达图

图 5-1 三种预设构型薄壁管吸能特性对比

表 5-1 为三种构型参数薄壁结构在单管和多管组合时各无量纲吸能特性指标的对比结果。可以较为明显地发现,相较于 N_i6-$\Delta C2.1$-$\Delta H0.7$ 规格和 N_i6-$\Delta R2.1$-$\Delta H1.3$ 规格,N_i6-$\Delta D2.1$-$\Delta H1.3$ 规格的无量纲吸能量分别有 23.64% 和 10.58% 的提升,但无量纲载荷波动也会相应增大 101.9% 和 26.51%。当然,相较于未采用载荷-位移曲线错位补偿思路的多管组合结构,该载荷波动增大幅度仍在可接受范围内。同时,N_i6-$\Delta R2.1$-$\Delta H1.3$ 规格和 N_i6-$\Delta D2.1$-$\Delta H1.3$ 规格需要引入更大局部高度差才能使峰值载荷 PF_1 和 PF_2 有效分离,因此 N_i6-$\Delta C2.1$-$\Delta H0.7$ 规格呈现出最大的无量纲比吸能。图 5-1(c) 为的三种多管组合结构的无量纲吸能特性雷达图。其中,加工

成本以内置隔板薄壁管的成本为基准值(取值为 20)，并对其余尺寸相近结构的加工成本均进行相应换算。|PF₁|、|FL₁₀~₁₀₅|、加工成本越小越好，因此坐标轴上的值由内向外逐渐减小。可以明显发现，预折纹薄壁管和外置增强环薄壁管更适合用于对载荷平稳度要求更高的情况，而内置隔板薄壁管更适合对能量耗散要求更高的情况。

表 5-1 不同构型参数下单管结构及多管组合结构无量纲吸能特性对比

	规格	|PF₁|	|EA|/10⁻³	|MCF|	|SEA|	|FL₁₀~₁₀₅|/10⁻¹
$N_t=1$	$N_f=4$ $\Delta\theta=6.1°$	49.35	44.25	39.52	286.4	1.04
	$N_d=4$ $t_d=t$	91.98	55.31	49.30	275.41	2.26
	$N_r=4$ $t_r=h_r=2t$	90.21	52.11	44.35	279.48	2.31
$N_t=6$	$\Delta C2.1$-$\Delta H0.7$	239.41	45.99	239.46	294.20	0.52
	$\Delta D2.1$-$\Delta H1.3$	278.48	56.86	294.13	279.82	1.05
	$\Delta R2.1$-$\Delta H1.3$	267.33	51.42	254.08	266.50	0.83

虽然内置隔板薄壁管具有最高的无量纲吸能量和较低的加工成本，但焊接工艺易导致初始缺陷从而影响变形的有序性，这也将放大偶然因素对结构吸能特性的影响。通过图 5-2 可以发现，预折纹薄壁管和外置增强环薄壁管吸能量相对较低的原因在于两者的内部空间并未得到充分利用，显然通过合理利用其内部空间可以补齐两者在吸能量上的短板。结合 1.2.2 节分析可知，目前薄壁吸能元件内部空间的利用主要采取功能性材料填充和内部结构设计两种方法，但这两种方法显然难以完成褶皱变形时序的有效控制[218-220]。结合内置隔板构型同时具备内部空间利用和区域 D_{ij} 边界约束作用的特点，通过内外管件嵌套组合的方式提升吸能特性是一种切实可行的思路。此外，由于预折纹构型和外置增强环构型可以有效影

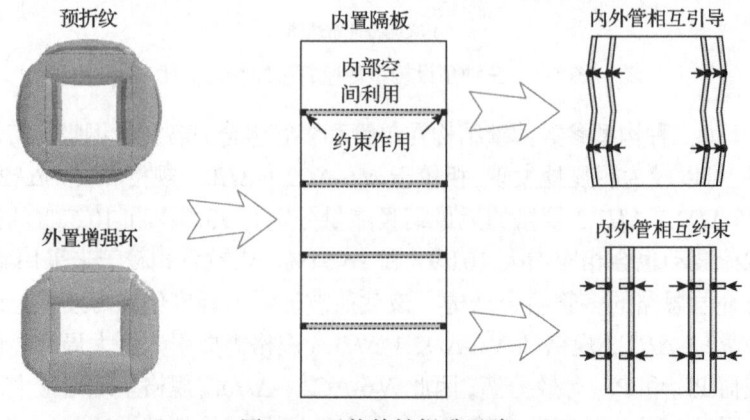

图 5-2 吸能特性提升思路

响结构的宏观变形趋势，通过嵌套的组合形式可以从内外两侧同时控制区域 C_{i1} 或 R_{i1} 的变形时序，在提高吸能量的同时进一步巩固多管载荷-位移曲线错位补偿的效果。

5.2 嵌套组合模式分析

本节将基于预折纹和外置增强环两种构型，以及内外管嵌套组合的思路，探究嵌套组合模式对结构吸能特性的影响规律。图 5-3 所示为四种基于预折纹薄壁管和外置增强环薄壁管嵌套而成的组合结构。为命名方便，F 和 R 分别表示预折纹薄壁管和外置增强环薄壁管，而 X-X 中第一个字母表示外侧管件的类型而后一个字母则表示内侧管件的类型。同时，L_{ic} 和 L_{ir} 表示内侧薄壁管件的宽度，L_{oc} 和 L_{or} 则表示外侧薄壁管件的宽度。

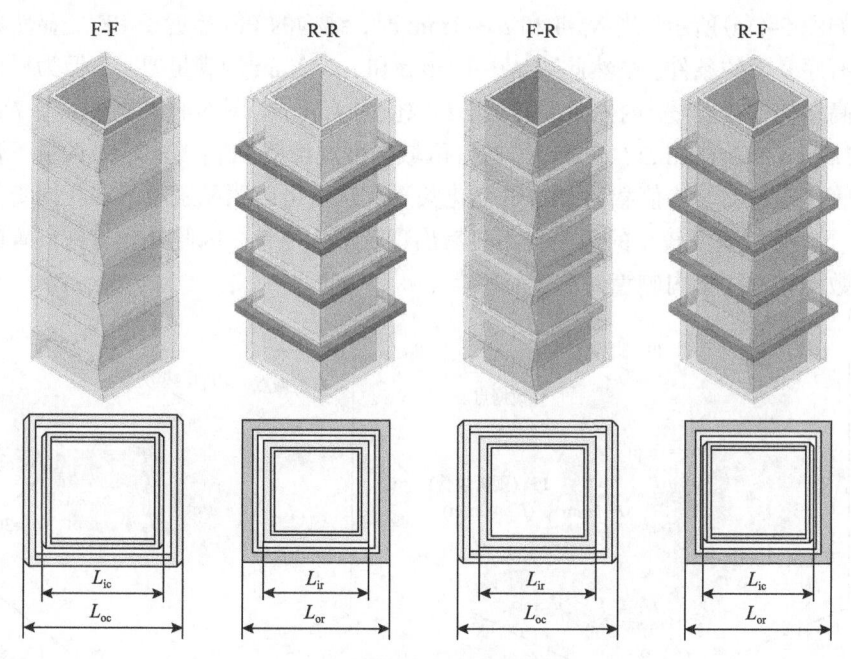

图 5-3 不同嵌套组合模式示意

Huang 等[221]的研究表明，嵌套组合结构内外管件间的间距会影响两管件之间反作用力的传递方式，从而影响整体结构的吸能特性。为确定合适的内外管件宏观尺寸以最大限度地保证载荷-位移曲线的时序控制和错位补偿效果，同时对内侧管的宽度选取展开研究。其中，外侧管件的宽度 L_{oc} 和 L_{or} 仍取值为 50mm，内侧管件的宽度 L_{ic} 和 L_{ir} 则根据管件组合类型从大到小选取三种不同规格（分别表示内外管件预留 2%$L_{oc(r)}$、4%$L_{oc(r)}$、6%$L_{oc(r)}$ 的间隙），具体取值如表 5-2 所示。

表 5-2　不同嵌套模式下内外管结构参数　　　　（单位：mm）

嵌套模式	内管宽度 $L_{ic(r)}$			外管宽度 $L_{oc(r)}$		
	规格一	规格二	规格三	规格一	规格二	规格三
F-F	40	38	36	50	50	50
R-R	38	36	34	50	50	50
F-R	36	34	32	50	50	50
R-F	40	38	36	50	50	50

5.2.1　F-F 嵌套模式

为保证内侧管件能满足沿加载方向有序发生变形的条件，内管的折纹偏置距离 ΔP 应合理选择。根据式(4-21)可以获得不同管件宽度 L_{ic} 时预折纹薄壁管初始峰值载荷理论值 PF_{1t} 与传统薄壁方管理论初始峰值载荷 PF_{1t} 的相互关系，具体结果如图 5-4(a)所示。当 $N_f=4$ 和 $\Delta P=1$mm 时，结构的 PF_1 趋近于 PF_{1t}，显然并不满足有序变形的条件。虽然此时 $\Delta P=1.5$mm 和 $\Delta P=2$mm 均满足要求，但为尽可能地提高结构的吸能量，内侧薄壁管的 ΔP 取值为 1.5mm。图 5-4(b)则展示了 $N_f=4$、$\Delta P=1.5$mm、$H=150$mm、$t=2$mm 时 C_{i4} 区域强度理论值 PF_{C4} 与同褶皱数量下传统薄壁管件理论初始峰值载荷 PF_{1t} 的变化关系。从中可以明显发现，在相同管件数量 N_i 下，管件宽度较小的规格更不容易出现变形无序性，因此外侧管件设置的组合参数同样适用于内侧管件。

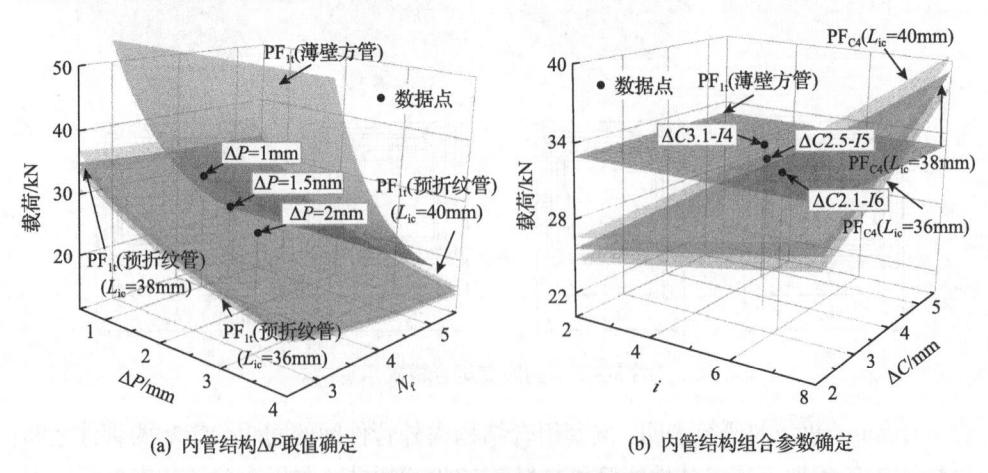

(a) 内管结构 ΔP 取值确定　　(b) 内管结构组合参数确定

图 5-4　F-F 嵌套模式内侧管件结构参数确立

图 5-5 展示了预折纹嵌套管在不同内管宽度 L_{ic} 下各管件的载荷-位移曲线及变形序列。图例中 50F-40F 表示外侧管件宽度为 50mm 而内侧管件宽度为 40mm，O 和 I 表示内外侧管件各自的结果，50F+40F 表示两个预折纹薄壁管单独压缩后

的叠加结果，50T-40T 则表示两根直管进行嵌套后的结果。通过图 5-5(a)中各嵌套组合结构的总载荷-位移曲线可以明显发现，50F-40F、50F-38F、50F-36F 的载荷会明显高于 50T-40T 和 50F-40F，内外管件之间的相互作用显然实现了载荷"1+1＞2"的效果。同时，虽然 50F-40F 等嵌套规格仍具有明显的初始峰值载荷，但其载荷在后续区间的波动幅值相较于独立组合规格和直管嵌套规格有较为明显的降低。图 5-5(b)对比了不同嵌套规格中内外管件各自的载荷-位移曲线。结果表明，内管(I)和外管(O)相较于未嵌套前的 50F 规格呈现了不同的变化趋势，即外管的载荷得到显著提升，而内管的载荷则显著降低。结合图 5-5(c)内外管件的变形序列可以总结上述现象的原因，由于设置的折纹可以有效引导结构的宏观变形模式，内外管件所形成的变形褶皱可以较好地贴合，两管件在接触后内侧管件会对外侧管件起到支撑作用以增强其强度，因此外侧管件的载荷会得到明显增强。同时，随着内侧管件的宽度 L_{ic} 逐渐减小，内外管件之间的相互作用减小，两管载

(a) 总载荷-位移曲线

(b) 内外管件载荷-位移曲线

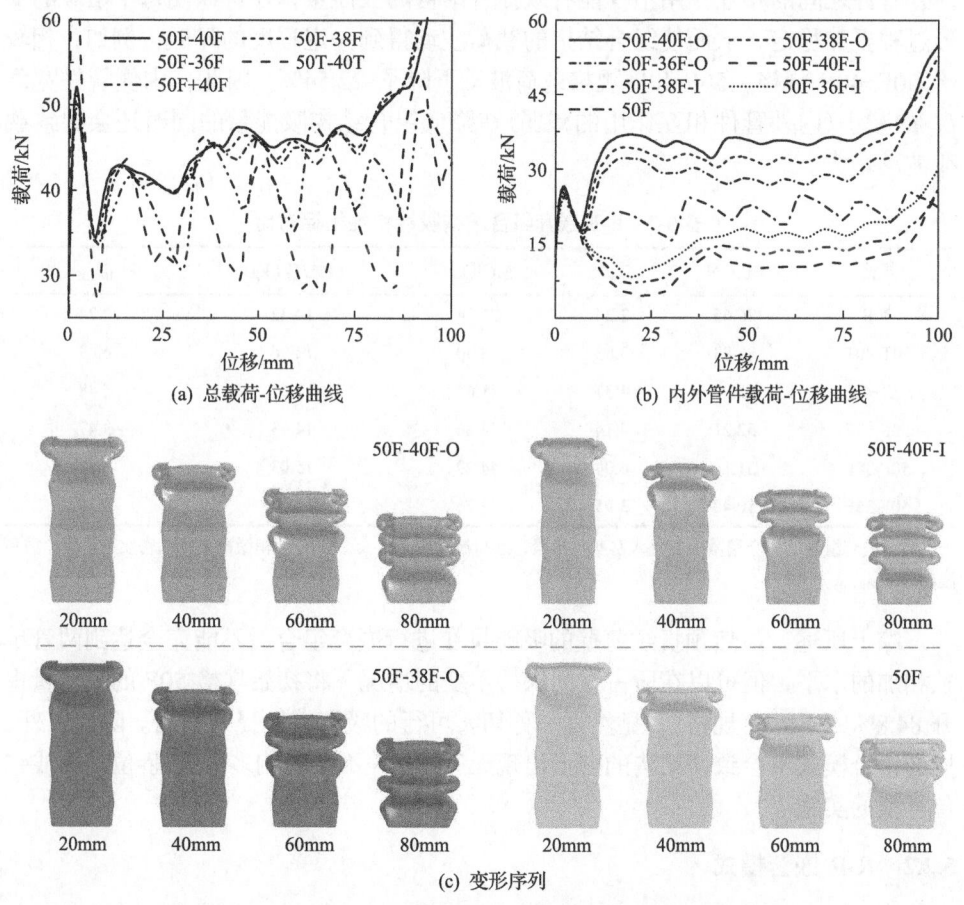

(c) 变形序列

图 5-5　不同 L_{ic} 下 F-F 嵌套组合结构载荷-位移曲线及变形序列

荷-位移曲线上峰值载荷的形成时序也会向 50F 规格靠近。

50F-38F-O 管件和 50F 管件变形序列的对比结果可以直观地表明，嵌套组合形式并不会影响预折纹对结构变形模式的诱导作用，内管和外管变形褶皱的数量和相对位置仍与单独压缩时保持一致。然而，嵌套组合形式使得结构的变形空间受到制约，褶皱的实际弯曲角度会明显减小，因此嵌套组合结构会更早地进入密实化阶段。例如，50F-38F-O 在 60mm 位移时 C_{i3} 区域已经出现了明显变形，而此时 50F 仅在 C_{i2} 区域出现变形。通过三种嵌套组合结构的载荷-位移曲线对比可以发现，随着内侧管件宽度的逐渐减小，内外管件变形褶皱的贴合程度也减小，嵌套组合结构进入密实化阶段的时间会相应稍许提前。表 5-3 展示了不同内管宽度下 F-F 嵌套组合结构与独立组合结构和直管嵌套组合结构的吸能特性对比。相比于独立组合规格，嵌套组合规格具有更大的平均载荷 MCF，但由于密实化阶段过于提前，其吸能量 EA 和比吸能 SEA 反而会稍小于同规格的独立组合规格。此外，内外管件之间的相互作用不仅能有效提升结构的吸能量，还可以使每个褶皱的变形过程更加稳定，从而使组合结构的载荷波动得到一定程度的降低，例如，相较于 50F+40F 规格，50F-40F 规格载荷波动下降了 22.54%。因此，内侧管件宽度 L_{ic} 的减小（内外管件相互作用的减弱）在降低组合结构吸能量的同时还会导致载荷波动增大。

表 5-3　F-F 嵌套组合结构吸能特性指标对比

规格	PF$_1$/kN	EA/kJ	MCF/kN	SEA/(kJ/kg)	FL$_{10~105(90)}$
50F	26.65	2.24	21.34	14.32	2.24
50T-40T	81.83	3.83	38.30	13.96	6.49
50F+40F	52.90	4.37	41.64	15.61	4.48
50F-40F	52.21	4.14	44.86	14.93	3.47
50F-38F	51.34	4.04	44.29	15.03	3.64
50F-36F	50.48	3.95	43.76	15.17	3.75

注：嵌套组合结构会稍微提前进入密实化阶段，载荷波动取 FL$_{10~90}$；50F 会稍微推迟进入密实化阶段，载荷波动取 FL$_{10~105}$。

综上所述，虽然预折纹薄壁的吸能量在进行嵌套组合后不能完全达到两管单独相加的水平，但可以在所占空间保持不变的情况下将初始规格 50F 的吸能量提升 84.8%（50F-40F 规格），显然是一种切实可行的吸能特性提升思路。除此以外，嵌套组合模式不会致使结构的变形出现无序性，并不会影响多管载荷-位移曲线错位补偿的实施。

5.2.2　R-R 嵌套模式

与 F-F 嵌套模式相类似，R-R 嵌套模式的薄壁内管也应满足有序变形的前提条件，即增强环应具有足够的强度以约束各褶皱的变形空间。通过改变式(4-37)中的管件宽度 L 可以获得 L_{ir} 为 38mm、36mm、34mm 时初始结构参数 $t_r(h_r)$、N_r、t 之间的制约关系，具体结果如图 5-6(a) 所示。随着宽度 L_{ir} 的逐渐减小，结构发生有序变形所需的 $t_r(h_r)$ 也减小，即结构对增强环强度的需求降低。然而，通过数据点的分布位置可以发现，当 $t=2$mm 时 $t_r=h_r=2$mm 和 $t_r=h_r=3$mm 仍然不符合有序变形的要求，考虑到合适的增强环厚度或高度能有效提升结构的吸能量，内管增强环的结构参数与外管保持一致。图 5-6(b) 则展示了 $N_r=4$、$H=150$mm、$t=2$mm 时多管组合参数 N_i、ΔR、ΔH_p 的相互制约关系。根据式(4-42)可知，随着管件宽度的减小，外侧管件的多管组合参数下可能并不适用于内侧管件，即内侧管件的端部区域更容易出现第二变形褶皱。因此，内外管件之间的相互作用能否有效抑制内管端部区域第二褶皱的不利影响仍需进一步研究。

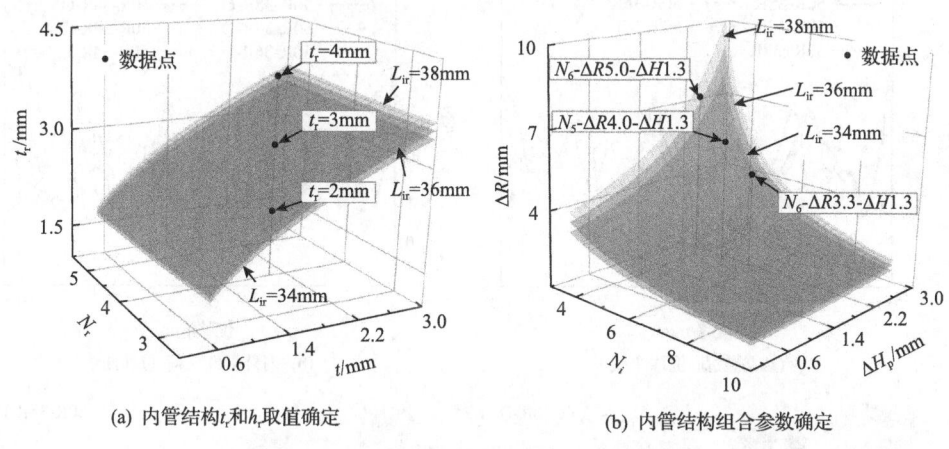

(a) 内管结构 t_r 和 h_r 取值确定

(b) 内管结构组合参数确定

图 5-6 R-R 嵌套模式内侧管件结构参数确立

图 5-7 为 R-R 嵌套组合结构在不同内管宽度 L_{ir} 下的载荷-位移曲线及变形序列。为方便描述，具有不同规格参数的嵌套组合结构采用了与图 5-5 相类似的命名方法。从各规格的总载荷-位移曲线可以较为明显地发现，R-R 嵌套模式同样可以显著提升结构的载荷，且其密实化阶段不会像 F-F 嵌套模式一样出现明显提前。同时，根据 50R-38R-O 和 50R 的变形序列可知，内外管嵌套的组合形式可以有效地提高增强环的边界约束作用，即各褶皱的变形空间被较好地限制在区域 R_{ij} 之内。通过图 5-7(b) 中内外管件和 50R 管件的载荷-位移曲线对比可以发现，R-R 嵌套模式表现出与 F-F 嵌套模式不同的内管-外管载荷-位移曲线变化趋势，即外侧管载荷出现降低，而内侧管件的载荷则会显著提升。显然，局部增强设计和局部削弱设计因各自的结构特点会在嵌套组合结构中呈现出不同的相互作用。结合 50R-38R-O 和 50R-38R-I 的变形序列可以发现，由于外置增强环构型无法有效引导结构的宏观变形模式，内外管件的变形褶皱未能实现充分贴合，外侧管件向内伸展的褶皱

在与内侧管件接触后会遇到较大阻碍而无法进一步屈曲，从而影响其环形区域的薄膜变形能和圆柱区域静态塑性铰线的弯曲变形能。同时，外侧管件向外延伸的褶皱由于中部区域没有分布增强环，其圆柱区域静态塑性铰线的弯曲变形能同样会相应降低。由此可见，R-R 嵌套模式的内侧管件无法像 F-F 内侧管件一样起到支撑作用，反而会因阻碍外侧管件的变形过程致使其载荷出现明显降低。50R-38R-I 和 38R 变形序列的对比结果表明，内侧管件因受到外侧管件的挤压作用，其褶皱的形变程度会明显高于独立压缩的 38R，这也导致其载荷会出现明显提升。此外，根据 50R-38R、50R-36R、50R-34R 及其内外管载荷-位移曲线的变化趋势可以发现，各规格仍会出现与 R_{ij} 区域数量相等的峰值载荷，R-R 嵌套模式并不会影响增强环对载荷-位移曲线形成时序的控制效果。

(a) 总载荷-位移曲线

(b) 内外管件载荷-位移曲线

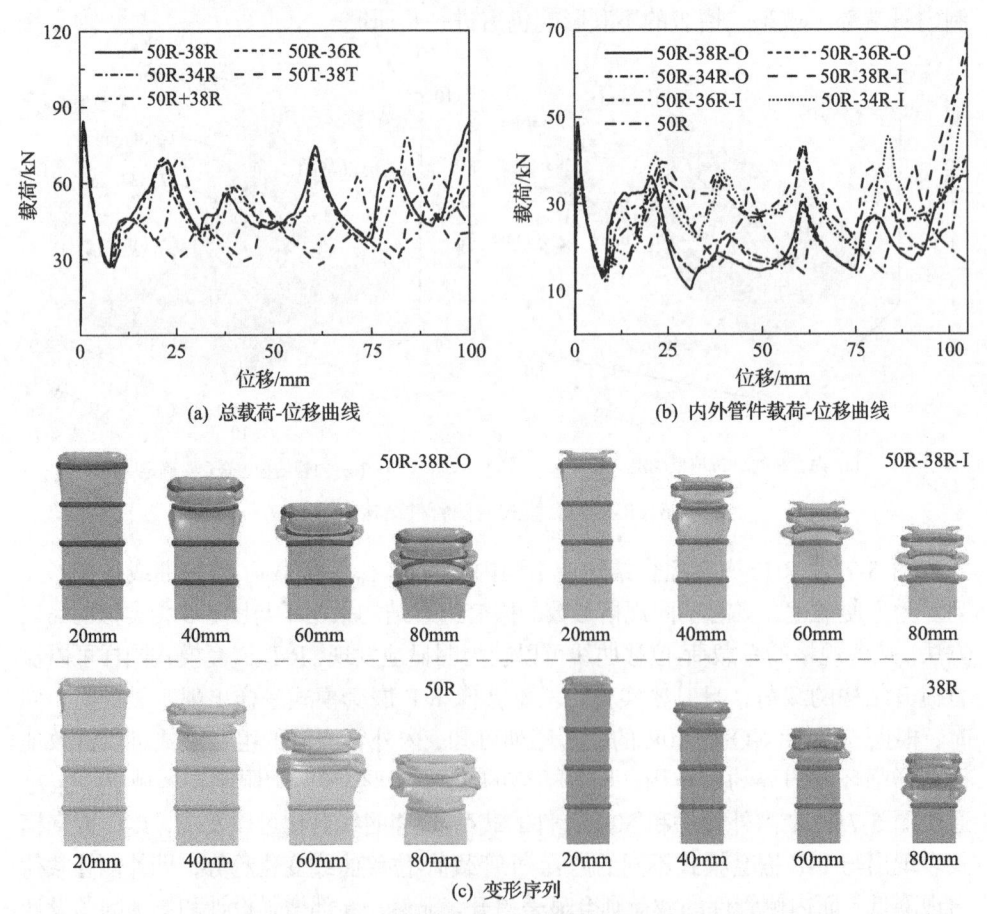

(c) 变形序列

图 5-7 不同 L_{ir} 下 R-R 嵌套组合结构载荷-位移曲线及变形序列

相比于 F-F 嵌套模式，R-R 嵌套模式的密实化阶段并没有出现过度提前的情况，这是由于后者所形成的褶皱数量较少，其内外管件发生接触的区域会相应减小，这也将有效保证内外管件的可变形空间，从而使变形褶皱的实际弯曲角度并未明显减小。表5-4为不同内管宽度下R-R嵌套组合结构与独立组合结构的吸能特性对比结果。得益于密实化阶段提前现象的抑制，R-R嵌套组合结构的吸能量和比吸能会大于相同尺寸下独立组合的规格，且提升幅度会随着内管宽度L_{ir}的减小而进一步提升。通过不同嵌套规格平均载荷 MCF 的对比可以发现，内管宽度L_{ir}的减小虽然会使内外管之间的相互作用减小，但载荷减小对吸能量的不利影响会小于密实化阶段延后所带来的正向作用。同时，由于增强环只可以提供边界约束作用，内外管件的变形褶皱无法像 F-F 嵌套模式一样较好契合，R-R 嵌套组合结构的载荷波动虽然相较于独立组合结构会有所降低，但降低幅度仅为 6.12%（50R-38R 相比于 50R+38R）。

表5-4 R-R 嵌套组合结构吸能特性指标对比

规格	PF_1/kN	EA/kJ	MCF/kN	SEA/(kJ/kg)	$FL_{10\sim105(90)}$
50R	42.27	2.56	23.24	13.56	5.66
50T-38T	79.77	3.88	39.75	14.16	6.68
50R+38R	82.76	4.73	45.06	14.32	9.32
50R-38R	83.37	4.83	50.80	14.62	8.75
50R-36R	81.34	4.89	49.80	15.16	9.22
50R-34R	79.25	4.97	49.21	15.79	9.76

综上所述，R-R 嵌套模式在吸能量提升方面比 F-F 嵌套模式更具优势，相比于同尺寸的直管嵌套组合结构，50R-38R 相比于 50T-38T 吸能量有着 24.48%的明显提升。同时，内管宽度 L_{ir} 并不是越大越好，内外两管之间预留合适的间隙可以更有效地提升嵌套组合结构的能量耗散能力。

5.2.3 F-R 嵌套模式

图 5-8 为不同内管宽度 L_{ir} 下 F-R 嵌套组合结构载荷-位移曲线及变形序列的对比结果。由三种嵌套组合结构和同规格单管结构的载荷-位移曲线对比可以发现，F-R 嵌套组合结构载荷-位移曲线并没有像 50F 管件一样形成 $2N_f-1$ 个峰值载荷，而是形成与 R_{ij} 区域数量相同的峰值载荷。结合 3.1.1 节的分析可知，50F 规格能形成数量较多峰值载荷的原因在于，C_{ij} 区域的上下两个部分均会形成一个变形褶皱，即一个预折纹会对应两个峰值载荷。如图 5-8(c)中 50F-36R-O 和图 5-5(c)中 50F 的变形序列所示，后者 C_{ij} 区域上下两个部分的变形呈渐进式进行（C_{ij} 区域上下两部分应力值相差较大），而前者 C_{ij} 区域上下两个部分的变形过程更趋于同时进行（C_{ij} 区域上下两部分应力值相差较小）。由此可见，外侧管件向内屈曲形成的变形褶皱在与内侧管件接触后同样会因为受到阻碍而影响自身的变形过程，使得

外管 C_{ij} 区域上下两个部分的变形过程不再得到明显区分,因此 50F-36R-O 管件载荷-位移曲线的峰值载荷数目会相应减少。结合 50F-36R-I 和 36R 的变形序列可以发现,外侧管件的尺寸和变形模式决定了内侧管件的变形空间,因此 50F-36R-I 的变形模式相较于 36R 呈现出较为明显的差异,其褶皱的分布位置会更趋向于外侧管件。同时,与 R-R 嵌套模式相类似,F-R 嵌套模式会使内侧管件载荷得到明显提升,而外侧管件的载荷得到削弱。此外,由于内外管件变形褶皱的形状差异更明显,即管间的相互作用会更大,F-R 嵌套模式内外管件载荷的差异会明显大于 R-R 嵌套模式。

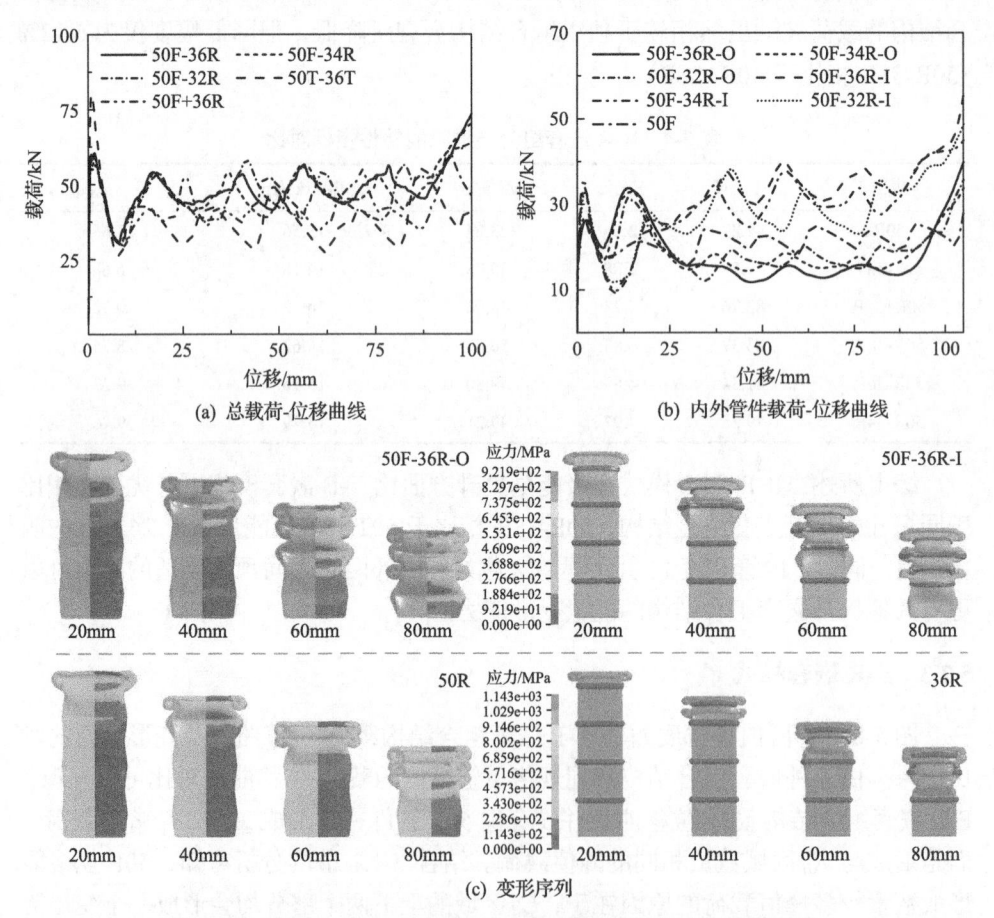

图 5-8 不同 L_{ir} 下 F-R 嵌套组合结构载荷-位移曲线及变形序列

与前两种嵌套组合模式相类似,随着内管宽度 L_{ir} 的逐渐减小,F-R 嵌套模式内外管件之间的相互作用减小,FO 管件和 RI 管件之间的载荷差距也会相应减小,进而导致组合结构的总载荷呈减小的趋势。此外,结合 2.4 节的分析可知,预折纹薄壁管相较于外置增强环薄壁管会趋于形成数量更多的变形褶皱,而嵌套组合模式下褶皱数目增多将增大内外管件之间相互叠合的区域,从而降低结构的有效压缩行程。因此,F-R嵌套模式下内管宽度L_{ir}的减小会使外侧预折纹薄壁管进一步压缩内侧管件的变形空间,从而使嵌套组合结构的密实化阶段出现一定程度的提前。为进一步比较F-R嵌套模式对结构吸能特性的影响,对不同内管宽度L_{ir}下F-R嵌套组合结构与独立组合结构的各项吸能特性指标展开对比分析,具体结果如表5-5所示。F-R嵌套模式内侧管件的强度会高于F-F嵌套模式,因此同规格下前者会具有更高的吸能量,例如,50F-36R规格的吸能量会比50F-36F规格提高10.63%。内管宽度L_{ir}的减小不仅会使组合结构载荷出现相应降低,还会导致结构提前进入密实化阶段,在此双重作用下F-R嵌套组合结构的吸能量随会随着内管宽度L_{ir}的降低而明显减小。同时,由于预折纹构型可以有效引导结构的宏观变形模式从而使褶皱的变形过程更加稳定,50F-36R规格的载荷波动会比50F+36R规格降低36.44%。由此可见,为尽可能地提高组合结构的吸能量,并降低载荷增大而引起的载荷波动,F-R嵌套组合结构的内管宽度应尽可能地靠近外管宽度。

表 5-5 F-R嵌套组合结构吸能特性指标对比

规格	PF_1/kN	EA/kJ	MCF/kN	SEA/(kJ/kg)	$FL_{10\sim105(90)}$
50T-36T	77.91	3.91	39.97	14.32	6.92
50F+36R	60.58	4.52	43.10	15.58	6.01
50F-36R	60.58	4.37	47.70	15.06	3.82
50F-34R	58.79	4.27	46.82	15.13	4.65
50F-32R	57.00	4.18	45.76	15.23	5.06

5.2.4 R-F嵌套模式

图5-9展示了R-F嵌套模式下各规格的载荷-位移曲线及变形序列。通过50R-40F、50R-38F、50R-36F的载荷-位移曲线整体变化情况可以发现,R-F嵌套模式下组合结构的载荷-位移曲线会与预折纹薄壁管相类似,具有峰值载荷数目增多的趋势。通过图5-9(c)中50R-40F-O和50R的变形序列可以发现,两者的变形模式产生了一定的差异,具体表现为增强环相对位置不再是决定褶皱变形过程的唯一因素,内侧管件所设置的折纹也会显著影响外侧管件褶皱的变形过程,即50R-40F-O变形褶皱的分布情况会与50R-40F-I相类似。与5.2.3节F-R模式相反,R-F嵌套模式下内管宽度L_{ic}的减小会降低内侧预折纹薄壁管对嵌套组合结构变形的影响,即结构趋于形成较少数量的褶皱从而减少内外管件相贴合的区域,因此L_{ic}的减小会使结构的密实化阶段出现相应的延迟。同样,在内外管件变形褶皱未能紧密贴合的情况下,外侧管件会因向内伸展的褶皱无法得到充分变形从而出现载荷显著降低的现象,内侧管件则会因挤压作用而出现载荷的提升。

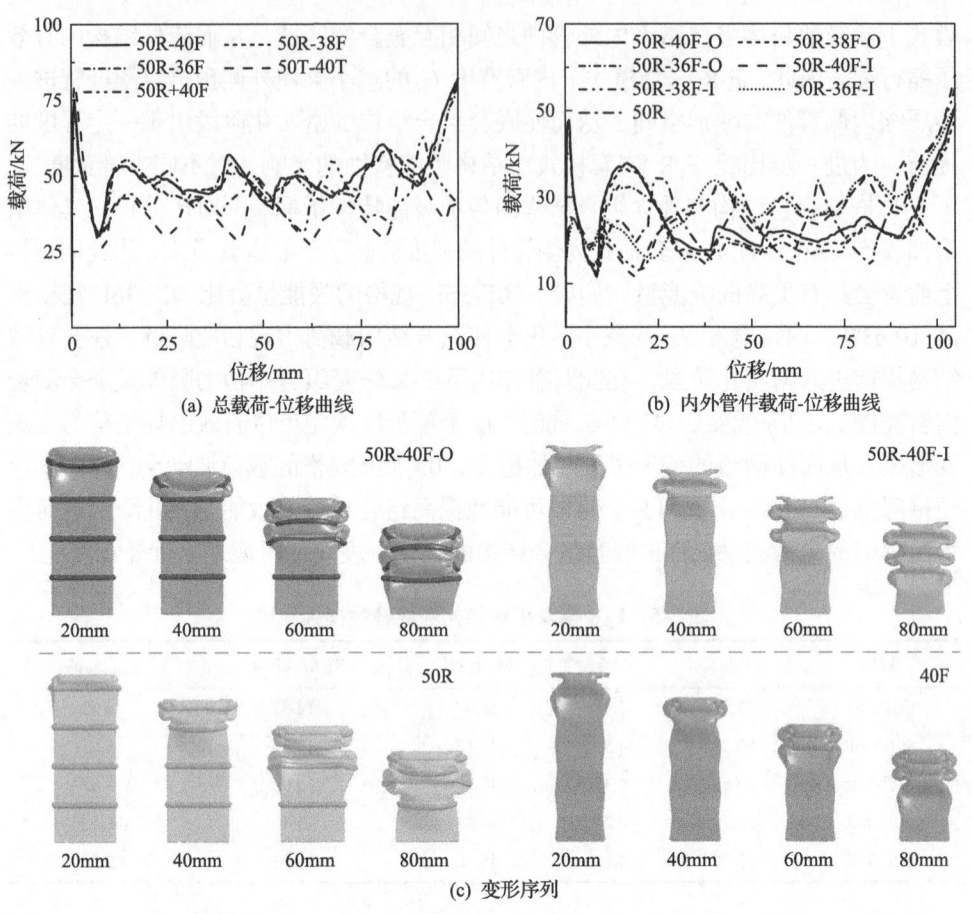

图 5-9 不同 L_{ic} 下 R-F 嵌套组合结构载荷-位移曲线及变形序列

通过 50R-40F-I 与独立压缩管件 40F 的变形序列对比可以明显发现，内侧管件的宏观变形模式并没有因为外侧管件的挤压而出现明显改变，只是受限于变形空间其褶皱的有效压缩行程会相应减小。由此可见，预折纹构型无论是设置在外侧管件还是内侧管件，都会比外置增强环构型更能影响结构的宏观变形模式。表 5-6 展示了 R-F 嵌套组合结构与独立组合结构各项吸能特性指标的对比结果。可以较为明显地发现，随着内管宽度 L_{ic} 的减小，嵌套组合结构的吸能量和平均载荷呈相反的变化趋势，即吸能量提升而平均载荷降低。结合 F-R 嵌套模式的分析结果可知，预折纹薄壁管形成较多变形褶皱的特性会减小褶皱的实际弯曲角度，即降低嵌套组合结构的有效压缩行程，因此减小其与内侧管件或外侧管件的相互作用有助于减缓密实化阶段提前的幅度，从而提升结构的吸能量。同时，由于预折纹可以引导结构出现更为有序稳定的变形模式，在内侧管件 FI 变形褶皱的影响下 50R-40F 的载荷波动比同规格独立组合 50R+40F 降低 28.57%。

表 5-6 R-F 嵌套组合结构吸能特性指标对比

规格	PF$_1$/kN	EA/kJ	MCF/kN	SEA/(kJ/kg)	FL$_{10\sim105(90)}$
50T-40T	81.83	3.83	38.30	13.96	6.49
50R+40F	72.50	4.53	43.10	14.51	6.02
50R-40F	72.96	4.41	48.36	14.12	4.30
50R-38F	72.30	4.47	47.96	14.62	4.54
50R-36F	71.66	4.53	47.68	15.14	4.88

综上所述，与 R-R 嵌套模式相类似，R-F 嵌套模式中内外管件之间应预留适当的间隙以保证密实化阶段不会过于提前，从而实现吸能量最大限度地提升。

5.3 嵌套组合模式下多管载荷-位移曲线错位补偿研究

通过 5.2 节的分析可知，嵌套组合形式可以在相同宏观尺寸下实现吸能量的有效提升。同时，由内外侧管件的载荷-位移曲线和变形序列的变化趋势可以发现，折纹和增强环仍能使各 C_{ij} 和 R_{ij} 区域呈现有序变形，且能有效控制各峰值载荷的形成时序，显然满足多管载荷-位移曲线错位补偿的前提要求。图 5-10 分别展示了四种嵌套组合模式下较优规格的载荷-位移曲线和吸能特性雷达图。可以较为明显地发现，局部增强设计提供的边界约束作用可以显著提升结构的载荷，而局部削弱设计则有利于降低结构的载荷波动。同时，50R-36F 规格载荷-位移曲线的变化趋势与 50R-34R 规格相近，而 50F-36R 规格的变化趋势则更偏向于 50F-34F 规格；显然，外侧管件的构型参数更能影响嵌套组合结构载荷-位移曲线的走势。由于 50R-36F 规格能最大限度地发挥两种构型参数的优势，即外侧增强环提升载荷并避免密实化阶段过度提前，而内侧折纹提高褶皱变形稳定性以降低载荷波动，因

(a) 不同嵌套组合模式载荷-位移曲线对比　　(b) 吸能特性雷达图

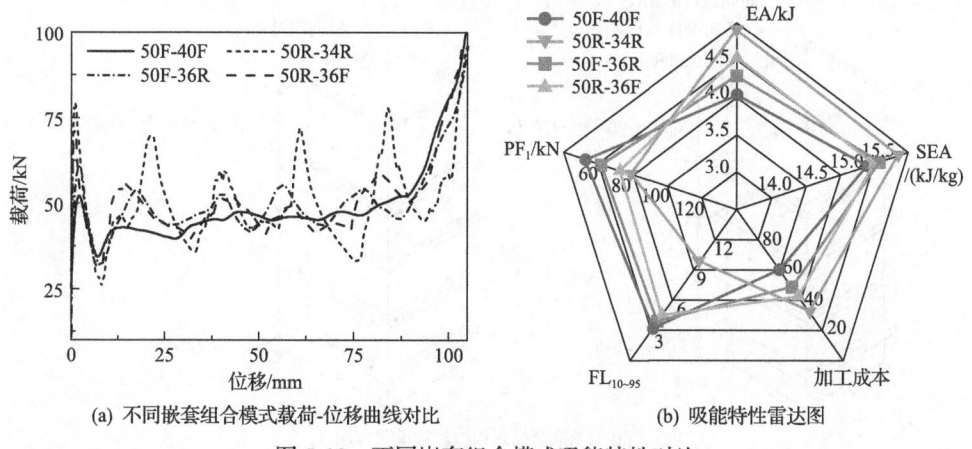

图 5-10 不同嵌套组合模式吸能特性对比

此该规格在吸能特性雷达图中呈现了较为均衡的吸能特性。此外，50R-34R 规格在吸能量和加工成本方面具有更为突出的优势，借助多管载荷-位移曲线错位补偿思路也有望弥补初始峰值载荷高和载荷波动大的缺陷。

综上所述，后续嵌套组合模式下多管载荷-位移曲线错位补偿的研究将基于 50R-34R 规格和 50R-36F 规格开展。

由于内外管件的存在，4.3 节所总结的高度差-变构型差异化分布设计方法存在三种应用思路，分别是同向变构型差异化、反向变构型差异化以及单向变构型差异化。同向变构型差异化是指内侧管件设置的构型移动距离和局部高度差随管件序号 i 的变化关系与外侧管件保持一致，通过内外管件构型参数的同步变化完成嵌套组合结构载荷-位移曲线的有效分离，从而实现载荷波动的有效降低。而反向变构型差异化是指内侧管件的多管组合参数与外侧管件呈相反的变化趋势，通过增强内外管件之间的相互作用降低单个嵌套组合结构的载荷波动。同时，由于每个嵌套组合结构内外管件间的相互作用存在差异，有望使各嵌套组合结构载荷-位移曲线之间也产生一定差异，从而实现组合结构载荷波动的进一步降低。单向变构型差异化则是指仅在外侧管件上引入高度差-变构型差异化分布设计，而内侧管件的构型参数保持不变，即通过外侧管件对内侧管件变形空间的限制作用影响嵌套组合结构载荷-位移曲线的变化趋势。该思路对嵌套组合结构载荷-位移曲线形成时序的控制效果可能弱于同向变构型差异化思路，但能有效减少加工成本并避免加工误差带来的影响。图 5-11 展示了 R-R 嵌套模式和 R-F 嵌套模式下三种高度差-变构型差异化分布的具体设置方法。其中，两种嵌套模式外侧管件 RO 的构型分布在三种设计方法中均保持相同的变化趋势。通过图 5-11(b) 可以发现，对于 R-F 嵌套模式，同向变构型差异化是指随着序号 i 增大结构所设置的折纹移动距离减小，而反向变构型差异化则是折纹移动距离随着管件序号 i 增大而逐渐增大。

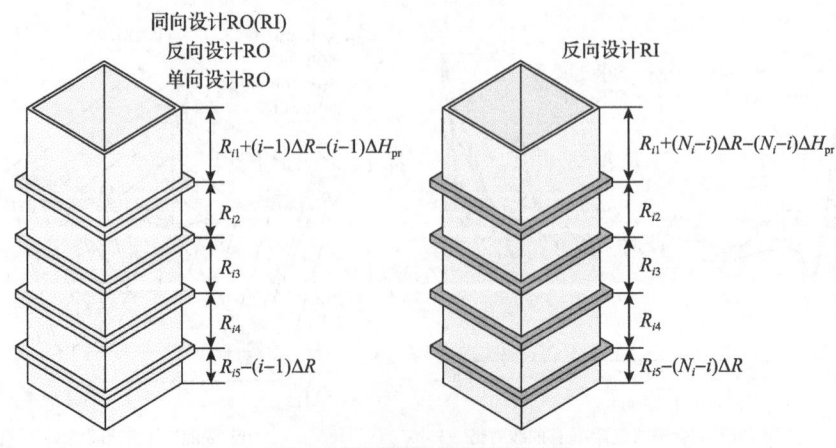

(a) R-R嵌套模式构型参数设置方法

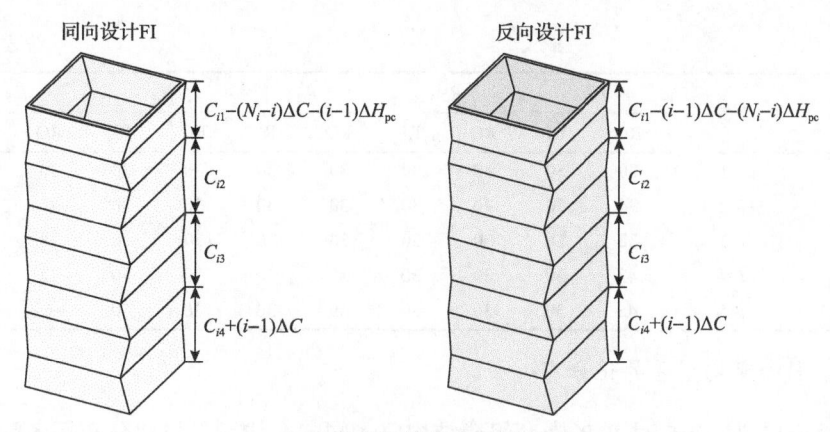

第 5 章　时序组合式吸能结构优化设计

同向设计FI　　　　　　　反向设计FI

$C_{i1}-(N_i-i)\Delta C-(i-1)\Delta H_{pc}$　　$C_{i1}-(i-1)\Delta C-(N_i-i)\Delta H_{pc}$

C_{i2}

C_{i3}

$C_{i4}+(i-1)\Delta C$

(b) R-F 嵌套模式构型参数设置方法

图 5-11　不同嵌套模式下变构型差异化应用方法

5.3.1　R-R 嵌套模式下多管组合研究

由于外侧管件可以有效限制内侧管件的变形空间，其宏观变形模式是影响内侧管件变形过程的关键因素。显然，外侧管件的多管组合参数仍适用于内侧管件。根据 4.3 节的分析结果可知，当管件数量 N_i 超过 4 时多管组合结构的载荷波动降低幅度可以达到理想值；同时，为兼顾仿真效率，本节中 N_i=5。根据式(4-13)和式(4-42)可以获得其余组合参数的具体取值：ΔR=4.0%H=6mm 和 ΔH_{pr}=1.3%H=2mm。表 5-7 展示了引入三种变构型差异化分布设计后嵌套组合结构内管 RI 和外管 RO 各 R_{ij} 区域的具体高度。其中，P、N、S 分别表示同向变构型差异化、反向变构型差异化、单向变构型差异化，i 则为嵌套组合结构的序号。

表 5-7　R-R 嵌套多管组合结构各 R_{ij} 区域具体值　　（单位：mm）

规格	序号	R_{i1} RO	R_{i1} RI	R_{i2} RO	R_{i2} RI	R_{i3} RO	R_{i3} RI	R_{i4} RO	R_{i4} RI	R_{i5} RO	R_{i5} RI
P	i=1	30	30	30	30	30	30	30	30	30	30
	i=2	34	34	30	30	30	30	30	30	24	24
	i=3	38	38	30	30	30	30	30	30	18	18
	i=4	42	42	30	30	30	30	30	30	12	12
	i=5	46	46	30	30	30	30	30	30	6	6
N	i=1	30	46	30	30	30	30	30	30	30	6
	i=2	34	42	30	30	30	30	30	30	24	12
	i=3	38	38	30	30	30	30	30	30	18	18
	i=4	42	34	30	30	30	30	30	30	12	24
	i=5	46	30	30	30	30	30	30	30	6	30

续表

规格	序号	R_{i1}		R_{i2}		R_{i3}		R_{i4}		R_{i5}	
		RO	RI	RO	RI	RO	RI	RO	RI	RO	RI
S	$i=1$	30	30	30	30	30	30	30	30	30	30
	$i=2$	34	30	30	30	30	30	30	30	24	30
	$i=3$	38	30	30	30	30	30	30	30	18	30
	$i=4$	42	30	30	30	30	30	30	30	12	30
	$i=5$	46	30	30	30	30	30	30	30	6	30

1. 同向变构型差异化分布

图 5-12 为 $N_i=5$ 时 R-R 嵌套组合结构引入同向变构型差异化分布后各管件的载荷-位移曲线及变形序列对比结果。图例中 R-R 表示嵌套组合结构的类型，$I1$ 表示嵌套组合结构的序号 i 为 1。各嵌套组合结构载荷-位移曲线的分布情况表明，整个位移区间内各管所有峰值载荷实现了较为理想的均匀分布，显然有利于充分发挥多管载荷-位移曲线错位补偿的效果。通过管件 $I1$ 和 $I5$ 变形序列的对比可以发现，同一嵌套组合结构的内外管件保持了大致相同的褶皱分布和变形时序，而不同嵌套管件之间则形成了差异化的褶皱分布和变形时序，证明同向变构型差异化分布设计可以实现载荷-位移曲线形成时序的有效控制。同时，虽然 $I5$-RO 和 $I5$-RI 的 R_{i1} 区域在 20～40mm 位移时形成了较为明显的第二个变形褶皱，但内外管件之间的相互作用可以将其变形空间有效限制在 R_{i1} 区域以内，后续褶皱的变形空间和变形时序并没有受到明显影响，因此该规格的后续载荷-位移曲线的形成时序仍得到了有效控制，并没有出现如图 4-15(a)所示的部分峰值载荷明显的重叠。而且，同向变构型差异化分布设计还可以缓解嵌套模式带来的密实化阶段提前现象，有利于组合结构吸能量的提升。

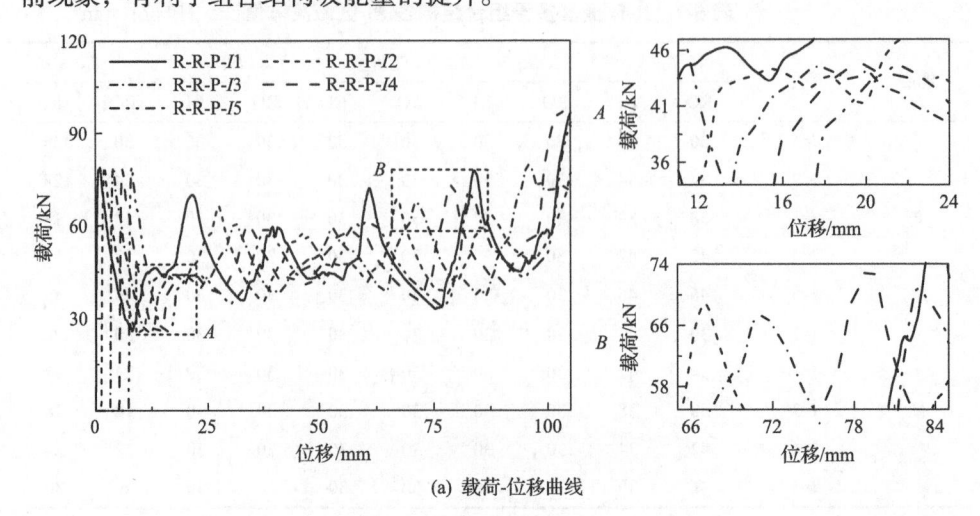

(a) 载荷-位移曲线

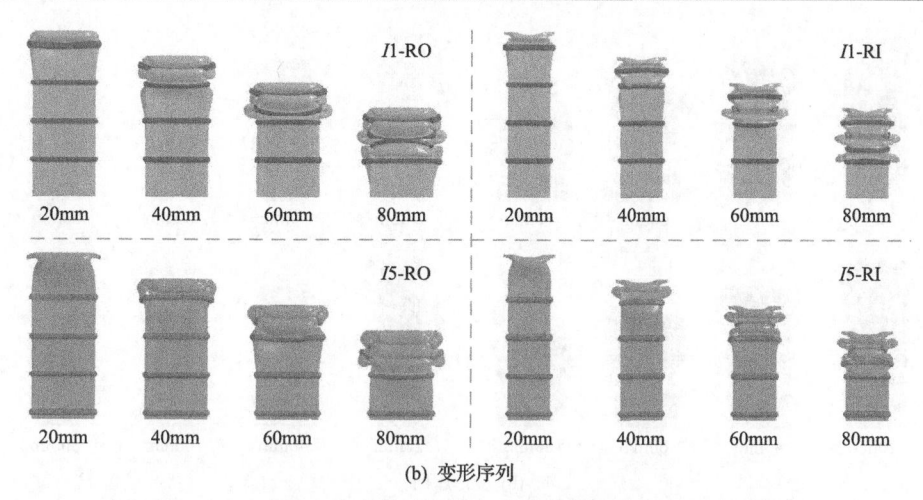

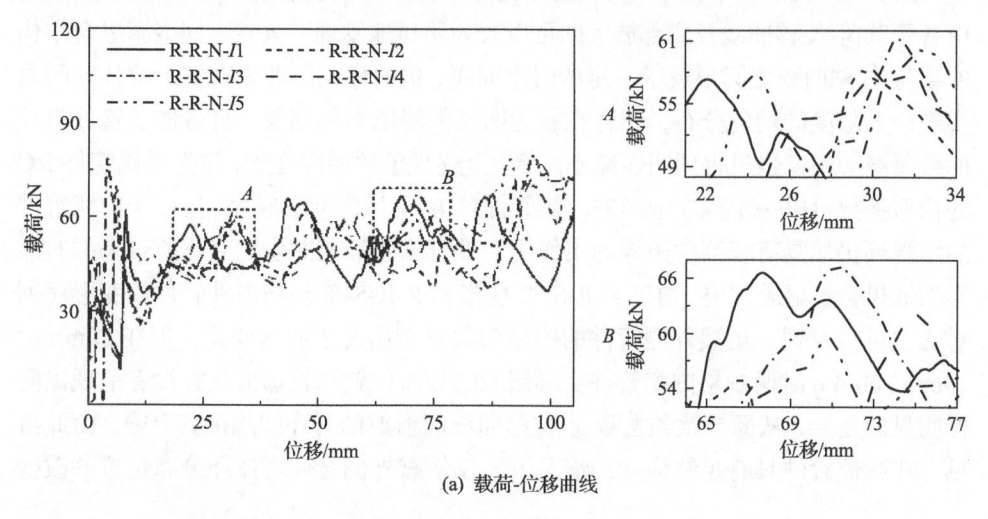

第 5 章　时序组合式吸能结构优化设计

(b) 变形序列

图 5-12　$N_f=5$ 时 R-R 嵌套模式下同向变构型差异化分布设计应用效果

2. 反向变构型差异化分布

图 5-13 展示了 R-R 嵌套组合结构引入反向变构型差异化分布后各管的载荷-位移曲线和部分规格的变形序列。可以较为直观地发现，虽然反向变构型差异化分布设计中各管载荷-位移曲线实现了一定程度的相互分离，但其分离效果却明显比不上同向变构型差异化分布设计，局部放大图 A 和 B 也表明部分峰值载荷存在明显的重叠。由此可见，不同嵌套组合结构间差异化的内外管相互作用并不与序号 i 呈线性关系，无法实现各管载荷-位移曲线形成时序的精准控制。当然，反向的构型参数分布会使内外构件在变形过程中出现更明显的相互影响，即内外管载荷-位移曲线趋于出现不同的变化趋势，从而降低单管结构载荷的波动幅度。然而，

(a) 载荷-位移曲线

		*I*1-RO						*I*1-RI
20mm	40mm	60mm	80mm		20mm	40mm	60mm	80mm
		*I*2-RO						*I*2-RI
20mm	40mm	60mm	80mm		20mm	40mm	60mm	80mm

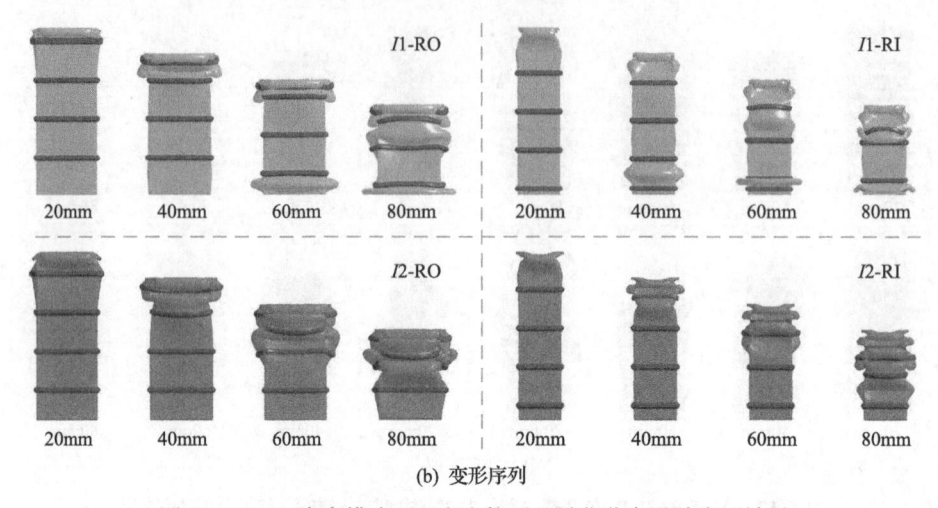

(b) 变形序列

图 5-13 R-R 嵌套模式下反向变构型差异化分布设计应用效果

I1 规格内外管件的变形序列表明，当内外管构型参数分布形式差异过大时内管的底部区域会先出现屈曲，并导致外管结构在相同位置出现明显变形，进而影响嵌套组合结构整体变形过程的有序性。由此可见，内外管件相互作用的激增可能导致内侧管件上部被过度挤压而呈现较高强度，此时下侧区域约束作用较小，因而更易出现变形。结合 I2 规格内外管件的变形序列还可以发现，内侧管件变形褶皱的分布位置还会受到外侧管件的明显影响，即内侧管件的增强环未能有效限制区域 R_{ij} 的变形空间。

3. 单向变构型差异化分布

图 5-14 为 N_i=5 时单向变构型差异化分布在 R-R 嵌套组合结构中的应用效果。由各管载荷-位移曲线及局部放大图可以较为明显地发现，虽然不同嵌套组合结构的载荷-位移曲线之间形成了一定的时序间隔，但时序间隔并未在整个位移区间内实现最大限度的均匀分布，仍存在较为明显的峰值聚集现象，且各嵌套管件自身的载荷波动幅度也没得到明显减小。产生上述现象的原因在于，虽然外侧管件 RO 的构型参数可以一定程度地影响内侧管件各 R_{ij} 区域的变形时序，但由于内侧管件的增强环仍然具有较高的边界约束作用，外管增强环相对位置变化所带来的时序影响效果会被显著削弱。通过 R-R-S-I2 规格和 R-R-S-I5 规格内外管件的变形序列对比也可以发现，虽然外侧管件的构型参数分布出现了明显变化，但在 20mm、40mm、60mm 时两规格内侧管件变形褶皱的分布位置和轮廓形状并没有呈现出同样明显的差异，从而导致各管载荷-位移曲线间形成的时序间隔极其有限。由此可见，在内侧管件具有足够强度的情况下，仅依靠外侧管件增强环分布位置的改变

并不能实现各管载荷-位移曲线形成时序的有效控制，无法充分发挥多管载荷-位移曲线错位补偿的作用。

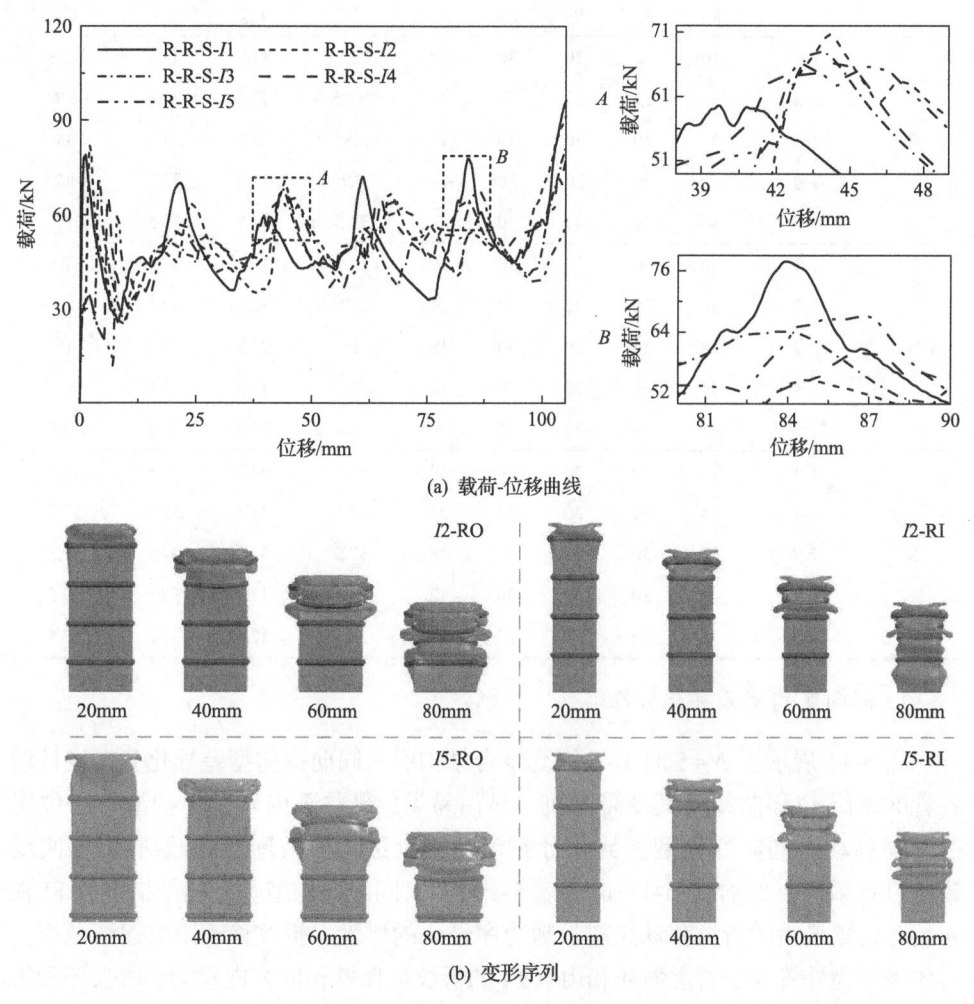

(a) 载荷-位移曲线

(b) 变形序列

图 5-14 N_i=5 时 R-R 嵌套模式下单向变构型差异化分布设计应用效果

5.3.2 R-F 嵌套模式下多管组合研究

R-F 嵌套模式外管 RO 的多管组合参数与 R-R 嵌套模式保持一致，即 ΔR=4.0%H=6mm 和 ΔH_{pr}=1.3%H=2mm。而内管 RI 的多管组合参数根据式(4-11)、式(4-26)和式(4-27)进行选取：ΔC=2.5%H=3.75mm 和 ΔH_{pc}=0.7%H=1mm。表 5-8 展示了引入差异化分布设计后嵌套组合结构内管 FI 和外管 RO 各 $R_{ij}(C_{ij})$ 区域的具体高度。

表 5-8 R-F 嵌套多管组合结构各 $R_{ij}(C_{ij})$ 区域具体高度　　（单位：mm）

规格	序号	外管 RO					内管 FI			
		R_{i1}	R_{i2}	R_{i3}	R_{i4}	R_{i5}	C_{i1}	C_{i2}	C_{i3}	C_{i4}
P	$i=1$	30	30	30	30	30	22.5	37.5	37.5	52.5
	$i=2$	34	30	30	30	24	25.25	37.5	37.5	48.75
	$i=3$	38	30	30	30	18	28	37.5	37.5	45
	$i=4$	42	30	30	30	12	30.75	37.5	37.5	41.25
	$i=5$	46	30	30	30	6	33.5	37.5	37.5	37.5
N	$i=1$	30	30	30	30	30	33.5	37.5	37.5	37.5
	$i=2$	34	30	30	30	24	30.75	37.5	37.5	41.25
	$i=3$	38	30	30	30	18	28	37.5	37.5	45
	$i=4$	42	30	30	30	12	25.25	37.5	37.5	48.75
	$i=5$	46	30	30	30	6	22.5	37.5	37.5	52.5
S	$i=1$	30	30	30	30	30	37.5	37.5	37.5	37.5
	$i=2$	34	30	30	30	24	37.5	37.5	37.5	37.5
	$i=3$	38	30	30	30	18	37.5	37.5	37.5	37.5
	$i=4$	42	30	30	30	12	37.5	37.5	37.5	37.5
	$i=5$	46	30	30	30	6	37.5	37.5	37.5	37.5

1. 同向变构型差异化分布

图 5-15 展示了 $N_i=5$ 时 R-F 嵌套组合结构引入同向变构型差异化分布设计后各管的载荷-位移曲线及其变形序列。显而易见，得益于内外管件构型分布位置的有序移动，同向变构型差异化分布设计可以达到较为理想的载荷-位移曲线错位补偿效果。结合图 5-11(b) 和表 5-8 可知，同向变构型差异化是指内管 FI 在初始时设置最大的折纹移动距离，随着序号 i 的增大，折纹移动距离逐渐减小，具体表现为外管 RO 的增强环和内管 FI 的折纹会保持相同方向移动。增强环和折纹的下移均起到推迟管件后续区域变形时序的作用，因此各管载荷-位移曲线的形成时序能得到有效控制，从而使各管载荷-位移曲线能在整个位移区间内大致呈均匀分布的状态。$I1$ 规格和 $I2$ 规格内外管件的变形序列也表明，两者的变形褶皱在同一位移时所处的宏观变形状态和应力分布存在明显区别，即前者的 RO 管件和 FI 管件发生变形的区域会多于后者。同时，由于同向变构型差异化分布设计中内外管件构型参数的分布差异较为稳定，即端部区域 R_{i1}（外侧管件）和 C_{i1}（内侧管件）差值的变化幅度较小，因此内外管件之间的相互作用并没有显著变化，这也可以有效保证多管载荷-位移曲线错位补偿的效果。

(a) 载荷-位移曲线

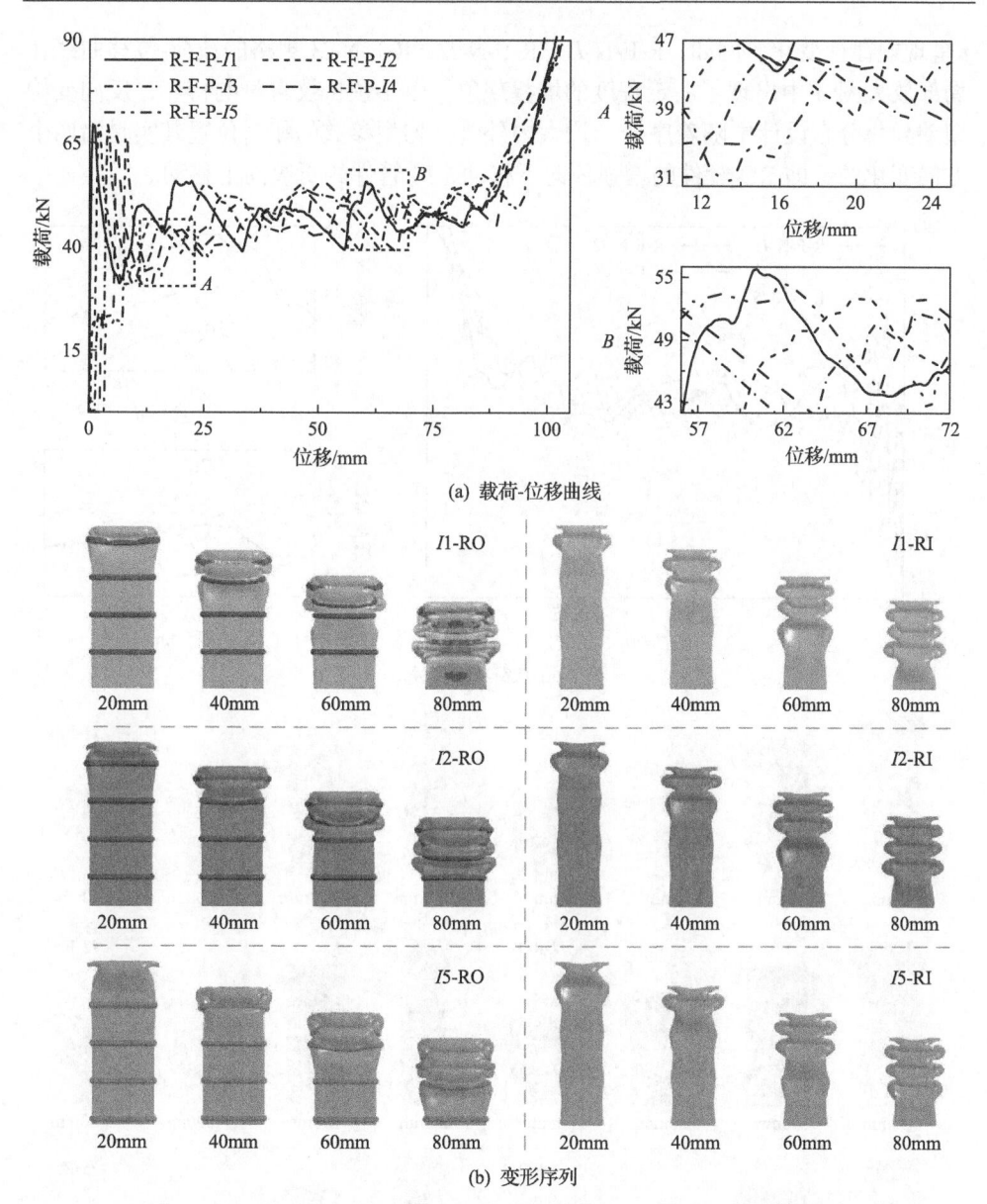

(b) 变形序列

图 5-15 N_i=5 时 R-F 嵌套模式下同向变构型差异化分布设计应用效果

2. 反向变构型差异化分布

图 5-16 为 N_i=5 时 R-F 嵌套组合结构引入反向变构型差异化分布后各管件的载荷-位移曲线及变形序列。由载荷-位移曲线总体的分布情况可以发现，各嵌套组合结构的载荷-位移曲线间形成了一定的时序间隔，但间隔值并没有与管件序号

i 呈现规律性变化。例如，R-F-N-I1、R-F-N-I2、R-F-N-I3 规格的载荷-位移曲线在局部放大图 A 中出现了一定程度的堆叠现象。由于预折纹自身的特点，反向变构型差异化分布设计中随着序号 i 增大内外管件构型参数的相对位置其实是沿两个方向变化的，即 RO 管件的增强环向下移动，FI 管件的折纹向上移动。

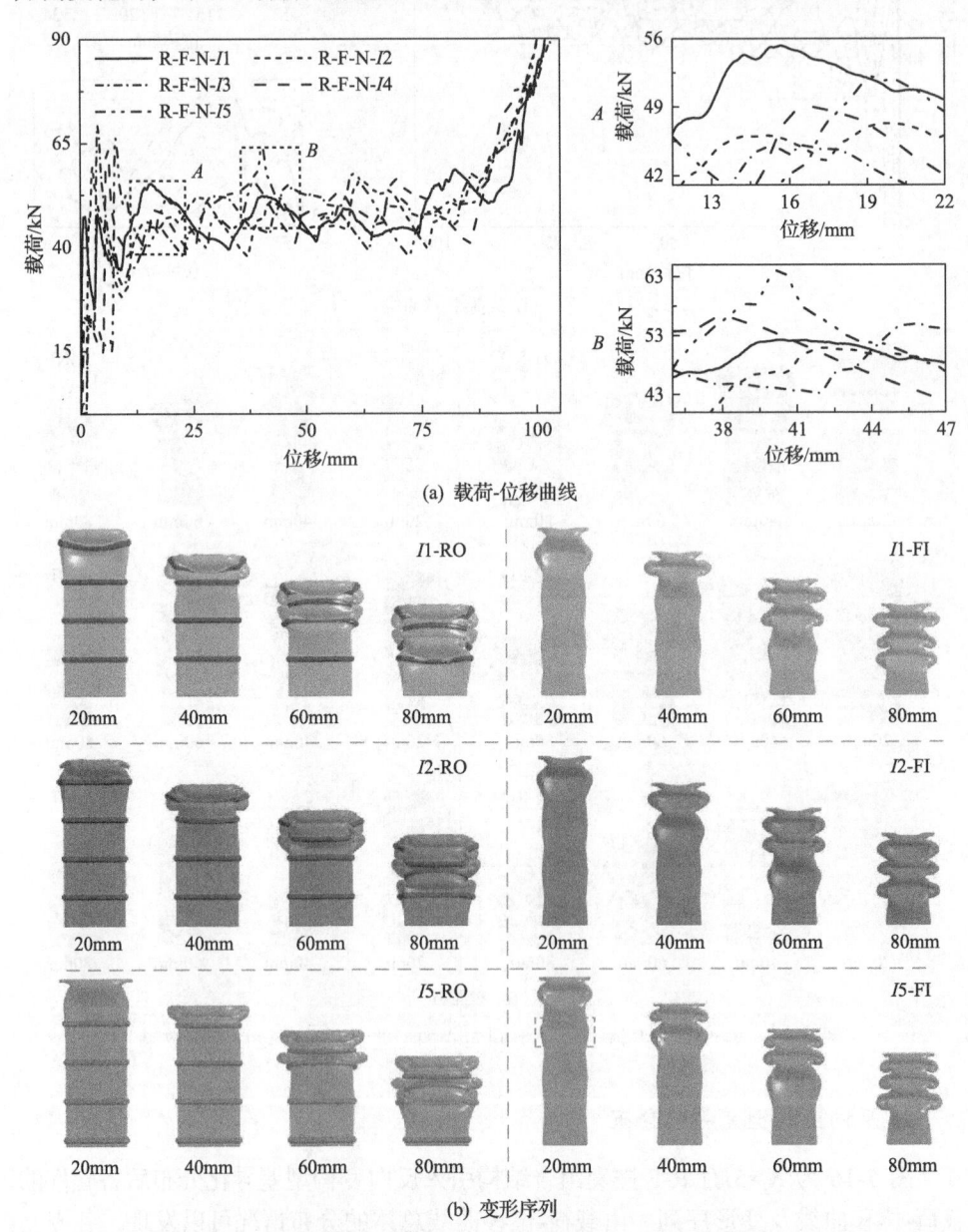

(a) 载荷-位移曲线

(b) 变形序列

图 5-16 N_i=5 时 R-F 嵌套模式下反向变构型差异化分布设计应用效果

结合 4.2 节的分析可知，增强环下移会使后续载荷-位移曲线的形成时序后移，而折纹上移则会使后续载荷-位移曲线的形成时序前移，这种相反的影响作用显然会影响各管载荷-位移曲线形成时序的有效分离，并且当内外管件构型参数分布位置形成较大差异时，两者变形褶皱的相互影响也会随之增强。通过 $I1$ 规格和 $I2$ 规格内外管件的变形序列对比也可以发现，当序号 i 较小时，由于内外管件构型参数的移动距离接近，即 $(i-1)\Delta R$ 和 $(i-1)\Delta C$ 差异较小，两规格 RO 管件和 FI 管件在宏观变形序列和应力云图上并没有呈现出较为明显的差异，也导致两规格载荷-位移曲线未得到有序分离。由 $I1$ 规格和 $I5$ 规格的变形序列对比可以发现，随着序号 i 增大，$(i-1)\Delta R$ 会明显大于 $(i-1)\Delta C$，即增强环分布位置对结构变形序列会产生更显著的影响，两规格的宏观变形序列也出现了明显区别。然而，由于内外管件端部区域 R_{i1} 和 C_{i1} 的差异过大，内外管件之间的相互作用更加显著，$I5$ 规格的内管 FI 在 20~40mm 位移时出现相邻两折纹同时变形的现象，从而导致该规格后续载荷-位移曲线与 $I1$ 规格出现了部分堆叠的现象，并且该规格载荷波动的幅度也明显增大。

3. 单向变构型差异化分布

图 5-17 为 $N_f=5$ 时单向变构型差异化分布在 R-F 嵌套组合结构中的载荷-位移曲线及变形序列。结合图 5-15 和图 5-16 可以发现，单向变构型差异化分布对多管载荷-位移曲线的分离效果处于同向变构型差异化分布和反向变构型差异化分布之间，即大部分峰值载荷呈现出有序充足的分离状态，但少数峰值载荷存在一定程度的重叠。下方 $I1$ 规格和 $I2$ 规格变形序列的对比结果表明，外管增强环相对位置的下移会使后者 RO 管件区域 $R_{ij}(j>1)$ 起始变形的时间迟于前者，内管 RI 虽然并没有进行变构型差异化分布设计，但在外侧管件的约束作用下也出现了应

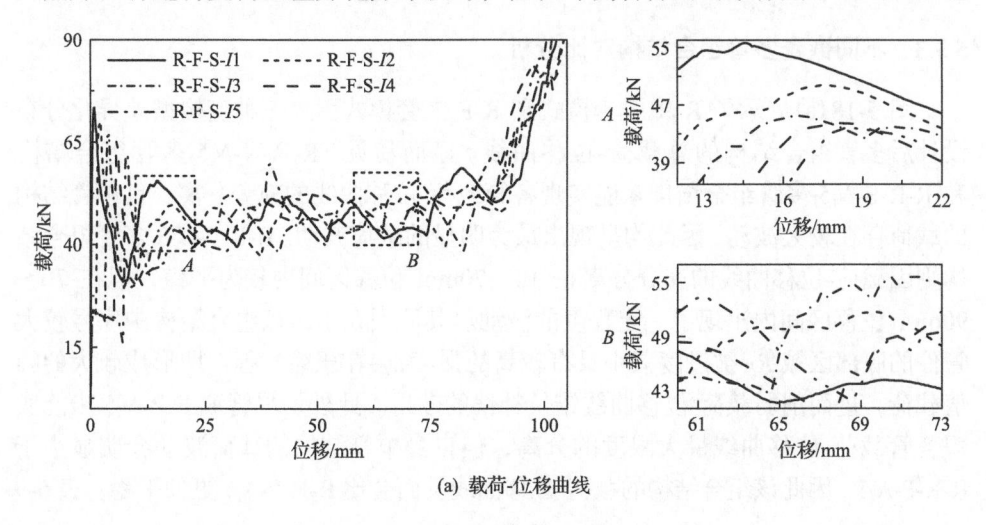

(a) 载荷-位移曲线

（b）变形序列

图 5-17　N_i=5 时 R-F 嵌套模式下单向变构型差异化分布设计应用效果

力分布的差异。通过对比 R-R 嵌套模式和 R-F 嵌套模式单向变构型差异化分布设计的结果可知，由于预折纹薄壁管在外载荷作用下更易出现变形，外侧管件的增强环可以更有效地影响组合结构载荷-位移曲线的形成时序，因此 R-F 嵌套模式仅靠外侧管件构型相对位置的移动也可以达到较为理想的载荷-位移曲线错位补偿效果。

5.3.3　不同嵌套多管组合结构对比分析

图 5-18(a)展示了 R-R 嵌套模式和 R-F 嵌套模式引入三种变构型差异化分布设计后多管组合结构的总载荷-位移曲线。显而易见，R-R-N-N_i5 多管组合结构和 R-R-S-N_i5 多管组合结构未能实现各管载荷-位移曲线的充分分离，且单管结构的载荷存在较大波动，因此均呈现出最为明显的载荷波动。R-R-P-N_i5 多管组合结构则因载荷-位移曲线的充分分离在 10~70mm 位移区间内较为平稳，但在 70~90mm 位移区间内出现了一定程度的波动。其原因在于，该组合结构中序号较大管件的底部区域 R_{i5} 被过度减小具有较高的强度，会在压缩过程末期形成较大的峰值载荷，进而削弱载荷-位移曲线错位补偿的效果。此外，尽管 R-F-P-N_i5 未能实现各管载荷-位移曲线最大限度的分离，但自身单管结构的载荷波动会明显小于 R-R-P-N_i5，因此该组合结构的载荷-位移曲线反而会比 R-R-P-N_i5 更加平稳。表 5-9

展示了六种工况具体的吸能特性评价指标，显然 R-F-P-N_i5 具有最小的载荷波动，相比于未引入变构型差异化分布的 R-F-N_i5 具有 32.72% 的下降幅度。而 R-R-P-N_i5 虽然并没有呈现最小的载荷波动，但其 $FL_{10\sim100}$ 会比未引入变构型差异化分布的 R-R-N_i5 工况下降 55.19%。除此以外，R-R-P-N_i5 的吸能量和比吸能均优于 R-F-P-N_i5，具体提升幅度为 14.45% 和 9.31%。结合图 5-18(b) 中的吸能特性雷达图也可以明显发现，R-R-P-N_i5 呈现出更为全面的吸能特性，且其较低的加工成本也更适合推广应用，因此选取该多管组合结构用于后续与典型组合式吸能结构的对比分析。

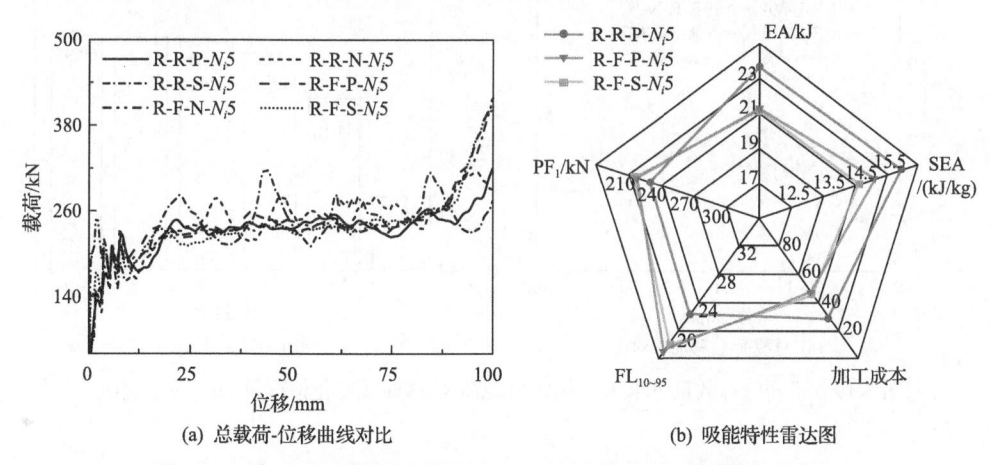

(a) 总载荷-位移曲线对比　　　　(b) 吸能特性雷达图

图 5-18　高度差-变构型差异化分布嵌套多管组合结构吸能特性对比

表 5-9　不同嵌套模式下变构型差异化分布多管组合结构吸能特性指标对比

	规格	PF_1/kN	EA/kJ	MCF/kN	SEA/(kJ/kg)	$FL_{10\sim100(95)}$
$\Delta R=\Delta C=0$ $\Delta H_{pr}=\Delta H_{pc}=0$	R-R-N_i5	396.25	24.85	246.05	15.79	48.94
	R-F-N_i5	358.30	22.65	238.4	15.14	24.42
$\Delta R=4.0\%H$ $\Delta C=2.5\%H$ $\Delta H_{pr}=1.3\%H$ $\Delta H_{pc}=0.7\%H$	R-R-P-N_i5	235.88	24.23	241.47	15.73	21.93
	R-R-N-N_i5	233.07	24.40	243.62	15.84	29.46
	R-R-S-N_i5	250.20	24.35	242.60	15.66	32.23
	R-F-P-N_i5	214.17	21.17	229.89	14.39	16.43
	R-F-N-N_i5	215.14	21.43	232.84	14.57	18.17
	R-F-S-N_i5	211.58	21.03	228.44	14.23	17.25

注：差异化分布设计的结构会稍微提前进入密实化阶段，载荷波动取 $FL_{10\sim95}$；无差异化分布设计的结构会稍微推迟进入密实化阶段，载荷波动取 $FL_{10\sim100}$。

为进一步研究 R-R-P 嵌套模式下管件数量 N_i 对多管载荷-位移曲线错位补偿效果的影响，对 $N_i=4\sim9$ 的情况展开了对比分析。图 5-19(a) 展示了各多管组合结构的总载荷-位移曲线，而图 5-19(b) 则展示了引入高度差-变构型差异化分布设计后各多管组合结构载荷波动降低幅度 DFL（相比于同构型嵌套管直接组合的多管组合结构)的变化趋势。随着管件数量的增加，组合结构的载荷-位移曲线更加平稳，当管件数量 N_i=9 时已经没有出现明显的初始峰值载荷，且其后续载荷也可以如蜂窝结构般平稳。然而，当 $N_i \geqslant 5$ 后 R-R-P 嵌套组合结构的载荷波动降低幅度已经趋于平缓，即结构在平台力阶段已经呈现了较为平稳的载荷。因此，在实际应用中考虑加工成本、装置安装拆卸便利性以及初始缺陷等偶然因素的影响，嵌套组合结构的管件数量应在满足吸能要求的前提下尽量取较小值。

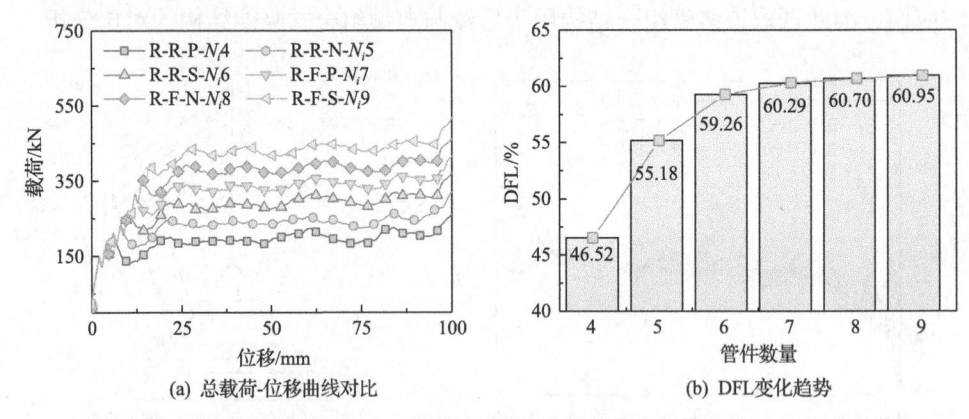

(a) 总载荷-位移曲线对比

(b) DFL 变化趋势

图 5-19 不同管件数量下 R-R-P 模式总载荷-位移曲线变化情况及 DFL 变化趋势

5.4 不同加载工况下典型吸能结构对比分析

为进一步凸显高度差-变构型差异化分布嵌套多管组合结构的吸能优势，本节将引入两类较为典型的组合型薄壁管件，并将其多管组合结构与 R-R-P 多管组合结构进行对比分析。根据 1.2 节的总结可知，泡沫铝填充薄壁结构和规则型多胞薄壁结构是当前应用较为广泛且工艺比较成熟的组合型吸能结构，因此根据文献[137]和[148]选取这两种类型进行对比分析。

5.4.1 结构定义及有限元模型构建

首先，泡沫铝填充结构的外侧薄壁管件和多胞薄壁结构仍采用 6063 铝合金材料，具体材料参数和建模方法与 2.4.2 节保持一致。内部泡沫铝材料则选择两种密度规格，分别为 0.28g/cm³ 和 0.40g/cm³(孔隙率为 89.6%)，主孔径为 2.5～5mm，通过线切割加工而成。基于 MTS 322 T 型工作台试验机对多孔泡沫铝结构进行准静态压缩实验以获取泡沫铝材料的应力-应变曲线。如图 5-20(a)所示，两种泡沫铝材料的应力-应变曲线呈现出与薄壁管相似的四个阶段，即线弹性阶段 A、初始屈曲阶段 B、屈曲平台阶段 C、致密化阶段 D，而密度的变化主要影响结构的初始峰值载荷和平台阶段载荷。泡沫铝结构采用八节点六面体实体单元进行建模，网格尺寸为 2mm×2mm×2mm，并结合积分技术和沙漏控制防止负体积现象的出现。由于研究中并不需要分析泡沫铝结构在压缩过程中的微观力学行为，为有效提高仿真计算的效率，选用可压缩泡沫材料类型，并输入应力-加载方向应变曲线代替应力-体积应变曲线。仿真过程中泡沫铝填充结构的底端自由度被约束，顶端受到上侧移动刚性墙的轴向压缩，其速度设置为 0.1m/s。使用自动面-面接触定义薄壁方管端面与上下两侧刚性墙之间的接触，使用自动单面接触定义薄壁方管或者多孔泡沫铝自身的接触，使用自动面-面接触定义泡沫铝与上下刚性墙及薄壁方管之间的接触。其中，动摩擦系数和静摩擦系数分别设置为 0.25 和 0.3。图 5-20(b)展示了泡沫铝填充结构和多胞结构的具体结构参数。其中，α 为斜向加载工况中上侧移动刚性墙的倾斜角度。泡沫铝填充结构中内侧填充件和外侧薄壁管之间预留了一定间隙以保证结构变形的稳定性。多胞薄壁结构则分为两种类型：第一种为三胞元结构，第二种为四胞元结构。

(a) 泡沫铝应力-应变曲线及变形序列

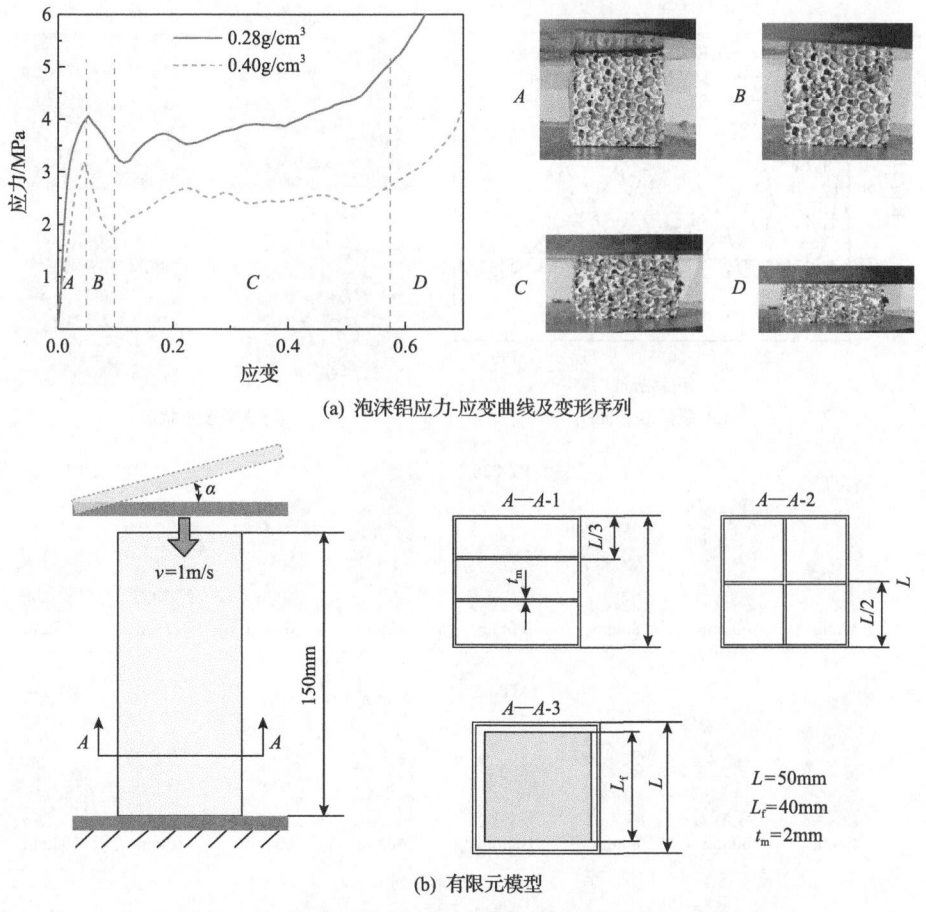

(b) 有限元模型

图 5-20 典型组合型吸能结构材料参数及结构示意图

5.4.2 轴向准静态压缩工况

图 5-21 展示了泡沫铝填充结构 (FT) 和多胞结构 (MT) 在准静态压缩下的载荷-位移曲线和变形序列，图例中 ST 表示相同尺寸下未引入任何构型参数的薄壁方管，P28 表示泡沫铝密度为 $0.28g/cm^3$，E3 和 E4 表示结构所形成的胞元数量为 3 和 4。图 5-21(b) 是既有研究中与本节所提 FT 和 MT 宏观尺寸和构型参数相类似结构的最终变形序列，结合下侧 FT-P28、FT-P40、MT-E3、MT-E4 规格在 100mm 位移时的变形序列可以发现，5.4.1 节所构建的有限元模型呈现出与既有研究相类似的宏观变形模式，具有足够的可靠性。通过对比 FT-P28 规格和 FT-P40 规格的载荷-位移曲线可以发现，泡沫铝密度的增加并不会显著影响组合结构的宏观变形模式和初始峰值载荷，只是使结构平台阶段的载荷存在一定的提升，同时密实化阶段会存在小幅度的提前。MT-E3 规格和 MT-E4 规格的对比结果表明，随着胞元数

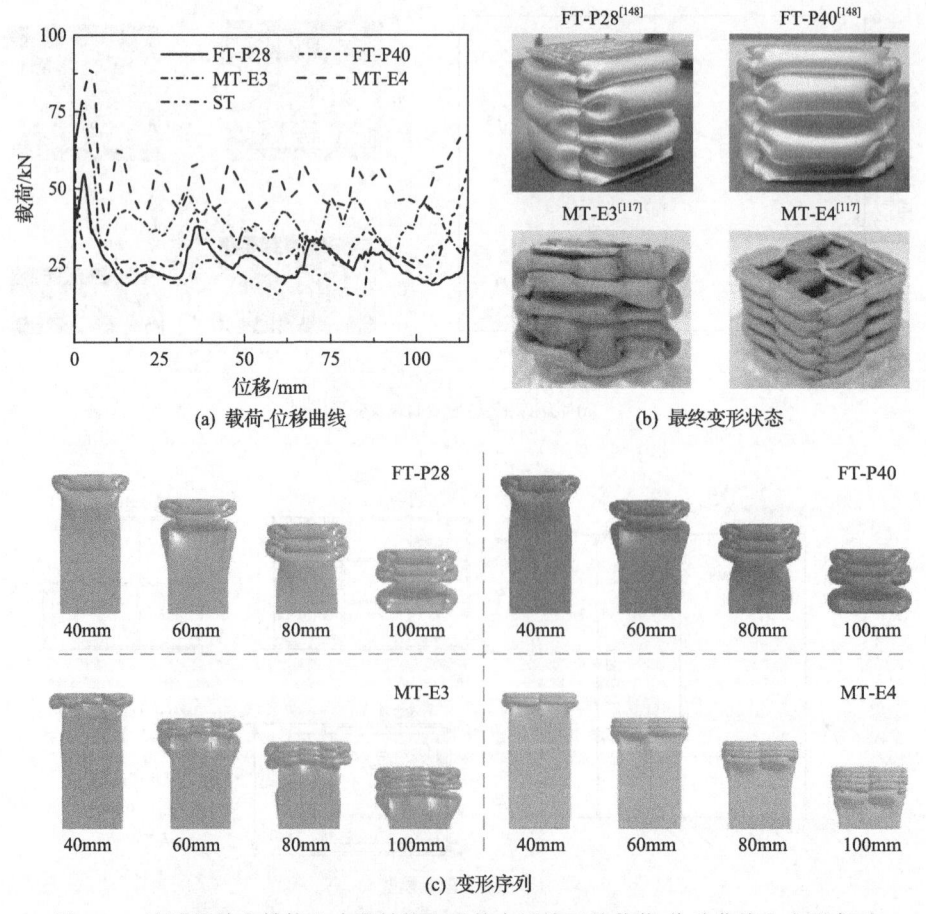

(a) 载荷-位移曲线

(b) 最终变形状态

(c) 变形序列

图 5-21 泡沫铝填充结构和多胞结构在准静态压缩下的载荷-位移曲线和变形序列

量的提升，结构的载荷也存在明显的提升，MT-E4 规格会呈现数量更多且明显的峰值载荷。通过观察两规格的变形序列还可以发现，每个胞元会类似于单管结构沿加载方向形成一定数量的变形褶皱，且随着胞元数目增多，形成的变形褶皱数量也相应增多，从而导致结构的载荷得到有效提升。当然，随着胞元数量的增多，结构的初始强度会明显增大，从而导致载荷-位移曲线呈现更为明显的初始峰值载荷。

为进一步凸显本节所提高度差-变构型差异化分布嵌套多管组合结构的吸能优势，对 MT-E4、FT-P40、R-R-P 规格在 $N_i=5$ 时的多管组合结构展开对比分析，具体结果如图 5-22 所示。显而易见，泡沫铝填充多管组合结构 FT-P40-N_i5 虽然在平台阶段呈现出较小的载荷波动，但其载荷却会明显小于另外两个规格，且存在明显的初始峰值载荷。多胞结构的多管组合结构 MT-E4-N_i5 在平台阶段呈现了与嵌套多管组合结构 R-R-P-N_i5 相近的载荷，但是由于该组合方法不能有效分离各管的峰值载荷，载荷-位移曲线具有显著的初始峰值载荷和后续载荷波动。表 5-10 展示了不同类型单管结构和多管组合结构的各项吸能特性指标。显而易见，相比于嵌套多管组合结构和多胞结构，泡沫铝填充结构在吸能量提升方面具有较大的劣势。虽然单管结构中 50R-34R 规格具有最大的载荷波动 $FL_{10\sim100}$，但多管组合结构中 R-R-P-N_i5 规格的载荷波动 $FL_{10\sim100}$ 却小于 MT-E4-N_i5 规格，这也进一步证明载荷-位移曲线错位补偿思路的有效性。同时，R-R-P-N_i5 规格在具有 MT-E4-N_i5 规格 95.47%吸能量的情况下将后者的初始峰值载荷 PF_1 降低了 46.13%。R-F-N-N_i5 规格虽然具有最小的载荷波动和初始峰值载荷，但其吸能量却会比 MT-E4-N_i5 规格降低 16.59%，显然不利于碰撞动能的充分耗散。结合图 5-22(b)中的吸能特性雷达图可以较为直观地发现，R-R-P-N_i5 规格在具有较高吸能量的情况下具有最小的初始峰值载荷和后续载荷波动，具有最为均衡的吸能特性。

(a) 不同类型多管组合结构载荷-位移曲线　　(b) 吸能特性雷达图

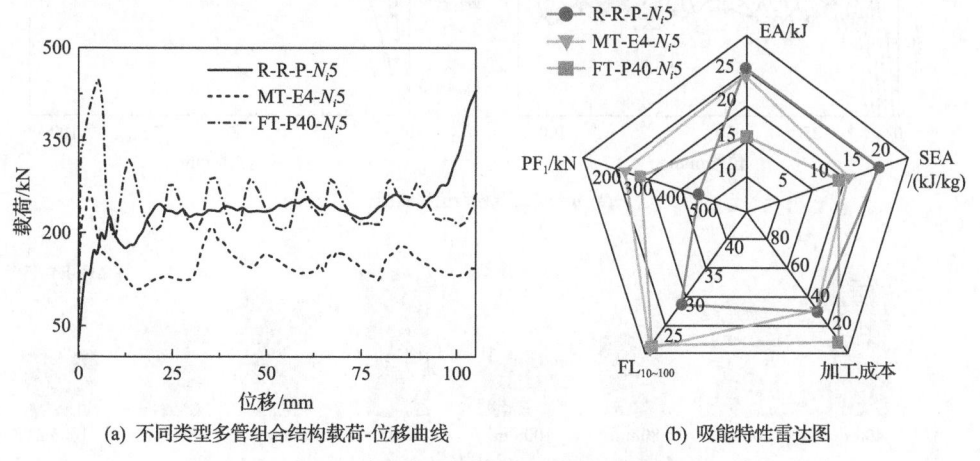

图 5-22　不同类型多管组合结构吸能特性对比

表 5-10 轴向加载下不同类型结构吸能特性指标对比

规格		PF_1/kN	EA/kJ	MCF/kN	SEA/(kJ/kg)	$FL_{10\sim100}$
单管结构	50R-34R	79.25	4.97	49.21	15.79	9.76
	50R-36F	71.66	4.53	47.68	15.14	4.88
	FT-P28	54.67	2.81	26.32	15.04	4.32
	FT-P40	54.83	3.23	30.33	14.86	4.11
	MT-E3	78.55	4.04	40.40	16.83	4.63
	MT-E4	89.58	5.08	50.63	21.15	5.81
多管组合结构	R-R-P-N_i5	235.88	24.23	241.47	15.73	21.93
	R-F-N-N_i5	214.17	21.17	229.89	14.39	16.43
	FT-P40-N_i5	274.16	16.16	151.66	15.39	22.54
	MT-E4-N_i5	437.89	25.38	255.99	21.15	28.28

5.4.3 斜向压缩工况

在实际运营过程中轨道车辆可能承受斜向的撞击，因此对 MT-E4-N_i5 规格和 R-R-P-N_i5 规格在斜向加载工况下的吸能特性展开进一步研究。图 5-23 展示了两种工况在倾斜角度 $\alpha=5°$、10°、15°、20°（α5、α10、α15、α20）时的载荷-位移曲线和变形序列，载荷-位移曲线的左侧为 R-R-P-N_i5 工况单个嵌套管件的载荷-位移曲

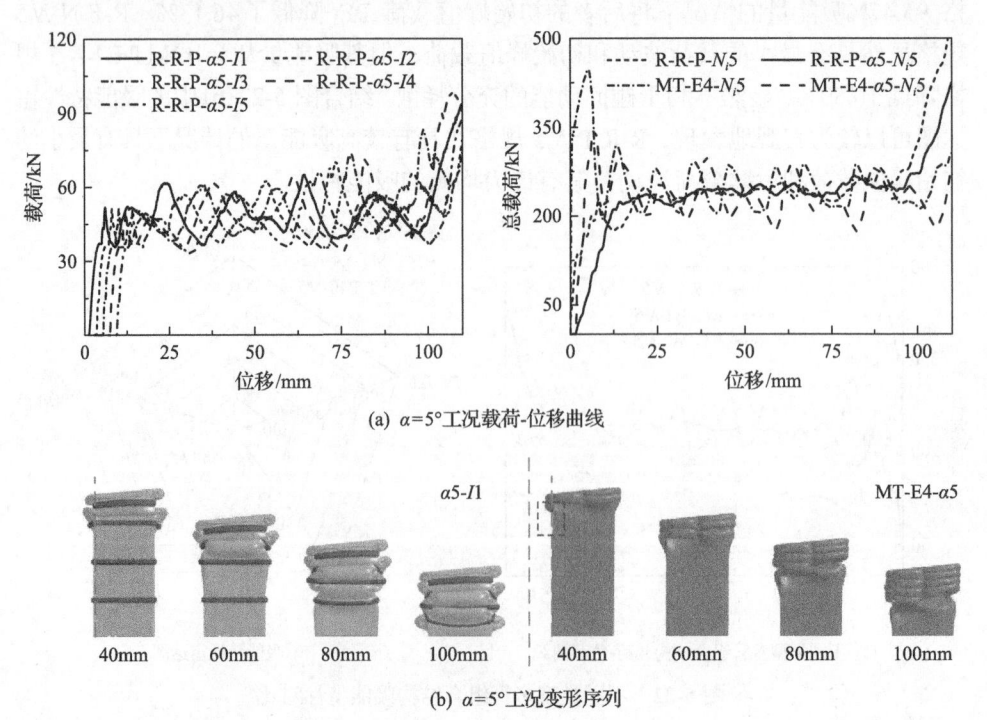

(a) $\alpha=5°$工况载荷-位移曲线

(b) $\alpha=5°$工况变形序列

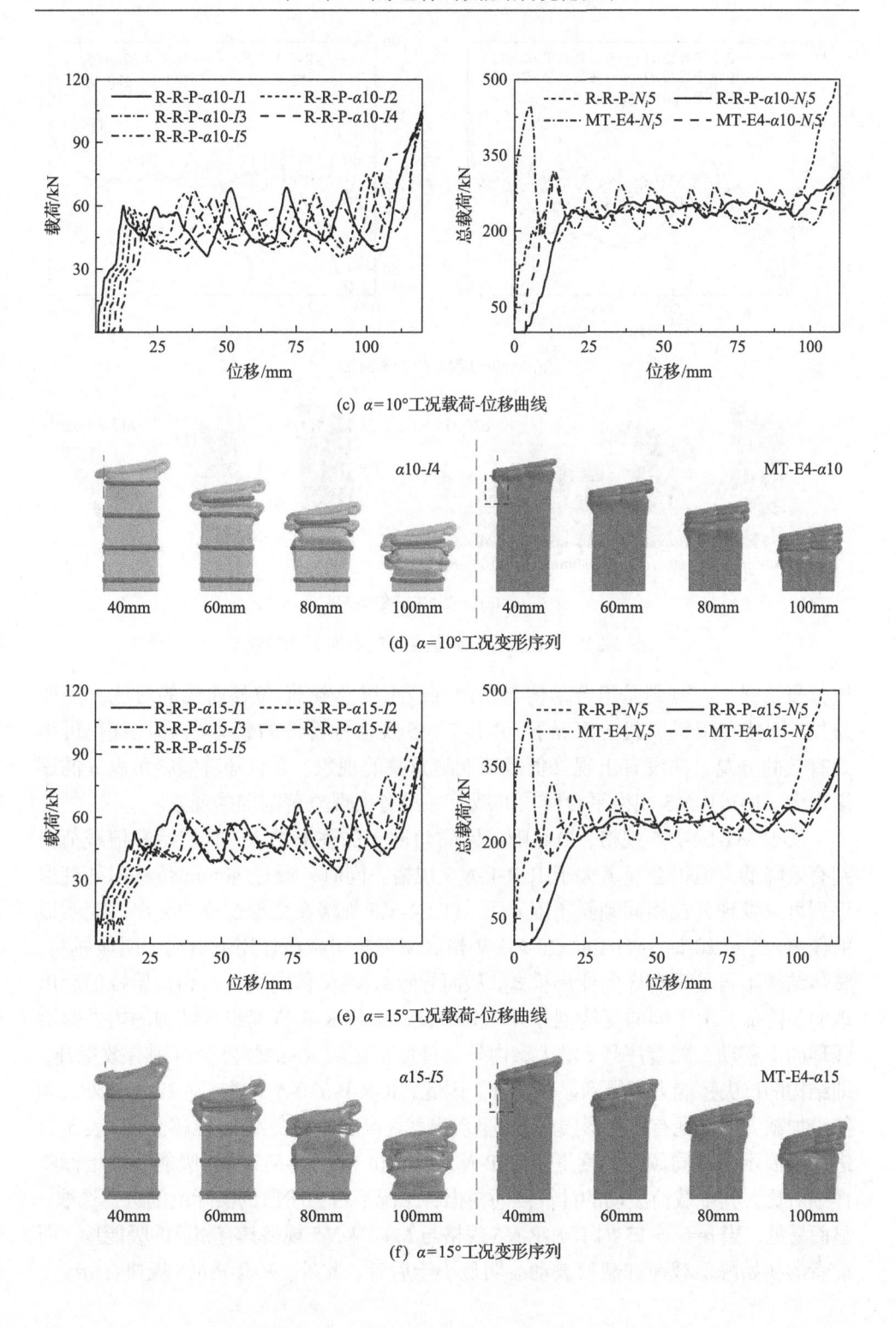

(c) $\alpha=10°$工况载荷-位移曲线

(d) $\alpha=10°$工况变形序列

(e) $\alpha=15°$工况载荷-位移曲线

(f) $\alpha=15°$工况变形序列

(g) $\alpha=20°$工况载荷-位移曲线

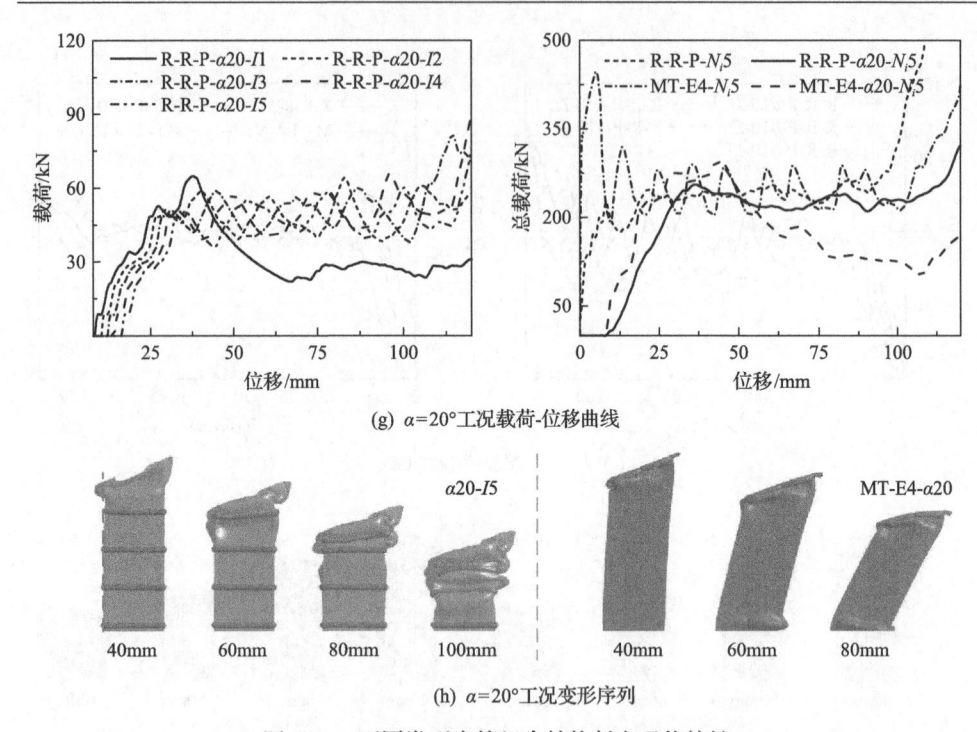

(h) $\alpha=20°$工况变形序列

图 5-23 不同类型多管组合结构斜向吸能特性

线分布情况，右侧则是组合结构与轴向加载工况总载荷-位移曲线的对比。显而易见，即使在倾斜加载的情况下，R-R-P-N_i5 规格各管件的载荷-位移曲线仍可得到有效的分离，并没有出现峰值载荷明显重叠的现象。并且随着倾斜角度 α 的逐渐增大，R-R-P-N_i5 规格平台阶段的载荷并没有出现显著削弱的现象。

反观 MT-E4-N_i5 规格，虽然随着倾斜角度 α 的逐渐增大，其初始峰值载荷得到有效降低，但仍会显著大于 R-R-P-N_i5 规格。同时，通过 40mm 位移时的变形序列可以发现，在相同倾斜角度 α 下 MT-E4-N_i5 规格在变形过程中会出现更明显的偏离。当 $\alpha=20°$时，MT-E4-α20-N_i5 规格底端在倾斜载荷作用下出现了明显屈曲，整体结构不再呈现有序的变形模式，从而导致载荷-位移曲线在达到初始峰值后出现明显降低。由于同向变构型差异化分布设计会使 R-R 嵌套组合结构的内外侧增强环向下移动，随着序号 i 增大，内外管件底部区域 R_{i5} 的强度会得到有效提升，即结构的抗失稳能力会得到显著提升。因此，R-R-P-α20-N_i5 规格除 I1 管件外，均能沿加载方向出现有序变形模式，并呈现出载荷高且平稳的载荷-位移曲线。表 5-11 进一步展示了不同倾斜角度下 R-R-P-N_i5 规格和 MT-E4-N_i5 规格吸能特性指标的详细对比。其中载荷波动的计算区间根据各工况平台力阶段的实际范围进行选取。显而易见，当 $\alpha=5°\sim15°$时 R-R-P-N_i5 规格与 MT-E4-N_i5 规格具有相近的吸能量，而前者的初始峰值载荷和载荷波动会明显小于后者。此外，R-R-P-N_i5 规格在 $\alpha=20°$

时的吸能量会比 MT-E4-N_i5 规格提升 14.98%，而载荷波动却会比后者低 77.11%。

综上所述，进行高度差-变构型差异化分布设计的嵌套多管组合结构会比多胞结构具有更高的抗斜载能力，更适合实际应用。

表 5-11　不同倾斜角度下各多管组合结构吸能特性指标对比

规格		PF_1/kN	EA/kJ	MCF/kN	SEA/(kJ/kg)	FL
R-R-P-N_i5	α=5°	235.88	23.07	224.03	14.97	13.20
	α=10°	230.01	22.67	221.91	14.71	12.21
	α=15°	227.47	22.15	216.81	14.38	13.42
	α=20°	236.67	20.34	188.29	13.21	13.67
MT-E4-N_i5	α=5°	346.09	24.01	232.11	20.01	24.74
	α=10°	313.84	23.61	227.03	19.68	18.72
	α=15°	302.17	22.84	220.83	19.03	15.79
	α=20°	293.65	17.69	162.39	15.08	59.72

5.4.4　轴向动态冲击工况

铝合金在中低速率下呈现低应变率敏感性，Huang 等[221]和 Hussein 等[222]的研究表明，动态冲击下薄壁铝管所形成的褶皱数目并不会与准静态压缩工况呈现明显差异，即根据式(4-13)所设置的增强环仍能实现褶皱变形空间的有效控制。当然，为进一步验证高度差-变构型差异化分布设计能否在动态冲击下实现多管载荷-位移曲线的充分错位补偿，对 R-R-P-N_i5 规格和 MT-E4-N_i5 规格在动态冲击工况下展开吸能特性对比分析。由表 5-10 可知，嵌套组合结构和四胞元结构的单管吸能量大致为 5kJ，因此 N_i=5 时的动态冲击能量设置为 25kJ(J25)。其中，速度设置为 2m/s，具体结果如图 5-24 所示。

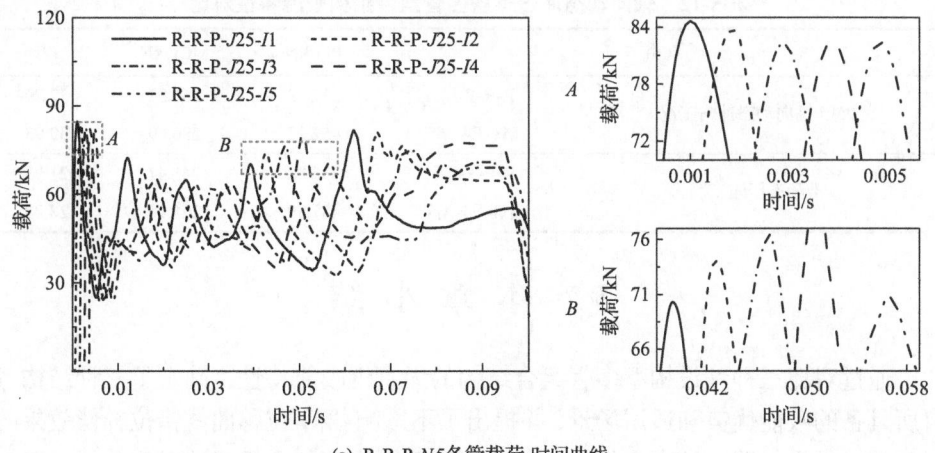

(a) R-R-P-N_i5 各管载荷-时间曲线

(b) 总载荷-时间曲线　　　　　　　　(c) 变形序列

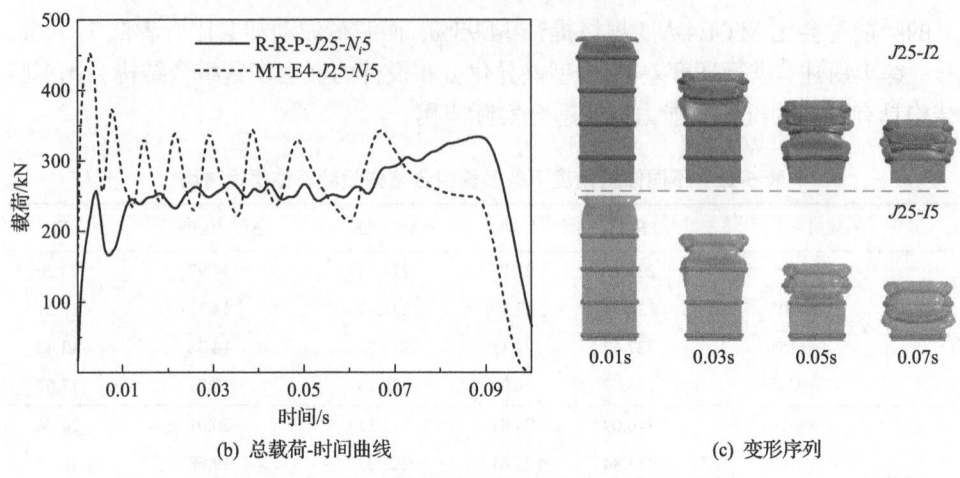

图 5-24　不同类型多管组合结构轴向动态冲击吸能特性

从 R-R-P-N_i5 规格在动态冲击下各管载荷-位移曲线的分布情况可以直观地发现，高度差-变构型差异化分布设计仍可以有效控制各管峰值载荷的形成时序，从而实现各管载荷-位移曲线的充分分离。当然，由于动态冲击下结构的变形过程呈非线性，各管初始峰值载荷 PF_1 所呈现的时序间隔会稍小于准静态压缩工况。结合图 5-24(c) 中 $J25$-$I2$ 和 $J25$-$I5$ 的变形序列也可以观察到增强环仍能有效控制各 R_{ij} 区域的变形空间，使不同序号的管件在相同时间下处于不同的变形时序。表 5-12 展示了动态冲击工况下 R-R-P-N_i5 规格和 MT-E4-N_i5 规格的各项吸能特性指标，其中载荷波动的计算区间为 0.005~0.07s。从中不难发现，在碰撞动能完全耗散的前提下，R-R-P-N_i5 规格相比于 MT-E4-N_i5 规格具有更为出色的吸能特性，即前者的初始峰值载荷和载荷波动会比后者分别降低 43.11% 和 42.93%。

表 5-12　轴向动态冲击下各多管组合结构吸能特性对比

规格		PF_1/kN	MCF/kN	FL
25kJ 轴向动态冲击工况	R-R-P-N_i5	257.28	260.32	22.79
	MT-E4-N_i5	452.27	280.69	39.93
准静态压缩工况	R-R-P-N_i5	235.88	241.47	21.93
	MT-E4-N_i5	437.89	255.99	28.28

5.5　本章小结

通过对比三种预设构型多管组合结构的无量纲吸能特性，确定了三种结构各自所具备的吸能优势和适用场景，并提出了不影响载荷-位移曲线错位补偿效果的吸能特性提升思路，即嵌套组合设计。通过不同嵌套组合模式的对比分析，确定了性能较优且适合多管组合设计的初始嵌套模式，并进一步确定了变构型差异化分布设计在嵌套多管组合结构中的应用方法。同时，引入常见的泡沫铝填充薄壁结构和多胞薄壁结构进行多管组合工况的吸能特性分析，进一步凸显本章所设计结构的吸能优势，具体结论如下。

(1) 嵌套组合模式下内侧管件的构型更能影响载荷-位移曲线的峰值数目，而外侧管件的构型则更能影响载荷波动和峰值载荷形成时序，预折纹构型由于会加剧内外管件的叠合程度，减小其在嵌套组合结构中的作用，可以提升有效压缩行程。

(2) R-F 嵌套模式(外管为增强环，内管为预折纹)可充分发挥增强环构型和预折纹构型的优势，具有最为均衡的吸能特性，而 R-R 嵌套模式(内外管件均设置增强环)则具有最为显著的吸能量提升效果。

(3) 同向变构型差异化分布设计可以有效提升构型对各区域变形时序的控制作用，可实现各管载荷-位移曲线的充分错位补偿；反向变构型差异化分布设计会增大内外管件之间的相互作用，从而致使部分规格出现变形无序性，且无法实现各管载荷-位移曲线的充分等距分离；单向变构型差异化分布设计在 R-F 嵌套模式下也能实现较好的载荷-位移曲线错位补偿效果，有利于加工成本的降低。

(4) 相比于既有常见的薄壁吸能结构，基于载荷-位移曲线错位补偿思路所设计的变构型差异化分布嵌套多管组合结构呈现出更为优异的吸能特性，具体表现为后者具有更高的抗斜向加载能力，且可以在保持高吸能量的情况下(动态冲击工况)使初始峰值载荷和载荷波动分别降低 43.11%和 42.93%。

第 6 章 时序组合式吸能结构性能验证

由于之前的研究都是基于小尺度缩比模型开展，本章所提出的载荷-位移曲线错位补偿思路和高度差-变构型差异化分布设计是否具有足够的实际工程应用价值，以及第 4 章所建立的变构型差异化分布设计方法是否可以应用于大尺寸薄壁结构仍需得到进一步的验证。因此，本章将根据某型号轨道车辆的实际可利用空间，进行 1:1 比例的高度差-变构型差异化分布多管组合结构协同设计，并建立包括司机室的头车有限元模型，开展整车动态碰撞仿真分析，进而验证所设计时序组合式吸能结构具有足够优异的性能及理想的实际应用价值。

6.1 某型号轨道车辆头车有限元模型建立

6.1.1 司机室头车模型

根据某轨道车辆的司机室头车建立有限元模型，具体结构如图 6-1 所示。司机室头车大致由内部骨架、外皮、车底架、侧墙、端墙、车顶及转向架等部件构成，司机室头车长为 25450mm，车体最大高度 3700mm，最大宽度 3380mm。有限元模型网格的大小直接决定了仿真计算的成本和准确性，考虑到实际碰撞过程中仅有车体前端会出现明显变形，而车体后端几乎不会发生变形，在进行网格划分时司机室头车车体前端的网格尺寸取较小值，而车体后端网格的尺寸取较大值，以提高仿真计算的效率。在实际碰撞过程中绝大部分的动能通过车体及吸能装置的塑性变形进行耗散，而车体的内饰结构并不会影响车体的宏观变形，因此有限元模型中并未对这些设备进行建模。司机室头车车辆总质量为 47.02t，主要包括车体质量、转向架质量、乘员质量、车下设备质量。乘员总质量取值为 45×40kg，通过在地板的节点上设置质量点以实现该部分质量的添加。同时，由于车下设备外形不易建立且对车辆吸能特性研究影响不大，同样通过质量点的形式进行模拟。通过 mass 命令根据车下设备分布图在对应横梁下部的节点上均匀铺设质量单元以实现该部分质量的添加，具体情况如下。

(1) 车下电气装置的质量主要分布在第 5、6、7、8 根横梁上。
(2) 车下电空制动装置的质量主要分布在第 18 根横梁上。
(3) 车下给水卫生装置的质量主要分布在第 13、14 根横梁上。

(4) 车下空调系统配置的质量主要分布在第 18、19 根横梁上。

(5) 车下设备舱的质量主要分布在第 11、12 根横梁上。

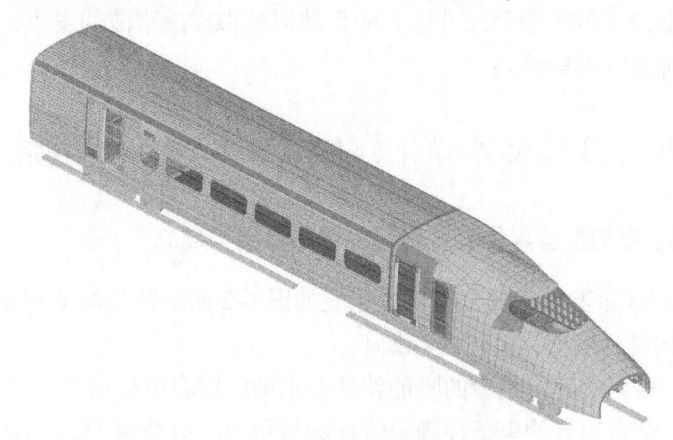

图 6-1 司机室头车有限元模型

6.1.2 材料及边界条件定义

司机室头车使用的材料类型主要为铝合金材料和碳素钢材料。其中，头车骨架采用 A5083P-O 铝合金材料，车顶、侧墙、端墙采用 A6N01S-T5 铝合金材料，底架则主要采用 A7N01S-T5 材料（部分采用 Q355 碳素钢），而转向架是简化模型，因此定义特定的实体材料以赋予其真实的质量，各材料的详细力学性能及物理参数如表 6-1 所示。

表 6-1 材料力学性能及物理参数

材料种类	密度/(kg/m³)	弹性模量/GPa	泊松比	屈服强度/MPa	极限强度/MPa	延伸率/%
A7N01S-T5	2710	69	0.33	245	325	10
A6N01S-T5	2710	69	0.33	205	245	8
A5083P-O	2710	69	0.33	125	275	12
Q355	7850	210	0.3	355	490	22

根据铝合金材料应力与应变呈依赖关系的特性，司机室、底架、车顶、侧墙、端墙均选用分段线性弹塑性材料模型。由于轨道、轮对和转向架在碰撞过程中并不会出现明显的变形，为提高仿真效率，三者均采用刚体材料模型。同时，为模拟转向架对车体的支撑作用，弹簧和阻尼器材料模型用于两者之间的连接。整车碰撞仿真分析中各组件之间的接触力不是研究重点，因此车体各组件

之间定义自动单面接触以避免穿透现象的发生。考虑到轨道在整个碰撞过程中几乎不会出现相对位置的变化，因此约束其所有自由度。通过赋予司机室头车初始速度撞向前侧定义的不限制尺寸固定刚性墙以模拟碰撞事故的发生，并考虑重力加速度对碰撞过程的影响。

6.2　大尺寸变构型差异化分布嵌套多管组合结构协同设计

6.2.1　高度差-变构型差异化分布嵌套多管组合结构建立

结合第 4 章和第 5 章的分析可以建立如图 6-2 所示的变构型差异化分布嵌套多管组合结构设计框架，具体内容如下。

步骤 1：根据实际应用中的吸能特性需求确定嵌套组合模式。

步骤 2：结合边界约束条件确定管件的数量 N_i、外管宽度 L_{or}、内管宽度 L_{ir}、厚度 t、高度 H 以及分布形式。

步骤 3：确定初始规格的关键构型参数，即根据式 (4-26) 确定构型参数的数量以及根据式 (4-22)、式 (4-33)、式 (4-38) 确定构型参数的尺寸。

步骤 4：确定多管结构的组合参数，即根据式 (4-11)、式 (4-12)、式 (4-13)、式 (4-25)、式 (4-27)、式 (4-41)、式 (4-42) 确定各管件的构型移动距离和局部高度差。

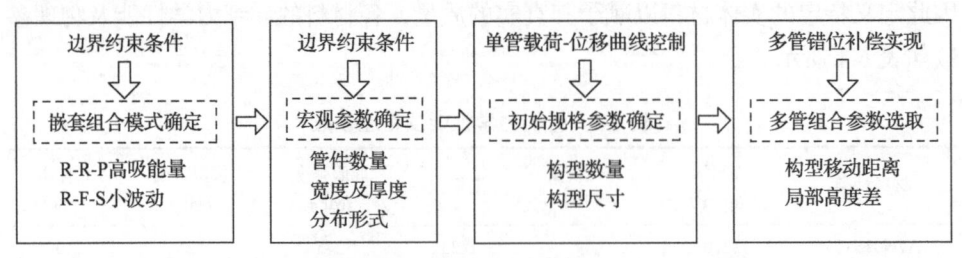

图 6-2　变构型差异化分布嵌套多管组合结构设计框架

轨道车辆对吸能量具有更高的需求，因此选取 R-R 嵌套模式进行同向变构型差异化分布设计。由 5.3.3 节的分析可知，当管件数量 $N_i>5$ 时嵌套多管组合结构的载荷-位移曲线错位补偿可以达到理想效果，考虑到实际加工成本及安装等因素，管件数量取值为 6。图 6-3 展示了司机室前端可以用于放置吸能装置的大致边界范围，为最大限度地利用空间资源，外管宽度 L_{or}、内管宽度 L_{ir}、高度 H 分别取值为 200mm、160mm 及 800mm（内外管件之间留有一定间隙以避免组合结构密实化阶段过度提前）。为避免因相邻管件之间产生接触而影响载荷-位移曲线错位补偿的效果，相邻两管件之间的间距设置为 100mm。同时，

第 6 章 时序组合式吸能结构性能验证 ·199·

为兼顾高吸能量和小载荷波动两项指标，选择 R-R-P 正向变构型差异化分布嵌套组合模式。

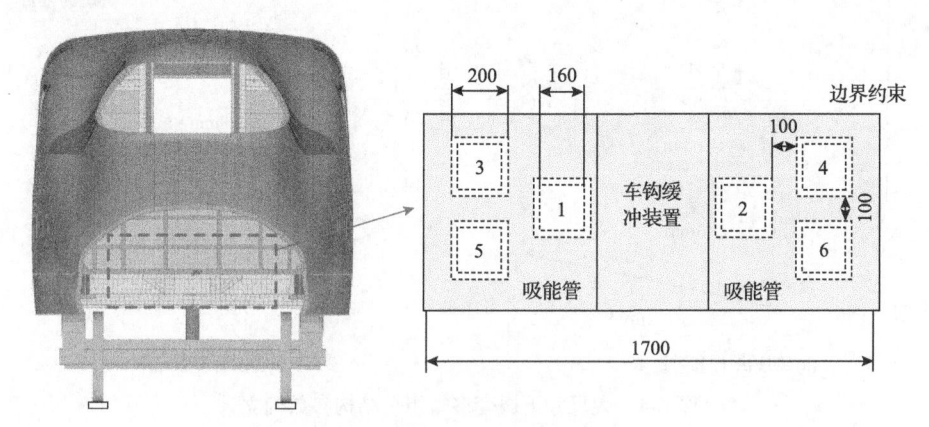

图 6-3 司机室头车吸能装置边界范围(单位：mm)

在确定了组合管件的数量 N_i 和宏观尺寸（L 和 H）后，可以基于 4.4 节建立的普适性时序错位补偿机制进行初始结构参数及多管组合参数的选取。首先根据式(4-29)确定增强环的数量 N_r：

$$N_r \approx \frac{H}{2\delta_{sp}} - 1 \approx 7 \tag{6-1}$$

然后，根据式(4-37)确定增强环厚度 t_r 和高度 h_r 的取值，图 6-4(a)展示了不同 N_r、$t_r(h_r)$、t 所组成的数据点与式(4-36)所构成曲面的相互关系。显而易见，当管件厚度 $t=3$mm 和 $N_r=7$ 时，$t_r=h_r=6$mm 满足数据点处于式(4-36)曲面上方的要求，即增强环具有足够的强度以约束各 R_{ij} 区域的变形空间。因此，选取上述规格参数用于后续多管组合结构的高度差-变构型差异化分布设计，这也进一步证明 $t_r=h_r=2t$ 的增强环初始规格确定方法具有一定的普适性。

在确定了增强环的结构参数后，可以根据式(4-42)进行多管组合参数的选取。图 6-4(b)展示了当 $H=800$mm、$L_{or}=200$mm、$L_{ir}=160$mm、$N_r=7$ 时组合参数 N_i、ΔR、ΔH_p 所构成数据点与式(4-42)的相互关系，在增强环基础移动距离 ΔR 符合式(4-13)的取值条件时($\Delta R=16.5$mm)，基础局部高度差 ΔH_p 在 8mm 时可以满足数据点处于式(4-42)曲面下方的条件，即可以满足载荷-位移曲线充分分离的要求。由 5.2 节和 5.3 节的分析可知，嵌套组合形式会增强内外构型对载荷-位移曲线形成时序的控制作用，因此外侧管件的多管组合参数同样适用于内侧管件。表 6-2 则展示了嵌套组合结构内外管件各 R_{ij} 区域的具体尺寸。

(a) 初始结构参数选取　　　　　　　(b) 多管组合参数选取

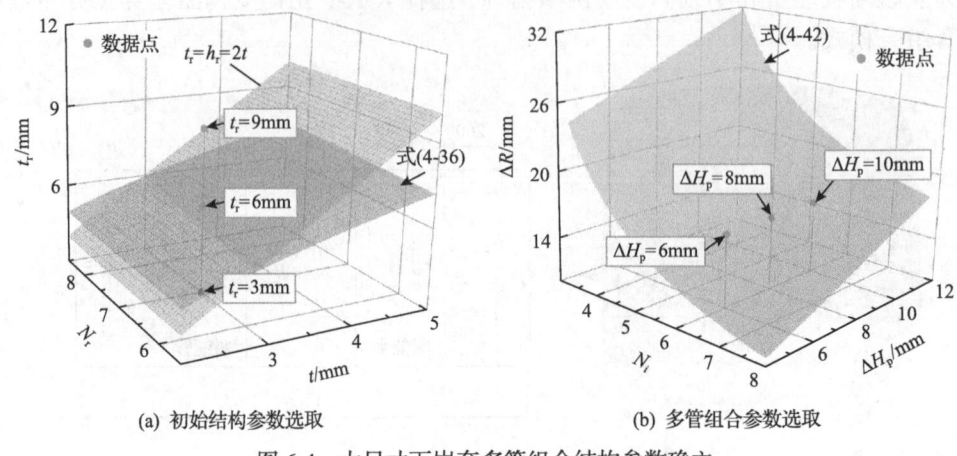

图 6-4　大尺寸下嵌套多管组合结构参数确立

表 6-2　高度差-变构型差异化分布嵌套多管组合结构具体尺寸　　（单位：mm）

规格	序号	R_{i1} RO	R_{i1} RI	R_{i2}~R_{i7} RO	R_{i2}~R_{i7} RI	R_{i8} RO	R_{i8} RI
H=800mm	i=1	100	100	100	100	100	100
L_{or}=200mm	i=2	106.5	110	100	100	80	83.5
L_{ir}=160mm	i=3	113	120	100	100	60	67
t_r=h_r=2t=6mm	i=4	119.5	130	100	100	40	50.5
ΔH_p=8mm	i=5	126	140	100	100	20	34
ΔR=16.5mm	i=6	132.5	140	100	100	20	17.5

6.2.2　准静态轴向压缩仿真验证

为进一步验证建立的变构型差异化分布嵌套多管组合结构设计框架可以实现各管载荷-位移曲线的错位分离，以最大限度地降低初始峰值载荷和后续载荷波动，对大尺寸高度差-变构型差异化分布嵌套多管组合结构展开轴向准静态压缩仿真分析。图 6-5(a) 展示了 N_i=6 时各个嵌套多管组合结构载荷-位移曲线的分布情况。

从图 6-5 中不难发现，增强环分布形式的差异化分布设计可以使各管件的载荷-位移曲线之间形成有序且充足的时序间隔，显然实现了载荷-位移曲线错位补偿的目标。图 6-5(b) 和 (c) 中的内外管件变形序列也表明，设置的增强环可以有效控制各 R_{ij} 区域的变形空间，即差异化的增强环分布形式可以使不同嵌套管件在相同位移时呈现出不同的变形时态。

(a) 单管载荷-位移曲线

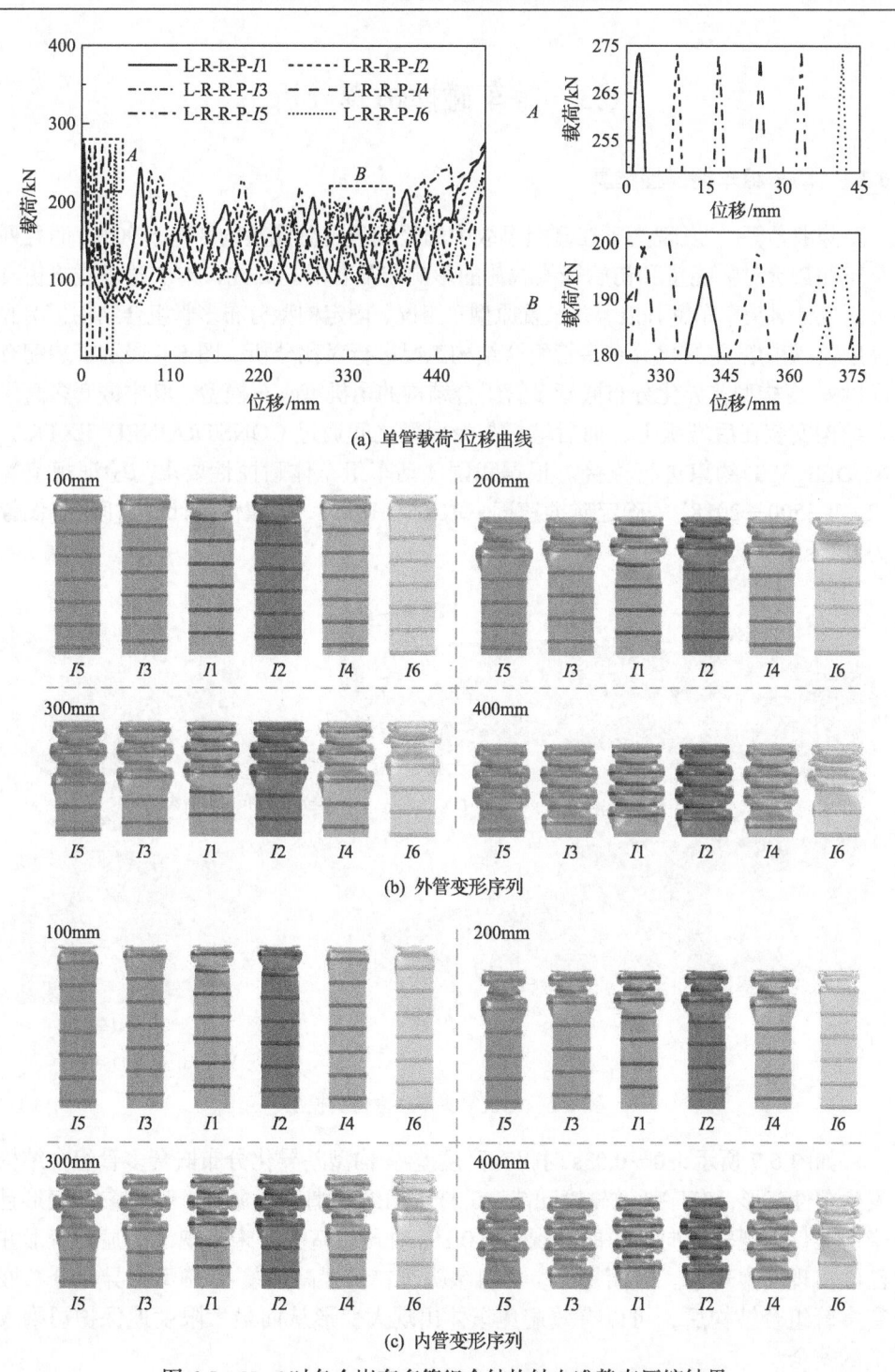

(b) 外管变形序列

(c) 内管变形序列

图 6-5 $N_i=6$ 时各个嵌套多管组合结构轴向准静态压缩结果

6.3 整车碰撞仿真分析

6.3.1 动车组车辆碰撞仿真

陈淑琴等[223]发现头车在碰撞事故中的吸能量占总能量的87%~90%，而且列车车厢数量对吸能量和初始峰值载荷的影响非常有限。因此，本次整车碰撞仿真分析仅针对头车车辆开展，并设置原型车工况、固定构型分布多管组合结构工况和高度差-变构型差异化分布多管组合结构工况进行对比分析。图6-6展示了装配有高度差-变构型差异化分布嵌套多管组合结构的司机室头车模型，其中嵌套多管组合结构安装在后端板上，而后端板与牵引梁之间通过CONSTRAINED_EXTRA_NODES_SET约束进行连接。根据我国《动车组车体耐撞性要求与验证规范》(TB/T 3500—2018)[23]确定碰撞速度v取值为10m/s，碰撞仿真计算时间(t_s)设置为0.15s。

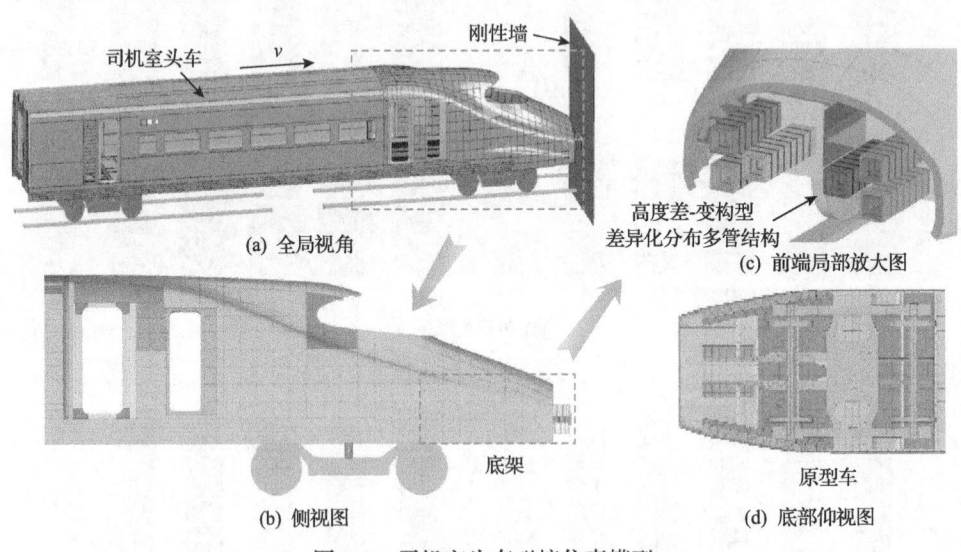

图6-6 司机室头车碰撞仿真模型

如图6-7所示，0~0.03s时仅有高度差-变构型差异化分布嵌套多管组合结构发生塑性变形，有序耗散碰撞动能，0.03~0.12s时骨架、蒙皮、底架参与变形且牵引梁仅出现轻微向上屈曲的现象，0.15s时司机室头车未呈现出明显的变形并已经出现回弹现象。显而易见，司机室头车在设置高度差-变构型差异化分布嵌套多管组合结构后，可以有效避免车体出现大变形从而最大限度地保护司乘人员的安全。

(a) $t_s=0.03s$

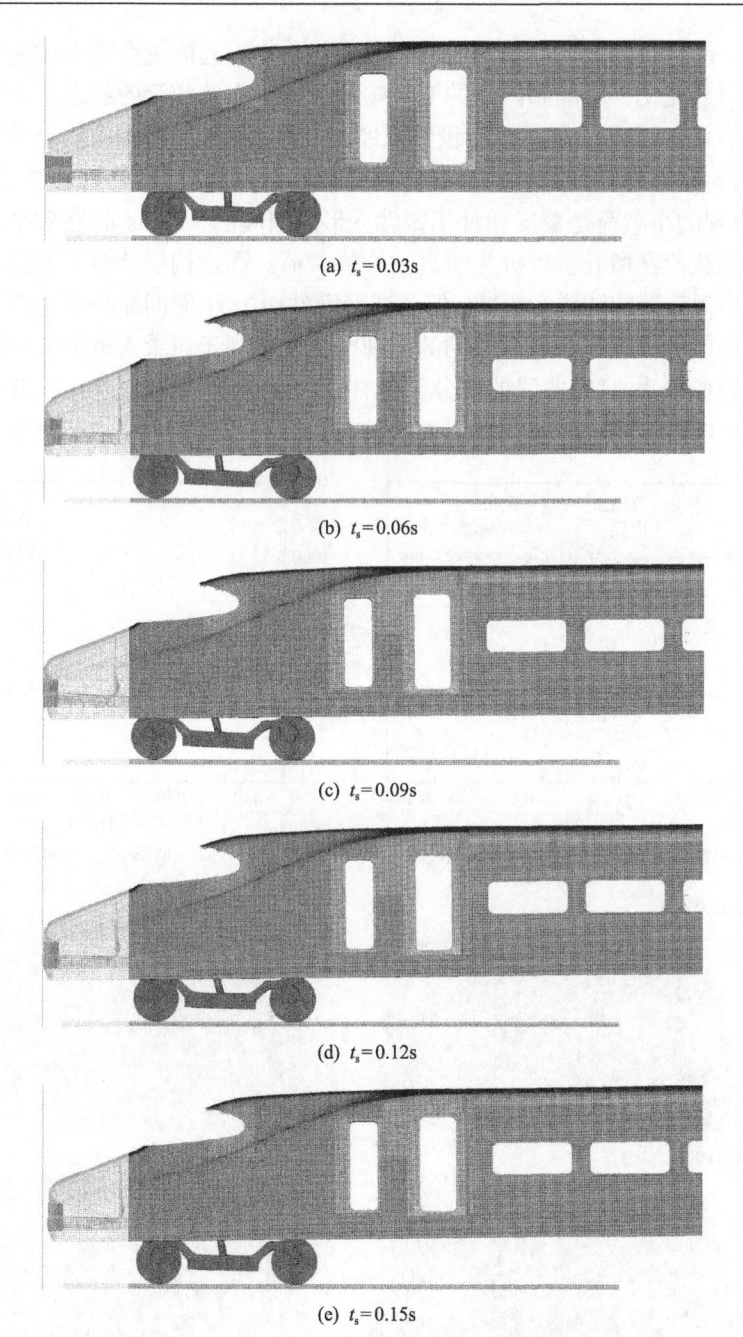

(b) $t_s=0.06s$

(c) $t_s=0.09s$

(d) $t_s=0.12s$

(e) $t_s=0.15s$

图 6-7 增设高度差-变构型差异化分布嵌套多管组合结构后司机室头车变形序列

为进一步展示进行高度差-变构型差异化分布设计的吸能优势,对三种工况的撞击力-时间曲线和底架结构的变形序列展开更为细化的对比分析。图 6-8(a)展示了总能量、动能、内能、沙漏能随时间的变化趋势，总能量在整个碰撞过程中并没有出现明显变化，动能和内能的变化幅度也处于大致相等的状态。此外，沙漏能的最大值为 10.22kJ，仅占总能量的 0.97%，满足整车动态碰撞仿真分析可靠性的要求。图 6-8(b)为三种整车碰撞工况的撞击力-时间曲线，无吸能装置工况在 0～0.02s 时出现的小载荷是蒙皮和骨架塑性变形所引起的，0.03s 时底架牵引梁开始屈曲，致使载荷剧增并呈现极为明显的峰值载荷。固定构型分布工况虽然没有像前者一样出现载荷的陡增和锐减，但各嵌套管件撞击力-时间曲线的重合叠加仍会导致较大初始峰值载荷和载荷波动的出现，依旧不利于司乘人员的安全防护。而得益于各管撞击力-时间曲线的充分错位补偿，高度差-变构型差异化分布工况在有序耗散碰撞动能的同时呈现出了最小的初始峰值载荷和后续载荷波动，可以有

(a) 总能量、动能、内能、沙漏能-时间曲线

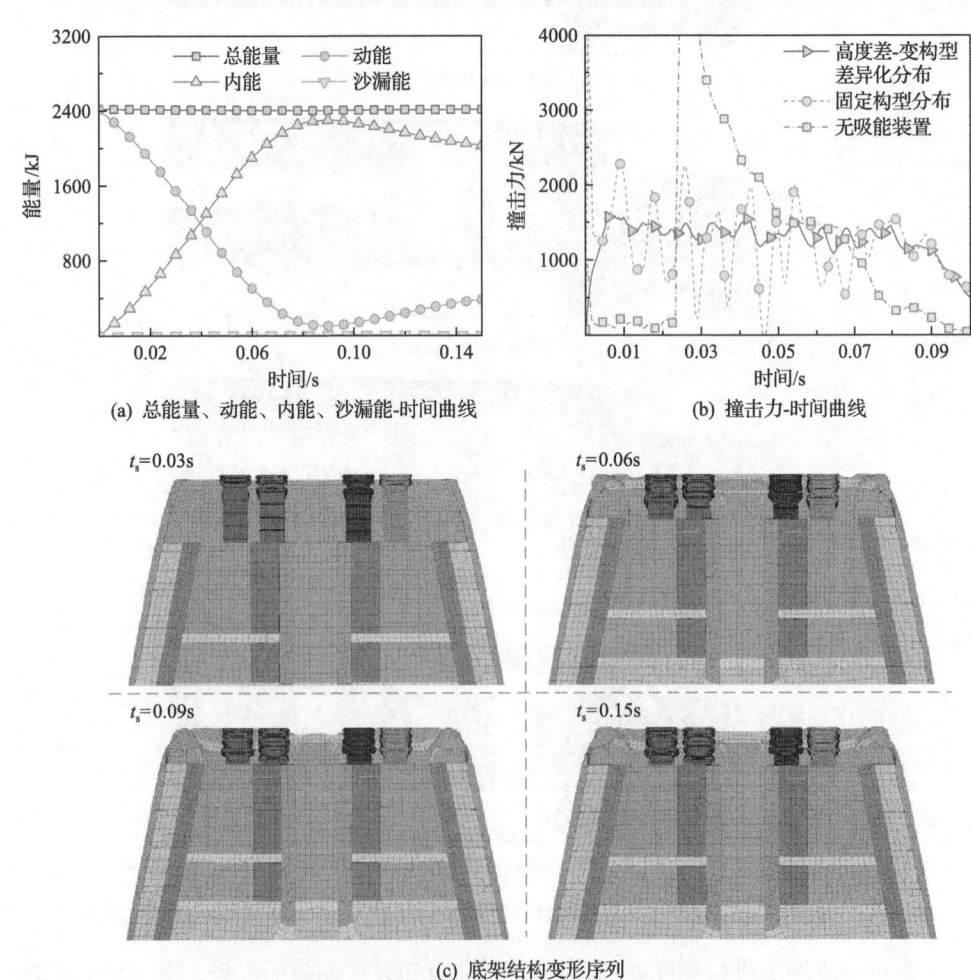

(b) 撞击力-时间曲线

$t_s=0.03s$

$t_s=0.06s$

$t_s=0.09s$

$t_s=0.15s$

(c) 底架结构变形序列

图 6-8 不同工况下撞击力-时间曲线和底架结构变形序列

图 6-8(c)为高度差-变构型差异化分布工况前端底架结构在碰撞过程中的变形序列,六根变构型差异化分布嵌套管件在相同 t_s 时明显处于不同的变形时序,进一步证明高度差-变构型差异化分布设计在实际应用中的可行性。同时,后者的横梁并没有像前者一样出现明显屈曲变形,更为直观地展示了碰撞动能平稳耗散的优势所在。图 6-9(a)~(c)分别展示了司机室头车速度、加速度以及变形量随时间的变化趋势。可以发现,设置多管组合式吸能装置后头车可以实现更快的制动,且加速度的变化幅值也能得到有效降低。此外,嵌套多管组合式吸能装置还能有效降低头车的最大变形量,即从原型车的 591.96mm 降低到 209.71mm(除去吸能装置前端所伸出的 290mm),降低 64.57%。结合图 6-9(d)可以进一步发现,在动能耗散总量及效率不变的情况下,高度差-变构型差异化分布工况的初始峰值载荷和载荷波动会比固定构型分布工况分别降低 56.74%和 69.69%,实现了高吸能量、低初始峰值载荷、小载荷波动相兼容的预期目标。

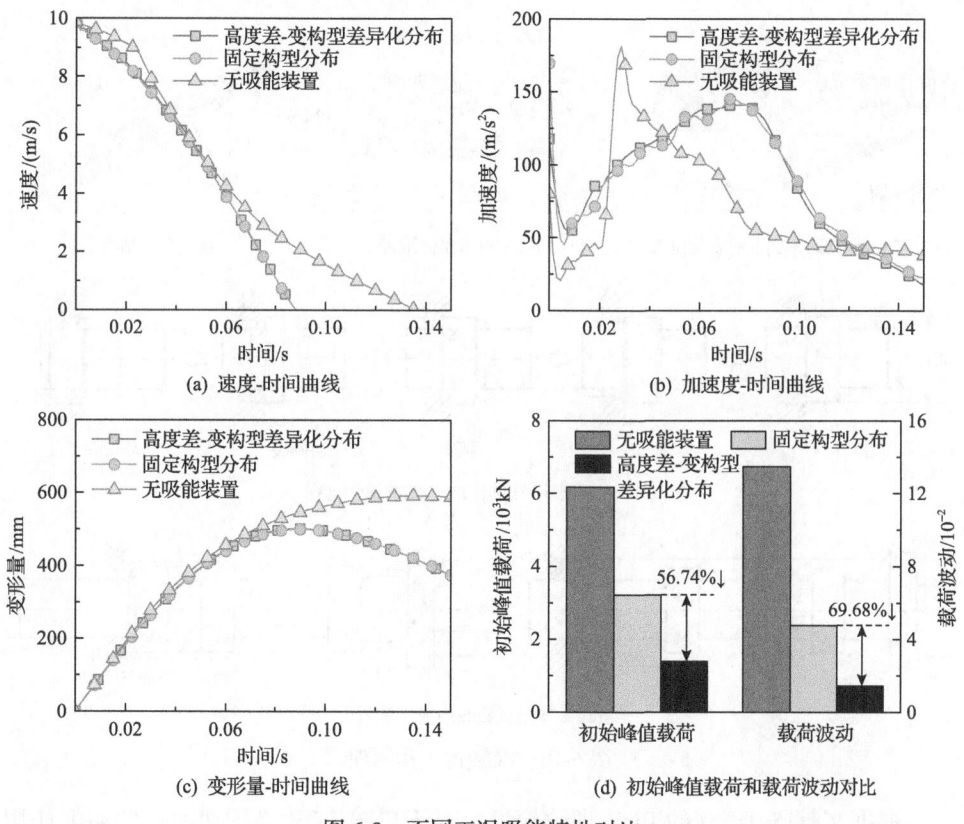

图 6-9 不同工况吸能特性对比

6.3.2 地铁车辆碰撞仿真

讨论 CECR 应用于交通运输领域的场景,装置安装在轨道车辆的底架前端,由防爬齿、匀力端板、中心导杆、ECR、切削座等部件组成。其中,ECR 上离散分布若干切削环,如图 6-10(a)所示。ECR 整体为 7 系铝合金材质,导杆插入切削座的孔洞中,在撞击中切削环依次受剪切作用而失效。考虑单个切削环,剪切过程包括弹性和塑性变形、裂纹形成和扩展、断裂形成环状切屑、大量切屑形成并飞溅、切削环全部脱离等阶段,如图 6-10(b)所示,切削环首先受到切削座的挤压发生弹性变形,随着作用力的增大,切削环产生轻微弯曲形成塌角。在应力集中效果下切削环的底部将产生裂纹,由于切削座孔洞与导杆间存在一定间隙,切削环受到弯矩作用,底部裂纹迅速扩展并形成撕裂层,最终断裂成为丝状的细圆环切屑并发生飞溅。随着 ECR 与切削座继续相对移动,这一过程重复进行直至单个切削环与导杆完全分离。

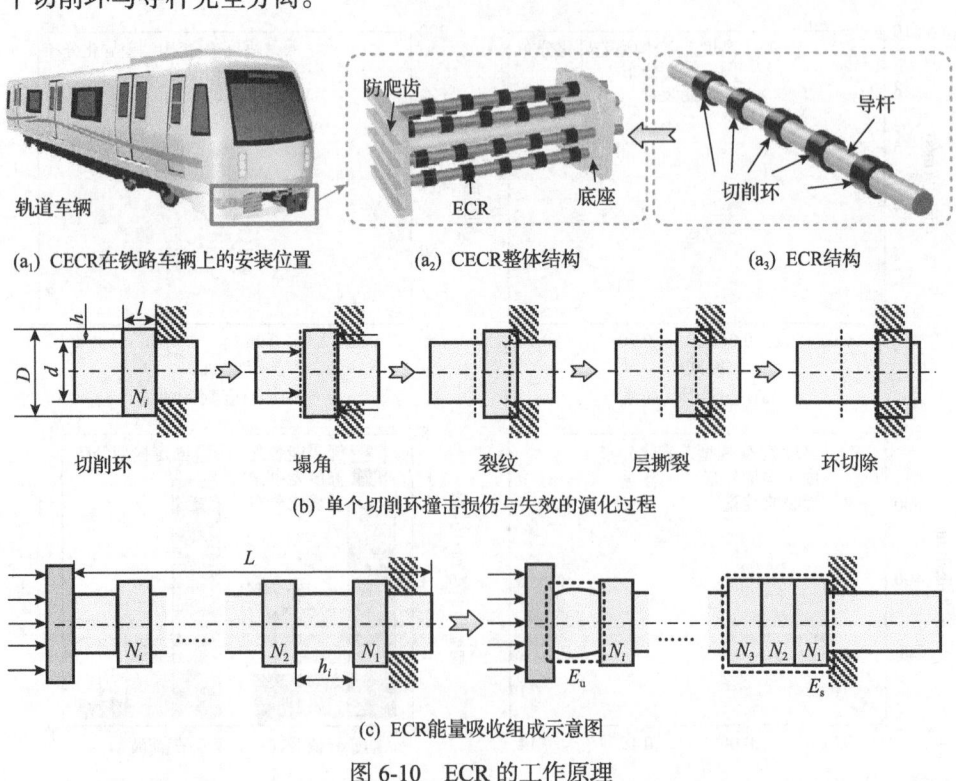

(a₁) CECR在铁路车辆上的安装位置   (a₂) CECR整体结构   (a₃) ECR结构

(b) 单个切削环撞击损伤与失效的演化过程

切削环   塌角   裂纹   层撕裂   环切除

(c) ECR能量吸收组成示意图

图 6-10   ECR 的工作原理

根据文献[54]建立的 ECR 理论模型,对于单根 ECR 除了切削环的切削作用外,导杆可能镦粗变形,因此单根 ECR 在撞击过程的能量吸收 E_{ECR} 包含剪切能

E_s、切削杆镦粗带来的挤压能 E_u,如图 6-10(c) 所示。

$$E_{ECR} = E_s + E_u \tag{6-2}$$

剪切能 E_s 可描述为 N_i 个切削环的剪切力 F_s 做功之和[58],可得式(6-3)。其中,l 为切削环的长度。

$$E_u = \sum_{N_1}^{N_i} \int_0^l F_s dx \tag{6-3}$$

每个切削环的剪切力 F_s 可以通过剪切强度的定义获得,可得式(6-4)。

$$F_s = \int_0^l \pi \tau_s d dx \tag{6-4}$$

式中,d 为切削环的内圆直径,与导杆的直径相同;τ_s 为剪切强度,对于铝合金材料,极限剪切强度约为极限抗拉强度的 65%。

E_u 可以通过镦粗力 F_u 的积分得到,见式(6-5),其中 L 和 L_u 分别为导杆的初始长度和撞击后的最终长度。

$$E_u = \int_0^{L-L_u} F_u(x) dx \tag{6-5}$$

导杆为实心圆柱体金属,所需镦粗力 F_u 如式(6-6)所示。

$$F_u = \frac{1}{4} \sigma_f \pi d_i^2 \left(1 + \frac{\mu d_i}{3L_i}\right) \tag{6-6}$$

式中,σ_f 为金属流动应力;d_i 和 L_i 分别为导杆的瞬时直径和瞬时长度;μ 为摩擦系数。

导杆的初始长度 L、初始直径 d、瞬时长度 L_i、瞬时直径 d_i 间的关系为

$$\frac{\pi}{4} d^2 L = \frac{\pi}{4} d_i^2 L_i \tag{6-7}$$

当 ECR 的直径在冲击下没有增大时,E_u=0。

实验条件下,受到撞击时 ECR 被切削座切削,每个切削环的撞击力-位移曲线是峰值与平台状波动的组合。第 N_i 段撞击力 $F(x)$ 在位移轴上的投影长度 $x_{i2}-x_{i1}$ 等于第 N_i 个切削环的长度 l,投影位置 $x_{i2}-x_{i1}$ 对应第 N_i 个切削环在杆身上所排布的位置,曲线与位移轴所围成的面积为该环的吸能量 E_{CRi},由式(6-8)得出。

$$E_{\mathrm{CR}i} = \int_{x_{i1}}^{x_{i2}} F(x)\mathrm{d}x \tag{6-8}$$

将切削环在导杆上离散布置，ECR 整体的撞击力-位移曲线呈现多段波动，每段波动对应每个切削环的切削曲线，不考虑挤压力 F_e、镦粗力 F_u 时 ECR 拥有间断性的吸能能力，如图 6-11(a) 所示，则 ECR 的吸能量由式 (6-9) 得出。

$$E_{\mathrm{ECR}} = \sum_{N_1}^{N_i} E_{\mathrm{CR}i} = \sum_{N_1}^{N_i} \int_0^l F(x)\mathrm{d}x \tag{6-9}$$

将四根 ECR 组合使用，每根 ECR 的切削环长度 l 相同，但在 ECR 上布置的位置各不相同。切削环排布错位带来了切削时序错位，多杆的撞击力-位移曲线首尾相接构成了一条连续性的细微波动线段，从而产生较为平稳的吸能响应。如图 6-11(b) 所示。为了使撞击力-位移曲线能顺利衔接，相邻切削环的撞击力-位移曲线存在一定的重合区间，环间未重合高度为 h_0。在 CECR 中安排中心导杆及相对中心导杆呈对称布置的两组完全相同的 ECR。随着吸能的进行，CECR 应力集中的位置呈现一条周期性旋转的直线，从而有效避免了结构的单点受力，有助于提升结构抗长杆化失稳的能力。假设 CECR 的平均撞击力为 F_a，则装置吸能量 EA 由式 (6-10) 得出。

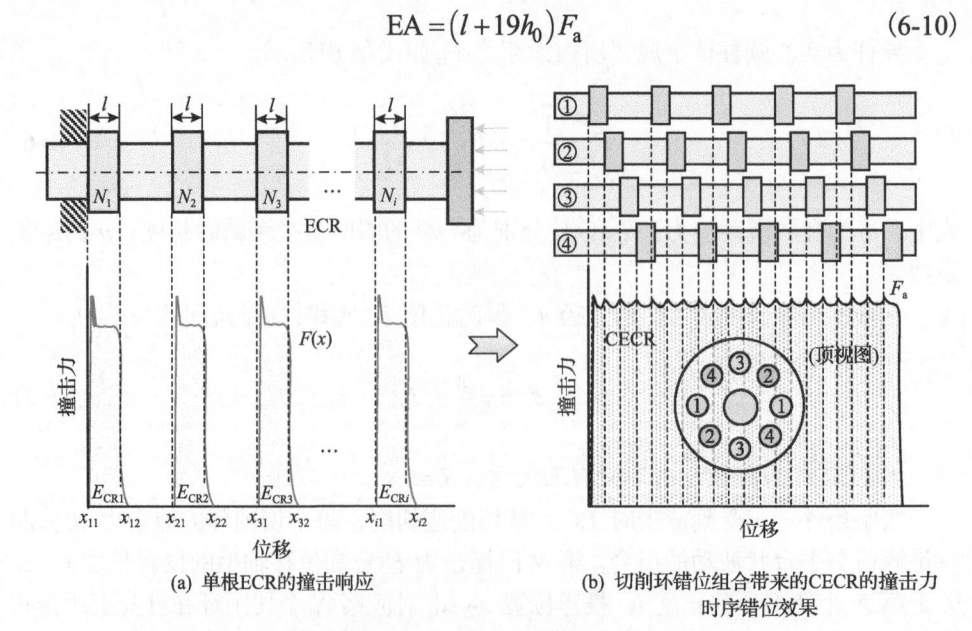

$$\mathrm{EA} = (l + 19h_0)F_\mathrm{a} \tag{6-10}$$

(a) 单根ECR的撞击响应

(b) 切削环错位组合带来的CECR的撞击力时序错位效果

图 6-11 CECR 的工作原理

以验证了有效性的 CECR 的有限元模型为基础，对 CECR 在铁道车辆中的实际应用进行探讨。考虑一列安装 CECR 的头车质量 M 为 40.5t 的地铁以 36km/h 的速度发生碰撞的工况，当列车以速度 v 运行并与采取制动措施的相同列车正面相撞时，头车的吸能量 E_{HC} 为

$$E_{HC} = \frac{R_{ke}}{2f_d} k_0 \qquad (6-11)$$

式中，R_{ke} 为动能吸收率，取 0.9；f_d 为动力系数，取 1.2；k_0 为头车的初始动能，动能的计算公式为

$$k = \frac{1}{2} M v^2 \qquad (6-12)$$

由式 (6-11) 与式 (6-12) 可得头车的吸能量为 759.37kJ，大致等效于头车以 22.04km/h 的速度正面撞击刚性墙。地铁车辆由司机室、底架、侧墙、端墙和车顶五个部分组成，CECR 以左右对称的形式安装于底架前端，在碰撞时吸收撞击能量，而作为对比的原型车并未安装 CECR，而是通过自身的承载吸能结构吸收能量。这里称增设了 CECR 的车辆为改进车辆。车体主要由型材、板材构成，厚度方向尺寸要远小于长宽方向尺寸，因此使用 Shell 单元进行模拟，而少数不满足上述要求的部件则使用 Solid 单元模拟。考虑到碰撞过程中仅有前端结构发生明显塑性大变形，而其他部分几乎不产生明显变形，为提高计算效率，在车体网格划分时前端离散网格的尺寸相对精细，而后端网格尺寸则相对稀疏，CECR 是仿真中最为关注的部位，因此更加精细地划分了网格，CECR 的网格尺寸为 0.5~20mm，司机室及底架前端关键部位网格尺寸为 20mm，车体后端部位结构的网格尺寸为 40mm，建立完成的整车有限元分析模型如图 6-12 所示。

定义司机室、底架、车顶、侧墙、端墙等主要大变形部位采用 M24 分段线性塑性材料，车体主要采用了 5 系、6 系和 7 系铝合金材料，底架除了铝合金外还采用了 Q355 低合金钢，主要材料的密度 ρ、杨氏模量 E、泊松比 ν、屈服强度 σ_y、极限强度 σ_e 及延伸率 η 等参数如表 6-3 所示。轨道、轮对和转向架等在实际碰撞过程中没有明显变形的部位采用 M20 刚体来模拟，车体与转向架、构架与轮对的连接采用 M119 general nonlinear 6DOF discrete beam 模拟。轮对与轨道的接触采用 automatic surface to surface，对整车施加 automatic single surface 来防止自穿插，CECR 安装在车体底架的前端，在 CECR 的底座与车体底架间的接触面上施加 tied nodes to surface 来模拟螺栓紧固连接。

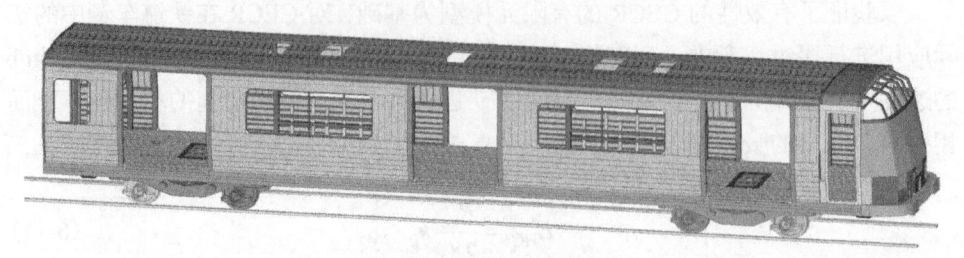

(a) 铁道车辆有限元分析模型

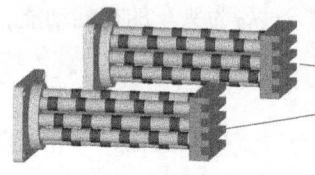

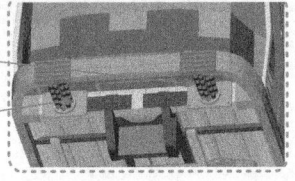

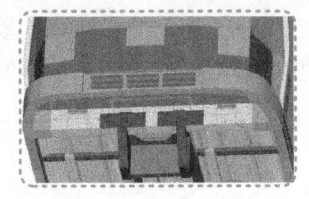

(b) CECR，对称安装于底架前端　(c) 改进车辆，加装了一对CECR　(d) 原型车

图 6-12　时序吸能装置在铁道车辆的应用实例

表 6-3　车体材料参数

部位	ρ/(kg/m³)	E/GPa	ν	σ_y/MPa	σ_o/MPa	η/%
底架、车顶、端墙、侧墙、司机室	2710	69	0.3	205	264.6	7.70
蒙皮、司机室	2710	69	0.3	125	308.0	11.33
底架	2710	69	0.3	245	357.5	9.53
底架	7850	210	0.3	355	676.5	20.70

改进车辆与原型车的碰撞有限元仿真的变形序列如图 6-13 所示，在相同的时刻增设 CECR 的车辆变形程度明显小于原型车，CECR 中的切削环在切削作用下破碎为丝状细圆环并发生飞溅下落，这与部件单独仿真时的变形模式一致，整车撞击仿真中吸能部位的变形序列如图 6-14 所示，仿真的系统能量平衡曲线(总能量、动能、内能、沙漏能-时间变化曲线)如图 6-15 所示，初始撞击力峰值 F_{ip}、撞击力峰值 F_p、平均撞击力 F_a、撞击力效率 e 等力学性能指标总结见表 6-4。原型车与改进车辆的初始撞击能量分别为 756.72kJ 和 758.21kJ，与所需初始撞击能量的误差分别为 0.34%和 0.15%。从全局来看，在改进车辆撞击 0.146s 时总能量为 738.95kJ，沙漏能为 36.79kJ，沙漏能占总能量之比达到最高值 4.98%，占总能量之比仍然低于 5%，因此可以认为仿真满足整车动态响应分析的要求。

第 6 章　时序组合式吸能结构性能验证

(a) 改进车辆，可观察到切屑与更轻程度的变形

时间 0.04s　　时间 0.08s　　时间 0.15s　　切削环

(b) 原车型，观察到更大的变形程度

时间 0.04s　　时间 0.08s　　时间 0.15s

图 6-13　整车撞击有限元仿真变形序列

(a) 时间 0　　(b) 时间 0.04s　　(c) 时间 0.08s　　(d) 时间 0.15s

图 6-14　整车撞击仿真中 CECR 的变形序列图

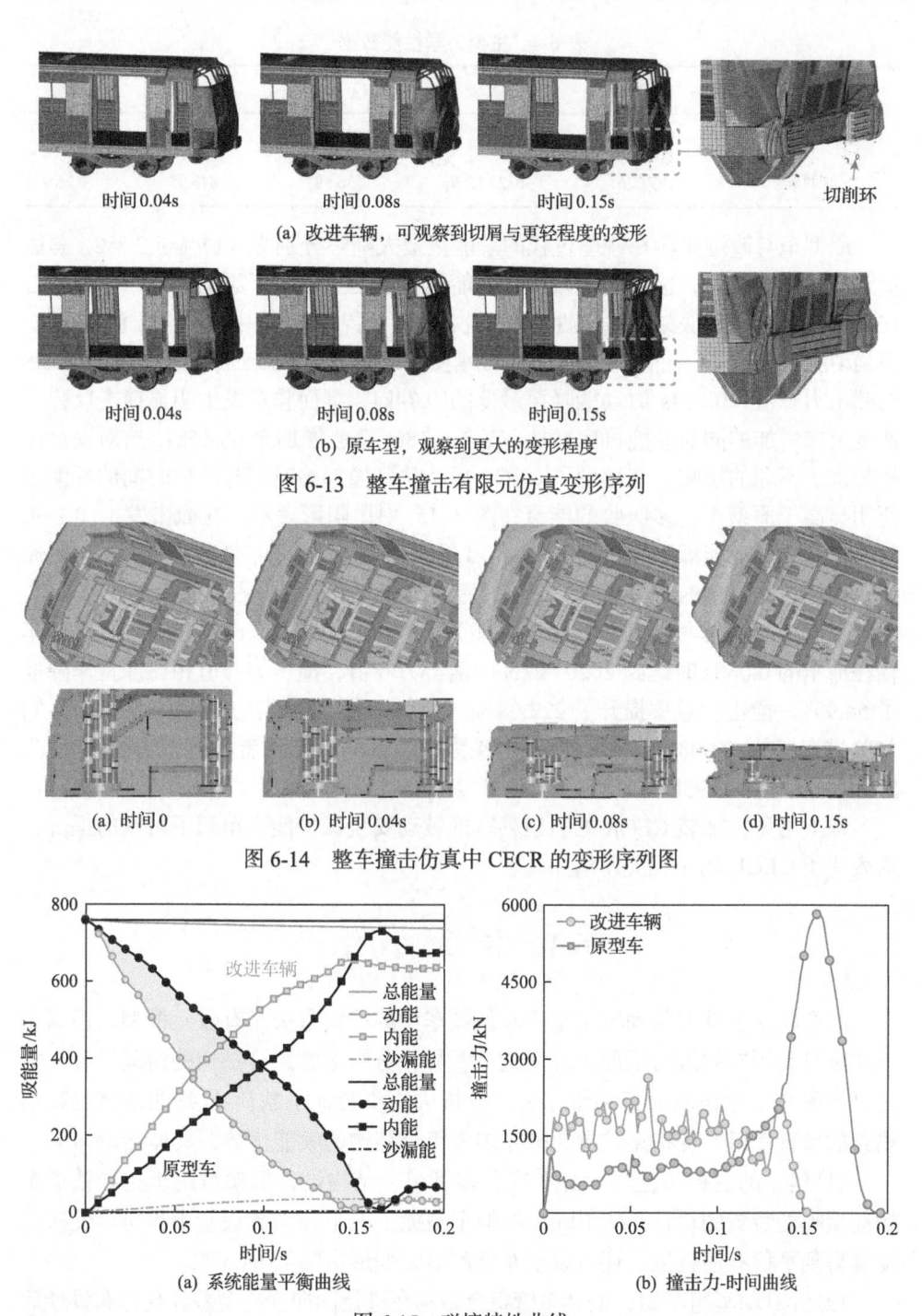

(a) 系统能量平衡曲线　　(b) 撞击力-时间曲线

图 6-15　碰撞特性曲线

表 6-4 主要力学性能数据

型号	F_{ip}/kN	F_p/kN	F_a/kN	F_{ss}/kN	e
改进车辆	1832.38	2620.82	1532.82	1612.95	0.84
原型车	1297.26	5822.53	1536.38	843.85	0.26

原型车与改进车辆在碰撞过程的总能量最大降幅分别为 0.17%与 2.8%，总能量几乎不发生改变，撞击动能减少，内能则同步增加。对于原型车，撞击过程首先由司机室前端和底架发生塑性压溃吸收动能，两者在碰撞中被完全压溃致密化，但是动能并未被完全耗散，客室结构继续承受撞击能量。在 0.159s 时出现 5822.53kN 的撞击力峰值，0.164s 时动能降至最低的 9.74kJ，继而整车发生明显撞击反弹，速度反向增加的同时动能再次增加，直至 0.186s 动能增加至 68.46kJ，这对安全保护带来了不利的影响。在增设了 CECR 后，从碰撞起始时间起单位时间的耗能量便明显高于原型车，多吸收的能量在图 6-15 中用阴影表示。在撞击发生 0.149s 时改进车辆的动能即降至最低值 12.17kJ，可认为能量被基本耗散，与之对比的原型车在撞击的 0.149s 时还有 87.52kJ 的撞击动能尚未耗散，占总能量的 11.57%。加装 CECR 后列车撞击回弹的最高动能为 34.06kJ，为原型车的 49.75%。改进车辆在撞击的 0.060s 时达到 2620.82kN 的撞击力峰值，撞击力峰值相比原型车降低了 54.99%，撞击力效率提升了 223.08%。分别将原型车撞击的 0.006~0.125s 区间与改进车辆的 0.008~0.132s 区间定义为稳态区间，则两者的稳态力 F_{ss} 分别为 843.85kN 与 1612.95kN，稳态力提升了 91.14%。

综上可见，加装 CECR 的轨道列车的被动安全保护能力得到了可观的提升，这表明了 CECR 的工程应用潜力。

6.4 本章小结

本章建立了某型号动车组车型和地铁车型的司机室头车有限元模型，根据车下实际可利用空间进行了原尺寸变构型差异化分布多管组合结构的协同设计，并通过准静态压缩仿真分析和整车碰撞分析进一步验证了载荷-位移曲线错位补偿思路的可行性以及变构型差异化分布多管组合结构的吸能优势，具体结论如下：

(1)建立的变构型差异化分布嵌套多管组合结构设计框架可用于指导铁道车辆前端吸能装置的设计，在 10m/s 的整车碰撞工况下该装置设置不仅可以使碰撞动能得到平稳有序耗散，还可以使车体的最大变形量降低 64.57%。

(2)针对动车组车型，嵌套多管组合结构在进行同向变构型差异化分布设计后可以在几乎不影响动能耗散总量和效率的情况下，使初始峰值载荷和载荷波动分别出现 56.74%和 69.69%的下降。

(3)针对地铁车型，增设具有错位组合切削环特征的复合式吸能装置后单位时间的耗能量明显高于原型车，稳态撞击力相比原型车提升了 91.14%，撞击力峰值降低了 54.99%，撞击力效率提升了 223.08%，轨道列车的被动安全保护能力得到了可观的提升。

第7章 结论与展望

7.1 总　　结

本书基于载荷-位移曲线错位补偿思路，对多管组合式吸能装置的变构型差异化分布设计方法展开了研究，从而实现吸能量显著提升的同时最大限度地降低初始峰值载荷和后续载荷波动。揭示了构型参数与载荷-位移曲线形成时序之间的影响规律，提出了有针对性的单管载荷-位移曲线形成时序控制方法，总结了可实现载荷-位移曲线充分错位补偿的变构型差异化分布设计机制，基于嵌套组合的思路进一步提升所设计高度差-变构型差异化分布多管组合结构的吸能特性，并通过整车碰撞仿真分析验证了所设计多管组合结构的实际应用价值。具体结论总结如下。

(1) 分析了变形褶皱与载荷-位移曲线各位移区间之间的联系，揭示了褶皱的变形过程是载荷周期性变化的决定性因素。在经典单元理论中融入时序理念，量化了褶皱半波长与载荷-位移曲线各区间长度的对应关系。在此基础上，讨论了薄壁圆管和薄壁方管关键力学性能、褶皱数量、载荷-位移曲线区间长度与直径(宽度)间的变化规律。同时，基于构建的面向时序单元理论模型揭示出塑性铰的形成位置是影响载荷-位移曲线形成时序的关键影响因素，即通过改变其形成位置可以有效控制载荷-位移曲线的形成时序，并提出多种构型参数(预折纹、内置隔板、外置增强环等)用于后续的单管时序控制和多管错位补偿。

(2) 研究了单管结构中多种构型参数的数量(N_f、N_d、N_r等)和尺寸($\Delta\theta$、ΔP、t_d、t_r、h_r等)对吸能特性和时序控制的影响规律，确定了两者之间的较优组合以保证结构能沿加载方向有序变形。同时，基于经典单元理论模型建立了多种薄壁管初始峰值载荷 PF_1 和平均载荷 MCF 的理论预测模型，可为后续多管组合设计的参数选择提供充足的理论支撑。此外，分析了两种高度差构型对载荷-位移曲线形成时序的影响效果，并从中发现构型参数的分布形式是决定载荷-位移曲线形成时序的关键。最终，量化了构型移动距离对载荷-位移曲线形成时序的具体影响尺度，进而总结出可覆盖大部分位移区间的载荷-位移曲线形成时序控制方法。

(3) 确定了可实现各管载荷-位移曲线充分等距分离的多管组合设计思路，即构型移动距离与管件序号 i 呈规律性变化。量化了管件数量 N_i 对不同变构型差异化分布多管组合结构吸能特性的影响，并通过合理设置局部高度差解决了变构型差异化分布设计所存在的缺陷，实现了组合结构初始峰值载荷和载荷波动至多56.50%和67.48%的降低。最后，基于仿真数据和理论模型确定了针对多管组合结构的变构型差异化分布设计方法，可为实际应用中的参数选取提供充足的数据及理论支撑。

(4) 通过嵌套组合的方式进一步提升了预折纹薄壁管和外置增强环薄壁管的吸能特性，从中总结出了性能较优且适合多管组合设计的初始嵌套规格，并提出了高度差-变构型差异化分布设计在嵌套多管组合结构中的应用方法。同时，通过与尺寸相近泡沫铝填充薄壁管和多胞薄壁管的对比分析，凸显了高度差-变构型差异化分布多管组合结构在轴向和斜向加载下的吸能优势，即在五管组合工况下可以在吸能量EA几乎一致的同时实现初始峰值载荷和载荷波动分别至多降低47.33%（轴向加载工况）和42.93%（斜向加载工况）。

(5) 建立了适用于嵌套多管组合结构的变构型差异化分布设计框架，并根据某型号铁道车辆的边界约束条件开展了大尺寸嵌套多管组合结构协同设计。通过整车碰撞仿真分析进一步验证了多管载荷-位移曲线错位补偿思路对多管组合结构吸能特性的提升效果。结果表明，高度差-变构型差异化分布设计可以在几乎不影响动能耗散总量和效率的情况下，使初始峰值载荷和载荷波动分别具有56.74%和69.69%的下降幅度，本书所设计的多管组合式吸能装置可为车辆耐撞性设计提供充足的技术及理论支撑。

7.2 创 新 点

本书的创新点总结如下。

(1) 提出了单管件的载荷-位移曲线形成时序控制方法。分析了薄壁圆管和薄壁方管载荷-位移曲线形成时序的影响因素，提出了预折纹型、内置隔板型和外置增强环型三种结构构型，探究了构型移动距离对载荷-位移曲线形成时序的影响尺度，可用于实现多管载荷-位移曲线的错位补偿。

(2) 提出了多管协同设计的变构型差异化分布设计方法。探讨了管件数量对变构型差异化分布多管组合结构吸能特性的影响，引入局部高度差完善了变构型差异化分布设计方法，构建了适用于三种预置构型的普适性载荷-位移曲线错位补偿机制。

(3) 建立了面向吸能特性提升的多管协同嵌套组合模式。提出了针对嵌套结构的变构型差异化分布设计方法，并结合铁道车辆的边界约束条件开展了大尺寸嵌套多管组合结构系统设计，为铁道车辆吸能结构设计提供了重要支撑。

7.3 展　　望

　　本书提出了一种基于载荷-位移曲线错位补偿思路的变构型差异化分布嵌套多管组合结构，突破了高吸能量、低初始峰值载荷和小载荷波动等优异吸能特性难以兼容的技术瓶颈，可为车辆被动安全防护设计提供充足的数据及技术支撑。然而，本书研究内容仍存在不足，在今后的研究工作中仍需对其进行完善和改进，主要包括以下几个方面。

　　(1)本书所引入的多种构型参数只是局部增强设计或局部削弱设计中较为典型的规格，且薄壁管件的类型也仅涉及方管和圆管，因此以后还需对更多构型类型以及截面形式展开时序控制和错位补偿的研究，以进一步提高多管变构型差异化分布设计方法的普适性。

　　(2)本书所设计的多管组合结构只涉及单一构型参数的变分布设计，为充分利用各构型参数的优势，后续可对不同类型构型参数的差异化组合方法展开研究，以实现组合结构吸能特性的最大提升。

　　(3)本书所设计的高度差-变构型差异化分布多管组合结构仅进行了整车碰撞仿真分析，为了更好地验证载荷-位移曲线错位补偿思路的实际工程价值，未来可对大尺寸变构型差异化分布嵌套多管组合结构开展实车碰撞实验研究。

　　(4)为进一步利用嵌套组合结构的内部空间，未来可对嵌套组合结构开展梯度填充研究，并可基于相关优化算法进一步细化变构型差异化分布设计方法以实现载荷-位移曲线错位补偿效果的最大提升。

参 考 文 献

[1] 国家发展和改革委员会. 关于印发《中长期铁路网规划》的通知[EB/OL]. https://zfxxgk.ndrc.gov.cn/web/iteminfo.jsp?id=366[2023-06-16].

[2] 中国政府网. 国家《中长期铁路网规划》内容简介[EB/OL]. http://www.gov.cn/ztzl/2005-09/16/content_64413.htm[2023-06-16].

[3] The Worldwide Railway Organization. High-Speed Rail 2023[EB/OL]. https://uic.org/IMG/pdf/atlas_uic_2023.pdf[2023-06-16].

[4] 中国政府网. 2018年交通运输行业发展统计公报[EB/OL]. https://www.gov.cn/xinwen/2019-04/12/content_5381951.html[2023-06-16].

[5] 中国政府网. 2019年交通运输行业发展统计公报[EB/OL]. https://www.gov.cn/xinwen/2020-05/12/content_5510817.html[2023-06-16].

[6] 中国政府网. 2020年交通运输行业发展统计公报[EB/OL]. https://www.gov.cn/xinwen/2021-05/19/content_5608523.html[2023-06-16].

[7] 中国政府网. 2021年交通运输行业发展统计公报[EB/OL]. https://www.gov.cn/xinwen/2022-05/25/content_5692174.html[2023-06-16].

[8] 中国政府网. 2022年交通运输行业发展统计公报[EB/OL]. https://www.gov.cn/lianbo/bumen/202306/content_6887539.html[2023-06-16].

[9] 界面新闻. 联合国：每年130万人死于道路交通事故，秘书长古特雷斯呼吁到2030年将数字减半[EB/OL]. https://baijiahao.baidu.com/s?id=1749993203484044047&wfr=spider&for=pc[2022-11-20].

[10] 中国政府网. 国家铁路局关于印发《"十四五"铁路科技创新规划》的通知[EB/OL]. http://www.gov.cn/zhengce/zhengceku/2021-12/24/content_5664357.htm[2021-12-14].

[11] 中国政府网. 国务院关于印发"十四五"现代综合交通运输体系发展规划的通知[EB/OL]. https://www.gov.cn/zhengce/zhengceku/2022-01/18/content_5669049.htm[2022-01-19].

[12] 朱彦, 赵海波. 轨道车辆的主动安全保护技术应用[J]. 铁道车辆, 2018, 56(11)：25-28, 6.

[13] 《交通大辞典》编辑委员会. 交通大辞典[M]. 上海：上海交通大学出版社, 2005.

[14] 蒋先进, 范建伟, 蒋淮申. 新型地铁列车自主定位及主动防护系统研究[J]. 铁路通信信号工程技术, 2021, 18(4)：64-70.

[15] 李德仓, 陈晓强, 孟建军, 等. 恶劣环境下铁路行车安全研究综述[J]. 交通信息与安全, 2022, 40(4)：26-37.

[16] 梁少喆. 地铁障碍物与脱轨检测装置的设计与分析[D]. 北京：北京交通大学, 2015.

[17] 张桥. 多传感器信息融合技术在智能车辆避障中的应用[D]. 重庆：重庆交通大学, 2015.

[18] 丁叁叁. 中国高速列车被动安全技术研究进展及思考[J]. 中南大学学报（自然科学版），

2022, 53(5): 1547-1558.
[19] 欧洲铁路联盟. 跨欧大陆铁路系统"铁路车辆-货车"子系统的互联互通技术规范[S]. 布鲁塞尔: 欧盟委员会, 2004.
[20] 欧洲标准化委员会. EN12663-2000 铁路应用-铁道车辆车体结构要求[S]. 布鲁塞尔: 欧洲标准化委员会, 2000.
[21] 铁路安全及标准委员会. GM/RT2100-2012 铁道车辆结构要求[S]. 伦敦: 铁路安全及标准委员会.
[22] 国家铁路局. TB 10621—2014 高速铁路设计规范[S]. 北京: 中国铁道出版社, 2014.
[23] 国家铁路局. TB/T 3500—2018 动车组车体耐撞性要求与验证规范[S]. 北京: 中国铁道出版社, 2018.
[24] 李术浩, 米彩盈, 孙树磊. 地铁列车车钩分级吸能特性模拟[J]. 城市轨道交通研究, 2020, 23(9): 113-117.
[25] Song J F, Xu S C, Xu L H, et al. Experimental study on the crashworthiness of bio-inspired aluminum foam-filled tubes under axial compression loading[J]. Thin-Walled Structures, 2020, 155: 106937.
[26] Gowid S, Mahdi E, Renno J, et al. Experimental investigation of the crashworthiness performance of fiber and fiber steel-reinforced composites tubes[J]. Composite Structures, 2020, 251: 112655.
[27] 丁叁叁, 陈大伟, 刘加利. 中国高速列车研发与展望[J]. 力学学报, 2021, 53(1): 35-50.
[28] 伊召锋, 于尧, 高广军, 等. 轴向冲击下薄壁方管屈曲模式及初始峰值力控制研究[J]. 铁道科学与工程学报, 2020, 17(7): 1841-1848.
[29] 张敬科, 朱涛, 王小瑞, 等. 列车一维碰撞能量管理的综合评价模型[J]. 西南交通大学学报, 2021, 56(6): 1329-1336.
[30] Xing J, Xu P, Zhao H, et al. Crashworthiness design and experimental validation of a novel collision post structure for subway cab cars[J]. Journal of Central South University, 2020, 27(9): 2763-2775.
[31] 卢万杰, 付华, 赵洪瑞. 车辆碰撞吸能元件的有限元分析与设计[J]. 辽宁工程技术大学学报(自然科学版), 2020, 39(5): 422-427.
[32] 苏永章, 岳译新, 匡希超. 组合式吸能装置仿真分析与试验[J]. 电力机车与城轨车辆, 2023, 46(1): 87-90, 111.
[33] Tran T, Baroutaji A. Crashworthiness optimal design of multi-cell triangular tubes under axial and oblique impact loading[J]. Engineering Failure Analysis, 2018, 93: 241-256.
[34] 陈高强, 赵晨航, 张彰. 金属材料的应用与发展分析[J]. 信息记录材料, 2020, 21(6): 22-23.
[35] 段宜政, 赵菲, 王淑丹, 等. 国内外金属3D打印材料现状与发展[J]. 焊接, 2020, (2): 49-55, 68.

[36] 李仲平, 冯志海, 徐樑华, 等. 我国高性能纤维及其复合材料发展战略研究[J]. 中国工程科学, 2020, 22(5): 28-36.

[37] 南无疆, 黄亚州. 纤维增强复合材料高品质加工工艺优化机理探究[J]. 新型工业化, 2022, 12(10): 231-235.

[38] Sorrentino L, Sarasini F, Tirillò J, et al. Damage tolerance assessment of the interface strength gradation in thermoplastic composites[J]. Composites Part B: Engineering, 2017, 113: 111-122.

[39] Sun G Y, Tong S W, Chen D D, et al. Mechanical properties of hybrid composites reinforced by carbon and basalt fibers[J]. International Journal of Mechanical Sciences, 2018, 148: 636-651.

[40] Zheng G, He Z K, Wang K, et al. On failure mechanisms in CFRP/Al adhesive joints after hygrothermal aging degradation following by mechanical tests[J]. Thin-Walled Structures, 2021, 158: 107184.

[41] Xu S C, Wu C Q, Liu Z X, et al. Experimental investigation on the cyclic behaviors of ultra-high-performance steel fiber reinforced concrete filled thin-walled steel tubular columns[J]. Thin-Walled Structures, 2019, 140: 1-20.

[42] Zhu G H, Liao J P, Sun G Y, et al. Comparative study on metal/CFRP hybrid structures under static and dynamic loading[J]. International Journal of Impact Engineering, 2020, 141: 103509.

[43] 韩正东, 李华冠, 徐小村, 等. CFRP/Al复合管的制备及吸能特性研究[J]. 玻璃纤维, 2020, 291(1): 1-7, 38.

[44] Song Z B, Ming S Z, Du K F, et al. Energy absorption of metal composite hybrid tubes with a diamond origami pattern[J]. Thin-Walled Structures, 2022, 180: 109824.

[45] Zhu G H, Sun G Y, Yu H, et al. Energy absorption of metal, composite and metal/composite hybrid structures under oblique crushing loading[J]. International Journal of Mechanical Sciences, 2018, 135: 458-483.

[46] Abu Baker M S, Salit M, Yusoff M, et al. The crashworthiness performance of stacking sequence on filament wound hybrid composite energy absorption tube subjected to quasi-static compression load[J]. Journal of Materials Research and Technology, 2020, 9(1): 654-666.

[47] Hwang S F, Wu C Y, Liu H K. Crashworthiness of aluminum-composite hybrid tubes[J]. Applied Composite Materials, 2021, 28(2): 409-426.

[48] Yang H Y, Guo X G, Wang H P, et al. Low-velocity impact performance of composite-aluminum tubes prepared by mesoscopic hybridization[J]. Composite Structures, 2021, 274: 114348.

[49] Zha Y B, Wang S, Ma Q H, et al. Study on the axial impact of Al-CFRP thin-walled tubes with induced design[J]. Polymer Composites, 2022, (7): 43.

[50] Huang Z X, Li Y, Zhang X, et al. A comparative study on the energy absorption mechanism of aluminum/CFRP hybrid beams under quasi-static and dynamic bending[J]. Thin-Walled Structures, 2021, 163: 107772.

[51] 张震东, 王雪琴, 任杰, 等. 连续碳纤维增强环氧树脂复合材料圆管多胞结构的准静态压缩响应[J]. 兵工学报, 2022, 43(5): 1185-1193.

[52] Guo Y Q, Zhai C P, Li F Z, et al. Formability, defects and strengthening effect of steel/CFRP structures fabricated by using the differential temperature forming process[J]. Composite Structures, 2019, 216: 32-38.

[53] 周晓松, 梅志远. 纤维缠绕复合材料夹芯圆柱体高应变率压缩吸能机理[J]. 国防科技大学学报, 2020, 42(5): 74-80.

[54] Zhao J X, Zhang H L, Zhang W, et al. Influence of Extrusion method on formation of magnesium-aluminum bimetallic composite tube[J]. Journal of Materials Engineering and Performance, 2023, 32(16): 7134-7148.

[55] 王贝贝, 谈昆伦, 邵慧奇, 等. 碳纤维双轴向经编织物铺层工艺对其复合材料力学性能的影响[J]. 纺织科学与工程学报, 2022, 39(4): 1-6.

[56] 步鹏飞, 任辉启, 阮文俊. 铺层角度对碳纤维/环氧树脂基复合材料板等效刚度的影响[J]. 南京理工大学学报(自然科学版), 2021, 45(5): 537-544.

[57] 冯振宇, 周坤, 宋山山, 等. 铺层角度对复合材料C型柱轴向压溃吸能特性影响分析[J]. 机械强度, 2019, 41(5): 1079-1084.

[58] Bai C P, Ma Q H, Gan X H, et al. Theoretical prediction model of mean crushing force of CFRP-Al hybrid circular tubes under axial compression[J]. Polymer Composites, 2021, 42(10): 5035-5050.

[59] Sun G Y, Wang Z, Hong J Y, et al. Experimental investigation of the quasi-static axial crushing behavior of filament-wound CFRP and aluminum/CFRP hybrid tubes[J]. Composite Structures, 2018, 194: 208-225.

[60] Hosseini S M, Shariati M. Experimental analysis of energy absorption capability of thin-walled composite cylindrical shells by quasi-static axial crushing test[J]. Thin-Walled Structures, 2018, 125: 259-268.

[61] 沈勇, 柯俊, 吴震宇. 不同编织角碳纤维增强聚合物复合材料-Al方管的吸能特性[J]. 复合材料学报, 2020, 37(3): 591-600.

[62] 沈勇. 金属/碳纤维混合薄壁管耐撞性分析与设计优化[D]. 杭州: 浙江理工大学, 2022.

[63] Isaac C W, Ezekwem C. A review of the crashworthiness performance of energy absorbing composite structure within the context of materials, manufacturing and maintenance for sustainability[J]. Composite Structures, 2021, 257: 113081.

[64] Wei G, Fu K, Chen Y. Crashworthiness and failure analyses of FRP composite tubes under low velocity transverse impact[J]. Sustainability, 2023, 15(1): 56.

[65] 吕毅, 任毅如. C型CFRP薄壁结构轴向吸能特性及其触发机制[J]. 复合材料学报, 2023, 40(10): 5947-5956.

[66] 李玺. 基于渐进损伤模型的复合材料薄壁圆柱壳轴压吸能性能分析[J]. 价值工程, 2022, 41(31): 74-76.

[67] 陈东方, 武海鹏, 梁钒, 等. 六边形 Al-复合材料薄壁混杂管准静态压缩实验和吸能机理分析[J]. 材料导报, 2022, 36(1): 193-198.

[68] 杨帆, 王鹏, 范华林, 等. 薄壁管状吸能结构的吸能性能及变形模式的理论研究进展[J]. 力学季刊, 2018, 39(4): 663-680.

[69] 王佳铭, 谭跃东, 靳智慧, 等. 泡沫铝压缩试验及等效仿真模型研究[J]. 西南交通大学学报, 2023, 58(1): 91-99, 116.

[70] 王晋乐, 田洪雷, 赵士忠, 等. 蜂窝填充梯度吸能结构力学特性试验研究[J]. 中南大学学报(自然科学版), 2022, 53(5): 1904-1917.

[71] 宗令. 空间杆系点阵填充吸能盒结构轻量化优化设计[D]. 长春: 吉林大学, 2022.

[72] Wei Y, Chen S F, Tang S, et al. Mechanical behavior of bamboo composite tubes under axial compression[J]. Construction and Building Materials, 2022, 339: 127681.

[73] Tao Y, Wang Y, He Q, et al. Comparative study and multi-objective crashworthiness optimization design of foam and honeycomb-filled novel aluminum thin-walled tubes[J]. Metals, 2022, 12(12): 2163.

[74] Novak N, Kytyr D, Rada V, et al. Compression behaviour of TPMS-filled stainless steel tubes[J]. Materials Science and Engineering: A, 2022, 852: 143680.

[75] 陈军红, 张方举, 谢若泽, 等. 泡沫铝填充薄壁金属管结构冲击吸能特性研究[J]. 包装工程, 2022, 43(11): 154-160.

[76] Wang S L, Zhang M, Pei W J, et al. Energy-absorbing mechanism and crashworthiness performance of thin-walled tubes diagonally filled with rib-reinforced foam blocks under axial crushing[J]. Composite Structures, 2022, 299: 116149.

[77] Pan Z X, Hu W Y, Wang M L, et al. Transverse impact damage and axial compression failure of square braided CFRP/PMI sandwich composite beams[J]. Thin-Walled Structures, 2021, 162: 107547.

[78] Cetin E, Baykasoğlu C. Crashworthiness of graded lattice structure filled thin-walled tubes under multiple impact loadings[J]. Thin-Walled Structures, 2020, 154: 106849.

[79] 王巍, 安子军, 彭春彦, 等. 泡沫铝填充钢/铝复合管轴向抗冲击吸能特性[J]. 哈尔滨工程大学学报, 2017, 38(7): 1093-1099.

[80] Liu Q, Xu X Y, Ma J B, et al. Lateral crushing and bending responses of CFRP square tube filled with aluminum honeycomb[J]. Composites Part B: Engineering, 2017, 118: 104-115.

[81] Yao B B, Ye R Y, Li Z H, et al. Compressive properties and energy absorption of honeycomb filled square tubes produced by selective laser melting[J]. Materials Science and Engineering: A, 2022, 847: 143259.

[82] Xiong F, Wang Z, Zou X F, et al. On novel foam-filled double-hexagonal tube for multiple load cases[J]. International Journal of Crashworthiness, 2022, 28(1): 127-147.

[83] Zhang X H, Hao H, Li C. Experimental investigation of the response of precast segmental columns subjected to impact loading[J]. International Journal of Impact Engineering, 2016, 95: 105-124.

[84] Yang C X, Chen Z F, Yao S G, et al. Quasi-static and low-velocity axial crushing of polyurethane foam-filled aluminium/CFRP composite tubes: An experimental study[J]. Composite Structures, 2022, 299: 116083.

[85] Wang L, Zhang B Y, Zhang J, et al. Deformation and energy absorption properties of cenosphere-aluminum syntactic foam-filled tubes under axial compression[J]. Thin-Walled Structures, 2021, 160: 107364.

[86] Gao Q, Yin G D, Wang C C L, et al. Crushing and theoretical analysis of multi-cell tube filled with auxetic structure under axial impact loading[J]. Mechanics of Advanced Materials and Structures, 2022, 30(24): 5034-5046.

[87] Hussein R D, Ruan D, Lu G X, et al. Axial crushing behaviour of honeycomb-filled square carbon fibre reinforced plastic (CFRP) tubes[J]. Composite Structures, 2016, 140: 166-179.

[88] Garai F, Béres G, Weltsch Z. Development of tubes filled with aluminium foams for lightweight vehicle manufacturing[J]. Materials Science and Engineering: A, 2020, 790: 139743.

[89] 李本怀, 鲁寨军, 朱慧芬, 等. 轴向载荷下蜂窝填充薄壁锥管的吸能特性[J]. 中南大学学报(自然科学版), 2019, 50(10): 2613-2621.

[90] 常白雪. 梯度多胞材料耐撞性设计的理论方法和增材制造验证[D]. 合肥: 中国科学技术大学, 2020.

[91] 孙皓. 分层递变梯度的负泊松比多胞结构的轴向压缩性能研究[D]. 大连: 大连理工大学, 2020.

[92] Baroutaji A, Arjunan A, Stanford M, et al. Deformation and energy absorption of additively manufactured functionally graded thickness thin-walled circular tubes under lateral crushing[J]. Engineering Structures, 2021, 226: 111324.

[93] Zhang X C, An L Q, Ding H M. Dynamic crushing behavior and energy absorption of honeycombs with density gradient[J]. Journal of Sandwich Structures & Materials, 2014, 16(2): 125-147.

[94] 张新春, 沈振峰, 吴鹤翔, 等. 多段填充复合蜂窝结构的动态响应特性研究[J]. 湖南大学学报(自然科学版), 2020, 47(4): 67-75.

[95] 王海任, 李世强, 刘志芳, 等. 王莲仿生梯度蜂窝的面外压缩行为[J]. 高压物理学报, 2020, 34(6): 84-92.

[96] Nian Y Z, Wan S, Li M, et al. Crashworthiness design of self-similar graded honeycomb-filled

composite circular structures[J]. Construction and Building Materials, 2020, 233: 117344.

[97] du Plessis A, Razavi N, Benedetti M, et al. Properties and applications of additively manufactured metallic cellular materials: A review[J]. Progress in Materials Science, 2022, 125: 100918.

[98] Zhang H R, Zhou H, Zhou Z X, et al. Energy absorption diagram characteristic of metallic self-supporting 3D lattices fabricated by additive manufacturing and design method of energy absorption structure[J]. International Journal of Solids and Structures, 2021, 226-227: 111082.

[99] 鲍呈浩, 金浩, 王垠. 点阵结构填充双薄壁管的能量吸收性能研究[J]. 应用力学学报, 2024, (5): 1-9.

[100] 张璠. 体心立方点阵结构机械性能与应用研究[D]. 沈阳: 沈阳工业大学, 2022.

[101] Huang Y J, Zha W K, Xue Y Y, et al. Compressive behaviour of aluminium pyramidal lattice material-filled tubes[J]. Materials, 2021, 14(14): 3817.

[102] Liu H, Zheng X C C, Wang G J, et al. Crashworthiness improvements of multi-cell thin-walled tubes through lattice structure enhancements[J]. International Journal of Mechanical Sciences, 2021, 210: 106731.

[103] Jin Q, Wang J, Chen J Y, et al. Axial compressive behavior and energy absorption of syntactic foam-filled GFRP tubes with lattice frame reinforcement[J]. Composite Structures, 2022, 299: 116080.

[104] 霍鹏, 李建平, 许述财, 等. 基于轻量化与耐撞性要求的薄壁管状结构研究进展[J]. 机械强度, 2020, 42(6): 1377-1388.

[105] 白中浩, 周存文, 龚超, 等. 仿生层级薄壁方管的耐撞性研究[J]. 中国公路学报, 2020, 33(1): 181-190.

[106] 刘艳丰, 邹猛. 多胞方管吸能特性仿真与响应面优化分析[J]. 中国农机化学报, 2020, 41(9): 108-111.

[107] 刘亚军, 何玉龙, 刘姗姗, 等. 正多边形基多胞薄壁管的吸能特性[J]. 爆炸与冲击, 2020, 40(7): 38-46.

[108] Zou X, Gao G J, Zhang J, et al. A comparative crashworthiness analysis of multi-cell polygonal tubes under axial and oblique loads[J]. Journal of Central South University, 2017, 24(9): 2198-2208.

[109] Sun F F, Lai C L, Fan H L, et al. Crushing mechanism of hierarchical lattice structure[J]. Mechanics of Materials, 2016, 97: 164-183.

[110] Xue H T, Li Z, Cheng A G, et al. Study on energy absorption characteristics of a novel lotus root multi-cellular structure under axial crushing condition[J]. International Journal of Crashworthiness, 2022, 27(5): 1401-1411.

[111] Chen W G, Wierzbicki T. Relative merits of single-cell, multi-cell and foam-filled thin-walled structures in energy absorption[J]. Thin-Walled Structures, 2001, 39(4): 287-306.

[112] 靳明珠, 尹冠生, 姚如洋, 等. 基于理论和数值模拟的薄壁多胞管轴向吸能特性研究[J]. 塑性工程学报, 2020, 27(10): 192-202.

[113] 曹洋. 薄壁多胞结构耐撞性研究[D]. 长沙: 湖南大学, 2016.

[114] Yang L, Yue M K, Li Z, et al. An investigation on the energy absorption characteristics of a multi-cell hexagonal tube under axial crushing loads[J]. PLoS One, 2020, 15(6): 0233708.

[115] 朱国华, 张伟东, 赵轩, 等. CFRP 多胞结构吸能机制及多工况耐撞性设计[J]. 中国公路学报, 2022, 35(6): 339-354.

[116] Abdullahi H S, Gao S M. A novel multi-cell square tubal structure based on Voronoi tessellation for enhanced crashworthiness[J]. Thin-Walled Structures, 2020, 150: 106690.

[117] Luo Y H, Fan H L. Energy absorbing ability of rectangular self-similar multi-cell sandwich walled tubular structures[J]. Thin-Walled Structures, 2018, 124: 88-97.

[118] 唐智亮, 刘书田, 张宗华. 薄壁非凸截面多胞管轴向冲击耐撞性研究[J]. 固体力学学报, 2011, 32(S1): 206-213.

[119] Zhang J Y, Zheng D F, Lu B Q, et al. Energy absorption performance of hybrid cross section tubes under oblique loads[J]. Thin-Walled Structures, 2021, 159: 107133.

[120] Yang H R, Ren Y R, Yan L B. Multi-cell designs for improving crashworthiness of metal tube under the axial crushing load[J]. International Journal of Crashworthiness, 2022, 28(3): 365-377.

[121] Li W W, Li Z H, Li S H, et al. Crushing behaviors and energy absorption evaluation methods of hexagonal steel tubular columns with triangular cells[J]. Materials, 2022, 15(11): 3910.

[122] 周剑飞, 郭子琦, 许述财, 等. 生物轻质高强结构及其在吸能结构中的仿生应用[J]. 机械工程学报, 2023, 59(4): 80-95.

[123] 陈新辉. 结构仿生纤维增强复合材料高速冲击损伤和数值模拟研究[D]. 长春: 吉林大学, 2022.

[124] Zhou J F, Liu S F, Guo Z Q, et al. Study on the energy absorption performance of bionic tube inspired by yak horn[J]. Mechanics of Advanced Materials and Structures, 2022, 29(28): 7246-7258.

[125] Gong C, Hu Y, Bai Z H. Crashworthiness analysis and optimization of lotus-inspired bionic multi-cell circular tubes[J]. Mechanics of Advanced Materials and Structures, 2023, 30(24): 4996-5014.

[126] Liu Y S, Qi Y C, Xu L H, et al. Study on energy absorption behavior of bionic tube inspired by feather shaft of bean goose[J]. Rendiconti Lincei-Scienze Fisiche E Naturali, 2022, 33(2): 363-374.

[127] Zhang L W, Zhong Y, Tan W, et al. Crushing characteristics of bionic thin-walled tubes inspired by bamboo and beetle forewing[J]. Mechanics of Advanced Materials and Structures,

2022, 29(14): 2024-2039.

[128] Song J F, Xu S C, Liu S F, et al. Study on the crashworthiness of bio-inspired multi-cell tube under axial impact[J]. International Journal of Crashworthiness, 2022, 27(2): 390-399.

[129] 黄晗, 闫庆昊, 向枳昕, 等. 基于虾螯的仿生多胞薄壁管耐撞性分析及优化[J]. 吉林大学学报(工学版), 2022, 52(3): 716-724.

[130] Huo P, Fan X W, Yang X, et al. Design and optimization of equal gradient thin-walled tube: Bionic application of antler osteon[J]. Latin American Journal of Solids and Structures, 2021, 18(3): e365.

[131] Guo Y F, Han X X, Fu Y G, et al. Effect of polyethylene foam on dynamic cushioning energy absorption of paper corrugation tubes[J]. Journal of Mechanical Science and Technology, 2022, 36(4): 1857-1865.

[132] 王寒瑜, 金珈旭, 顾涵, 等. 轨道车辆吸能装置结构设计及吸能特性研究[J]. 工程机械文摘, 2022, 235(4): 8-11.

[133] Yao R Y, Pang T, He S Y, et al. A bio-inspired foam-filled multi-cell structural configuration for energy absorption[J]. Composites Part B: Engineering, 2022, 238: 109801.

[134] Wang K, Liu Y S, Wang J, et al. On crashworthiness behaviors of 3D printed multi-cell filled thin-walled structures[J]. Engineering Structures, 2022, 254: 113907.

[135] Kahraman Y, Akdikmen O. Experimental investigation on deformation behavior and energy absorption capability of nested steel tubes under lateral loading[J]. Engineering Science and Technology, an International Journal, 2021, 24(2): 579-588.

[136] Pirmohammad S. Crashworthiness performance of concentric structures with different cross-sectional shapes under multiple loading conditions[J]. Proceedings of the Institution of Mechanical Engineers, Part D: Journal of Automobile Engineering, 2021, 235(2-3): 417-435.

[137] Estrada Q, Szwedowicz D, Rodriguez-Mendez A, et al. Effect of radial clearance and holes as crush initiators on the crashworthiness performance of bi-tubular profiles[J]. Thin-Walled Structures, 2019, 140: 43-59.

[138] 李志超. 薄壁结构的吸能特性研究与抗撞性优化[D]. 广州: 华南理工大学, 2019.

[139] Ying L, Gao T H, Hou W B, et al. On crashing behaviors of bio-inspired hybrid multi-cell Al/CFRP hierarchical tube under quasi-static loading: An experimental study[J]. Composite Structures, 2021, 257: 113103.

[140] 韩旭香. 聚乙烯泡沫填充纸瓦楞/纸蜂窝双管的缓冲吸能特性研究[D]. 西安: 西安理工大学, 2021.

[141] Chahardoli S, Alavi Nia A, Asadi M. A parametric study of the mechanical behavior of nested multi tube structures under quasi-static loading[J]. Archives of Civil and Mechanical Engineering, 2019, 19(4): 943-957.

[142] Xu B, Wang C, Yuen S C K. Deformation pattern and energy absorption characteristics of a four-tube nested system under lateral and oblique loadings[J]. Latin American Journal of Solids and Structures, 2021, 18(6): e388.

[143] Guan W, Gao G. Crashworthiness analysis of shrink circular tube energy absorbers with anti-climbers under multiple loading cases[J]. Mechanics of Advanced Materials and Structures, 2022, 45(3): 1-17.

[144] Guan W Y, Gao G J, Yu Y, et al. Theoretical, experimental and numerical investigations on the energy absorption of splitting multiple circular tubes under impact loading[J]. Thin-Walled Structures, 2020, 155: 106916.

[145] Jishi H Z, Alia R A, Cantwell W J. The energy absorbing characteristics of tubular sandwich structures[J]. Journal of Sandwich Structures & Materials, 2022, 24(1): 742-762.

[146] Gan N, Yao S, Dong H P, et al. Energy absorption characteristics of multi-frusta configurations under axial impact loading[J]. Thin-Walled Structures, 2018, 122: 147-157.

[147] 朱宏伟, 张震东, 赵昌方, 等. 碳纤维复合材料蜂窝结构轴向压溃实验研究[J]. 塑料科技, 2021, 49(3): 34-37.

[148] Xie S C, Zhang J, Liu X, et al. A reinforced energy-absorbing structure formed by combining multiple aluminum foam-filled open-hole tubes[J]. International Journal of Mechanical Sciences, 2022, 224: 107319.

[149] 何家兴, 秦睿贤, 陈秉智. 导向式防爬吸能结构耐撞性能研究及优化[J]. 铁道科学与工程学报, 2020, 17(11): 2901-2908.

[150] 邓志芳. 双级薄壁吸能管的抗撞性理论推导和实验研究[D]. 长沙: 湖南大学, 2017.

[151] 董喜文, 康国政, 朱志武. 双层分级吸能结构优化设计[J]. 西华大学学报(自然科学版), 2014, 33(6): 37-41.

[152] Zhang X Y, Wang X Y, Ren X, et al. A novel type of tubular structure with auxeticity both in radial direction and wall thickness[J]. Thin-Walled Structures, 2021, 163: 107758.

[153] Zahran M S, Xue P, Esa M S, et al. A novel tailor-made technique for enhancing the crashworthiness by multi-stage tubular square tubes[J]. Thin-Walled Structures, 2018, 122: 64-82.

[154] Mansor M A, Ahmad Z, Abdullah M R. Crashworthiness capability of thin-walled fibre metal laminate tubes under axial crushing[J]. Engineering Structures, 2022, 252: 113660.

[155] Wang W H, Wang H, Fan H L. Fabrication and crushing behaviors of braided-textile reinforced tubular structures[J]. Materials Today Communications, 2021, 28: 102505.

[156] Lu B Q, Zhang J Y, Zheng D F, et al. Theoretical analysis on CFRP/Al hybrid multi-cell tubes under axial crushing loading[J]. European Journal of Mechanics—A/Solids, 2023, 97: 104815.

[157] Gao Z P, Zhang H, Zhao J, et al. The axial crushing performance of bio-inspired hierarchical multi-cell hexagonal tubes[J]. International Journal of Mechanical Sciences, 2023, 239: 107880.

[158] Cetin E, Baykasoğlu A, Erdin M E, et al. Experimental investigation of the axial crushing behavior of aluminum/CFRP hybrid tubes with circular-hole triggering mechanism[J]. Thin-Walled Structures, 2023, 182: 110321.

[159] Dong J H, Li W W, Fan H L. Axial crushing behaviors of buckling induced triangular tubular structures[J]. Materials & Design, 2021, 201: 109513.

[160] Lu B Q, Shen C L, Zhang J Y, et al. Study on energy absorption performance of variable thickness CFRP/aluminum hybrid square tubes under axial loading[J]. Composite Structures, 2021, 276: 114469.

[161] An D, Song J Q, Xu H L, et al. Study on improvement of prefolded energy absorption device to constant resistance and its mechanical properties[J]. Science Progress, 2021, 104(3): 036820.

[162] Ha N S, Pham T M, Hao H, et al. Energy absorption characteristics of bio-inspired hierarchical multi-cell square tubes under axial crushing[J]. International Journal of Mechanical Sciences, 2021, 201: 106464.

[163] Xiang Y F, Yu T X, Yang L M. Comparative analysis of energy absorption capacity of polygonal tubes, multi-cell tubes and honeycombs by utilizing key performance indicators[J]. Materials & Design, 2016, 89: 689-696.

[164] Jin Z M, Yin S G, Hao W Q, et al. Energy absorption characteristics of multi-cell tubes with different cross-sectional shapes under quasi-static axial crushing[J]. International Journal of Crashworthiness, 2020, 27: 1-16.

[165] Jin M Z, Hou X H, Yin G S, et al. Improving the crashworthiness of bio-inspired multi-cell thin-walled tubes under axial loading: Experimental, numerical, and theoretical studies[J]. Thin-Walled Structures, 2022, 177: 109415.

[166] Hanssen A G, Langseth M, Hopperstad O S. Static and dynamic crushing of circular aluminium extrusions with aluminium foam filler[J]. International Journal of Impact Engineering, 2000, 24(5): 475-507.

[167] Jafarian B, Rezvani M J. An experimental investigation on energy absorption of thin-walled bitubal structures by inversion and axial collapse[J]. International Journal of Mechanical Sciences, 2017, 126: 270-280.

[168] Gupta N K, Abbas H. Some considerations in axisymmetric folding of metallic round tubes[J]. International Journal of Impact Engineering, 2001, 25(4): 331-344.

[169] 万富辰. 金属薄壁方管的吸能特性研究及其优化设计[D]. 哈尔滨: 哈尔滨理工大学,

2021.

[170] 李婷婷. 局部表面纳米化吸能薄壁方管的可靠度分析[D]. 大连: 大连理工大学, 2022.

[171] Bhutada S, Goel M D. Progressive axial crushing behaviour of Al6061-T6 alloy tubes with geometrical modifications under impact loading[J]. Thin-Walled Structures, 2023, 182: 110240.

[172] Alexander J M. An approximate analysis of the collapse of thin cylindrical shells under axial loading[J]. The Quarterly Journal of Mechanics and Applied Mathematics, 1960, (1): 10-15.

[173] Gupta N K, Abbas H. Mathematical modeling of axial crushing of cylindrical tubes[J]. Thin-Walled Structures, 2000, 38(4): 355-375.

[174] Abramowicz W, Jones N. Dynamic axial crushing of circular tubes[J]. International Journal of Impact Engineering, 1984, 2(3): 263-281.

[175] Abramowicz W, Jones N. Dynamic progressive buckling of circular and square tubes[J]. International Journal of Impact Engineering, 1986, 4(4): 243-270.

[176] Timoshenko S P, Gere J M. Theory of Elastic Stability[M]. 2nd ed. New York: Dover Publications, 2009.

[177] Gibson L J, Ashby M F. Cellular Solids: Structure and Properties[M]. Cambridge: Cambridge University Press, 1997.

[178] Patel V, Tiwari G, Dumpala R. Crashworthiness analysis of multi-configuration thin walled co-axial frusta tube structures under quasi-static loading[J]. Thin-Walled Structures, 2020, 154: 106872.

[179] Wierzbicki T, Abramowicz W. On the crushing mechanics of thin-walled structures[J]. Journal of Applied Mechanics, 1983, 50(4a): 727-734.

[180] Zhang X, Zhang H. Experimental and numerical investigation on crush resistance of polygonal columns and angle elements[J]. Thin-Walled Structures, 2012, 57: 25-36.

[181] Liu Y Q, Cai J G, Feng J. Buckling suppression of a thin-walled Miura-origami patterned tube[J]. PLoS One, 2022, 17(7): 51-66.

[182] 罗耿, 赵剑南, 陈亮, 等. 新型波纹结构吸能盒耐撞性研究[J]. 汽车安全与节能学报, 2022, 13(3): 453-462.

[183] 展旭和, 高广军, 于尧, 等. 带隔板薄壁方管吸能装置惯性效应研究[J]. 铁道科学与工程学报, 2023, 20(6): 2304-2314.

[184] Ma W, Li Z X, Xie S C. Crashworthiness analysis of thin-walled bio-inspired multi-cell corrugated tubes under quasi-static axial loading[J]. Engineering Structures, 2020, 204: 110069.

[185] Alkhatib S E, Tarlochan F, Eyvazian A. Collapse behavior of thin-walled corrugated tapered tubes[J]. Engineering Structures, 2017, 150: 674-692.

[186] Isaac C W, Oluwole O. Energy absorption improvement of circular tubes with externally press-fitted ring around tube surface subjected under axial and oblique impact loading[J]. Thin-Walled Structures, 2016, 109: 352-366.

[187] Deng X L, Liu W Y. Experimental and numerical investigation of a novel sandwich sinusoidal lateral corrugated tubular structure under axial compression[J]. International Journal of Mechanical Sciences, 2019, 151: 274-287.

[188] Jafarian N, Rezvani M J. Crushing behavior of multi-component conical tubes as energy absorber: A comparative analysis between end-capped and non-capped conical tubes[J]. Engineering Structures, 2019, 178: 128-135.

[189] Vusa V R, Budarapu P R. Impact analysis of thin-walled cylindrical tubes[J]. International Journal of Computational Methods, 2023, 20(6): 2143007.

[190] Zhang H, Gao Z P, Ruan D. Square tubes with graded wall thickness under oblique crushing[J]. Thin-Walled Structures, 2023, 183: 110429.

[191] Dong J H, Fan H L. Crushing behaviors of buckling-oriented hexagonal lattice structures[J]. Mechanics of Materials, 2022, 165: 104160.

[192] Mete O H, Yalcin M, Genel K. Experimental and numerical studies on the folding response of annular-rolled Al tube[J]. Thin-Walled Structures, 2018, 127: 798-808.

[193] Jiang R C, Gu Z Y, Zhang T, et al. Energy absorption characteristics of a CFRP-Al hybrid thin-walled circular tube under axial crushing[J]. Aerospace, 2021, 8(10): 279.

[194] Ma W, Xie S C, Li Z X, et al. Crushing behaviors of horse-hoof-wall inspired corrugated tubes under multiple loading conditions[J]. Mechanics of Advanced Materials and Structures, 2022, 29(22): 3263-3280.

[195] Ablyaz T R, Bains P S, Sidhu S S, et al. Impact of magnetic field environment on the EDM performance of Al-SiC metal matrix composite[J]. Micromachines, 2021, 12: 469-477.

[196] Zhou Z J, Zhou J P, Liu K, et al. Experimental study on short electric arc machining of Ti6Al4V in terms of power output characteristics[J]. The International Journal of Advanced Manufacturing Technology, 2021, 113(3-4): 997-1008.

[197] Adnan M, Qureshi W, Umer M, et al. Tribological characterization of electrical discharge machined surfaces for AISI 304L[J]. Materials, 2022, 15(3): 107721.

[198] Ma W, Xie S C, Li Z X. Mechanical performance of bio-inspired corrugated tubes with varying vertex configurations[J]. International Journal of Mechanical Sciences, 2020, 172: 105399.

[199] 国家市场监督管理总局, 国家标准化管理委员会. GB/T 228.1—2021 金属材料 拉伸试验 第1部分: 室温试验方法[S]. 北京: 中国标准出版社, 2021.

[200] 徐雅, 付志强, 周传浩, 等. 基于有限元对薄膜真实应力应变数据的修正[J]. 塑料工业,

2021, 49(7): 144-147, 116.

[201] 仝朋艳, 张鹏, 王永军, 等. 航空常用铝合金板料拉伸性能参数及应力-应变曲线拟合[J]. 工具技术, 2019, 53(10): 41-46.

[202] Xie S C, Chen P F, Wang N, et al. Crashworthiness study of circular tubes subjected to radial extrusion under quasi-static loading[J]. International Journal of Mechanical Sciences, 2021, 192: 106128.

[203] Wu M Z, Zhang X W, Zhang Q M, et al. Study on the splitting and expansion-splitting modes of thin-walled circular tubes under axial compression[J]. Thin-Walled Structures, 2023, 182: 109890.

[204] Zhan X H, Yu Y, Feng T Y. Study on energy absorption characteristics of expansion tube with light magnesium alloy[J]. Mechanics Based Design of Structures and Machines, 2022, 142(4): 1-22.

[205] Huang J, Liu R, Tao J. Theoretical prediction and numerical analysis of axially crushed square tube with induced folding patterns[J]. Mechanics of Advanced Materials and Structures, 2022, 29(25): 3844-3859.

[206] Shanley F R. Inelastic column theory[J]. Journal of the Aeronautical Sciences, 1947, 14(5): 261-268.

[207] Meng Q, Al-Hassani S T S, Soden P D. Axial crushing of square tubes[J]. International Journal of Mechanical Sciences, 1983, 25(9-10): 747-773.

[208] Xu P, Shang Y H, Jiang S H, et al. Theoretical development and multi-objective optimisation of a double-tapered rectangular tube with diaphragms[J]. International Journal of Crashworthiness, 2022, 27(1): 206-220.

[209] 许平, 陈凯, 邢杰, 等. 带隔板单锥薄壁方管结构吸能特性研究和多目标优化[J]. 铁道科学与工程学报, 2019, 16(1): 185-191.

[210] Mohsenizadeh S, Alipour R, Ahmad Z, et al. Influence of auxetic foam in quasi-static axial crushing[J]. International Journal of Materials Research, 2016, 107(10): 916-924.

[211] Le D, Novak N, Arjunan A, et al. Crashworthiness of bio-inspired multi-stage nested multi-cell structures with foam core[J]. Thin-Walled Structures, 2023, 182: 110245.

[212] 刘凯, 梁森, 董磊, 等. 地铁车辆前端吸能系统设计研究[J]. 科技创新与应用, 2022, 12(9): 99-106.

[213] 李本怀, 李成林, 郑育龙. 缺口导向分级触发吸能结构研究[J]. 城市轨道交通研究, 2019, 22(2): 22-25, 29.

[214] Liang H Y, Liu B C, Pu Y F, et al. Crashworthiness analysis of variable thickness CFRP/Al hybrid multi-cell tube[J]. International Journal of Mechanical Sciences, 2024, 266: 108959.

[215] Guillow S R, Lu G, Grzebieta R H. Quasi-static axial compression of thin-walled circular

aluminium tubes[J]. International Journal of Mechanical Sciences, 2001, 43(9): 2103-2123.

[216] Hao W Q, Xie J M, Wang F H, et al. Analytical model of thin-walled corrugated tubes with sinusoidal patterns under axial impacting[J]. International Journal of Mechanical Sciences, 2017, 128: 1-16.

[217] Reid S R, Reddy T Y. Effect of strain hardening on the lateral compression of tubes between rigid plates[J]. International Journal of Solids and Structures, 1978, 14(3): 213-225.

[218] Lv W T, Li D. Quasi-static and blast resistance performance of octet-truss-filled double tubes[J]. Engineering Structures, 2023, 275: 115332.

[219] 周礼, 王宇, 蒋忠城, 等. 泡沫填充铝合金多胞防爬器的吸能机理[J]. 塑性工程学报, 2023, 30(2): 231-241.

[220] 田陈, 黄磊, 刘韡, 等. 多胞管增强泡沫铝复合结构的压缩和吸能性能研究[J]. 应用力学学报, 2022, 39(5): 958-964.

[221] Huang Z X, Zhang X, Yang C Y. Static and dynamic axial crushing of Al/CFRP hybrid tubes with single-cell and multi-cell sections[J]. Composite Structures, 2019, 226: 111023.

[222] Hussein R D, Ruan D, Lu G X, et al. Crushing response of square aluminium tubes filled with polyurethane foam and aluminium honeycomb[J]. Thin-Walled Structures, 2017, 110: 140-154.

[223] 陈淑琴, 牛卫中, 文洮. 城轨车辆碰撞仿真与防爬器防爬能力的影响因素[J]. 机械强度, 2015, 37(5): 924-992.